»Und wenn ich wüßte, daß morgen die Welt unterginge, so würde ich doch heute mein Apfelbäumchen pflanzen.«

Martin Luther zugeschrieben

Hoimar v. Ditfurth

So laßt uns denn
ein Apfelbäumchen pflanzen
Es ist soweit

Büchergilde Gutenberg

Dies Buch ist all den vielen, den allzu vielen Menschen gewidmet, die es noch immer nicht wahrhaben wollen.

Den Herren Prof. Dr. Gerhard Kade, Mitglied des Präsidiums des Internationalen Instituts für den Frieden, Wien, und Prof. Dr. Reiner Labusch, Institut für angewandte Physik der TU Clausthal, danke ich für die kritische Durchsicht der einschlägigen Kapitel. Etwa noch im Text enthaltene Fehler gehen selbstverständlich zu meinen Lasten.

Lizenzausgabe für die Büchergilde Gutenberg
Frankfurt am Main, Olten, Wien,
mit freundlicher Genehmigung des
Rasch und Röhring Verlages, Hamburg
Copyright © 1985 by Rasch und Röhring Verlag, Hamburg
Umschlaggestaltung: Eckard Warminski, Büdingen
Gesetzt aus der Garamond-Antiqua
Satzherstellung: Fotosatz Otto Gutfreund, Darmstadt
Druck- und Bindearbeiten: Mainpresse Richterdruck, Würzburg
Printed in Germany 1986   ISBN 3-7632-3274-5

Inhalt

Einleitung
Endzeit? 7

ERSTER TEIL
DIE APOKALYPTISCHEN REITER

Der Krieg
$E = mc^2$ 20
Der Zugang zum atomaren Feuer 25
Kernwaffen: Wie man Materie zur Explosion bringt 33
Eine Atomexplosion in Zeitlupe 40
»Die Überlebenden werden die Toten beneiden« 45
Die Büchse der Pandora 51
Die Nacht danach 57
Stiefkind der Strategen:
Die »biologische« Kriegführung 67
Nervengase: Die lautlose Vernichtung 72

Der Zusammenbruch der Biosphäre
Wetterleuchten 88
Eine Wüste neuer Art 97
Der Abschied vom Wald 113
Biologische Pyrrhussiege 129
Das ökologische »Fliegenfänger-Syndrom« 140
Die Wurzel allen Übels 151
Zwischenbilanz und Überleitung 159

ZWEITER TEIL
URSACHEN, AUSWEGE UND TABUS

Von der Haltbarkeit des Friedens
Der NATO-Doppelbeschluß als
sicherheitspolitisches Lehrstück 164
Die falsche Parallele: München 1938 168
Der Mythos von der »russischen Überrüstung« 175
Das Grundmuster einer Phobie 191
Auf dem Kurs in den »führbaren Atomkrieg« 201
Wege aus der Gefahr 214

Ökologische Überlebensbedingungen
Die Antwort der Ökonomen 226
Rezept und Realität 240
Bremsweg: Ein Jahrhundert 248
Wieviel kann die Erde tragen? 257
Wen die Götter vernichten wollen... 266
Zwischenbilanz und Überleitung 279

DRITTER TEIL
CONDITIO HUMANA

Freiheit und Verantwortung 286
Erfahrungen mit dem Doppelgänger 289
Scheuklappen unserer Welterkenntnis 298
Angeborene Barrieren 312
Ein asketischer Aspekt unserer Todesangst 325
Gehirn, Bewußtsein und Jenseitsperspektive 342
Das Ende der Geschichte (»Die Moral«) 361

Ergänzungen und Literaturhinweise 368
Personen- und Stichwortverzeichnis 429

Einleitung

Endzeit?

Es steht nicht gut um uns. Die Hoffnung, daß wir noch einmal, und sei es um Haaresbreite, davonkommen könnten, muß als kühn bezeichnet werden. Wer sich die Mühe macht, die überall schon erkennbaren Symptome der beginnenden Katastrophe zur Kenntnis zu nehmen, kann sich der Einsicht nicht verschließen, daß die Chancen unseres Geschlechts, die nächsten beiden Generationen heil zu überstehen, verzweifelt klein sind.
Das eigentümlichste an der Situation ist die Tatsache, daß fast niemand die Gefahr wahrhaben will. Wir werden daher, aller Voraussicht nach, als die Generation in die Geschichte eingehen, die sich über den Ernst der Lage hätte im klaren sein müssen, in deren Händen auch die Möglichkeit gelegen hätte, das Blatt noch in letzter Minute zu wenden, und die vor dieser Aufgabe versagt hat. Darum werden unsere Kinder die Zeitgenossen der Katastrophe sein und unsere Enkel uns verfluchen – soweit sie dazu noch alt genug werden.
Ich weiß, daß man bei den meisten immer noch auf Ungläubigkeit stößt, wenn man versucht, sie aufmerksam zu machen auf das, was da mit scheinbar schicksalhafter Unabwendbarkeit auf uns zukommt. Daß man sich den Vorwurf einhandelt, man verbreite Angst und nehme insbesondere der jungen Generation jede Zukunftshoffnung. Als ob es sinnvoll wäre, die Hoffnung auf etwas zu hegen, das nicht stattfinden wird, jedenfalls gewiß nicht so, wie die Leute es sich immer noch vorstellen.
Natürlich ist der Vorwurf der Angstauslösung selbstkritisch zu

bedenken. Andererseits erinnere ich mich, wenn ich ihn höre, immer einer Antwort, die mir Konrad Lorenz vor fast zwanzig Jahren gab. Wir hatten uns damals einen der Filme angesehen, die Erich von Holst von seinen Hirnreizversuchen bei Hühnern gedreht hatte. Sie dokumentierten die aufsehenerregende Entdeckung, daß es im Gehirn der Tiere offensichtlich Stellen gibt, von denen aus ganze szenisch ablaufende Verhaltensrepertoires wie gespeicherte Programme durch den Stromreiz abgerufen werden können: Balzszenen, Körperpflege, Futtersuche, Feindabwehr und andere für die betreffende Art typische Verhaltensweisen.

Dabei kam die Sprache darauf, daß es außerordentlich mühsam war, eine solche Stelle im Gehirn der Tiere zu finden. An den meisten Reizpunkten löste der elektrische Impuls lediglich Angst aus. Ich fragte Lorenz, wie das zu erklären sei. Seine Antwort: Das liege doch eigentlich auf der Hand.»Angst spielt im Interesse der Überlebenschancen für jeden Organismus eine so herausragende Rolle, daß die meisten Hirnteile eben im Dienst dieser elementaren Schutzfunktion stehen.« In der Tat, selbst die Brüder Grimm berichten ja von einem,»der auszog, das Fürchten zu lernen«, in einem Märchen, dessen Moral darin besteht, daß jemandem, der dazu nicht imstande ist, ein typisches menschliches Wesensmerkmal fehlt.

Daher halte ich es auch nur für eine der vielen Formen der Verdrängung, wenn einem das Reden über die Gefahr mit dem Einwand abgeschnitten werden soll, man schüre die Angst der Menschen. Ich kann nicht finden, daß deren Angst sich heute noch vermehren ließe. Unsere Zeit ist – und das dürfte für alle Zeitalter gegolten haben – ohnehin voll von Angst. Zu befürchten ist allerdings, daß wir uns vor den falschen Problemen ängstigen.

Während es niemandem den Schlaf zu rauben scheint, daß die kreative Intelligenz ganzer Heerscharen von Wissenschaftlern fieberhaft damit beschäftigt ist, ein Arsenal von Ausrottungsinstrumenten zu erweitern und zu perfektionieren, das längst ausreicht, den gesamten Globus von allem Leben buchstäblich zu desinfizieren, klagt so mancher Zeitgenosse über schlechten

Schlaf, seit ihm zu Ohren kam, daß wir unseren Lebensstandard in Zukunft möglicherweise werden einschränken müssen. Während wir ohne wirkliche Betroffenheit zur Kenntnis nehmen, daß es in Mitteleuropa in zwanzig Jahren wahrscheinlich keine zusammenhängenden Waldgebiete mehr geben wird, sorgen wir uns um die Inflationsrate.

Bei näherer Betrachtung erweist sich die öffentliche Seelenruhe, die nicht zu stören man uns mahnt, als eine seltsam unwirkliche Bewußtseinsverfassung. Unsere Gesellschaft gleicht einem Menschen, der ahnungslos in einem Minenfeld umherirrt und sich dabei um seine Altersrente Sorgen macht. Würde man die Ängste dieses Menschen vergrößern, wenn man ihm die einzige Gefahr vor Augen führte, in der er wirklich schwebt? Und: Wäre man zu dieser Aufklärung nicht selbst dann verpflichtet, wenn das der Fall wäre?

Voraussetzung ist selbstverständlich, daß die Angst, die ihn aufschrecken und intelligent machen soll, sich auf eine reale Gefahr bezieht. Eben dies wird heute von der überwiegenden Mehrheit noch immer in Abrede gestellt. Es wird bezeichnenderweise mit Vehemenz vor allem von den politischen Repräsentanten unserer Gesellschaft bestritten. Weil das so ist, bleibt nichts anderes übrig, als im ersten Teil dieses Buchs die Art und das Ausmaß der unser Überleben heute in Frage stellenden Gefahren eingehend zu schildern. Sie sind so realistisch darzustellen und so detailliert zu begründen, daß der Versuchung, vor ihnen die Augen weiterhin geschlossen zu halten, möglichst keine Schlupflöcher bleiben.

Diese Verpflichtung bestände selbst dann, wenn die von legitimer Angst bewirkte Klarsicht lediglich zu der Erkenntnis führen könnte, daß alle Hilfe bereits zu spät kommt, weil sämtliche Auswege schon verlegt sind. Denn wenn wir schon zugrunde gehen müssen, dann sollten wir es, und sei es aus Gründen der Selbstachtung, wenigstens bei vollem Bewußtsein tun und nicht im Zustand einer von Ausflüchten und illusionärem Wunschdenken genährten Halbnarkose.

Von Ausweglosigkeit kann jedoch keine Rede sein. Das Gegenteil ist der Fall. Die Notausgänge stehen so weit offen wie

Scheunentore. Die Wege, die uns sogleich aus aller Gefahr führen würden, sind ohne Schwierigkeiten zu erkennen. Die Maßnahmen zu unserer Rettung liegen so offensichtlich auf der Hand, daß man sie einem Kind erklären kann. Trotzdem sind wir, wenn nicht alles täuscht, verloren. Die Erklärung für diesen paradoxen Umstand beruht auf einer absurd anmutenden Ursache: Wir werden von allen diesen Möglichkeiten zu unserer Rettung schlicht und einfach keinen Gebrauch machen. Die Gründe für diesen seltsamen Sachverhalt werden eingehend zu erörtern sein.

Niemandem, der den Versuch macht, seine Mitmenschen aus der eigentümlichen Lethargie aufzuschrecken, in der sie die bereits unübersehbaren Vorzeichen unseres Aussterbens zu übersehen entschlossen scheinen, ist der Einwand fremd, »Endzeitgerede« habe es in jeder historischen Epoche gegeben. Und stimmt das etwa nicht? Nicht erst Arthur Koestler[1] und auch nicht erst der heute zum Zwecke der Abwiegelung – weil doch auch er sich angeblich geirrt hat – so häufig zitierte Robert Malthus[2] haben das unvermeidlich bevorstehende Ende der Menschheit verkündet und mit ihnen unabweislich erscheinenden Gründen »bewiesen«. Waren nicht auch die ersten Christen schon von der Gewißheit des unmittelbar bevorstehenden, noch zu ihren Lebzeiten zu erwartenden »Jüngsten Tages« erfüllt? Und haben sie alle sich etwa nicht geirrt?

»Wer sieht nicht«, so Cyprianus, Bischof von Karthago, in einem um 250 n. Chr. geschriebenen Brief, »daß die Welt bereits auf ihrem Abstieg ist und daß sie nicht mehr die gleichen Kräfte und die gleiche Lebensfülle besitzt wie ehemals.« Die Welt selbst bezeuge durch ihre Dekadenz zur Genüge, daß sie sich ihrem Ende nähere. »Alles eilt von Anbeginn dem Tode zu und spürt die allgemeine Ermattung der Welt.«[3] Dürfen wir heute darüber nicht lächeln, vielleicht sogar ein wenig herablassend, weil wir es doch besser wissen? Ist hier nicht sogar die »ideologische Voreingenommenheit« mit Händen zu greifen, die den bischöflichen Briefschreiber zu seiner pessimistischen Diagnose verleitete? Sie scheint aus einer anderen Stelle desselben Briefs hervorzugehen, an der es heißt, daß man angesichts des sichtbaren Niedergangs »nicht der Gewährsleute der Heiligen Schrift« bedürfe, um den Fall zu beweisen. Läßt sich etwa übersehen, daß der fromme Mann seine Untergangsdiagnose mit einer gewissen Befriedigung gestellt hat, weil sie in seinen Augen eine Prophezeiung bestätigte, die er aus der Bibel herauslas? Und lassen sich von da aus nicht Parallelen zur Gegenwart ziehen?

Der historische Einwand ist jedoch nicht so schlagend, wie mancher selbst unter jenen glaubt, die sich durch ihn mundtot machen lassen. »Alles eilt von Anbeginn dem Tode zu« – gibt es über diese Aussage etwas zu lächeln? Können wir die Möglichkeit in Abrede stellen, daß die eschatologische Grundstimmung, die »Endzeitstimmung« jener Epoche auf der intuitiven Einsicht in die totale Vergeblichkeit, in die grundsätzlich zu nennende Hoffnungslosigkeit aller menschlichen Unternehmungen beruht hat? Vielleicht war der Keim für unseren Untergang damals wirklich schon gelegt? Vielleicht war er für besonders hellsichtige Köpfe damals schon erkennbar? Die Voraussetzungen hätten vorgelegen. Denn die Aussagen der in der Bibel zusammengefaßten jüdisch-christlichen Überlieferung enthalten nicht zuletzt ein Wissen über den Menschen, das weit über das hinausreicht, was wissenschaftliche Psychologie oder Soziologie zu dem Thema jemals wird beitragen können.

Der modernen Theologie ist der Gedanke an die Möglichkeit jedenfalls nicht fremd. Karl Rahner hat noch kurz vor seinem Tode auf sie hingewiesen. Bei der Diskussion des Problems der ungeheuren zeitlichen Ausweitung der menschlichen Vorgeschichte durch die neuere paläontologische Forschung stellte er die Frage, ob diese neu entdeckte, »ungeheuer lange und anonyme Heilsgeschichte« nicht möglicherweise »die eigentliche Heilsgeschichte« sei, »weil die Menschheitsgeschichte nur noch kurz dauert, auch wenn wir noch nicht wissen, wie sie genau enden wird ... so daß, was wir üblicherweise so nennen, in Wirklichkeit der Anfang des Endes ist?«. Rahner läßt die Frage offen, unterstreicht aber, daß diese Deutung möglich sei (und auch theologisch zulässig).[4]

Aussterben ist ein langwieriger Prozeß. Bei den Sauriern hat er sich über viele Jahrhunderttausende hingezogen. Deshalb wäre eine Prophezeiung über das bevorstehende Ende der Menschheit nicht schon deshalb falsch, weil ihre Erfüllung ein oder zwei Jahrtausende auf sich warten läßt. Erdgeschichtlich und evolutionsbiologisch betrachtet – und in diesem Rahmen spielen sich Aussterbevorgänge ab – sind das Augenblicke. Wir sollten daher auch bedenken, daß wir uns lächerlich machen könnten, wenn wir über Untergangsprognosen der Vergangenheit deshalb lächeln, weil die leisen Stimmen einzelner Warner wieder und wieder überschrien wurden von dem triumphierenden Selbstlob fortschrittsgläubiger Generationen.

Jedenfalls – und darüber herrscht Einigkeit unter den Experten – sind wir heute die Zeitgenossen eines globalen »Faunenschnitts«. Mit diesem Fachausdruck, der ein globales Massenaussterben exzessiven Ausmaßes bezeichnet, ist beiläufig ein weiterer oft zu hörender Einwand abgewiesen. Der Terminus entkräftet den Hinweis auf die Singularität und die damit angeblich prinzipielle Unwahrscheinlichkeit eines endgültigen Aussterbens unserer eigenen Art. Denn derartige Ereignisse hat es – sonst brauchten wir für sie keinen eigenen Begriff – in der Erdgeschichte schon viele Male gegeben. Neu ist allein die Tatsache, daß der jetzige Faunenschnitt zu unseren Lebzeiten stattfindet.

Der eigene Tod bleibt immer unvorstellbar. Das ist ein psychologisches Gesetz. Objektiv ist der Tod dagegen nicht nur unausbleiblich, er ist die Regel. Von allen Spezies, die es in mehr als vier Milliarden Jahren Erdgeschichte auf unserem Planeten gab, sind nach paläontologischer Schätzung mindestens 99,9 Prozent ausgestorben. Keine biologische Art lebt ewig. Das gilt auch für die Spezies, deren Mitglieder sich ohne falsche Bescheidenheit den Namen Homo sapiens verliehen haben. Nur allzuoft vergessen wir über unserem Anspruch, »geistige« Wesen zu sein, daß wir auch immer noch die Mitglieder einer biologischen Art sind und damit den Gesetzen unterworfen, die für alle lebende Kreatur gelten.

Nicht darüber, ob wir aussterben werden, läßt sich daher

sinnvoll streiten. Die Tatsache selbst steht fest. Die Frage, um die es allein gehen kann, ist die, ob es schon soweit ist. Ob die Spezies »Menschheit« ihre Rolle auf diesem Globus schon jetzt zu Ende gespielt hat. Die Gründe, die dafür sprechen, daß diese Frage bejaht werden muß, bilden den Inhalt des ersten Teils dieses Buchs.

Aber wenn der Faunenschnitt, den unsere Biologen in der Gegenwart registrieren, auch nicht der erste Fall seiner Art ist (und wenn er aus erdgeschichtlicher Perspektive insofern als »normal« gelten kann), so weist er doch Besonderheiten auf, die ihn von allen vergleichbaren Ereignissen der Erdvergangenheit unterscheiden. Die wichtigste von ihnen besteht darin, daß er der einzige ist, über dessen Ursache Klarheit herrscht.

Warum im Präkambrium (vor rund 570 Millionen Jahren) rund ein Drittel aller lebenden Arten von der Erde verschwand, warum das gleiche dann nochmals vor rund 235 Millionen Jahren geschah und welche Ursachen schließlich vor etwa 65 Millionen Jahren zu einer Wiederholung führten, der neben vielen anderen Arten bekanntlich auch die Saurier zum Opfer fielen, das ist bisher trotz aller Forschungsanstrengungen unbekannt geblieben. Hypothesen gibt es zwar in Hülle und Fülle. Keine von ihnen aber erklärt wirklich befriedigend alles, was in diesem Zusammenhang erklärt werden müßte.[5]

In dieser Hinsicht wenigstens gibt es angesichts des Faunenschnitts, dessen Zeitgenossen wir heute sind, keine Unklarheiten. An seiner Ursache besteht nicht der geringste Zweifel: Wir verkörpern sie selbst. Das auf der Oberfläche unseres Planeten seit etwa hundert Jahren mit zunehmender Geschwindigkeit ablaufende Massenaussterben, dessen Tempo schon heute alles in den Schatten stellt, was sich auf der Erde jemals zuvor abspielte, ist nachweislich auf die Aktivitäten unserer eigenen Art zurückzuführen.

Damit ist zugleich gesagt, daß wir es auch in der Hand hätten, dem Ablauf der Dinge Einhalt zu gebieten. Dies sollte eigentlich um so näher liegen, als die Katastrophe, die wir ausgelöst haben, uns selbst mit Sicherheit nicht aussparen wird. Aber einer der abstrusesten Aspekte des Geschehens besteht eben darin, daß die Menschheit entschlossen scheint, sich dem Ablauf der Ereignisse widerstandslos zu überlassen, ja, daß sie nicht einmal bereit ist, das Ausmaß der Gefahr überhaupt zur Kenntnis zu nehmen.

Der Suche nach Erklärungen für dieses paradoxe Phänomen dient der zweite Teil des Buchs. Sein Inhalt ist der Versuch einer Antwort auf die Frage nach den Faktoren, die es verständlich machen könnten, daß eine bisher auf diesem Planeten beispiellos erfolgreiche Art keine Anstalten macht, Verhaltensweisen zu ändern, die erkennbar im Begriff sind, ihren Untergang herbeizuführen. Wenn unsere Einsicht schon nicht ausreicht, um uns vor dem selbstverschuldeten Ende zu bewahren, dann soll sie wenigstens dazu dienen, die Gründe zu erkennen, die ihr in diesem existentiellen Falle Grenzen setzen und die unser Versagen vielleicht sogar entschuldigen könnten.

Alles in allem wird die Diagnose also pessimistisch ausfallen. Damit aber kann es nicht sein Bewenden haben. Denn noch in einer anderen Hinsicht unterscheidet sich der jetzige Fall von allem, was es bisher gab. Es verschwindet nicht irgendeine beliebige Art. Erstmals in aller Geschichte droht die Spitze der Entwicklung abzubrechen. Es geht um das Schicksal der ersten und (bisher) einzigen Art, die nicht lediglich biologisch existierte und durch ihre vorübergehende physische Existenz den Fortgang der Evolution sichern half. Auf dem Spiel steht das höchste, das äußerste Resultat aller bisherigen Entwicklung. Das Ergebnis einer vier Milliarden Jahre währenden Anstrengung: eine Art, deren Mitgliedern die eigene Existenz bewußt geworden ist und die des Kosmos, in dem sie sich vorfinden. Deren Mitglieder in dem allerletzten Abschnitt ihrer Geschichte angefangen haben, etwas zu tun, was aller übrigen Kreatur auf der Erde für alle Zeiten versagt bleibt: sich selbst und die Natur nach den Gründen ihrer Existenz zu befragen.

»Einmal und nur einmal im Lauf ihrer planetarischen Existenz konnte sich die Erde mit Leben umhüllen. Ebenso fand sich das Leben einmal und nur einmal fähig, die Schwelle zum Ichbewußtsein zu überschreiten. Eine einzige Blütezeit für das Denken wie auch eine einzige Blütezeit für das Leben. Seither bildet

der Mensch die höchste Spitze des Baumes. Das dürfen wir nicht vergessen.« So Teilhard de Chardin. Aber Teilhard war auch davon überzeugt, daß eben diese Einmaligkeit so etwas wie eine Überlebensgarantie in sich berge. Wenige Zeilen später heißt es bei ihm: »Nie könnte er [der Mensch] also ein vorzeitiges Ende finden oder zum Stillstand kommen oder verfallen, wenn nicht zugleich auch das Universum an seiner Bestimmung scheitern soll!«[6]
Hier hat der große Mann ohne Frage allzu geozentrisch gefolgert. Die von ihm abgeleitete Überlebensgarantie für die Menschheit ist ein schöner Traum. Die Geschichte des Universums wird nicht stehenbleiben, wenn die Menschheit aus ihr verschwindet. Die kosmische Evolution wird aus den unzählig vielen Ansätzen, die wir neben dem irdischen vorauszusetzen haben, auch in Zukunft immer neue, immer großartigere und wunderbarere Manifestationen des geistigen Prinzips hervorgehen lassen, das sich bei uns selbst in einem ersten Aufleuchten psychischen Selbstbewußtseins gerade zu verkörpern begonnen hatte. Niemand wird das Ausscheiden des Menschen aus der Geschichte auch nur bemerken. Die Zukunft des Kosmos wird auch nicht die Spur einer Erinnerung an uns enthalten.

Das Universum also würde gleichgültig bleiben, in gleicher Weise gültig und ohne Trauer über unseren Exitus. Für uns selbst als Betroffene sieht die Angelegenheit freilich anders aus. Auch angesichts des eigenen Endes können wir die Neigung nicht ablegen, nach dem Sinn zu fragen. Müssen wir mit der Möglichkeit rechnen, daß das definitive Ende unserer Geschichte nachträglich alles als nichtig und sinnlos erweisen könnte, was wir in den vorangegangenen Jahrtausenden hervorgebracht haben?

Müssen wir mit dieser äußersten Enttäuschung nicht vor allem dann rechnen, wenn sich herausstellen sollte, daß es für dieses Ende keine zwingenden, keine sozusagen naturgesetzlichen Gründe gibt, als deren Opfer wir uns freisprechen dürften? Keine erdenkliche Ursache außer unserem eigenen Versagen? Oder gibt es solche Gründe vielleicht doch – jenseits des Horizonts unserer Erkenntnisfähigkeit und außerhalb der

Reichweite unserer verantwortlichen Entscheidungsfreiheit? Ist unsere vermeintliche Lethargie womöglich Ausdruck der Ergebung in einen Ablauf, den wir tief in unserem Inneren längst als notwendig und unvermeidbar, ja als in einem höheren Sinne sogar wünschenswert akzeptiert haben?
Die Möglichkeit ist so abwegig nicht. Zum Tod haben wir ohnehin ein widersprüchliches Verhältnis. Er ist, im Unterschied zu Hunger oder Durst, zu Müdigkeit oder Sexualität, das einzige biologische Programm, vor dessen Vollzug wir uns fürchten. Hier läßt sich, wie ich im dritten Teil des Buchs zu zeigen versuchen werde, der Hebel ansetzen. Von hier aus müssen wir nach einer Antwort auf die bedrängende Frage suchen, wie mit der Gewißheit des bevorstehenden Untergangs ohne Verzweiflung oder Erbitterung fertig zu werden wäre.
Vielleicht also ist unsere Ergebenheit nicht schuldhaft, nicht als bloße Untätigkeit vorwerfbar. Vielleicht ist sie identisch mit der Haltung, die frühere Generationen »Gottergebenheit« genannt und von jeglicher resignierenden Passivität und Schwäche sorgfältig unterschieden haben. Wenn unsere Gesellschaft nur halb so christlich wäre, wie sie es von sich bei jeder Gelegenheit behauptet, hätte sie auf den Gedanken längst kommen müssen. Dann bedürfte es keiner Erklärung, warum Martin Luther das Weltende herbeiwünschen konnte: »Komm, lieber Jüngster Tag.«[7] Das uns befremdlich anmutende Stoßgebet drückt weder Resignation aus noch Weltüberdruß. Im Unterschied zu uns Ungläubigen, die wir im »Jüngsten Tag« nur noch die Bedrohung zu sehen vermögen, war Luther und den meisten seiner Zeitgenossen auch der Verheißungscharakter des eschatologischen Begriffs noch gegenwärtig.
Uns muß man ihn erst mühsam und geduldig erklären. Wir müssen auch das versuchen. Nach der Schilderung der Gefahren und unserer voraussehbaren Verlorenheit ungeachtet aller aufzeigbaren Auswege soll im letzten Teil des Buchs auch der Versuch gemacht werden, eine Haltung rational zu begründen, mit der sich der Anblick des herannahenden Endes ohne Verdrängung und ohne Verzweiflung ertragen läßt.
Beginnen aber müssen wir mit einer Bestandsaufnahme der

Symptome, die den Ernst unserer Lage signalisieren. Den Anfang macht eine Schilderung der Gefahr, die, ungeachtet ihrer absoluten Tödlichkeit, dennoch als die geringste von allen anzusehen ist, da sie als einzige nicht mit völliger Gewißheit einzutreten braucht: die Gefahr unserer Vernichtung durch einen nuklearen Holocaust oder durch eine der anderen wissenschaftlich perfektionierten Ausrottungsmethoden zeitgenössischer »Kriegführung«.

Erster Teil
Die apokalyptischen Reiter

Der Krieg

$E = mc^2$

Am Montag, dem 6. August 1945, morgens um 9.15 Uhr, befand sich der amerikanische Bomber, dem sein Kommandant, Oberst Paul W. Tibbets jr., den Namen seiner Mutter »Enola Gay« gegeben hatte, in 5500 Meter Höhe exakt über dem Stadtzentrum von Hiroshima. Der Bombenschütze, Major Thomas W. Ferebee, öffnete den Schacht und warf die einzige Bombe ab, welche die Maschine mit sich führte, ein vier Tonnen wiegendes tropfenförmiges Stahlungetüm. Es verging einige Zeit, bis die Bombe auf jene Höhe von 600 Metern über dem Boden gefallen war, auf die man ihren automatischen Zünder eingestellt hatte. Als sie den Punkt erreichte, gab es einen Lichtblitz von so großer Helligkeit, daß jeder erblindete, der zufällig in seine Richtung geblickt hatte. In den anschließenden Minuten starben 70 000 Menschen (und mindestens die doppelte Anzahl folgte ihnen in den Wochen, Monaten und Jahren darauf auf qualvolle Weise). Die Stadt Hiroshima hatte – mit Ausnahme einiger Außenbezirke – aufgehört zu existieren.
Die Ursache der Katastrophe, die herbeizuführen außerordentliche Intelligenz erfordert hatte, bestand in dem Verschwinden von nicht ganz einem Gramm Materie. Im Inneren der Bombe hatten seine Erbauer eine ausgeklügelte technische Installation untergebracht, die im Augenblick der Zündung ein Zehntausendstel der Uranmenge von zehn Kilogramm verschwinden ließ, welche die »kritische Masse« der neuartigen Waffe bildeten.
Man könnte, durchaus zutreffend, wenn auch zynisch, sagen,

daß der Abwurf ein physikalisches Experiment darstellte, mit dem, für jedermann unübersehbar, eine Entdeckung Albert Einsteins bewiesen wurde, die anschaulich zu verstehen keinem Menschen möglich ist: die Entdeckung der grundsätzlichen Identität von Materie und Energie. Materie sei, so behauptete der geniale Physiker als erster Mensch, genaugenommen nichts anderes als eine besondere Zustandsform von Energie. (Von »geronnener« Energie haben manche Physiker später gesprochen.) Geglaubt hat ihm das anfangs außer seinen engsten Fachkollegen verständlicherweise niemand. Aber seit Hiroshima sind auch die letzten Zweifel verstummt.

Was Energie »ist«, weiß eigentümlicherweise niemand so recht. Auch von den Physikern bekommt man keine wirklich befriedigende Auskunft. Der berühmte englische Astrophysiker Sir Arthur Eddington hat seinerzeit gesagt, daß er und seine Kollegen bei der Verwendung des Begriffs Energie von »etwas« sprächen, ohne im geringsten zu wissen, worum es sich dabei handele. Nun liegt das fast ein halbes Jahrhundert zurück. Die Aussagen zeitgenössischer Wissenschaftler aber sind auch nicht sehr viel erhellender. Der an der Technischen Universität München lehrende Experimentalphysiker Edgar Lüscher definierte Energie (in einem für Laien geschriebenen Physikbuch!) kürzlich zum Beispiel folgendermaßen: »Der Physiker versteht unter Energie ganz allgemein eine abstrakte Größe eines Systems, die sich nie verändert, was immer in dem System geschieht.«[8]

Abgesehen davon, daß der Verweis auf eine »abstrakte Größe« inhaltlich nichts aussagt, ist diese Definition gerade in unserem Zusammenhang insofern auch noch irreführend, als sie die Möglichkeit auszuschließen scheint, um die es uns im Augenblick geht: die der Verwandlung von Materie in Energie und umgekehrt. Wir alle haben gelernt – und wir alle haben keine allzu großen Schwierigkeiten zu verstehen –, daß die »Fähigkeit, Arbeit zu leisten« (eine weitere Definition des so eigentümlich schwer faßbaren Energiebegriffs), in sehr verschiedenen Formen auftreten kann und daß sie die Formen ihres Auftretens wechselt: Aus potentieller Energie wird kinetische und dann Wärme-Energie, wenn ein zu Boden fallender Gegenstand sich beim Aufprall verformt, aus kinetischer potentielle Energie, wenn Wind einen Baum sich biegen läßt und so weiter. Unsere Technik besteht bekanntlich zu wesentlichen Teilen aus der planmäßigen Anwendung dieser Umwandlungsmöglichkeiten: etwa dann, wenn wir Kohle oder Öl verfeuern, um elektrischen Strom zu erzeugen, der dann seinerseits wieder in Wärme oder Licht oder in die kinetische Energie eines Staubsaugers umgewandelt wird, und ebenso in zahllosen anderen Fällen.

Alles, was wir dem noch hinzuzufügen haben, ist die allerdings sehr viel schwerer verständliche, wenn auch außer jedem Zweifel feststehende Möglichkeit, daß Energie auch »in der Form von Materie« auftreten kann, ja, daß alle Materie, die es gibt, einschließlich derer, aus der wir selbst bestehen, eine spezielle Form von Energie darstellt.

Es ist ganz sicher kein Zufall, daß wir angesichts dieser speziellen Umwandlungsmöglichkeiten Probleme mit unserer Vorstellungskraft haben. Unsere Anschauung ist schließlich während einer langen Stammesgeschichte in Anpassung an die alltäglich erfahrbaren Veränderungen und Abläufe in unserer Umwelt entstanden. Aber die Umwandlung von Energie in Materie oder – vice versa – von Materie in Energie gehört nicht zu diesen Alltagserfahrungen. Dies gilt, obwohl das Resultat eines solchen Umwandlungsprozesses die primäre Energieform darstellt, von der alle irdischen Lebensprozesse, Wind und Wetter und alle anderen energieverbrauchenden Abläufe auf der Oberfläche unseres Planeten »angetrieben« werden. Gemeint ist die von der Sonne ausgehende Strahlung, genauer: der relativ winzige Teil dieser Strahlung, der auf die 150 Millionen Kilometer entfernte Erde entfällt.

Diese Strahlung entsteht, wie wohl jeder schon einmal gelesen hat, im Zentrum der Sonne durch die Verschmelzung von Wasserstoffkernen zu Helium. Zwar handelt es sich hier nicht, wie bei der Hiroshima-Bombe, um eine Kernspaltung (»Fission«), sondern um den Prozeß einer Kernverschmelzung (»Fusion«). Das Entstehen von Energie ist aber auch in diesem

Falle die Folge des Verschwindens von Materie. Das kommt daher, daß die vier Wasserstoffatome, die jeweils (über mehrere komplizierte Zwischenschritte) miteinander zu einem Heliumkern verschmelzen, zusammen um einen winzigen Betrag schwerer sind als das Verschmelzungsprodukt. Der neue Heliumkern weist folglich im Vergleich zu dem Ausgangsmaterial, aus dem er entstand, einen »Massendefekt« auf.

Nun kann Materie nicht spurlos verschwinden. Das ist ein Naturgesetz, an dessen Gültigkeit nicht zu rütteln ist (»Erhaltungssatz«). Für den Teil, der als Materie zu existieren aufgehört hat, taucht vielmehr gleichzeitig ein ihm präzise entsprechender Energiebetrag auf, das sogenannte Energie-Äquivalent. Dieser Prozeß ist die Quelle der Sonnenstrahlung. Die Sonne verströmt sich also als Energiespender konkret physisch. Die Astrophysiker haben berechnet, daß sie in jeder Sekunde 4,5 Millionen Tonnen ihrer Materie durch »Massendefekt« verliert. Das ist ein gewaltiger Betrag. Dennoch hat die Sonne in ihrer ganzen bisherigen Lebensgeschichte (vier bis fünf Milliarden Jahre) dadurch erst weniger als ein Zehntausendstel ihrer Masse eingebüßt. Sie ist so unvorstellbar groß, daß man sie nur halb auszuhöhlen brauchte, wollte man den Mond in ihr in seinem natürlichen Abstand von 380 000 Kilometern um die Erde kreisen lassen.

So alltäglich die Erfahrung von Sonnenlicht auch immer ist, der Fusionsprozeß, dem es seine Entstehung verdankt, gehört gewiß nicht zu unserer Erfahrungswelt. Die Wissenschaftler haben ihn vielmehr unter großen intellektuellen Anstrengungen, mit Hilfe der unsere Alltagssprache an Reichweite weit übertreffenden Formelsprache der Mathematik und auf höchst indirektem Wege – der Prozeß ist ja tief im Inneren der Sonne verborgen – erst rekonstruieren und beweisen müssen. Der Versuch wäre aussichtslos gewesen, wenn man nicht bereits gewußt hätte, daß die Umwandlung von Materie in Energie grundsätzlich möglich ist. Die Astrophysiker wußten sogar noch mehr: Sie kannten das genaue Energie-Äquivalent, sie wußten präzise, wie groß der Energiebetrag sein würde, der auftreten mußte, wenn eine bestimmte Materiemenge verschwand. Sie wußten, daß er ungeheuer groß sein würde. Daß auch er menschliches Vorstellungsvermögen übersteigt. Sie konnten ihn nämlich mit Einsteins berühmter Formel $E = mc^2$ genau berechnen.

Mit dieser Formel hatte der große Physiker schon 1905 aufgrund komplizierter Rechnungen anhand der experimentellen Resultate sehr vieler seiner Physikerkollegen den Energiebetrag beschrieben, der in jedem Stückchen Materie »drinstekken« mußte. Es ist eine Formel von unüberbietbarer Einfachheit. Eine Formel, die in ihrer formalen Schlichtheit einen Widerschein bildet der Eleganz und Schönheit, welche aus uns unbekannten Gründen die fundamentalen Strukturen der Natur auszeichnen. Eine Formel aber auch, die einen Sachverhalt ausdrückt, der inzwischen begonnen hat, unser Überleben in Frage zu stellen.

Die Formel ist so einfach, daß es möglich ist, sie in gewöhnliche Alltagssprache zu übersetzen. $E = mc^2$ bedeutet, daß das Energie-Äquivalent einer bestimmten Materiemenge – also das Ausmaß der »Fähigkeit, Arbeit zu leisten«, das herauskommt, wenn ich ein bestimmtes Stückchen Materie in Energie »umtausche« – (in der Einheit »Wattsekunde« ausgedrückt) dem Betrag entspricht, der herauskommt, wenn ich die Masse des betreffenden Materiestücks (ausgedrückt in Kilogramm) mit dem Quadrat der Lichtgeschwindigkeit (ausgedrückt in Metern pro Sekunde) multipliziere. Auch ein Laie sieht sofort, daß dieser Betrag ungeheuer groß sein muß. Denn die von den Physikern abgekürzt »c« genannte Lichtgeschwindigkeit ist die größte naturgesetzlich mögliche Geschwindigkeit überhaupt, und hier soll sie ja sogar noch »im Quadrat«, also mit sich selbst multipliziert (c^2!), eingesetzt werden.

Das Licht legt im Vakuum in jeder Sekunde etwa 300 000 Kilometer zurück. Das sind 300 Millionen Meter pro Sekunde. Diese sind »hoch zwei« zu rechnen, was 90 Trillionen Meter zum Quadrat pro Sekunde zum Quadrat ergibt. Nehmen wir einmal an, die Materiemenge, deren Energie-Äquivalent uns interessiert, wöge genau ein tausendstel Kilogramm, das heißt also ein Gramm. Dann wären also 90 Billionen Wattsekunden der in dieser Materie steckende Energiebetrag. Umgerechnet auf die gewohntere Einheit der Kilowattstunde besagt Einsteins Formel, daß in jedem Gramm einer beliebigen Materiemenge der gewaltige Energiebetrag von rund 25 Millionen Kilowattstunden steckt.

Versuchen wir, diese Proportion zwischen Energie und ihrem »geronnenen Zustand« als Materie an einigen konkreten Beispielen anschaulich werden zu lassen. Die Aussage $E = mc^2$ bedeutet, daß etwa 0,3 Gramm Wasser dann, wenn es gelänge, sie restlos in Energie »umzutauschen«, ausreichen würden, um mehr als 10 000 Tonnen Wasser in Dampf zu verwandeln (und mit diesem dann zum Beispiel Kraftwerke zu betreiben). Zehn Kilogramm Materie würden genügen, um den Bedarf der USA an elektrischem Strom für ein ganzes Jahr zu decken. Die in diesem Buch enthaltene Materie würde genug Energie liefern, um einen großen Ozeandampfer ein ganzes Jahrhundert lang antreiben zu können.

Das alles ist allerdings bloße Theorie. Denn die restlose Umwandlung von Materie ist bisher gänzlich unmöglich. Der Nutzeffekt ist sehr viel geringer. Er beträgt sowohl bei der Kernspaltung als auch bei der Kernfusion kaum mehr als ein Zehntel Prozent. Das klingt nach nicht sehr viel. Die Fähigkeit, »etwas anzurichten«, ist aber selbst bei diesem Bruchteil des theoretisch Möglichen noch immer so ungeheuerlich, daß wir uns vor den Folgen mit Recht fürchten.

Ehe wir auf diese Folgen näher eingehen, müssen wir das physikalische Prinzip kurz erläutern, das es dem Menschen möglich gemacht hat, sie auszulösen.

Der Zugang zum atomaren Feuer

Glücklicherweise ist diese Welt so beschaffen, daß die Materie, aus der sie besteht, unter normalen Umständen nicht explodiert. Sie neigt dazu in so geringem Grade, daß die Entdeckung, sie sei dazu überhaupt in der Lage, sensationell und

zunächst ganz unglaublich wirkte. Im Zentrum der Sonne geschieht das zwar seit vielen Jahrmilliarden, aber die dort herrschenden Bedingungen – 15 Millionen Grad Hitze und ein Druck von mehr als 200 Milliarden Atmosphären – sind gewiß nicht normal zu nennen, jedenfalls dann nicht, wenn man irdische Verhältnisse als Vergleichsmaßstab heranzieht. Auf der Erde kommen diese eine Kernfusion auslösenden Bedingungen unter natürlichen Umständen niemals vor.
Glücklicherweise, ist man versucht zu sagen. Aber das ist genaugenommen natürlich höchst unlogisch. Denn wenn es anders wäre, wenn also irdische Materie von Zeit zu Zeit spontaner atomarer Explosionen fähig wäre, gäbe es uns nicht, und wir hätten daher auch keine Möglichkeit, uns Sorgen zu machen. Anlaß unserer Besorgnis ist der Umstand, daß der Fall gewissermaßen andersherum liegt: Unter normalen Umständen, solange es keine Menschen gab, war die irdische Materie – abgesehen einmal von dem langsamen Zerfall der schwersten, der sogenannten radioaktiven Elemente – stabil. Die extremen Bedingungen, die diese Stabilität aufheben, gab es nicht. Daß sie heute auch auf der Erde realisiert werden können, ist allein der Hartnäckigkeit und Intelligenz des Menschen zuzuschreiben.
Noch vor fünfzig Jahren schien die Möglichkeit, die in der Materie steckende atomare Energie jemals freisetzen oder gar nutzen zu können, so unerreichbar, daß der berühmte Physiker Ernest Rutherford, den man als den Vater der modernen Kernphysik anzusehen hat, das Urteil abgab: »Wer von der Möglichkeit einer technischen Anwendung der in der Materie steckenden atomaren Energie redet, ist ein Schwätzer« (».‥is talking moonshine«). Auch Einstein hat an diese Möglichkeit noch kurz vor dem letzten Krieg nicht geglaubt.
Was war der Grund für diese Skepsis? Die Situation, wie sie sich in den Köpfen der Experten damals spiegelte, sah etwa folgendermaßen aus: Sinnvolle Überlegungen, wie an die in aller Materie steckende Kernenergie heranzukommen wäre, ließen sich nur im Hinblick auf die beiden Enden der – nach ihren Atomgewichten geordneten – Reihe der 92 existierenden

Elemente anstellen. Nur Wasserstoff, das leichteste von allen, und die schwersten Elemente kamen in Frage – etwa das Uran oder auch Plutonium, ein künstliches Element mit der Nummer 94, das beim Betreiben eines Uranreaktors als Nebenprodukt entsteht.

Im Falle des Wasserstoffs würde sich die Energie durch Fusion zu Helium freisetzen lassen – theoretisch jedenfalls. Dies Prinzip der »Wasserstoffbombe« war den Theoretikern damals durchaus schon bekannt. Sie wußten auch, daß es nicht nur in der Theorie funktionierte, denn daß die Sonne aus eben diesem Prozeß ihre unerschöpflich scheinende Energie gewinnt, galt schon in den dreißiger Jahren als ziemlich gesichert. Sämtliche Beteiligten waren jedoch unisono davon überzeugt, daß es sich dabei unter technischem Aspekt um eine für alle Zukunft rein hypothetisch bleibende Möglichkeit handelte. Denn wenn die im Kern der Sonne herrschenden Bedingungen damals auch nur näherungsweise abgeschätzt werden konnten, so stand doch über allem Zweifel fest, daß sie extrem waren und daß ihre Herbeiführung daher außerhalb des irdisch Machbaren lag. Hundert oder mehr Milliarden Atmosphären Druck und die »Sterntemperatur« von mehr als zehn Millionen Grad ließen sich, darin war man sich einig, auf der Erde grundsätzlich und für alle Zeiten auf keine Weise erzeugen.

Und je weiter man die Reihe der Elemente[9] vom Wasserstoff (mit der Ordnungszahl 1) über Helium (Ordnungszahl 2) nach oben verfolgte, um so extremer wurden die Bedingungen für die Realisierung einer »Fusion«. Die schon im Falle des Wasserstoffs wahrhaft astronomischen Bedingungen nahmen mit jedem schwereren Element weiter zu.

Dies liegt an den mit steigender Kernladung (Ordnungszahl) immer mehr zunehmenden elektrostatischen Abstoßungskräften innerhalb des Atomkerns (der sogenannten Coulomb-Barriere), deren Überwindung dementsprechend immer höhere Temperaturen und Drücke erfordert.

Eben diese elektrostatischen Abstoßungskräfte führen dann aber bei den schwersten Kernen (mit den höchsten Kernladungszahlen) zu einer ganz neuen Situation. Die auf das Blei folgenden Elemente Polonium (Ordnungszahl 84), Radium (88) bis zum Uran mit der Kernladungszahl 92 – und das gilt ebenso für die dazwischen liegenden weniger bekannten Elemente Astatin, Radon, Francium und so weiter, die hier außer acht bleiben können – sind »radioaktiv«. Sie zerfallen über mehrere Zwischenschritte ganz langsam, indem sie zum Beispiel Protonen und Neutronen aus ihren Kernen spontan abstrahlen. Dadurch wandeln sie alle sich langsam, aber sicher in leichtere Elemente (mit entsprechend niedrigeren Kernladungszahlen) um. Das setzt sich jeweils fort, bis sie zu Blei geworden sind. Auf dieser niedrigeren Stufe erst erweist sich ihr Kern als stabil. Blei ist, vom oberen Ende der Reihe aus gesehen, das erste stabile Element.

Was ist von dieser Sachlage zu halten? Wieder war es Ernest Rutherford, der als erster auf die richtige Deutung kam. Allem Anschein nach waren die Kerne der jenseits des Bleis gelegenen Elemente so schwer und damit so kompliziert zusammengesetzt, daß ihre Lebensfähigkeit darunter litt. Der Atomkern des gewöhnlichen Urans etwa ist aus 92 elektrisch positiv geladenen Protonen (daher: Kernladungszahl 92) und zusätzlich nicht weniger als 146 elektrisch neutralen Neutronen zusammengesetzt. Insgesamt gibt das dem Kern das »Atomgewicht« (die Physiker sprechen hier von der »Massenzahl«) 238. (Die extrem leichten Elektronen, die dieses höchst komplizierte Gebilde eines Atomkerns umkreisen, können bei der Charakterisierung eines Atoms durch sein Gewicht außer Betracht bleiben.) 92 (negativ geladene) Elektronen sind es, die den Urankern umkreisen. Wie bei allen intakten Atomen also genauso viele, wie der Kern jeweils Protonen enthält. Ein nicht»ionisiertes«, also eines Teils seiner Elektronen beraubtes, Atom ist daher nach außen hin elektrisch neutral.

Selbst wenn man versuchte, sich anhand dieser Angaben ein einzelnes Uranatom wie aus kleinen Billardkugeln zusammengesetzt vorzustellen (was die Situation in grob verfälschender Weise vereinfachen würde), kann einem schwindlig werden. Die Realität innerhalb des wirklichen Atoms ist noch viel komplizierter. Das Zusammenspiel der Kernbindungskräfte,

welche die – sich gegenseitig wegen ihrer gleichsinnigen elektrischen Ladung mit großer Kraft abstoßenden – Protonen zusammenhalten, und die Kraftfelder, welche die Beziehung zwischen diesem Kern und den ihn auf verschiedenen »Schalen« umlaufenden 92 Elektronen herstellen, lassen sich bis heute nicht einmal mathematisch in allen Details erfassen.
Verständlich also, daß das Uranatom nicht sehr haltbar ist, daß es langsam, aber sicher spontan zerfällt. Verständlich auch, daß es jenseits des Urans keine natürlichen Elemente mehr gibt. Genauer muß man sagen: daß es auf der Erde heute keine »Trans-Urane« *mehr* gibt. Denn bei den in allen Sternen ablaufenden Fusionsprozessen werden außer allen anderen Elementen auch heute noch immer aufs neue große Mengen von ihnen erzeugt. Auch die Urerde enthielt sie daher in nicht geringer Zahl. Ihre Unstabilität ist aber eben so groß, daß sie innerhalb meist sehr kurzer Fristen durch Zerfall wieder verschwinden oder besser: als Blei enden.
In den Zeitungen tauchen in Abständen immer wieder Meldungen auf, in denen es heißt, daß es diesem oder jenem Forscherteam mit Hilfe eines der riesigen Teilchenbeschleuniger gelungen sei, ein neues, künstliches Element herzustellen. Es handelt sich dabei stets um Trans-Urane, also Elemente mit einem »Atomgewicht« (einer Massenzahl) von mehr als 238. (Zwischen dem Wasserstoff und dem Uran ist für neue Elemente sozusagen kein Platz mehr, weil die Reihe lückenlos alle in diesem Bereich überhaupt möglichen Kerngewichte und -zusammensetzungen in der Gestalt schon bekannter Elemente enthält.) Die Menge der neuartigen Materie beschränkt sich dabei in aller Regel auf eine kleine Zahl einzelner Atome, deren Lebensdauer allenfalls Sekundenbruchteile, mitunter nur Bruchteile von Millionstelsekunden beträgt. Stabilität ist eben jenseits des Urans nicht mehr möglich.
Eine bedeutsame Ausnahme bildet das Plutonium mit der Ordnungszahl 94. Zwar ist auch sein Kern nicht mehr stabil. Die Lebensdauer aber der in unserem Zusammenhang wichtigsten Plutonium-Art, die des sogenannten Plutonium-239, ist doch mit einer »Halbwertszeit«[10] von 24 360 Jahren noch so

groß, daß dieses Trans-Uran technisch – leider, wie man hinzufügen möchte – nutzbar ist.

Die Bedingungen für eine Kernfusion, die schon im Falle des Wasserstoffs unerfüllbar schienen, wurden also mit jedem schwereren Element immer utopischer. Aber wenn es daher nicht möglich war, leichte Elemente zu »fusionieren«, vielleicht ließ sich dann am anderen Ende der Reihe, beim Uran, etwas ausrichten? Wenn sein Kern und der des Plutonium-239 schon aufgrund ihrer inneren Struktur (der in ihnen wirkenden Coulomb-Abstoßungskräfte) so unstabil waren, daß sie, wenn auch sehr langsam, von selbst zerfielen, vielleicht konnte man dann hier mit dem umgekehrten Prozeß, dem einer Kernspaltung (»Fission«), an die legendäre Atomenergie herankommen?

Man wußte, daß es auch dabei zu einem »Massendefekt« kommen würde. Es ließ sich berechnen, daß in diesem Falle – dem der schwersten Elemente am oberen Ende des »periodischen Systems« – die Summe der Gewichte der Spaltprodukte um einen winzigen Bruchteil kleiner sein würde als die des ungespaltenen Kerns. Auch dieser Materiebruchteil konnte nicht »spurlos« verschwinden. Auch für ihn mußte daher das entsprechende Energie-Äquivalent auftauchen. Zwar würde der Massendefekt bei einer Kernspaltung etwa achtmal kleiner sein als bei der Fusion von Wasserstoff. Trotzdem würde die Energieausbeute immer noch geradezu phantastisch ausfallen. Aber so einleuchtend der Zugang theoretisch auch erschien, die Experten blieben pessimistisch, was die Realität betraf. Die Mehrzahl von ihnen kam zu dem Schluß, daß das »atomare Feuer« dem Menschen auch angesichts dieser Möglichkeit vorenthalten bleiben würde (worüber die meisten von ihnen gleichzeitig allerdings erleichtert gewesen sein dürften). Nicht einmal die 1938 aus Berlin kommende Nachricht von der Spaltung des Urankerns durch Otto Hahn vermochte ihre Skepsis zu erschüttern. Albert Einstein hat den Grund seiner Ungläubigkeit damals mit einem anschaulichen Vergleich erläutert: »Wir sind«, so sagte er, »in der Situation von miserablen Schützen, die in tiefer Dunkelheit in einem Gebiet auf Vögel schießen, in dem es nur sehr wenige Vögel gibt.«

Was meinte er damit? Um einen Atomkern, und sei er schon von Natur aus so zerbrechlich wie der des Urans, aufzuspalten, mußte man ihn mit Neutronen beschießen. Nur mit diesen Elementarteilchen als Geschossen war der Versuch sinnvoll. Neutronen haben die gleiche Masse wie die im Kern steckenden Protonen, im Gegensatz zu diesen sind sie jedoch elektrisch neutral (daher ihr Name). Das heißt, daß sie einerseits genug Energie übertragen können, um den Zusammenhalt der Kernbauteile erschüttern zu können, und daß sie andererseits auf ihrem Wege dorthin nicht von der elektrischen Ladung des Kerns abgebremst oder abgelenkt werden können – als neutrale Teilchen spüren sie diese Ladung überhaupt nicht.

Bis dahin war alles klar und eindeutig. Für den nächsten Schritt aber lag der Knüppel sozusagen neben dem Hund. Die Frage war: Woher die Neutronen nehmen? Die benötigten Geschosse ließen sich nur mit gewaltigem Energieaufwand – mit Hilfe der größten damals existierenden Teilchenbeschleuniger – in geringen Mengen erzeugen. Wenn man elektrisch geladene atomare Teilchen durch die elektrische Spannung in einem Zyklotron beschleunigte und zum Beispiel auf Beryllium losließ, dann trafen einige der Milliarden Geschosse auch einmal den Kern eines Beryllium-Atoms und sprengten dabei einige Neutronen aus ihm heraus. Mehr war nicht möglich. Es war wirklich so, als feuerten Millionen Jäger auf gut Glück ihre Gewehre in den dunklen Nachthimmel ab mit der kleinen Chance, vielleicht rein zufällig den einen oder anderen Vogel herunterzuholen. Es war genau die Situation, die Einstein beschrieben hatte.

Wenige Monate später aber schickte Einstein den berühmten Brief an Franklin D. Roosevelt, in dem er den amerikanischen Präsidenten auf die entsetzliche Möglichkeit hinwies, daß Hitler »Atomwaffen« in die Hände bekommen könnte. Immerhin waren Experten wie Otto Hahn, Werner Heisenberg oder auch Max Planck in Deutschland geblieben. Sie alle haben allerdings zu wiederholten Malen versichert, daß sie sich niemals dazu hergegeben hätten, Hitler die Mittel zu verschaffen, die es ihm erlaubt hätten, sein unmenschliches System in ganz Europa, womöglich in der ganzen Welt zu etablieren.

Wir haben auch nicht den geringsten Grund, an dem Wort dieser Männer zu zweifeln. Aber es gab ja nicht nur sie. Alle entscheidenden Ergebnisse waren veröffentlicht. Und es gab damals in Deutschland genug Physiker, die in der Lage waren, aus diesen Ergebnissen ihre Schlüsse zu ziehen, und an deren charakterlicher Festigkeit berechtigte Zweifel bestanden. Man braucht nur an den Physiker und Nobelpreisträger (!) Philipp Lenard zu denken, der sich als ein so fanatischer Nationalsozialist entpuppt hatte, daß er Einsteins Hinauswurf aus der Preußischen Akademie der Wissenschaften mit der Bemerkung begrüßte, dieser Mann habe eine »jüdische Physik betrieben«. In einer Gesellschaft, deren Geistesverfassung es zuläßt, daß derartiger Irrsinn als Argument ernstgenommen wird, muß man mit allen Möglichkeiten rechnen. Einsteins Befürchtungen waren nur allzu begründet.

Aber warum eigentlich diese radikale Kehrtwendung angesichts des zugrundeliegenden physikalischen Problems? Warum erschien Einstein und seinen Kollegen jetzt auf einmal als eine die Sicherheit der ganzen Welt bedrohende Möglichkeit, was sie noch kurz zuvor als entlegene Utopie von sich gewiesen hatten? Ganz einfach: Die genauere Auswertung des Spaltungsversuchs von Otto Hahn und einiger anderer Experimente hatte in der Zwischenzeit gezeigt, daß von einem Neutronenmangel im Falle der Uranspaltung überhaupt nicht die Rede sein konnte. Das Gegenteil traf zu. Es würde Neutronen im Überfluß geben. Der gespaltene Atomkern lieferte sie selbst.

Man hatte entdeckt, daß bei der Aufspaltung eines einzelnen Uranatoms jedesmal mindestens zwei, mitunter sogar drei Neutronen frei werden. Diese würden, die Schlußfolgerung lag auf der Hand, weitere, benachbarte Urankerne aufspalten können und in diesem Falle abermals zwei- bis dreimal mehr Neutronen freisetzen, als ihrer eigenen Zahl entsprach. Diese Neutronen der »dritten Generation« würden das gleiche bewirken und so fort. Theoretisch mußte grundsätzlich also ein einziges Neutron genügen, um auf dem Wege einer solchen »Kettenreaktion« eine bestimmte Menge Uran atomar explodieren zu lassen. Die dazu erforderlichen Neutronen-Geschos-

se würde der Spaltungsprozeß selbst laufend im Überschuß produzieren.
Theoretisch war der Zugang zum atomaren Feuer mit dieser Entdeckung plötzlich frei geworden. Technisch, hinsichtlich der praktischen Anwendung des Prinzips, gab es allerdings noch einige gravierende Probleme. Sie hingen mit dem Phänomen des »durchschnittlichen freien Neutronenwegs« zusammen und der Tatsache, daß das auf der Erde natürlich vorkommende Uran ja keineswegs spontan explodiert.

Kernwaffen: Wie man Materie zur Explosion bringt

Die uns so undurchdringlich und fest erscheinende Materie besteht in Wirklichkeit zum größten Teil aus leerem Raum. Die Größe eines Atomkerns und sein Abstand von der ihn umgebenden Elektronenhülle sind maßstäblich dem Abstand vergleichbar, den ein großer Flugzeugträger von der englischen beziehungsweise der amerikanischen Küste hat, wenn er sich gerade in der Mitte des Atlantiks befindet. Dazwischen ist nichts. Wenn man die Materie unseres Körpers so zusammenpressen würde, daß ihre Atomkerne wirklich »dicht an dicht« gepackt wären, dann schrumpften wir zu einer Materiekugel unterhalb der Sichtbarkeitsgrenze zusammen, die auch dann allerdings immer noch so schwer wäre, wie es dem Gewicht unseres Körpers in seinem ursprünglichen Zustand entsprach. Daß das keine bloße Phantasterei ist, haben die Astronomen in den letzten Jahrzehnten herausgefunden.
Es gibt Sterne, deren Materie tatsächlich auf eine solch abnorme Dichte »zusammengebrochen« ist, die sogenannten Neutronensterne. Bei ihnen handelt es sich um ehemalige Sonnen, die nach dem Erlöschen des atomaren Feuers in ihrem Zentrum, das bis dahin den Kollaps verhinderte, unter ihrem eigenen Gewicht auf Kugeln mit einem Durchmesser von nur noch zehn oder zwanzig Kilometern geschrumpft sind. Ein

Stück ihrer abnorm verdichteten Materie von der Größe einer Streichholzschachtel würde auf der Erde mehrere Millionen Tonnen wiegen und sofort durch die feste Erdkruste und den ganzen Erdmantel hindurchfallen, um erst im Erdmittelpunkt zur Ruhe zu kommen.

Normale Materie also besteht zu mehr als 99 Prozent gewissermaßen aus »nichts«. Daß sie uns dennoch fest und undurchdringlich vorkommt, liegt einfach nur daran, daß wir ihre Festigkeit mit unseren Händen, mit Werkzeugen oder anderen Objekten zu beurteilen pflegen, die ja ebenfalls aus Materie bestehen. Der Fall liegt etwa so wie der von zwei Gewitterwolken, die, von einem heftigen Sturm getrieben, aufeinanderstoßen und sich dabei verformen, sich so gegenseitig ihre »undurchdringliche Festigkeit« beweisend. Was von dem »Beweis« in Wirklichkeit zu halten ist, wird sofort ersichtlich, wenn ein Vogel durch eine der beiden Wolken hindurchfliegt, ohne irgendeinen Widerstand zu spüren. Die Rolle dieses Vogels können im Falle der Materie zum Beispiel Röntgenstrahlen spielen oder die Teilchen der kosmischen Höhenstrahlung oder eben auch freie Neutronen in einem Stückchen Uran.

Wie groß ist deren Chance, dabei auf einen der winzigen Kerne der Atome zu treffen, aus denen das Materiestück besteht? Ganz offensichtlich hängt das von der Länge des Weges ab, den sie zurückzulegen haben, bis sie den Uranbrocken durch seine Oberfläche hindurch verlassen. Wenn sie bis zu diesem Augenblick keinen Kern getroffen haben, ist das Spiel für sie zu Ende. Ihre Chance aber, vorher einen Treffer zu erzielen, ist verständlicherweise um so größer, je länger der Weg innerhalb des Urans ist, anders gesagt, je größer das Stück Uran ist, in dem sie freigesetzt wurden.

Wenn man weiß, wie groß ein Atomkern ist – einhundert Milliarden von ihnen ergeben nebeneinandergelegt eine Strecke von etwa einem Millimeter – und wie viele Atome sich in einem bestimmten Volumen befinden, dann kann man die »mittlere freie Wegstrecke« eines Neutrons berechnen, die Strecke also, die es etwa in einem Stück Uran im Durchschnitt zurücklegen muß, bis es einen Atomkern so voll trifft, daß es ihn auseinanderbrechen läßt. Die Größe, die das Uranstück mindestens haben muß, damit die Wege (und damit die Trefferchancen) für die in seinem Inneren umherschwirrenden Neutronen lang genug sind, um eine anwachsende Neutronenzahl entstehen zu lassen, nennen die Physiker seine »kritische« Größe oder Masse. Immer dann also, wenn diese »kritische« Größe überschritten wird, kommt im Uran die beschriebene Kettenreaktion in Gang, mit anderen Worten: Es kommt zur »Atomexplosion«.

Aber da gab es noch weitere Schwierigkeiten. Es läßt sich leicht erklären, warum das auf der Erde natürlich vorkommende Uran nicht atomar explodiert. Es ist in der Erdkruste so dünn verteilt, daß nirgendwo auch nur annähernd seine kritische Masse erreicht wird. Die granithaltigen Schichten der Erdkruste, in denen es vorkommt, weisen nicht mehr als höchstens einige Gramm in jeder Tonne Gestein auf. Hinzu kommt, daß das »normale« Uran mit der Massenzahl 238, kurz U-238 genannt, aus bestimmten physikalischen Gründen für den Spaltungsprozeß so gut wie unbrauchbar ist.[11] In Frage kommt nur eine weitaus seltenere Variante desselben Elements, das »Isotop« U-235, das, wie seine Massenzahl verrät, drei Neutronen weniger im Kern hat, sonst aber mit U-238 identisch ist. Natürliches Uran enthält nun aber nur 0,7 Prozent U-235, der ganze Rest von 99,3 Prozent entfällt auf das für Bombenbauer uninteressante U-238.

Zunächst einmal galt es daher, die Gramm-Portionen Uran aus den Gesteinsmassen zu gewinnen, in denen sie vorkamen. Anschließend mußten dann aus dem möglichst gereinigten Gemisch der beiden Uransorten die 0,7 Prozent der für den angestrebten Zweck allein geeigneten Variante herausgeholt werden. Das sagt sich so einfach. Da U-238 und U-235 sich jedoch, wie das für Isotope ganz allgemein gilt, chemisch in keiner Weise voneinander unterscheiden, ließ ihre Trennung sich nicht mit einer der üblichen und bekannten Methoden bewerkstelligen. Hier tauchten völlig neue Probleme auf, für die ganz neue Lösungen überhaupt erst gefunden werden mußten.

Der überwiegende Anteil des in der Geschichte der Technik seit dem Bau der Pyramiden beispiellosen Aufwands, mit dem die Amerikaner während des letzten Krieges das legendäre »Manhattan-Projekt« durchpeitschten, galt denn auch der Trennung dieser beiden Uran-Isotope.

Als man dann schließlich genug gereinigtes U-235 zur Verfügung hatte, um eine »kritische Masse« bilden zu können, stand man vor dem letzten entscheidenden Problem. Die kritische Masse von U-235 liegt bei 22,8 Kilogramm. (Sie läßt sich durch bestimmte technische Tricks, die gleich noch zur Sprache kommen, drastisch reduzieren.) Wenn man aus U-235 eine kleine Kugel von der Größe eines Tischtennisballs herstellt, passiert daher noch nicht viel. Zwar würde die Zahl der Spaltungsvorgänge auch im Inneren dieser kleinen Kugel bereits nachweisbar zunehmen. Die dabei frei werdenden Neutronen verlören sich jedoch durch die Oberfläche hindurch so rasch im Freien, daß eine Kettenreaktion mit dem typischen Sturzbach sich ständig multiplizierender Neutronengenerationen nicht zustande käme. Spürbarer wären die Folgen schon, wenn wir als nächstes eine Kugel im Format einer Kokosnuß formten. Auch jetzt ist die kritische Größe noch immer nicht erreicht. Die Zahl der Spaltungsvorgänge wäre jetzt aber doch schon so groß, daß die Kugel sich spürbar aufheizen würde.

Wenn wir das Ganze darauf mit einer Kugel von etwa Fußballgröße wiederholen würden, wären wir endlich bei der »kritischen Masse« angekommen. Da Uran schwerer ist als Blei, das schwerste aller natürlichen Elemente überhaupt, fällt die dafür benötigte Kugel kleiner aus als erwartet. Jetzt also kommt die Kettenreaktion definitiv in Gang. Das heißt nichts anderes, als daß die durch Spaltungsprozesse laufend neu erzeugten Neutronen rascher zunehmen als die Zahl derer, die durch die Oberfläche der Kugel entweichen und für die Fortsetzung des Prozesses damit ausfallen. Die »Kern-Explosion« setzt also ein – aber nur, um nach Bruchteilen von Millionstelsekunden sofort wieder zu erlöschen. Denn sobald die Hitzegrade erreicht sind, die der einer ganz gewöhnlich explodierenden Granate entsprechen, fliegt ja auch die Urankugel explosionsartig auseinander. Damit aber wird die kritische Masse, eben erst entstanden, sofort wieder unterschritten. Die Explosion hat sich selbst ausgelöscht, bevor sie überhaupt richtig zu funktionieren begann. Das war nicht das, was die Erbauer der Atombombe im Sinn hatten. Hartnäckigkeit und Intelligenz aber ließen sie, wie heute jeder weiß, auch mit diesem letzten Problem erfolgreich fertig werden.

Die Aufgabe war klar: Es kam darauf an, die kritische Masse erst in dem Augenblick entstehen zu lassen, in dem die Explosion erfolgen sollte. Um sie dann aber mit der erwünschten Gewalt wirksam werden zu lassen, war es notwendig, diese Masse so lange wie irgend möglich dicht komprimiert zusammenzuhalten. Nur dann blieb dem Neutronenfluß die Zeit, zu nennenswerter Intensität anzuschwellen. Nur ein Neutronenfluß möglichst großer Dichte konnte eine Zahl von Kernspaltungen auslösen, die einen spürbaren Massendefekt zur Folge hatte. Dieser Massendefekt aber, die eigentliche Quelle der atomaren Explosion, sollte natürlich so groß wie nur irgend möglich ausfallen.

Es gelang, die Aufgabe mit altbewährten, durchaus »konventionellen« Methoden befriedigend zu lösen. Alles, was man benutzte, waren gewöhnliches Schießpulver und ein wenig artilleristische Erfahrung. Man stellte zwei Halbkugeln aus U-235 her, die zusammen etwas mehr als die kritische Masse bildeten. Diese wurden jede für sich in die beiden einander gegenüberliegenden Enden eines Stahlrohrs gesteckt und im Augenblick der Zündung mit gewöhnlichem Dynamit »zusammengeschossen«. Der Druck der Pulverexplosion verlängerte den Zusammenhalt der entstehenden Urankugel um entscheidende Millionstelsekunden. Außerdem verdichtete er das Uran für einen kurzen Augenblick so stark, daß der Wert der kritischen Masse stark absank.

Schließlich hatte man die ganze Apparatur noch in einen tonnenschweren Stahlmantel gesteckt. Dieser übte zwei Funktionen aus. Zunächst einmal trug auch er dazu bei, die kritische Masse möglichst lange zusammenzuhalten. Außerdem aber hatte man ihn innen mit Beryllium überzogen, das wie ein Reflektor den Neutronenfluß verstärkte: Es ließ für jedes ein-

treffende Neutron, das es einfing, bei einer durch den Einfang ausgelösten Kernreaktion zwei neue Neutronen entstehen. Vereinfacht gesprochen flog eines davon nach außen fort, das andere aber »nach innen«, in die Urankugel zurück, so daß in dieser alles in allem die Neutronenzahl fast erhalten blieb.
Endlich war man soweit. Jetzt konnte die Probe aufs Exempel stattfinden. Eine Versuchsexplosion wurde vorbereitet und am 16. Juli 1945 in der Wüste von New Mexico gezündet. William L. Laurence, dem als einzigem Journalisten von der amerikanischen Regierung die Genehmigung erteilt worden war, an der Entwicklung des Manhattan-Projekts von Anbeginn als Augenzeuge teilzunehmen – um nach dem Kriege über das gewaltige Unternehmen aus erster Hand berichten zu können –, schildert die ungeheure Spannung, die alle beteiligten Wissenschaftler, Techniker und Militärs ergriff, als der Augenblick der Versuchszündung näher rückte.
»Die meisten Anwesenden beteten inbrünstiger, als sie es je getan hatten... Dr. Oppenheimer, auf dem eine schwere Bürde gelastet hatte, geriet in eine immer größere Spannung, als die letzten Sekunden abliefen. Er atmete kaum noch. Er suchte Halt an einem der Pfeiler. Während der letzten Sekunden blickte er starr vor sich hin.«[12] Und dann die Reaktion der Anwesenden auf den Erfolg des Experiments: »Die Spannung im Raum war gewichen, und alle begannen, einander Glück zu wünschen... Dr. Kistiakowsky warf seine Arme um Dr. Oppenheimer und umarmte ihn unter Freudenrufen. Andere waren ebenso begeistert... denn alle schienen sofort zu spüren, daß die Explosion bei weitem selbst die optimistischsten Erwartungen und die kühnsten Hoffnungen der Wissenschaftler übertroffen hatte.«
Nachträglich ist es leicht, diesen Männern Zynismus vorzuwerfen. Man muß ihnen fairerweise den ungeheuren Druck zugute halten, unter dem sie viele Jahre lang gestanden hatten. Sie hatten die amerikanische Regierung dazu bewogen, mitten im Krieg die gewaltigste technisch-industrielle Anstrengung aller Zeiten zu unternehmen – auf ihr bloßes Wort hin, in blindem Vertrauen auf die Zuverlässigkeit ihrer Formeln, im Hinblick

auf ein theoretisch errechnetes Ergebnis, das bis zum Beweis seiner Realisierbarkeit als Utopie angesehen werden mußte. Für sie war der Versuch in der Wüste zuallererst der Augenblick der Wahrheit. Die über Jahre hinweg mit Ungeduld, aber auch mit Angst erwartete Entscheidung darüber, ob sie recht gehabt hatten oder ob sie einem Phantom nachgejagt waren.

Vor diesem Hintergrund ist ihre Erleichterung, ja Begeisterung verständlich. Sogar die Tatsache, daß die meisten von ihnen für das Gelingen beteten. Zyniker darf man sie gerechterweise nicht nennen. Makaber bleibt die Szene nichtsdestoweniger. Denn die Intelligenz all dieser klugen Männer hätte auch dazu ausgereicht, sie erkennen zu lassen, daß ein »Mißerfolg« alles in allem bei weitem vorzuziehen gewesen wäre. Dieser kleine in der Wüste versammelte Kreis von Eingeweihten wäre mehr als irgend jemand sonst befähigt gewesen einzusehen, welche Ängste und Bedrohungen der Menschheit erspart bleiben würden, wenn ihr Versuch, das atomare Feuer in die Hand zu bekommen, fehlschlug. Einzusehen, daß Erleichterung und Begeisterung in Wahrheit eigentlich nur dann angebracht wären, wenn ihre unvergleichliche Kraftanstrengung nichts bewirkt und damit bewiesen hätte, daß den Menschen die tödliche Versuchung erspart bleiben würde, der die amerikanische Kriegführung schon wenige Wochen später im Falle von Hiroshima prompt erlag.

Die Intelligenz hätte ausgereicht. Aber der Mensch besteht eben nicht aus Intelligenz allein. Und daher gewannen in dem entscheidenden Augenblick Erleichterung und Begeisterung darüber die Oberhand, daß einem eine gewaltige Blamage erspart blieb, daß man nicht zur Rechenschaft gezogen werden konnte für die mehrjährige »sinnlose« Verschleuderung von kriegswichtigem Material, Arbeitskraft und mehreren Milliarden Dollar. Und nicht zuletzt die Erleichterung darüber, daß man als Wissenschaftler sein »Gesicht« gewahrt hatte, daß man davor sicher sein konnte, außer mit Vorwürfen auch noch mit Hohn und Spott überschüttet zu werden. Es gehört zu den unbestreitbar gemeingefährlichen Seiten unserer

Veranlagung, daß in einem solchen Augenblick unser Selbstgefühl höher rangiert als jede erdenkliche zukünftige Konsequenz – und handele es sich bei ihr um das Überleben der Menschheit. Es mag erschreckend sein, sich darüber klarzuwerden. Aber so ist es nun einmal. Niemand von uns hätte in gleicher Lage anders reagiert.
Nachträglich freilich kamen dann sofort auch die Skrupel und Bedenken. Aber da war der Teufel schon aus der Flasche. Bekanntlich versuchten Oppenheimer und seine Kollegen den Abwurf der ersten Bombe auf eine japanische Großstadt durch den Vorschlag zu verhindern, gegnerische Parlamentäre als Beobachter zu einer erneuten Testexplosion einzuladen. Sie waren überzeugt, daß die Demonstration genügen würde. Den eigenen Militärs aber genügte sie nicht. Sie setzten sich ohne Mühe durch und schickten den Commander Tibbets mit etwas mehr als zehn Kilogramm Uran-235 nach Hiroshima.

Eine Atomexplosion in Zeitlupe

Durch die Verdichtung des Urans infolge der zündenden Dynamitexplosion sowie mit Hilfe des Tricks der Neutronenreflexion an der inneren Bombenhülle war es gelungen, die kritische Masse der Hiroshima-Bombe auf etwa zehn Kilogramm herunterzudrücken. Die exakten Daten werden zwar immer noch geheimgehalten. Die Abschätzungen aufgrund allgemeiner kernphysikalischer Gesetzlichkeiten kommen ihrer Größenordnung aber ohne Frage sehr nahe.[13] Der Druck der Pulverexplosion und die Festigkeit der tonnenschweren Hülle hielten die kritische Masse so lange zusammen, daß ein ganzes Kilogramm U-235 gespalten wurde, bevor die Bombe auseinanderflog. 99,9 Prozent davon überlebten weiterhin als Materie – in der Gestalt von Heliumkernen, Neutronen und anderen Spaltprodukten. 0,1 Prozent des gespaltenen Urans aber verschwand in der Gestalt des »Massendefekts«. Insgesamt war es

etwa ein Gramm. An seiner Stelle tauchte in dem Himmel über der Stadt ein Energie-Äquivalent von 25 Millionen Kilowattstunden auf.
Daraus, daß diese Freisetzung innerhalb der extrem kurzen Zeitspanne von etwa zehn Millionstelsekunden erfolgte, errechnet sich eine Leistung von nicht weniger als neun Billionen Megawatt (1 Megawatt = 1000 Kilowatt) in dem kleinen Volumen der Bombe, das bis zu diesem Augenblick erhalten blieb. Die Folge war die Entstehung einer Temperatur im Explosionszentrum, welche die des Sonneninneren um ein Mehrfaches überstieg.
Wenige Zehntelsekunden nach Explosionsbeginn hatte sich anstelle der verdampften Bombe ein Feuerball mit einem Durchmesser von mehreren hundert Metern gebildet, an dessen Oberfläche eine Temperatur von 6000 Grad herrschte – die Temperatur der Sonnenoberfläche. Während der nur eine halbe Millionstelsekunde anhaltenden Uranspaltung kam es zu einem intensiven Ausbruch von Neutronen- und Gammastrahlung.
Im Anschluß an Hitzeblitz und Kernstrahlung traten Druckwellen auf, die sich mit Überschallgeschwindigkeit ausbreiteten. Diese Druckwellen wirbelten große Mengen an Staub und Trümmern, die von den Spaltprodukten der Bombe radioaktiv verseucht waren, hoch in die Atmosphäre, von wo aus sie in den anschließenden Stunden und Tagen langsam wieder auf die Erde zurücksanken.
Kernstrahlung, Hitzeblitz, Druckwellen und »Fallout« also sind es, die einem Kernsprengsatz in den Augen eines Militärs den Charakter einer »Waffe« verleihen, mit welcher der Gegner sich so wirkungsvoll bekämpfen läßt wie nie zuvor in der kriegerischen Geschichte der Menschheit. Um eine Anschauung von dieser Wirkung zu gewinnen, müssen wir versuchen, uns in einem gedanklichen Szenario die Folgen auszumalen, die eine Kernwaffenexplosion in einer uns bekannten Stadt anrichten würde. Das ist aus eben diesem Grunde schon wiederholt gemacht worden[14], so daß ich mich kurz fassen kann. Auslassen dürfen wir das schauerliche Gedankenexperiment jedoch nicht.

Die Sprengkraft der Bombe, von der Hiroshima ausgelöscht wurde, entsprach der von 20 000 Tonnen TNT (Trinitrotoluol), einem modernen konventionellen (chemischen) Sprengstoff. Die Experten sprechen von 20 Kilotonnen TNT oder, noch kürzer, einfach von »20 kt«. In den Augen der heutigen Nuklearstrategen ist das ein sehr kleiner Sprengsatz. Die Gefechtsköpfe der »eurostrategischen« SS-20-Raketen entfalten eine Wirkung von 150 kt. Ganz zu schweigen von den interkontinentalen ballistischen Raketen mit Wirkungen von mehreren Megatonnen (1 Megatonne oder »Mt« = 1 Million Tonnen TNT).

Auf zwei Megatonnen wird die Summe der Sprengkraft aller während des letzten Krieges insgesamt auf Deutschland abgeworfenen konventionellen Bomben geschätzt. Die gleiche Vernichtungskraft läßt sich heute also in einer einzigen strategischen Rakete unterbringen. Und sogar noch sehr viel mehr. Den Rekord in dieser Hinsicht halten die vom Gigantischen auf seltsame Weise immer wieder faszinierten Russen mit einer Versuchsexplosion in der Atmosphäre von nicht weniger als 58 Megatonnen. Damals, im Oktober 1961, wurde von ihnen also eine Atomexplosion ausgelöst, die der Wirkung von fast 3000 (dreitausend!) Hiroshima-Bomben entsprach.

Es gibt in dieser Hinsicht nach oben prinzipiell keine Grenze mehr, seit es möglich geworden ist, den zur Freisetzung der Kernenergie erforderlichen Massendefekt auch durch die Fusion von Wasserstoff zu erzeugen (»Wasserstoffbombe«). Denn die einst utopisch scheinenden Bedingungen – die gleichzeitige Erzeugung von Drucken und Temperaturen, die denen im Zentrum der Sonne gleichkommen – waren inzwischen ja sozusagen beiläufig auch auf der Erde realisierbar. Sie entstanden bei der Explosion jeder Uran-Spaltbombe. Man brauchte daher nur eine kleine Uranbombe als Zünder zu benützen, um den Fusionsprozeß in Gang zu setzen. Dennoch ist sicher, daß ein Sprengsatz von 58 oder gar noch mehr Megatonnen niemals zum Einsatz kommen würde. Nicht etwa aus Sorge vor den Folgen der Anwendung einer Bombe, deren Sprengkraft die gesamte auf Deutschland während des letzten Krieges niederge-

gangene Bombenlast dreißigmal oder noch mehr übertreffen würde. Sondern deswegen, weil es aus der Sicht eines Atomstrategen einfach unrationell wäre, diese Vernichtungskraft auf einen einzigen Punkt zu konzentrieren, anstatt sie planmäßig zu verteilen.
Wir wollen daher auch bei unserem Gedankenversuch von einer realistischeren Annahme ausgehen. Nehmen wir daher an, eine SS-20-Rakete mit der typischen Sprengkraft von 150 kt explodierte in 1600 Meter Höhe über dem Frankfurter Hauptbahnhof.[15] Was würde sich in der Stadt in den der Zündung folgenden Sekunden und Minuten abspielen?
Etwa ein Drittel der gesamten Explosionsenergie wird innerhalb weniger Sekunden als Wärmestrahlung freigesetzt. Dieser »Hitzeblitz« würde die Frankfurter Innenstadt mit allem toten und lebenden Inventar in Sekundenschnelle verdampfen lassen. Der blitzartige Hitzetod würde den sich in diesem Bereich aufhaltenden Menschen ein langsames, qualvolles Sterben ersparen, zu dem sie sonst infolge der im Augenblick der Explosion auftretenden Gamma-Strahlung verdammt wären. Diese Wirkungen gelten in einem Umkreis von etwa einem Kilometer vom »Null-Punkt«, dem senkrecht unter dem Explosionszentrum liegenden Punkt am Erdboden.
Selbst in vier Kilometern Entfernung, also zum Beispiel im Günthersburg-Park, würde der Hitzeblitz unbedeckte Haut kurz aufkochen lassen und dadurch Verbrennungen dritten Grades erzeugen (Verkohlung). Bäume, Gras und Holzbauten gingen noch hier in Flammen auf, auch Kleidung aus Baumwolle oder Kunststoffen würde zu brennen anfangen. Danach erst würde, neun Sekunden nach dem Licht- und Hitzeblitz, der Donner der Explosion zusammen mit der Druckwelle eintreffen. Diese würde Bäume entwurzeln, alle Gebäude mit Mauerdicken bis zu dreißig Zentimeter Beton zerstören, Menschen wie Spielbälle durch die Luft wirbeln und einen dichten Hagel von Glasscherben und Steinsplittern mit der Geschwindigkeit von Flintenkugeln durch die Luft fliegen lassen, der nicht nur im Freien, sondern auch bei den sich hinter den Fenstern ihrer Wohnungen aufhaltenden Menschen fürchterli-

che Fleischverletzungen verursachte. In einem Kreis von zehn Kilometern Durchmesser könnte diese akuten Explosionsfolgen nur überleben, wer sich zufällig gerade in einem Keller oder einem U-Bahn-Schacht aufhielte.
Mit diesen akuten Folgen aber wäre der Schrecken nicht etwa schon ausgestanden. Strahlungsblitz und Druckwelle würden radioaktiv gewordenes Erdreich zerstäuben. Der thermische Auftrieb der typischen pilzförmigen Explosionswolke ließe diesen Staub mehrere Kilometer hoch in die Atmosphäre steigen. Von dort würden die tödlichen Schwaden in den folgenden Stunden, Tagen und Wochen als »Fallout« langsam wieder nach unten sinken. Bei einer Explosionshöhe von 1600 Metern über dem Erdboden wären diese Nachwirkungen noch vergleichsweise gering. Eine Explosion von 150 kt dicht über dem Erdboden aber würde einen Fallout erzeugen, der, je nach der gerade herrschenden Windstärke, in einem Gebiet von 2000 bis 3000 Quadratkilometern alle Menschen strahlenkrank machen und innerhalb von Wochen qualvoll sterben lassen würde. Mindestens ein Jahr würde es dauern, bis die Strahlung auf die 5 rem pro Jahr gefallen wäre, die nach den heutigen Strahlenschutzbestimmungen für mit radioaktivem Material umgehendes Personal eben noch zulässig sind, und nicht weniger als zehn Jahre, bis die 0,03 rem pro Jahr erreicht wären, die offiziell als Obergrenze für die Strahlentoleranz der Bevölkerung insgesamt angesehen werden.
Noch katastrophaler wären die Spätfolgen dann, wenn durch die Explosion ein Kernkraftwerk oder ein Zwischenlager für Kernbrennstoffe zerstört würden. Mit dem weiteren Ausbau der Kernenergie nimmt die Wahrscheinlichkeit eines solchen Treffers für den Fall eines atomaren Angriffs auf der kleinen Fläche der Bundesrepublik natürlich von Jahr zu Jahr weiter zu. Byers und Kneser (s. Anm. 15) rechnen in einem solchen Falle damit, daß noch nach zehn Jahren ein Gebiet von mehreren 10 000 Quadratkilometern unbewohnbar sein würde.

»Die Überlebenden werden die Toten beneiden«

Dies alles wären die Folgen der Explosion eines einzigen nuklearen Sprengkopfs von »nur« 150 Kilotonnen. Es ist entweder unüberbietbar töricht oder schlicht verlogen, wenn angesichts eines solchen Infernos von der Notwendigkeit oder Zweckmäßigkeit der Vorbereitung von »Zivilschutzmaßnahmen« geredet wird. Die Politiker, die das tun, die den Druck von »Aufklärungsschriften« veranlassen, um den Bürger zu belehren, wie er sich und die Seinen im Falle eines Atomangriffs »schützen« könne, die eine Zivilschutzorganisation ins Leben rufen und Ärzte gesetzlich zwingen wollen, sich »zur Vorbereitung auf den Ernstfall« einer strahlenmedizinischen Fortbildung zu unterziehen – alle diese Männer, und es gibt nicht wenige von ihnen, sind entweder so abgrundtief ahnungslos, daß man sie schleunigst absetzen müßte, oder aber sie handeln wider besseres Wissen – etwa, um die »Öffentlichkeit« (das wären also wir) »zu beruhigen« – und damit (man darf es nicht anders formulieren) verbrecherisch.

Denn alle diese Maßnahmen und Planungen »beruhigen« doch dadurch, daß sie die aberwitzige Illusion nähren, auch ein Atomkrieg sei schließlich nur ein Krieg und deren habe man, so entsetzlich sie immer gewesen seien, ja doch schon mehrere recht und schlecht überstanden.[16] Die Illusion, daß auch die Folgen einer nuklearen »Auseinandersetzung« durch vorbereitende Planung und zweckmäßige Organisation irgendwie in den Griff zu bekommen seien, daß, mit einem Wort, auch ein Atomkrieg ungeachtet aller Fürchterlichkeit von der menschlichen Gesellschaft letztlich zu bewältigen sei, wenn man sich nur rechtzeitig und konsequent genug auf ihn vorbereite.

Dieser Appell aber, sich auf den nuklearen »Ernstfall« vorzubereiten, läuft auf nichts weniger als auf Kriegstreiberei hinaus. Ungeachtet der subjektiven Motive der möglicherweise honorigen Männer, die uns eine solche Vorbereitung ans Herz legen, kann ihre Empfehlung nur eine Minderung unserer Angst vor einem Krieg bewirken, der auf gar keinen Fall geführt werden darf. Die aktive zivile Vorbereitung auf den Atomkrieg durch Bunkerbau, durch die Organisation eines Katastrophenschutzes und medizinische Fortbildungskurse »beruhigt« doch allein dadurch, daß sie der menschlichen Neigung zum Wunschdenken schamlos entgegenkommt. Dadurch, daß sie die feige Versuchung bestärkt, das, was seiner tödlichen Endgültigkeit wegen niemals eintreten darf, zu einer Angelegenheit umzulügen, die gewiß ganz furchtbar scheußlich sein würde, mit der sich im Fall der Fälle letzten Endes, »wenn es denn sein muß«, aber doch irgendwie zurechtkommen ließe.[17] So nagt die zivile Vorbereitung psychologisch an jener Hemmschwelle, die unseren einzigen Schutz gegen den Ausbruch des atomaren Holocaust darstellt. Ungeachtet der subjektiven Motive, die hinter ihr stehen mögen, hat sie darum objektiv als Kriegstreiberei zu gelten.

Dies gilt um so mehr, als die zivile Vorbereitung einem realitätsbezogenen Zweck nachweislich ohnehin nicht dienen kann. Die Vorstellung, daß nach einem atomaren Angriff auf ein dichtbesiedeltes Gebiet irgendeine vorbereitete Organisation noch funktionieren könnte, daß etwa die planmäßige Bergung von Verwundeten und deren medizinische Versorgung möglich sein würden, ist irrational. Die Geistesverfassung eines verantwortlichen Politikers, der sie offiziell vertritt, muß – gelinde gesagt – als besorgniserregend angesehen werden.

Hier einige wenige Hinweise, die vollauf genügen, jeden, der seine Sinne beisammenhat, vor jeglichen Illusionen zu bewahren. Die Behandlung eines einzigen Brandopfers mit einem Hautverlust von 25 Prozent oder mehr erfordert einen monatelangen Aufenthalt in einer Spezialklinik. In ganz Westeuropa gibt es nur etwa 1500 entsprechende Betten. Über Wochen hinweg sind wiederholte Bluttransfusionen sowie laufender Eiweißersatz durch Infusionen notwendig. In der Spätphase der Behandlung wiederholte ausgedehnte Hauttransplantationen. Wie sollte ein Land wie die Bundesrepublik unter diesen Umständen den mindestens zehntausend, möglicherweise mehreren zehntausend verbrannten Halbtoten helfen können, die der geschilderte Angriff mit nur einer einzigen Rakete auf

Frankfurt innerhalb weniger Minuten hinterlassen würde? Die Frage bleibt selbst dann rein rhetorisch, wenn man, wie hier geschehen, den unrealistischen Fall annimmt, daß es bei dieser einen Rakete bliebe, daß das Land außerhalb des Katastrophengebietes mit allen Kliniken, medizinischem Personal, Versorgungseinrichtungen, Straßen und so weiter also intakt wäre.
Dabei wird es in der Realität kaum Patienten mit reinen Verbrennungsschäden geben. Die Aufeinanderfolge von Strahlungsausbruch, Hitzeblitz und Druckwelle würde unweigerlich dazu führen, daß es sich bei fast allen Verletzten um »Mehrfachgeschädigte« handelte, wie der medizinische Ausdruck lautet. Neben ihren Brandwunden würden die Menschen Knochenbrüche, oft mehrfache und komplizierte Knochenbrüche davontragen, die zu versorgen wären. Bei den meisten würden zusätzlich früher oder später Übelkeit und Erbrechen auftreten, nach kurzer Pause gefolgt von blutigen Durchfällen, die einen laufenden Flüssigkeitsersatz durch Tropfinfusionen erforderlich machten. Wenn man diese Opfer einer beginnenden Strahlenkrankheit nicht einfach hilflos einem wochenlangen Martyrium überlassen, im Klartext: sie also nicht einfach qualvoll verenden lassen will, müßte jeder dieser Menschen – und wieder würde es sich bei unserem Szenario um Abertausende handeln – über Wochen, womöglich Monate hinweg intensiv ärztlich und pflegerisch betreut werden – bis die Mehrzahl dann schließlich doch stürbe.
Wolfgang Send, Beauftragter des Bundes für den Zivilschutz, hat angesichts dieser vorhersehbaren Situation in aller Deutlichkeit festgestellt: »Bereits die Explosion einer einzigen Atombombe mit der Sprengkraft von 200 Kilotonnen TNT über einer deutschen Großstadt würde theoretisch das gesamte deutsche Rettungswesen auf Wochen, die medizinischen Möglichkeiten unseres Landes auf Jahre hinaus jenseits der Grenze der Leistungsfähigkeit beanspruchen.«[18]
Ganz abgesehen davon, daß es »im Ernstfall« gewiß nicht bei einer einzigen Bombe bliebe: Selbst dann wären die Folgen der Katastrophe auch nach Jahren noch nicht ausgestanden. Denn die »Strahlenkrankheit« – der Ausdruck erweckt den irrefüh-

renden Eindruck, daß es sich dabei um ein einheitliches Krankheitsgeschehen handele – hat viele verschiedene Gesichter, und eines davon ist häßlicher als das andere.

Zunächst einmal ist die von der Kernexplosion ausgehende Strahlung aus mehreren Komponenten zusammengesetzt. Da gibt es eine aus geladenen Teilchen bestehende »Alpha-Strahlung« (Kernbruchstücke, jeweils aus 2 Protonen und 2 Neutronen bestehend) und »Beta-Strahlen« aus freien Elektronen. Neben dieser Teilchen- oder Korpuskularstrahlung entstehen bei der Explosion große Mengen sehr energiereicher (extrem kurzwelliger) elektromagnetischer Strahlung im Gamma- und Röntgenbereich. Die Wirkungen beider Strahlungsarten sind sehr unterschiedlich.

Die Teilchenstrahlen bleiben schon in den alleräußersten Körperschichten stecken. Sie »ionisieren« die getroffenen Gewebeatome – schlagen Elektronen aus ihnen heraus – und werden dadurch sehr schnell abgebremst. Dabei werden allerdings örtlich beträchtliche Energien übertragen, was zu verbrennungsartigen Hautschäden führt.

Anders die Gamma- und Röntgenstrahlen. Sie dringen tief in den Körper ein und treffen dort von Fall zu Fall einzelne Atome. Das Ausmaß der Folgen hängt von der Zahl der Treffer ab und die Art der Schäden von der biologischen Funktion des betroffenen Gewebes. Die Trefferzahl ist selbst bei einer tödlichen Strahlendosis überraschend niedrig. Der Kölner Genetiker Hubert Kneser gibt an, daß dabei nur jeweils eins von einer Milliarde Atomen getroffen wird. (Anm. 15, S. 51)

Einer gewöhnlichen Körperzelle macht das denn – relativ gesehen! – zunächst auch nicht allzuviel aus. Da auch die größten Moleküle, mit deren Hilfe eine Knochen-, Muskel- oder Leberzelle ihren Stoffwechsel betreibt, aus nicht mehr als etwa 100 000 Atomen bestehen, bedeutet die von Kneser berechnete Treffer-Wahrscheinlichkeit, daß nur jedes zehntausendste Molekül der Zelle eines seiner Atome durch einen direkten Treffer verliert. Das Atom wird aus dem Molekülverband dabei regelrecht herausgeschossen, und im ungünstigsten Falle wird die Struktur des Moleküls dadurch so einschneidend verändert, daß es seine biologische Leistungsfähigkeit einbüßt. Diesen Verlust kann die Zelle in den meisten Fällen verschmerzen, da die Zahl der spezifischen Moleküle, über die sie verfügt, sehr groß ist.

Die biologischen Folgen dieser *akuten* Wirkung der Strahlung auf den menschlichen Organismus sind daher auch vergleichsweise harmlos: Stunden nach der Explosion stellen sich Mattigkeit und Kopfschmerzen ein, es kommt zu Übelkeit und schließlich Erbrechen. Spätestens nach einigen Tagen sind alle diese Krankheitserscheinungen, Symptome einer vorübergehenden Beeinträchtigung der zellulären Stoffwechselvorgänge, abgeklungen, und das Opfer fühlt sich wieder wohl.

Es ist ein trügerisches Wohlbefinden. Denn unser Weiterleben hängt nicht nur (akut) von dem ungestörten Funktionieren der Zellen ab, aus denen unser Körper besteht, sondern langfristig auch von deren in bestimmten Zeitabständen notwendig werdenden Ersatz. Dieser erfolgt durch Teilung und Vermehrung spezieller Stammzellen, im Falle des Blutes zum Beispiel im Knochenmark und in der Milz. Die Fähigkeit dieser Gewebe, durch Teilung neue Zellen zu bilden, hängt nun von einer besonderen Art von Molekülen ab, den sogenannten Erbmolekülen, und diese sind fatalerweise riesig. Sie bestehen nicht aus 100 000, sondern aus zehn oder mehr Milliarden Atomen. Das heißt bei einer Treffer-Wahrscheinlichkeit von eins zu einer Milliarde nichts anderes, als daß bei der entsprechenden Strahlendosis – die eben deshalb langfristig tödlich wirkt – jedes einzelne von ihnen durchschnittlich zehnmal getroffen wird. Damit aber ist ihre Fähigkeit zur Teilung in aller Regel beeinträchtigt.

Das Strahlenopfer lebt jetzt also scheinbar unbehelligt weiter, jedoch mit Zellen, die von seinem Körper nicht mehr oder nur noch unvollkommen ersetzt werden können. Sein weiteres Schicksal wird von nun an folglich von der Lebensdauer dieser Zellen bestimmt. Am kürzesten ist diese bei den Blutzellen. Ein rotes Blutkörperchen lebt durchschnittlich zwar immerhin drei bis vier Monate, bevor es durch einen im Knochenmark neu gebildeten Nachfolger ersetzt werden muß. Manche Arten

weißer Blutkörperchen jedoch, die zur Infektionsabwehr unentbehrlich sind, haben nur eine Lebensdauer von einer oder einigen wenigen Wochen. Und die Lebensdauer der sogenannten Blutplättchen (»Thrombocyten«), von denen die Gerinnungsfähigkeit des Bluts abhängt, beträgt nur Tage.
Wenn man das weiß, kann man sich an den Fingern abzählen, wie es weitergeht. Am schnellsten nimmt die Zahl der Thrombocyten im Blut ab. Immer mehr von ihnen zerfallen. Nachschub gibt es nicht mehr. Die Gerinnungsfähigkeit des Blutes nimmt daher laufend ab, bis das Opfer schließlich wie ein Bluter spontan zu bluten beginnt: aus der Nase, aus der Mundschleimhaut, schließlich aus dem Darm. Wenn es soweit ist – bei der angenommenen Strahlendosis spätestens nach zwei Wochen –, ist auch die Zahl der weißen Blutkörperchen spürbar zurückgegangen. Die Infektionsabwehr beginnt daher nachzulassen, Entzündungen in Hals und Rachen, in der Lunge, auf der äußeren Haut (Furunkel) treten auf und breiten sich aus. Wenn die Kombination dieser beiden Schädigungen dem Leiden kein Ende setzt, kommt es, den Tod wenigstens jetzt rasch herbeiführend, noch zu schweren Durchfällen mit dem entsprechenden Flüssigkeitsverlust und quälendem Durst. Jetzt nämlich wären auch die empfindlichen Zellen der Darmschleimhaut auf den – jedoch ausbleibenden – Ersatz durch neugebildete Zellen angewiesen.
Wenn die Dosis tödlich war, ist die Leidensgeschichte für den betroffenen Menschen damit nach einigen Wochen zu Ende. Für die Folgen insgesamt, die der mit der Kernexplosion einhergehende Strahlungsausbruch nach sich zieht, gilt das leider keineswegs. Denn auch die Menschen, die »Glück gehabt« haben, die vom Zentrum der Explosion so weit entfernt waren – oder zufällig durch Mauern gedeckt –, daß sie nur eine Strahlungsmenge unterhalb der tödlichen Dosis abbekommen haben, sind mitnichten etwa ungeschoren geblieben. Auch wenn sie an den Folgen nicht sofort und nicht einmal in den anschließenden Wochen zu sterben brauchen, so sind die in den Kernen ihrer Zellen steckenden Erbmoleküle, welche die geordnete Teilung ihrer Körperzellen steuern, doch so stark

geschädigt, daß ihr Risiko, an Krebs zu erkranken, für den Rest ihres Lebens stark erhöht ist. Und nicht nur sie sind betroffen. Die schadenstiftenden Konsequenzen der Katastrophe erstrekken sich auch auf die noch Ungeborenen und auf zukünftige Generationen.

Da aus den geschilderten Gründen vor allem die Teilungsfähigkeit der Zellen durch die Strahlung geschädigt wird, sind die Keimzellen der Menschen besonders stark gefährdet und ebenso die in den Körpern der Frauen schon existierenden Ungeborenen. Unfruchtbarkeit und Totgeburten sind die Folgen. Und wo diese akuten Konsequenzen ausbleiben, ist mit der Gefahr von Mißbildungen zu rechnen. Nicht nur durch unmittelbare Schädigung der Föten. Auch für die kommenden Generationen. Denn die Schäden und willkürlichen Veränderungen, welche die Strahlung in den Samenzellen und Eizellen der von ihr getroffenen Männer und Frauen bewirkt hat, werden mit der gleichen Zuverlässigkeit und Präzision weitervererbt, wie die in ihnen gespeicherten Teile des menschlichen Bauplans, die intakt geblieben sind.

Die Büchse der Pandora

Am 14. Juni 1946 machte der amerikanische UNO-Botschafter Bernard M. Baruch vor dem Forum der Atomenergie-Kommission der Vereinten Nationen einen Vorschlag. »Wir stehen vor einer Entscheidung auf Leben und Tod. Hinter den drohenden Vorzeichen des neuen Atomzeitalters liegt eine Hoffnung, die unsere Rettung bedeuten kann, wenn wir in zuversichtlicher Entschlossenheit auf sie setzen. Wenn wir versagen, werden wir die Menschen dazu verdammen, ein Leben in ständiger Furcht zu führen. Seien wir uns darüber klar: Wir haben zu wählen zwischen dem Frieden für die Welt und ihrer Zerstörung.« Mit diesem Appell leitete der amerikanische UN-Botschafter den Vorschlag seiner Regierung ein, alle existierenden Atomwaffen abzuschaffen und auf ihren Bau für alle Zukunft zu verzichten.

Die USA verfügten zu diesem Zeitpunkt als einzige Nation über Kernwaffen: ganze neun Spaltbomben, zerlegt, in nicht einsatzfähigem Zustand. Noch hätte sich die Flasche mit dem Teufelszeug wieder versiegeln lassen. Aber die sowjetische Delegation lehnte den Vorschlag auf Geheiß Stalins ab. Andrej Gromyko, der russische Chefdelegierte, erklärte, der Sowjetunion sei es nicht zuzumuten, das bisherige amerikanische Kernwaffenmonopol hinzunehmen. Außerdem weigerte die Sowjetunion sich strikt, einer der entscheidenden Vorbedingungen des amerikanischen Vorschlags zuzustimmen: der Kontrolle aller nationalen kernphysikalischen Aktivitäten durch internationale Inspektionen.

Damit war die Entscheidung gefallen. Es gab kein Halten mehr. In den folgenden Jahrzehnten konzentrierten beide Supermächte, angetrieben von Angst und Mißtrauen, von den Forderungen ihrer Militärs und einer immer hysterischer werdenden politischen Propaganda, einen ständig wachsenden Teil ihrer wissenschaftlichen Fähigkeiten und ihrer wirtschaftlichen Kraft auf die Herstellung immer neuer, immer wirksamerer und immer furchtbarerer Vernichtungsmittel. Das Maß, in dem die Vorräte das zur Ausrottung allen irdischen Lebens Erforderliche heute schon übersteigen, ist ein verläßlicher Gradmesser für die psychopathische Verfassung unserer Gesellschaft. Die Menschen sind, wie Baruch es 1946 vorhergesagt hatte, zu einem Leben in ständiger Furcht verdammt.

Die Büchse der nuklearen Pandora enthält heute (Stand vom Jahresende 1983, s. Anm. 19) das folgende Arsenal: Die USA verfügen über mindestens 26 000 nukleare Gefechtsköpfe unterschiedlichen Kalibers. Die jährlichen Aufwendungen zur Vergrößerung dieser Zahl – und zur Wartung der existierenden Kernwaffen – betragen umgerechnet etwa neunzig Milliarden DM (täglich also 250 Millionen DM oder 173 000 DM in jeder einzelnen Minute, allein in den USA). Dieser Einsatz ermöglicht es der westlichen Supermacht, ihren Vorräten Tag für Tag acht neue Sprengsätze hinzuzufügen – in einer Situation, in der die vorhandenen Vorräte längst zum »Overkill«, das heißt zum mehrfachen Umbringen (was immer das bedeuten mag) eines jeden Gegners, reichen würden. Offizielle Schätzungen gehen davon aus, daß die USA bei einer Beibehaltung des jetzigen Rüstungstempos – das unter der Präsidentschaft Reagans in den kommenden Jahren eher noch zunehmen dürfte – zu Beginn des kommenden Jahrzehnts über 32 000 Kernsprengköpfe verfügen werden.

Die Zahl der sowjetischen Atomwaffen liegt nach allen Schätzungen – genaue Angaben sind aufgrund der notorischen Geheimhaltungssucht der östlichen Supermacht nicht zu bekommen – deutlich darunter. Dabei sollte jedoch keineswegs übersehen werden, daß auch der östliche Vorrat längst für einen mehrfachen »Overkill« ausreicht. SIPRI, das angesehene und unparteiliche »Stockholm International Peace Research Institute«, schätzt die Zahl der sowjetischen Sprengköpfe auf 17 500. Offizielle US-amerikanische Schätzungen sprechen von 23 000 russischen Kernwaffen. Eine Zahl, die ganz sicher unter dem Aspekt zu bewerten ist, daß sie die Summe von Teilrechnungen darstellt, bei denen aus den verschiedensten (naheliegenden) Gründen jeweils die für die USA ungünstigsten Annahmen zugrunde gelegt wurden.

Diesen monströsen Zahlen gegenüber wirken die Vorräte der restlichen Atomwaffen-Besitzer bescheiden – relativ, wohlgemerkt, denn auch jeder dieser atomaren »Zwerge« wäre heute in der Lage, ein Vernichtungspotential zu entfesseln, das den Alptraum von Hiroshima vieltausendfach überträfe. Die Briten verfügen über etwa 600 Sprengköpfe – darunter etwa fünfzig im Megatonnen-Bereich –, die Franzosen über 720 und die Chinesen über 940.

Alles in allem existieren heute auf der Erde rund 50 000 atomare Sprengköpfe unterschiedlichsten Kalibers: von dem gigantischen W-53-Gefechtskopf der amerikanischen Titan-Rakete mit einer Sprengkraft von neun Megatonnen bis zu atomaren Landminen von weniger als einer Kilotonne Sprengkraft, die nur 26 Kilogramm wiegen und die daher ein einzelner Soldat transportieren und verlegen kann. (Auch der Feuerball einer solchen Mini-Atombombe hat noch einen Durchmesser von mehr als fünfzig Metern und würde ungeschützte Menschen bis zu einer Entfernung von mehreren hundert Metern verbrennen.)

Was wären die Folgen, wenn jemals die Entscheidung fiele, von diesem Potential als »Ultima ratio« Gebrauch zu machen? Die Ansichten darüber gehen auseinander. Am optimistischsten sind die Prognosen bedenklicherweise in den Kreisen jener, die die Entscheidung im Krisenfall zu treffen hätten.

Für strategische und Kernwaffen mittlerer Reichweite ist im amerikanischen Verteidigungsministerium unter anderen der stellvertretende Unterstaatssekretär Thomas K. Jones zuständig. Nicht ohne Interesse ist allein die Vorgeschichte, die dazu führte, daß »TK«, wie er von Insidern genannt wird, von der Reagan-Regierung auf diesen wichtigen Posten berufen wurde.[20] Jones, Mitarbeiter der Rüstungsabteilung des Boeing-Konzerns, hatte zu Zeiten Nixons als wissenschaftlicher Berater an den SALT-I-Verhandlungen teilgenommen. Bei dieser Gelegenheit machte er erstmals Bekanntschaft mit sowjetischen Broschüren über Möglichkeiten des Zivilschutzes im Falle eines Atomkriegs. Die darin geschilderten Methoden, die Bevölkerung mit primitivsten Mitteln – zum Beispiel selbstgegrabene Schlupflöcher – wirksam zu schützen, machten auf ihn einen tiefen Eindruck.

Wieder zurück bei Boeing begann er, mit Hilfe simulierter Atomexplosionen – unter Verwendung konventioneller Sprengstoffe –, die Schutzwirkung von Erdlöchern für Menschen und von Erdwällen für Maschinen und Industrieanlagen experimentell zu untersuchen. Die Versuche verliefen so erfolgreich, daß sich bei »TK« eine furchtbare Vermutung regte: Vielleicht waren die Russen längst dabei, sich mit Hilfe der in ihren Zivilschutzbroschüren geschilderten simplen Methoden gegen die Gefahren eines amerikanischen »Zweitschlages« zu immunisieren? Wenn es ihnen gelingen sollte, ja, sogar schon dann, wenn sie nur an die Möglichkeit glauben sollten, daß sich ihre Bevölkerung und ihre Industrie auf die beschriebene einfache Weise wirkungsvoll würden schützen lassen, würde sich ihre Angst vor einem amerikanischen Vergeltungsschlag entsprechend verringern. Im Klartext: Die sowjetischen Zivilschutzbemühungen drohten in den Augen von »TK«, das atomare Gleichgewicht außer Kraft zu setzen.

Jones' Veröffentlichungen zu dem Thema fanden die Aufmerksamkeit der Regierung Reagan, als diese ans Ruder kam. Die Entschiedenheit, mit welcher der Verfasser die Notwendigkeit und Zweckmäßigkeit amerikanischer Anstrengungen zur Beseitigung der von ihm entdeckten »Zivilschutzlücke« öffentlich verfocht, führten schließlich zu seiner Berufung ins Verteidigungsministerium. Dort vertritt »TK« seitdem seine inzwischen unerschütterliche Überzeugung von der Möglichkeit, dem Atomkrieg mit einfachsten Mitteln seine Schrecken zu nehmen.

Der amerikanische Journalist Robert Scheer[20], der Jones wiederholt interviewte, hat berichtet, daß dieser ihm gegenüber die Ansicht geäußert habe, ein Nuklearkrieg sei in Wirklichkeit nicht annähernd so verheerend, wie man die Öffentlichkeit glauben zu machen versuche. Von einem »totalen Nuklearkrieg mit der Sowjetunion« würden die USA sich innerhalb von nur zwei bis vier Jahren wieder erholen – unter der Voraussetzung, daß man den Menschen ihre Furcht nehme und ihnen zeige, wie sie sich schützen könnten. »TK« Jones ist der Erfinder der berühmt-berüchtigten »Schaufel-Strategie«: Es müsse nur jeder für sich ein Erdloch graben, eine Tür oder ein paar Bretter darüberlegen und darauf Erde anhäufen. Mehr sei nicht notwendig. »Wenn es genug Schaufeln gibt, kann jeder überleben.«

Man muß sich klarmachen, worauf es schließen läßt, wenn sich ein hochgestellter, für Verteidigungsfragen verantwortlicher Beamter der amerikanischen Regierung in dieser Weise äußert. Zwar haben diese und vergleichbare Bemerkungen in der amerikanischen Presse inzwischen so bissige Kommentare ausgelöst, daß »TK« von seinen Oberen ein Maulkorb verpaßt wurde. Seinen Posten versieht er jedoch nach wie vor, was nur den Schluß zuläßt, daß er mit seinen Ansichten unter seinen Kollegen keineswegs allein dasteht. Eine im Grunde beneidenswerte Geistesverfassung. Wer sich und die Seinen vor den Folgen eines »totalen Nuklearkriegs« mit Schaufel und ausgehängter Küchentür wirksam schützen zu können glaubt, der braucht sich wegen der Existenz von 50 000 Kernsprengsätzen auf diesem Globus allerdings keine ernsten Gedanken mehr zu machen. Das einzig Besorgniserregende an der Angelegenheit ist eben nur der Umstand, daß Männer wie »TK« Jones und seine ihm offenbar geistesverwandten Kollegen Einfluß darauf haben, was mit diesen 50 000 Kernsprengsätzen geschehen wird.

Denn dieser Jones ist kein Einzelfall. »Es wäre eine schreckliche Geschichte, aber man könnte sie in den Griff bekommen«, antwortete Louis O. Giuffrida, Leiter der amerikanischen Katastrophenschutzbehörde, auf die Frage nach den Folgen eines Atomkriegs in einem Interview der Fernsehgesellschaft ABC. (Quelle für dieses und die folgenden Zitate s. Anm. 20) Sein Mitarbeiter William Chipman entgegnete auf die Frage, ob die Demokraten einen totalen Atomkrieg gegen die Sowjetunion überleben könnten: »Im Zweifel ja. Wie ich zu sagen pflege: Die Ameisen bauen sich schließlich einen neuen Ameisenhaufen.« Charles Kupperman, von Reagan in die US-Abrüstungsbehörde berufen: »Es ist für jede Gesellschaft möglich, einen Nuklearkrieg zu überleben.«

Die Frage, ob nach einem Atomangriff wirklich die Lebenden die Toten beneiden werden – wie Nikita Chruschtschow es prophezeite –, wird in einer offiziellen Publikation der amerikanischen Zivilschutzbehörde so beantwortet: »Angesichts der schrecklichen Kraft der Nuklearwaffen lautet die gefühlsmäßige Antwort oft ›ja‹. Aber Daten und Schlußfolgerungen, die aus komplexen und kenntnisreichen Untersuchungen stammen, unterstützen diese Ansicht nicht... Bei näherem Hinsehen zeigen die Tatsachen mit ziemlicher Sicherheit, daß die Vereinigten Staaten bei vernünftigen Schutzmaßnahmen einen Nuklearangriff überleben und dann binnen weniger Jahre zum Wiederaufbau übergehen könnten.« (Anm. 20, S. 207)

Angesichts so phantastischer Verdrängungstendenzen in offiziellen und verantwortlichen Kreisen bleibt nichts anderes übrig als der Versuch, den Realitätsbezug durch eine möglichst präzise, auf neuere wissenschaftliche Untersuchungen gestützte Darstellung dessen wiederherzustellen, was ein »totaler Nuklearkrieg« in Wirklichkeit bedeutet.

Die Nacht danach

»Wahrscheinlich würde es Überlebende geben... in jedem Fall aber würden die Formen menschlicher Gesellschaften, wie wir sie heute kennen, mit ziemlicher Sicherheit aufgehört haben zu existieren.« Mit dieser lakonischen Schlußbemerkung endet eine von der Schwedischen Akademie der Wissenschaften mit internationaler Beteiligung ausgearbeitete und 1982 veröffentlichte Studie über die akuten und langfristigen Folgen eines auf der nördlichen Halbkugel ausgefochtenen globalen Atomkriegs (AMBIO).[21]

Die Autoren gehen davon aus, daß dieser Krieg von einem »begrenzten Einsatz taktischer Kernwaffen« ausgelöst wird und anschließend rasch eskaliert. Innerhalb einiger Tage würde dann etwas weniger als die Hälfte der den Supermächten insgesamt zur Verfügung stehenden Sprengkraft von 12 000 Megatonnen eingesetzt werden. (Am Rande: 12 000 Megatonnen entsprechen der Wirkung von einer Million Hiroshima-Bomben oder rund drei Tonnen TNT für jeden einzelnen Menschen auf der Erde, ob Mann oder Frau oder Kind.)

Es führte hier zu weit, die sehr detaillierten Überlegungen, Voraussetzungen und Methoden zu beschreiben, welche die an der Studie beteiligten Wissenschaftler ihren Zahlen und Berechnungen zugrunde gelegt haben. Wer sich dafür interessiert, sollte die Originalpublikation lesen.[21] Nur zwei Punkte seien erwähnt: Mit einer bei aller distanzierten Sachlichkeit zwischen den Zeilen deutlich spürbaren Überraschung stellen die Wissenschaftler fest, daß es gar nicht leicht war, für alle der in ihren Computermodellen »eingesetzten« insgesamt 14 737 Gefechtsköpfe überhaupt »lohnende« Ziele zu finden. Und dies, obwohl sie – neben allen denkbaren militärischen Zielen selbstverständlich – weder in den USA, Kanada, West- und Osteuropa sowie der UdSSR, China, Japan und beiden Koreas, in Vietnam und Australien noch in Südafrika und Kuba auch nur eine einzige Stadt mit mehr als 100 000 Einwohnern »vergaßen«: Bis zu einer Million Bewohnern wurde jedes dieser Ballungsziele mit einer Megatonne bedacht (zur wirksameren Streuung verteilt auf vier Sprengköpfe). Ab einer Million gab es drei Megatonnen. Riesenstädte mit mehr als drei Millionen Einwohnern hatten zehn Megatonnen (zehn 500-kt- plus fünf 1-Mt-Sprengköpfe) zu erwarten.

Eine Zwischenbemerkung: Niemand sollte sich Illusionen darüber hingeben, daß in einem »totalen Nuklearkrieg« internationale Abkommen zum Schutz der Zivilbevölkerung wie zum Beispiel die Haager Landkriegsordnung oder andere, neuere Abkommen oder gar humanitäre Überlegungen allgemeiner Art den gezielten Angriff auf zivile Ballungszentren verhindern könnten. Ganz abgesehen davon, daß es kaum eine größere Stadt geben dürfte, die nicht als »kriegswichtig« einzuordnende Ziele enthält – seien das nun Verwaltungszentren, Industriebetriebe, Raffinerien, Bahnhöfe, Kasernen oder Brücken –, wurde die gegnerische Bevölkerung ja schon im letzten Krieg von allen kriegführenden Parteien als Bestandteil der verteidigungswichtigen Infrastruktur angesehen und entsprechend »behandelt«. Hier ein einziger Beleg für die Selbstverständlichkeit, mit der diese Betrachtungsweise schon in Friedenszeiten das strategische Denken beherrscht. Den Einwand, die Sowjetunion könnte die Drohung mit einem amerikanischen Zweitschlag womöglich durch eine Evakuierung ihrer Städte konterkarieren, widerlegte der frühere US-Verteidigungsminister Harold Brown mit dem Hinweis darauf, daß ein paar Telefonanrufe genügen würden, um die nuklearen Waffen Amerikas auf neue Ziele zu richten und damit auch die »Sammelstellen für die Evakuierten einzudecken«. (Es besteht Anlaß, vor der erstaunlich verbreiteten, unglaublich naiven Auffassung zu warnen, die ausschließlich den Amerikanern strategische Überlegungen auf solchem Niveau zutraut – nur deshalb, weil die östlichen Militärs und Nuklearstrategen infolge der »Geschlossenheit« ihrer Gesellschaft keine Gelegenheit haben, sich in so entlarvender Weise zu äußern.)

Bei der Beurteilung der folgenden Resultate der Wissenschaftler-Studie ist außerdem zu berücksichtigen, daß die Autoren ihren Abschätzungen bei allen Rechenschritten vorsichtshalber stets die »konservativste« – zurückhaltendste – Annahme zugrunde gelegt haben (und daß sie zum Beispiel die gravierenden Konsequenzen der Zerstörung ziviler Kernreaktoren überhaupt außer Betracht ließen).

Im Rahmen dieser Annahmen würde sich ein »totaler Nuklearkrieg« voraussichtlich etwa folgendermaßen abspielen:

In den ersten dem interkontinentalen Nuklearschlag beider Kontrahenten folgenden Minuten würden von den 1,3 Milliarden Stadtbewohnern der Zielgebiete 750 Millionen Menschen durch Strahlung, Hitze und die Folgen der Druckwelle getötet. 340 Millionen wären durch Verbrennungen, Knochenbrüche und Bestrahlung geschädigt. Unverletzt würden diese ersten Augenblicke des nuklearen »Schlagabtauschs« nur 200 Millionen Menschen in Ost und West überstehen. (Und noch so viele Schaufeln würden daran nicht das geringste ändern.)

Diese Überlebenden würden sich in einer Situation wiederfinden, für die es in der menschlichen Geschichte kein Beispiel gibt. Die ihnen zeitlebens gewohnte Welt wäre innerhalb der Zeitspanne eines Augenblicks verschwunden. Die fremdartige Trümmerwelt, die an ihre Stelle getreten ist, wäre infolge des von der Explosion aufgewirbelten Staubs und des Rauchs der überall ausbrechenden Brände in ein unwirkliches Zwielicht getaucht. Die Luft wäre erfüllt von dem Lärm zahlloser kleinerer Explosionen von Ölheizungstanks und Gasleitungen und von dem Krachen zusammenstürzender Trümmer. Durch alle diese Geräusche hindurch wären die Hilferufe und das Stöhnen der Schwerverletzten und Sterbenden zu hören, deren Zahl die der unverletzt Gebliebenen fast zweifach überstiege. Es wäre nur unter Schwierigkeiten möglich, in diesem Chaos die verletzten und hilfsbedürftigen eigenen Angehörigen zu finden

und zu identifizieren. Dafür und zum Versuch der Hilfe (wie und womit? Es gibt nicht einmal mehr Wasser) bleibt außerdem kaum Zeit. Denn wer von den noch Gehfähigen auch nur die nächsten Stunden überleben will, muß sich beeilen, möglichst schnell aus dem Kern des Explosionsgebietes herauszukommen, bevor brennender Asphalt und Sauerstoffmangel im Verein mit dem rasch anhebenden Feuersturm – die Angriffe auf Hamburg und Dresden haben davon im letzten Krieg einen kleinen Vorgeschmack gegeben – ihm den Weg abschneiden.
Erneute Zwischenbemerkung: Ich weiß, daß ich mir mit dieser Darstellung aus einer ganz bestimmten Ecke den Vorwurf auf den Hals ziehen werde, ich schilderte »mit lustvoll-morbider Akribie die Folgen eines totalen Atomkriegs«, wie es der politische Redakteur Josef Joffe vor einiger Zeit Jonathan Schell und seinem Buch »Das Schicksal der Erde« in der »Zeit« vorgeworfen hat.[22] Ich muß das in Kauf nehmen. Gegen die Unterstellung, der Versuch einer realistischen Beschreibung dieser Folgen entspringe dem Bedürfnis nach morbidem Lustgewinn, kann man sich nicht mehr wehren.
Auf die voraussehbare Gefahr hin, daß meine Kritiker das morbide Bedürfnis nunmehr in die mir unzugänglichen unbewußten Tiefen meiner Seele verlegen werden, beharre ich darauf, daß dieser Versuch unumgänglich notwendig bleibt, solange auf den für die Sicherheit unserer Gesellschaft entscheidenden Positionen noch immer Männer wie Eugene Rostow, »TK« Jones, Louis O. Giuffrida und ihnen geistesverwandte Kollegen sitzen, die diese Realität vor sich selbst, ihren Dienstoberen und vor der Öffentlichkeit zu einer »schrecklichen Geschichte« herunterlügen, die letztlich »in den Griff zu bekommen« sei. Zwar werden diese Männer Darstellungen wie diese nicht lesen. Und wenn sie sie lesen sollten, dann werden sie die Schilderung von sich weisen in der Überzeugung, sie allein seien kompetent und urteilsfähig (oder, indem sie sie à la Joffe als Ausdruck morbiden Luststrebens verleumden). Aber vielleicht gelingt es dafür, die potentiell betroffenen Mitmenschen aus ihrer Lammsgeduld aufzuschrecken und an ihre demokratischen Rechte zu erinnern, zu denen auch das Recht gehört, Leute wie

»TK« aus ihren Posten zu verjagen, in denen sie Unheil anrichten könnten.

Ich muß es daher meinen Lesern (und nicht zuletzt auch mir selbst) zumuten, die realistische Schilderung der Folgen eines »totalen Nuklearkriegs« fortzusetzen, die, woran gleichzeitig nochmals erinnert sei, nicht eigenen morbiden Phantasien entsprungen ist, sondern den kühlen elektronischen Eingeweiden der Computer eines internationalen Gremiums angesehener Wissenschaftler.

Die *akuten* Folgen eines Weltkriegs mit Nuklearwaffen sind, so übertrieben die Behauptung in manchen Ohren zunächst klingen mag, noch keineswegs die schlimmsten. So unüberbietbar das Grauen für die Betroffenen auch wäre, nach Ansicht der AMBIO-Autoren würde etwas mehr als ein Sechstel der Stadtbevölkerung der kriegführenden Parteien die erste Phase der Auseinandersetzung überleben: etwa 200 Millionen an der Zahl. Würden sie sich nicht an den Wiederaufbau machen und die uns gewohnte Welt »innerhalb weniger Jahre« erneut auferstehen lassen können, wie Eugene Rostow und seine Kollegen uns beruhigend versichern? Und geht daher womöglich wirklich als »Sieger« aus der nuklearen Schlacht hervor, wer es fertigbringt, mindestens fünf Prozent seiner Bevölkerung durch das Inferno unverletzt hindurchzuretten, wie es der amerikanische Vizepräsident George Bush als Vorbedingung für einen »siegreichen« Ausgang forderte?[23] Und wäre das, wenn es sich bei diesen fünf Prozent um amerikanische Bürger handelte, ungeachtet allen Grauens nicht vielleicht doch der einzige Weg, auf dem es sich endlich bewerkstelligen ließe, definitiv eine »Weltordnung [herzustellen], die den westlichen Wertvorstellungen entspricht«, wie der amerikaniche Regierungsberater Colin S. Gray es in einem offiziellen Artikel formulierte?[24] Und nicht zuletzt: Gibt es eigentlich irgendeinen Grund anzunehmen, daß ähnliche apokalyptische Versuchungen in den Gehirnen östlicher Politiker und Nuklearstrategen weniger lebhaft herumspuken?

Vor dem Hintergrund dieser (und zahlreicher vergleichbarer) von Persönlichkeiten des »öffentlichen Lebens« wiederholt und mit nachdrücklicher Überzeugung vorgetragenen Ansichten ist es notwendig, da möglicherweise lebensrettend, über das akute Inferno hinaus auch die Spätfolgen eines »totalen Nuklearkriegs« mit »morbider« Detailtreue aus dem Dunkel der Verdrängung hervorzuholen. Auch die an der AMBIO-Studie beteiligten Wissenschaftler hatten anfangs Hemmungen, die Aufgabe überhaupt in Angriff zu nehmen. Angesichts des akuten Grauens erschienen ihnen Überlegungen hinsichtlich möglicher langfristiger Folgen als zweitrangig, ja als unangebracht.

Als sie sich dann doch an die Arbeit machten, zeigte sich rasch, daß sie gut daran getan hatten: Die langfristigen Folgen übertrafen alle Befürchtungen. Sie ließen jeden Gedanken an erreichbare »Kriegsziele«, jeden Gedanken überhaupt an die Möglichkeit, einen Krieg mit Kernwaffen als »Fortsetzung der Politik mit anderen Mitteln« zu betrachten, als eine Option erscheinen, die nur ein Wahnsinniger oder ein Selbstmörder ins Auge fassen könnte.

Zu ihren gravierendsten Ergebnissen zählen die Resultate, zu denen Paul J. Crutzen kam, Direktor des Mainzer Max-Planck-Instituts für Chemie und international anerkannter Fachmann für »atmosphärische Chemie«.

Ursprünglich war man davon ausgegangen, daß die Pilzwolken von einigen tausend atomaren Explosionen solche Mengen an Stickoxiden in die Stratosphäre transportieren würden, daß deren als Ultraviolettfilter wirkender Ozongehalt weitgehend abgebaut würde. Die entsprechend vermehrte Ultraviolettstrahlung auf der Erdoberfläche würde einen Anstieg der Häufigkeit von Hautkrebs bewirken, das empfindliche Meeresplankton – das erste Glied einer der wichtigsten irdischen Nahrungsketten und den Hauptproduzenten von freiem Sauerstoff – schädigen und bei Mensch und Tier Trübungen der Augenlinsen (Katarakte) mit nachfolgender Erblindung hervorrufen. Aber, so ernst diese Konsequenzen auch immer sein würden, »dennoch«, schreibt Crutzen, »träten diese Wirkungen neben den unmittelbaren Folgen der Kernwaffen in den Hintergrund. Unter diesem Aspekt, und deshalb mein anfäng-

liches Unbehagen, schien es überflüssig, sich mit dem Problem des ›Nachher‹ auseinanderzusetzen.«
Inzwischen hat Crutzen seine Ansicht geändert. Viel folgenreicher wären, so fand er heraus, die an Zahl weit überwiegenden Explosionen der kleineren und mittleren Sprengköpfe, welche die Nuklearstrategen seit einigen Jahren bevorzugt in Auftrag geben, weil sie, von immer zielgenaueren Raketen getragen, über die Androhung »blinder« Zerstörung hinaus neue strategische und sogar taktische Optionen eröffnen. Ihre Feuerbälle wirken nur bis in Höhen von etwa zwölf Kilometer, bleiben also innerhalb der für alle klimatischen Abläufe zuständigen »Troposphäre«. Hier aber würde die von jeder einzelnen Explosion bewirkte Entstehung von Stickoxiden unter dem Einfluß des Sonnenlichts photochemische Reaktionszyklen in Gang setzen, die eine beträchtliche Erhöhung des Ozongehalts in den unteren Atmosphärenschichten zur Folge hätten. Ozon in den dann auftretenden Konzentrationen aber wirkt schleimhautreizend und lungenschädigend, außerdem beeinträchtigt es das Pflanzenwachstum.
Bisher völlig übersehene Folgen aber würden vor allem die nach einem globalen Atomkrieg auftretenden ausgedehnten Flächenbrände nach sich ziehen. »Merkwürdigerweise«, so Crutzen, »ist dieses an sich naheliegende Problem nie vorher behandelt worden.« Brennen würden nicht nur Städte und Industrieanlagen, nicht nur mehr als eine Milliarde Tonnen Kohle, Öl und Gas, sondern auch Getreidefelder, Grasland und »mindestens eine Million Quadratkilometer Wald«. Die dabei entstehenden Rauch- und Rußschwaden würden innerhalb von Tagen »etwa 60 Millionen Quadratkilometer Land mit einer hoch in die Atmosphäre reichenden, fast alles Sonnenlicht absorbierenden Schicht überdecken. Innerhalb von ein bis zwei Wochen würde sich diese Schicht fast über die gesamte Nordhalbkugel ausdehnen und dabei auch die Ozeane überspannen – und das, obschon nur etwa ein Prozent der gesamten Landfläche direkt von den Bränden erfaßt wäre«.
Als Folge davon würden fast auf der gesamten Nordhalbkugel für die Dauer von mindestens zehn bis zu dreißig Tagen

höchstens noch zehn, möglicherweise aber nur noch ein Prozent des Sonnenlichts bis zum Erdboden durchdringen. Es gäbe keinen »Tag danach«, wie ihn der die Katastrophe unfreiwillig verharmlosende Hollywoodfilm desselben Titels zu beschreiben versuchte, sondern eine lange Nacht. Die Menschen, Gesunde, Verletzte und Sterbende, würden auch nicht in Hemdsärmeln herumliegen. Sie würden schlottern vor Kälte, da die Temperaturen unter den geschilderten Bedingungen selbst im Hochsommer bis unter den Gefrierpunkt absänken (und im Winter bis auf in unseren Breiten sonst unbekannte arktische Minuswerte). Was an Getreide und Futterpflanzen auf den Feldern nicht verbrannt wäre, würde diesem Klimasturz zum Opfer fallen. Und um zu ermessen, was Nahrungsmangel und winterliche Temperaturen für Überlebende bedeuten würden (von den Verletzten und Strahlenkranken ganz zu schweigen), die weder über feste Unterkünfte noch über Heizmöglichkeiten verfügen, braucht man keinen Computer.

Als ob das alles noch nicht genug wäre: Es würde auch kaum noch trinkbares Wasser geben. Klaus Günther Wetzel, Direktor des Strahlenforschungsinstituts der DDR in Leipzig, ebenfalls Mitglied des AMBIO-Gremiums, berechnete die Mengen und die Verteilung der durch die Explosionen freigesetzten radioaktiven Isotope. Er kam dabei unter anderem zu dem Ergebnis, daß diese strahlenden Nebenprodukte der Katastrophe die meisten – künstlichen und natürlichen – Trinkwasserreservoire auf Jahre hinaus verseuchen und Regenwasser auf Wochen hinaus in ein absolut tödliches Gift verwandeln würden.

Es überrascht nach alledem nicht mehr, wenn man in dem AMBIO-Report auf die – ebenfalls mit vielen Details begründete – Vorhersage der an der Untersuchung beteiligten Mediziner stößt, daß die von allen diesen Übeln geplagten, unterernährten und frierenden Überlebenden von epidemisch auftretenden Durchfällen, Tuberkulose und infektiöser Hirnhautentzündung dezimiert werden. Die psychische Verfassung von Menschen, die unter solchen Bedingungen zu »überleben« haben, und die Qualität der zwischenmenschlichen Beziehungen, die sich in einer solchen Atmosphäre herausbilden dürften, entziehen sich einer wissenschaftlichen Prognose. Aber man versteht, warum George M. Woodwell, Direktor des ökologischen Zentrums am weltweit renommierten Marinebiologischen Laboratorium in Woods Hole, Massachusetts, seinem für AMBIO ausgearbeiteten sachlich-kühlen Report über die biologischen Folgen ionisierender Strahlung für die irdischen Ökosysteme folgende Schlußbemerkung hinzugefügt hat: »Ein realistischer Blick auf die nach einem nuklearen Angriff herrschende Situation führt zu der Annahme, daß ein rasches, barmherziges Verbrennen in einem Feuerball [... a quick, merciful roasting in a personal fireball...] wohl doch das bessere Los sein würde.«

Bleibt, um das Bild abzurunden, noch die Frage, wie lange die geschilderten lebensfeindlichen Verhältnisse – Dunkelheit und Kälte vor allem – anhalten würden und ob nicht, selbst wenn wir Mitglieder der modernen Industriegesellschaft (in diesem Falle nicht unverdient, wie mir scheint) dafür ausfielen, eine Erholung der Welt denkbar wäre, die von den direkt gar nicht betroffenen Staaten der Dritten Welt, etwa in Afrika oder Südamerika ihren Ausgang nähme.

Die Aussichten, die der AMBIO-Report uns in dieser Hinsicht läßt, sind wenig ermutigend. Die Dauer der »postnuklearen Nacht« und des »Winters im Sommer« läßt sich schwer abschätzen, denn »der Zustand der Atmosphäre als Ganzes, ihr Temperaturgefüge, ihr Wind- und Wasserhaushalt lägen so fernab von allen üblichen Bedingungen, daß sie durch kein Modell auch nur annähernd faßbar sind« (P. Crutzen). Jedenfalls aber wäre »der übliche Wettermotor ... besonders über den Festländern praktisch ausgeschaltet«. Die Temperaturverhältnisse innerhalb der Troposphäre wären auf den Kopf gestellt: Die bodennahen Schichten wären winterlich kalt, die höheren, das Sonnenlicht absorbierenden Schichten würden sich dagegen zunehmend erwärmen.

Daher ist zu befürchten, daß diese die vertikale Durchmischung der Luft stark unterdrückende anomale Schichtung die Verweildauer der Staub- und Rußpartikel »erheblich« über die vorsichtshalber zugrunde gelegten nur »zehn bis dreißig Tage« hinaus verlängern würde – denn diese zehn bis dreißig Tage sind das Resultat einer »auf der Grundlage normaler Bedingungen kalkulierten Verweilzeit«. Dann würden die lichtabsorbierenden Schwebeteilchen höher hinauf, bis in die Stratosphäre, steigen, »wo sie einerseits ebenfalls länger verweilen, sich aber über die südliche Hemisphäre verbreiten könnten.« Selbst wenn diese schlimmste Konsequenz ausbliebe, würden die klimatischen Folgen der nuklearen Katastrophe »die Menschheit stärker als die direkten Wirkungen der Kernwaffen treffen.«

Auch die am Konflikt gänzlich unbeteiligten Länder der Dritten Welt blieben in keinem Fall verschont. Sollte ihnen die Ausbreitung des »postnuklearen Winters« bis in ihre Regionen erspart bleiben – mit der jedoch aufgrund der von Crutzen analysierten Zusammenhänge gerechnet werden muß –, wären sie zumindest von den Folgen des totalen Zusammenbruchs einer jeglichen Form von »Weltwirtschaft« betroffen. Der Nachschub von Brennstoffen, insbesondere von Erdöl, aber auch der von Kunstdünger und anderen industriellen Produkten würde abrupt aufhören. Schwere Hungersnöte und nachfolgende soziale Unruhen wären auch in diesen Ländern, in denen nicht eine einzige Kernwaffe explodierte, die unausbleibliche Folge. Yves Laulan, Wirtschaftswissenschaftler am Institut d'Etudes Politiques in Paris und Vorstandsmitglied der Société Générale, der größten französischen Bank, hat im Rahmen des AMBIO-Teams die wirtschaftlichen Folgen eines »totalen Nuklearkriegs« für die Länder der Dritten Welt untersucht. Er schätzt die durch Hunger und Krankheit verursachten Menschenopfer in diesen vom Konflikt direkt gar nicht betroffenen Regionen der Erde langfristig auf »eine Milliarde oder mehr«.

Also, auf lange Sicht, doch keine Überlebenden? Das wäre wohl möglich. Aber auch in dieser Hinsicht sind die an der Studie der Schwedischen Akademie der Wissenschaften beteiligten Autoren ihrem Vorsatz treu geblieben, in Zweifelsfällen immer von der zurückhaltenderen Annahme auszugehen. Der Schlußabsatz ihres 162 Seiten umfassenden Reports lautet:

»Obwohl die hier beschriebenen, von einem nuklearen Krieg bewirkten Erschütterungen weitreichend und schrecklich wären, würde es wahrscheinlich Überlebende geben. Deren Schicksal wäre jedoch äußerst ungewiß. Die menschliche und soziale Umwelt, in der sie leben müßten, liegt weit außerhalb unseres Vorstellungsvermögens. Mit den Zerstörungen und der Verseuchung infolge der akuten Phase des Krieges selbst könnten sich langfristige Veränderungen der natürlichen Umwelt verbinden, welche die Bemühungen der Überlebenden um einen Wiederaufbau ernstlich in Frage stellen würden. In jedem Fall aber würden die Formen menschlicher Gesellschaften, wie wir sie heute kennen, mit ziemlicher Sicherheit aufgehört haben zu existieren.«

Stiefkind der Strategen:
Die »biologische« Kriegführung

Man sollte eigentlich denken, das alles sei genug. Denen jedoch, die in unserer arbeitsteilig organisierten Gesellschaft für die Entwicklung und Bereitstellung kriegerisch nutzbarer Vernichtungsmittel zuständig sind, genügt es offensichtlich noch keineswegs. Sie haben sich, als würden sie von dem unstillbaren Verlangen getrieben, beim nächsten Mal aber wirklich ein für alle Male reinen Tisch machen zu können, noch sehr viel mehr einfallen lassen. Sie haben, sozusagen, nicht nur A gesagt, sondern B und C gleich noch dazu. Wer die Gefahren abschätzen möchte, die von einem erneuten Weltkrieg heraufbeschworen werden würden, darf daher nicht, wie es in der öffentlichen Diskussion erstaunlicherweise meist der Fall ist, ignorieren, was die moderne Pandora außer dem nuklearen Schrecken sonst noch für uns bereithält.
Vor einer »biologischen« Kriegführung freilich brauchen wir uns, wenn nicht alles täuscht, nicht allzusehr zu fürchten. Es spricht für sich, daß die beiden Blöcke sich schon 1972 rasch

und einvernehmlich darauf geeinigt haben, »biologische Waffen« zu ächten und nicht erst ihre Anwendung, sondern schon ihre Herstellung und ihren bloßen Besitz zu verbieten. Als solides Argument zur Beruhigung kann dabei freilich nicht etwa das Verbot selbst gelten. Dies um so weniger, als beide Seiten sich wieder einmal nicht zu einer Kontrolle seiner Einhaltung durch unabhängige, neutrale Inspektoren an Ort und Stelle haben durchringen können. Den Ausschlag gab abermals die durch keine Verfahrensweise zu überwindende sowjetische Spionagephobie.
Beruhigend allein ist das Motiv, das hinter der vergleichbar problemlosen Verbotsübereinkunft zu vermuten ist. Biologische »Waffen«, also zum Beispiel hochinfektiöse Bakterien oder Viren, sind unbestreitbar äußerst wirkungsvoll. Sie setzen auch den Gegner, den sie nicht töten, wenigstens vorübergehend außer Gefecht. Vor allem anderen aber zwingen sie die gegnerische Seite zur Einführung schwerfälliger und entsprechend hinderlicher Quarantänemaßnahmen und belasten sie mit der Pflege und der medizinischen Betreuung der Infizierten.
Alle diese »Vorzüge« werden nun jedoch durch eine weitere Eigentümlichkeit einer jeden sich epidemisch ausbreitenden Infektion – und eine andere wäre als »Waffe« ja uninteressant – wieder aufgehoben. Denn ob spontan auftretend, wie die »asiatische Grippe«, oder in aggressiver Absicht im gegnerischen Lager entfacht: Ist die Seuche einmal ausgebrochen, kann sie auf keine Weise mehr gesteuert werden. Insbesondere gibt es keine Methode, ihr den Weg vorzuschreiben, den sie im Verlaufe ihrer Ausbreitung nimmt. Wer mit einer »Waffe« dieser Art angreift, muß daher prinzipiell darauf gefaßt sein, daß der auf den Feind gemünzte Effekt früher oder später auch ihn selbst erfaßt. Dieses Risiko bildet ein Wesensmerkmal einer jeden sich epidemisch ausbreitenden Infektion. Daher dürfte es den beiden Kontrahenten seinerzeit nicht allzu schwer gefallen sein, auf die wechselseitige Anwendung dieses Übels einvernehmlich zu verzichten.
Jedoch vergiftet allein die Unmöglichkeit der Kontrolle das

Verhältnis der beiden Supermächte längst auch auf diesem Terrain. 1982 erhob der amerikanische Verteidigungsminister Caspar Weinberger in seinem Jahresbericht an den Kongreß den Vorwurf, die UdSSR habe die Vereinbarung über die Nichtherstellung biologischer Waffen gebrochen. Anlaß der Beschuldigung war der vom amerikanischen Nachrichtendienst festgestellte Ausbruch einer regionalen Milzbrandepidemie in Swerdlowsk. Weinberger behauptete, die näheren Umstände sprächen dafür, daß die Infektion von einer militärischen Institution ihren Ausgang genommen habe. Die Implikation schien auf der Hand zu liegen: Offenbar war es in einem militärischen Zwecken dienenden Laboratorium zu einem Unfall mit Anthrax-Bazillen, den Erregern des Milzbrands, gekommen. Daß es allen Grund gab, sich gerade vor dieser Erregerart zu fürchten, wußte man im Westen nur zu gut: 1941 hatten die Engländer eine mit Anthrax-Bazillen beladene Bombe auf einer kleinen schottischen Insel ausprobiert. Wie die Wirkung damals war und wie man sie kontrolliert hat, ist nie veröffentlicht worden. Tatsache ist andererseits, daß die Insel bis auf den heutigen Tag so verseucht ist, daß noch immer niemand sie betreten darf.

Die Russen gaben nach längerem Hin und Her einen Zwischenfall mit Anthrax-Erregern schließlich sogar zu. Sie bestritten jedoch jeglichen militärischen Zusammenhang. Ihrer Darstellung nach bestand die Ursache der lokalen Epidemie darin, daß in einer Fleischfabrik mit infiziertem Rindfleisch unsachgemäß umgegangen worden war. In der von Mißtrauen und gegenseitiger Furcht vergifteten Atmosphäre hielt alle Welt das für eine durchsichtige Ausrede.

Inzwischen hat sich jedoch herausgestellt, daß die sowjetische Auskunft aller Wahrscheinlichkeit nach zutraf. Zufällig nämlich hielt ein amerikanischer, an der North Western University in Chicago lehrender Physiker just während der Zeit des Anthrax-Zwischenfalls über mehrere Monate hinweg als Gastprofessor Vorlesungen in Swerdlowsk. Als er, wieder heimgekehrt, von Journalisten interviewt wurde, ergab sich, daß er von der ganzen Angelegenheit nichts mitbekommen hatte. Es ließ sich sogar rekonstruieren, daß er an dem von den Amerikanern verdächtigten Gebäudekomplex vorbeigekommen war, ohne daß ihm irgendwelche besonderen Sicherheitsmaßnahmen aufgefallen wären. Das alles ist mit der Annahme eines Unfalls in einem der biologischen Kriegführung dienenden Laboratorium natürlich kaum vereinbar.

Ein zweites Beispiel dieser Art betrifft den nach amerikanischer Ansicht bis heute nicht wirklich ausgeräumten Verdacht, die Russen hätten die in Kambodscha eindringenden Vietnamesen versuchshalber mit Mykotoxinen ausgestattet. Dabei handelt es sich um hochgiftige Substanzen, die aus bestimmten Pilzen gewonnen werden können, vor allem die sogenannten Trichothäzene. Die Vietnamesen hätten, so die amerikanischen Quellen, diese biologischen Giftstoffe von Flugzeugen aus versprüht, so daß sie als »gelber Regen« auf die Kambodschaner niedergegangen seien.

Anlaß dieser Beschuldigung waren Beobachtungen, die kambodschanische Flüchtlinge gemacht haben wollten, und einige vom CIA an den entsprechenden Lokalitäten daraufhin entnommene Boden- und Vegetationsproben. Insbesondere die Untersuchung der auf diese Weise beschafften Blätter schien den Verdacht zu bestätigen: Auf ihrer Oberfläche wurden winzige gelbliche Körner entdeckt, in denen sich, allerdings nur in einigen Fällen, tatsächlich auch Trichothäzene nachweisen ließen. Schließlich gelang es dann sogar, die gleichen Toxine auch im Blut einiger der Flüchtlinge zu finden, die ihren Angaben nach wenige Wochen zuvor mit »gelbem Regen« angegriffen worden waren. Die Anklage schien damit wasserdicht begründet. Die Russen sahen sich vor aller Welt des Vertragsbruchs überführt.

Im Verlaufe des letzten Jahres (1984) verstummten die Anklagen dann aber wieder. Es kam ans Licht, daß alle Beschuldigungen, so lückenlos die Beweiskette auch zu sein schien, auf mehr als wackeligen Füßen standen. Die ersten Zweifel säten die beiden Harvard-Professoren Peter Ashton und Matthew Meselson. Sie stellten die – nach anfänglicher Skepsis schließlich allseits bestätigte – einigermaßen verblüffende Tatsache fest, daß es sich bei den verdächtigen gelben Pünktchen auf den Oberflächen der untersuchten Pflanzen um nichts anderes als ganz gewöhnlichen Bienenkot handelte.

Daß sich darin mitunter – ein weiteres Entlastungsmoment: nur in zehn Prozent der Fälle – Trichothäzene nachweisen ließen, beweist gar nichts. Diese Toxine kommen nämlich, ihrer biologischen Herkunft entsprechend, auch natürlich vor und werden von den Bienen dann gelegentlich in kleinen Mengen gefressen. Ganz offensichtlich waren überdies auch die untersuchten Flüchtlinge auf diesem Wege, und eben nicht mit Hilfe der Vietnamesen, zu dem in einigen Fällen in ihrem Blut gefundenen Toxin gekommen. Im Verlaufe der weltweit in zivilen und militärischen Laboratorien durchgeführten Kontrollversuche ergab sich nämlich, daß Trichothäzene nach der Aufnahme innerhalb weniger Tage ausgeschieden werden und danach nicht mehr im Blut nachweisbar sind. Da die angeblichen Zwischenfälle mit »gelbem Regen« bei allen Fällen aber mindestens vier bis fünf Wochen zurücklagen, ist es sehr viel wahrscheinlicher, daß die Untersuchten die Toxinspuren, um die es sich handelte, erst wenige Tage vor den Bluttests, also schon im Flüchtlingslager – wahrscheinlich mit angeschimmelter Nahrung –, zu sich genommen hatten. Mit diesen Befunden brach der ganze »Fall« in sich zusammen, auch wenn die Amerikaner das in der UNO, vor deren Mitgliedern sie die östliche Supermacht öffentlich des Vertragsbruchs angeklagt hatten, bisher nicht offiziell zugegeben haben.[25]

Das alles liefert, wie wir nicht übersehen wollen, aufschlußreiche Hinweise auf die psychische Verfassung und das Verhältnis der beiden Mächte, von deren Umgang miteinander letztlich unser aller Schicksal abhängt. Wenn, andererseits, trotz allen Mißtrauens und ungeachtet allen Eifers der Geheimdienste bisher in Sachen »biologische Kriegführung« nur Legenden der geschilderten Art ans Tageslicht gefördert wurden, dürfen wir uns in der Vermutung bestätigt fühlen, daß diese spezielle Methode des gegenseitigen Umbringens offensichtlich nicht zu dem von den Militärs bevorzugten Instrumentarium gehört. Ganz anders ist das dann aber wieder bei dem letzten der drei ominösen Buchstaben, beim »C«. Die von der modernen Chemie gelieferten Vertilgungsmittel sind seit dem Ersten Weltkrieg in so ingeniöser Weise perfektioniert worden, daß keiner der beiden potentiellen Gegner sich bisher dazu entschließen mochte, auf ihre Anwendung ausdrücklich und ohne Einschränkungen zu verzichten.

Nervengase: Die lautlose Vernichtung

Der größte, der wahrhaft entscheidende Fortschritt in der Entwicklung von »Kampfgasen« seit ihrer ersten Anwendung 1915 bei Ypern durch deutsche Truppen besteht in dem Übergang von lokal wirksamen Reizstoffen zu den sogenannten Nervengasen. Man darf ihn, was die Effizienz der ausrottenden Wirkung angeht, getrost neben den Übergang von der gewöhnlichen Artilleriemunition zur Atomgranate stellen. So widerwärtig und für die Betroffenen qualvoll die Wirkung der chemischen Killer des Ersten Weltkriegs unbestreitbar gewesen ist, sie wird von dem, was der Einsatz eines Nervengases bewirken würde, bei weitem in den Schatten gestellt. »Gelbkreuz« oder »Grünkreuz« – also das tiefe Hautzerstörungen verursachende Senfgas oder das die Lungen zerfressende Phosgen – gelten den Strategen der chemischen Kriegführung längst als antiquiert. Senfgas wird von den Militärs in Ost und West zwar noch immer in großen Mengen gelagert, und was man mit dem Stoff anrichten kann, das haben die Iraker 1983 mit seinem Einsatz gegen iranische Truppen eindrucksvoll in Erinnerung gerufen. Die definitive Tödlichkeit von Tabun, Soman, Sarin oder VX jedoch läßt alle vorangegangenen Möglichkeiten des Gaskrieges vergleichsweise als harmlos erscheinen.
Alle vier genannten Substanzen gehören zur Klasse der Nervengase. Sie sind in der Reihenfolge ihrer Entdeckung aufgeführt, die gleichbedeutend ist mit ihrer zunehmenden Toxizität. Über Tabun verfügte schon Hitler. Es wurde 1936 von

deutschen Chemikern – nota bene: aus einem Insektenvertilgungsmittel! – entwickelt und, ebenso wie die Nachfolgesubstanzen, bis 1945 in der Größenordnung von mehreren tausend Tonnen produziert und gelagert. (In der Geschichte des Gaskriegs haben wir Deutschen eine ähnlich herausragende Rolle gespielt wie die Amerikaner später bei der Entwicklung der nuklearen Waffen.) Eingesetzt wurde bekanntlich keiner dieser Stoffe. Angesichts der erdrückenden Luftüberlegenheit der Alliierten, deren Vorräte nicht weniger ansehnlich waren, wagte es nicht einmal Hitler, ihren Einsatz zu befehlen.

Tabun war, auf die Dosis bezogen, hundertmal giftiger als alle bis dahin bekannten Kampfgase. Ein halbes Gramm Tabun auf einen Kubikmeter Atemluft verteilt, genügt, um einen Erwachsenen umzubringen. Eingenommen, etwa mit verseuchter Nahrung, reicht sogar ein Dreißigstel dieser Dosis. Tabun aber machte erst den Anfang. Soman, die erste Weiterentwicklung, erwies sich als viermal wirksamer. Und Sarin, noch im letzten Kriegsjahr produziert, verdoppelte die Giftwirkung abermals. Schließlich steigerten die Amerikaner den militärisch erwünschten Effekt nach dem letzten Kriege noch einmal um den Faktor 10. Von dem 1952 von ihren Rüstungschemikern synthetisierten VX reicht ein Drittel eines tausendstel Gramms, um einen Menschen zu töten.

Die wohl nicht mehr überbietbare Toxizität dieser ganzen Stoffklasse hängt mit der Besonderheit ihres Wirkungsmechanismus zusammen. Voraussetzung ihrer Entwicklung waren – nachdem man auf das Tabun erst einmal mehr oder weniger durch Zufall gestoßen war – die vertieften Erkenntnisse der Neurophysiologen und Biochemiker über die sich im submikroskopischen, molekularen Bereich des menschlichen Körpers abspielenden Stoffwechselprozesse und Steuerungsfunktionen. Die enormen Fortschritte dieser beiden wissenschaftlichen Spezialdisziplinen haben uns nicht nur großartige Einblicke in den unglaublichen Aufwand verschafft, den die Natur treibt, um einen Organismus von der Kompliziertheit des Menschen funktionsfähig und am Leben zu erhalten. Die gleichen Erkenntnisse eröffnen den Wissenschaftlern auch ganz neue Wege, die entdeckten Funktionen auf die subtilste Weise zu manipulieren. Dies kann im Interesse eines Patienten geschehen, wenn es etwa um den Versuch geht, erblich fehlgesteuerte Körperfunktionen zu korrigieren. Jedoch liegt die Zielrichtung eines solchen Eingriffs ja nicht grundsätzlich fest. Und so gibt unser heutiges Wissen dem Rüstungschemiker eben auch die grundsätzlich neuartige Möglichkeit in die Hand, die funktionelle Ordnung des menschlichen Körpers durch minimale, präzise gezielte Eingriffe zusammenbrechen zu lassen.

Der Unterschied zwischen dem Wirkungsmechanismus von Nervengasen und dem »konventioneller« Kampfstoffe läßt sich am einfachsten durch einen bildlichen Vergleich anschaulich machen. Nehmen wir einmal an, Terroristen planten, eine moderne, vollautomatische Fabrik zu zerstören. Wie könnten sie dabei vorgehen? Die sozusagen übliche Methode bestände darin, an möglichst vielen Stellen des Fabrikgeländes Sprengladungen anzubringen in der Hoffnung, daß der durch die Detonationen angerichtete Schaden groß genug sein wird, die Funktion der ganzen Anlage spürbar zu beeinträchtigen oder sogar vorübergehend lahmzulegen.

Es gibt aber noch einen ganz anderen Weg. Er erfordert einen wesentlich geringeren Aufwand und ruiniert, wenn er zum Ziel führt, die ganze Anlage endgültig und total. Er besteht darin, daß man einen Experten in die Fabrik hineinschleust und bis in die Steuerungszentrale der automatischen Produktion schmuggelt. Dort genügt dann ein winziger Eingriff an der entscheidenden Stelle, um die Steuerbefehle so zu manipulieren, daß die sich beim weiteren Arbeitsablauf einstellende Unordnung über kurz oder lang zum kompletten funktionellen Zusammenbruch führt. Bei dieser Methode veranlaßt man die Fabrik gewissermaßen dazu, sich selbst zu zerstören. Genau das ist nun, übertragen auf den menschlichen Körper, das Wirkungsprinzip der im Westen und Osten heute gehorteten Nervengase.

Die Furchtbarkeit ihrer Wirkung hängt mit der Existenz sogenannter Neurotransmitter-Substanzen zusammen, die bei der normalen Erregungsleitung in unserem Nervensystem eine

Schlüsselrolle innehaben. Vom Gehirn zu den Muskeln oder, umgekehrt, von den Sinnesrezeptoren in der Haut (oder dem Innenohr oder der Netzhaut und so weiter) zum Gehirn führen nicht etwa durchgehende Nervenleitungen. In allen Fällen sind die Leitungsbahnen aus mehreren, mindestens zwei, meist drei nacheinandergeschalteten Nervenfortsätzen zusammengesetzt. Dies ist ausnahmslos auch dann so, wenn die Entfernung zwischen Rezeptor und Hirnzentrum, wie zum Beispiel im Falle der Netzhaut unserer Augen, grundsätzlich sehr wohl die Möglichkeit zuließe, die Verbindung mit einer einzigen zusammenhängenden Nervenfaser herzustellen. Hinter dem Bauprinzip der »Leitungsstückelung« muß daher ein biologischer Sinn stecken. Wahrscheinlich besteht er darin, daß sich an den Stellen, an denen die aufeinanderfolgenden Leitungsstücke jeweils zusammengekoppelt sind, zusätzliche Steuerungs- und Abstimmungsmöglichkeiten ergeben, die zu der inneren Geschlossenheit und Flexibilität des Gesamtorganismus wesentlich beitragen.

Die Zusammenhänge sind so kompliziert, daß die Spezialisten noch immer weit davon entfernt sind, sie vollständig zu durchschauen. Herausgefunden haben sie jedoch, daß an den genannten Kupplungsstellen – der Neurophysiologe nennt sie »Synapsen« – zwischen dem Ende des den ankommenden Nervenreiz heranführenden Leitungsstücks und dem Anfang der anschließenden Nervenfaser ein Spalt klafft, der »synaptische Spalt«. Er ist zwar so winzig, daß er nur elektronenmikroskopisch sichtbar gemacht werden kann. Die Unterbrechung an dieser Stelle beträgt nur einige Hunderttausendstelmillimeter. Der Aktionsstrom des Nervenreizes aber kann diesen Abstand nicht überbrücken.

Elektrischer Natur ist die Übertragung an den Synapsen also mit Sicherheit nicht. Andererseits aber kann jeder aus eigener Erfahrung bestätigen, daß die Verbindung zwischen dem Gehirn und dem Erfolgsorgan im Regelfall ohne nennenswerten Zeitverlust zustande kommt. Was hilft dem Reiz über den Abgrund des synaptischen Spalts?

Genauere Untersuchungen führten zu der Entdeckung winziger Flüssigkeitsbläschen am äußersten Ende des jeweils zuführenden Nervenabschnitts. Serienuntersuchungen in verschiedenen Stadien der Erregungsleitung ergaben weiter, daß diese Bläschen bis an den Spalt selbst heranwandern und dabei ihren Inhalt in ihn ergießen können. Alles in allem ist man sich seit einiger Zeit sicher, daß es sich bei den »synaptischen Bläschen« um die Strukturen handeln muß, die dem Reiz über den synaptischen Spalt hinüberhelfen. Sie enthalten sogenannte Überträger-(»Transmitter«-)Substanzen – abgekürzt »Neurotransmitter« –, welche das Nervensignal von dem einen auf den nächstfolgenden Leitungsabschnitt übertragen. Der elektrische Reiz des ankommenden Signals veranlaßt sie, ihren Inhalt in den Spalt zu entleeren, womit sie in der Wand der anschließenden Faser erneut einen elektrischen Aktionsstrom auslösen, der nunmehr den Signaltransport bis zur nächsten Synapse übernimmt und so weiter.

Die Reizleitung in unserem Nervensystem (und dem aller höheren Tiere) erfolgt also nicht in der Gestalt ununterbrochen durchlaufender elektrischer Potentiale, sondern gleichsam in der Art von Stafetten abwechselnd aufeinander folgender elektrischer und chemischer Übertragungsmechanismen. Nach allem, was wir heute wissen, ist dies der eigentliche Grund dafür, daß sich der Zustand unseres Zentralnervensystems auch chemisch (zum Beispiel durch Alkohol, Schlafmittel, Rauschdrogen oder Narkotika) beeinflussen läßt, was schwerlich der Fall wäre, wenn seine Funktionen ausschließlich auf elektrischen Prozessen beruhten. Und unter natürlichen Umständen schließt dieser elektrochemische Hybrid-Charakter unseres Nervensystems dieses mit dem zweiten, archaischen Signal- und Steuerungssystem unseres Organismus zusammen: mit dem der endokrinen Drüsen, die ausschließlich chemische Botschaften austauschen, nämlich spezifische Hormone. So ist es zu erklären, daß auch Hormone unsere Aufmerksamkeit, unsere Aktivitäten und unsere Stimmungen beeinflussen. Dies aber, so könnte man weiter sagen, ist der Weg, auf dem unser archaisches biologisches Erbe unser grundsätzlich so unvergleichlich viel »moderneres«, geistigere Zielsetzungen ermögli-

chendes Nervensystem auch heute noch immer wieder für seine ureigenen Zwecke in seinen Dienst nehmen kann. Man bekommt eine Vorstellung von der schier unglaublich verfeinerten experimentellen Kunst moderner Naturwissenschaft, wenn man erfährt, daß es in einigen Fällen gelungen ist, die chemische Natur der in den winzigen synaptischen Bläschen steckenden Überträgersubstanzen aufzuklären. Dabei hat sich herausgestellt, daß es verschiedene Transmittersubstanzen gibt, mit durchaus verschiedenen (teils erregenden, in anderen Fällen wieder hemmenden) Wirkungen auf das die Synapse passierende Nervensignal. Eine der relativ gut untersuchten Transmittersubstanzen trägt den Namen Azetylcholin.
Die für die Überwindung des Synapsenspalts benötigte Menge an Azetylcholin ist winzig. Nach neueren Untersuchungen handelt es sich pro Impuls und pro Synapse um nicht mehr als etwa eine Million Moleküle. Das ist wichtig, denn kaum freigesetzt, muß die Übertragungsdosis ja sofort wieder »aus dem Verkehr gezogen« werden, um die Synapse für den nächsten Nervenimpuls freizumachen. Dies besorgt ein Enzym, die sogenannte Cholinesterase. Von ihr genügen im Vergleich zum Azetylcholin noch winzigere Mengen, um die Transmittersubstanz chemisch aufzuspalten und damit unwirksam werden zu lassen. Der ganze Prozeß, von der Freisetzung des Azetylcholins bis zu seiner Zerstörung durch die Cholinesterase und der dadurch bewirkten Neutralisierung der Synapse, die sie für das nächste Leitungssignal wieder aufnahmefähig werden läßt, nimmt nicht mehr als etwa zwei Tausendstelsekunden in Anspruch.
Man bedenke nun, was es bedeuten würde, wenn die Cholinesterase aus irgendwelchen Gründen ausfiele: Keiner der durch das Azetylcholin einmal ausgelösten Nervenimpulse ließe sich wieder »abstellen«. Alle von dieser Überträgersubstanz vermittelten Nervenbefehle würden von diesem Augenblick ab sozusagen unwiderruflichen Charakter annehmen. An die Stelle des biologisch einzig sinnvollen Wechsels von Befehlen und durch deren Ergebnisse via Rückkopplung ausgelösten Korrekturbefehlen träte die starre Festlegung auf die jeweils letztergangene

Anordnung. Die unbeweglich fixierte Signalkonstellation würde die von ihr gesteuerten Organe – Muskeln und Drüsen – auf entsprechend einseitige Aktivitäten festlegen und jegliche Korrekturmöglichkeit, ja selbst die Möglichkeit zur Einstellung der Aktivität dieser Organe bei ihrer früher oder später unweigerlich eintretenden Erschöpfung, aufheben. Es braucht nicht begründet zu werden, daß eine solche Situation mit der Lebensfähigkeit eines Organismus allenfalls für wenige Minuten vereinbar ist.
Dies aber ist nun genau die Situation, die von einem »Nervengas« herbeigeführt wird. Sie alle sind sogenannte »Cholinesterase-Hemmer«. Sie setzen – in nochmals kleineren Dosen als den ohnehin winzigen des Enzyms, dessen Wirkung sie aufheben – die Cholinesterase außer Gefecht und schaffen damit im ganzen Organismus die tödlichen Bedingungen, die im letzten Absatz geschildert wurden. Es ist wirklich so, als habe sich ein verbrecherischer Experte bis in die Steuerungszentrale eines Organismus hineingeschmuggelt – dem er keinerlei sichtbare Verletzung zufügt! –, um dort durch einen geringfügig erscheinenden Eingriff an entscheidender Stelle, nämlich durch die chemische Neutralisierung eines einzigen Enzyms, dessen funktionelle Ordnung so zu manipulieren, daß jede weitere seiner Aktivitäten von da ab nur seinen eigenen Untergang befördern kann.
Die benötigten Mengen sind, dem Wirkungsmechanismus entsprechend, minimal. Man hat ausgerechnet, daß 17 Tonnen des amerikanischen Nervengases VX genügen würden, um die ganze Fläche der Bundesrepublik mit einer hundert Meter dicken, absolut tödlichen Wolke zuzudecken. Derselben Quelle (Werner Dosch, s. Anm. 26) aber ist zu entnehmen, daß in der Bundesrepublik, in Fischbach bei Pirmasens, neben anderen Kampfstoffen nicht weniger als 500 Tonnen VX gelagert sind. Selbst wenn es nie zum geplanten Einsatz dieses Teufelszeugs käme, würde ein einziger Treffer an dieser Stelle in einem »nur« konventionellen Krieg eine ganz Europa gefährdende Katastrophe auslösen.
Nervengase sind unsichtbar und geruchlos. Man braucht sie

nicht versehentlich einzunehmen, nicht einmal einzuatmen. Es genügt ein kaum sichtbarer Tropfen auf der heilen Haut. Sie wird von dem tödlichen Stoff unmerklich durchdrungen, der Minuten später die charakteristischen Vergiftungserscheinungen auslöst: Schweißausbruch, Schwindel mit Erbrechen, Sehstörungen, gefolgt von unwillkürlichem Abgang von Stuhl und Urin, anschließend zunehmende Krämpfe der gesamten Körpermuskulatur mit daraus resultierender Erstickung. Wenn das Opfer Glück hat, ist alles nach wenigen Minuten vorbei.
Es kann sich aber auch über Stunden hinziehen. Und selbst eine nicht unmittelbar tödlich ausgehende Vergiftung kann nach mehreren Wochen, da die chemische Hemmung der Cholinesterase ohne spezifische Therapie praktisch irreversibel bestehenbleibt, noch zu Hirnschäden infolge chronischen Sauerstoffmangels wegen anhaltender Atemstörungen führen. Auch das als Gegenmittel regelmäßig erwähnte Atropin, das den Soldaten in spritzfertigen Ampullen mitgegeben wird, verleiht nur einen höchst fragwürdigen Schutz. Es macht nämlich nicht etwa die Hemmung des lebenswichtigen Enzyms rückgängig, sondern blockiert lediglich die Transmittersubstanz Azetylcholin. Wenn seine Dosierung dem Ausmaß der Vergiftung nicht exakt entspricht, ruft die Injektion daher noch zusätzliche Vergiftungserscheinungen hervor.
Wirklichen Schutz verschafft bei einem Einsatz von Nervengasen allein die Kombination von Gasmaske mit einem den ganzen Körper luftdicht einhüllenden Schutzanzug aus undurchdringlichem Gewebe. Eine damit ausgerüstete und intensiv gedrillte Truppe könnte einen Angriff mit Nervengasen theoretisch mit erstaunlich geringen Verlusten überstehen. Auf einer 1982 in Baden-Baden abgehaltenen internationalen wehrmedizinischen Tagung wurde die Ansicht vertreten, daß die Verlustquote unter den beschriebenen Umständen nur etwa zwei Prozent betragen würde. Dies gilt aber eben nur für ausgebildete und mit Schutzausrüstungen ausgerüstete Militärpersonen. Hinsichtlich der bei kriegerischen Handlungen immer hinderlich im Wege stehenden Zivilbevölkerung kamen die wehrmedizinischen Experten zu genau der umgekehrten Ab-

schätzung: Von den Zivilisten, dies war ihre einhellige Meinung, die sich in der angegriffenen Region aufhielten, hätten höchstens zwei Prozent eine Überlebenschance, ihre Verlustquote sei folglich mit 98 Prozent zu veranschlagen.
Da nun die bloße Ausrottung der gegnerischen Zivilbevölkerung bei weitgehender Verschonung der feindlichen Truppen auch für einen Strategen kein sinnvolles Ziel darstellt und da ferner auch bei einem Gasangriff mit unvorhersehbaren Risiken für den Angreifer selbst gerechnet werden muß (plötzlicher Wechsel der Windrichtung, Möglichkeit eines feindlichen Treffers in die eigenen Vorräte), gab es seit Jahrzehnten Versuche, auch Kampfgase jeglicher Art vertraglich zu ächten.
Im sogenannten Genfer Protokoll von 1925 war zwar die *Anwendung* von Giftgasen untersagt worden, nicht jedoch ihre Herstellung und Vorratshaltung zum Zwecke eines Vergeltungsschlages im Falle eines Gasangriffs der Gegenseite. Ende der siebziger Jahre kam endlich Bewegung in die Verhandlungen, mit denen Ost und West in regelmäßig wiederholten Anläufen versucht hatten, den unbefriedigenden Schwebezustand zu beenden, der das Ergebnis dieses faulen Kompromisses war. Der entscheidende Durchbruch schien geglückt, als die sowjetische Seite sich 1979 endlich dazu überwand, die Kontrolle der Einhaltung eines Herstellungsverbots durch Inspektionen der in Frage kommenden Produktionsstätten auch auf ihrem eigenen Territorium zuzulassen. Dieses bemerkenswerte, für einen sinnvollen Vertragsabschluß aber selbstverständlich unverzichtbare Zugeständnis wurde vom sowjetischen Außenminister Andrej Gromyko auf einer Sondersitzung der UNO im Juni 1982 noch einmal ausdrücklich bekräftigt.
Doch war der für eine derartige Übereinkunft günstigste Augenblick bereits verstrichen. In der Zwischenzeit war es, wieder einmal, zu einem entscheidenden waffentechnischen »Durchbruch« gekommen, der nunmehr die Amerikaner veranlaßte, sich von dem scheinbar in greifbare Nähe gerückten Paktabschluß wieder zurückzuziehen. Sie waren in den Besitz sogenannter »binärer Waffen« gekommen.
Hinter dem Fremdwort, das soviel wie »zweigliedrig« bedeu-

tet (im Deutschen spricht man auch von »Zwei-Komponenten-Waffen«), verbirgt sich ein raffinierter technischer Trick. Mit ihm ist es (leider!) gelungen, einen wesentlichen Teil der Nachteile zu beseitigen, die mit der Anwendung von Kampfstoffen, auch im Falle von Nervengasen, bisher für den Angreifer grundsätzlich verbunden waren. Sie bestanden vor allem in dem Risiko einer nie ganz auszuschließenden Leckage bei der Lagerung oder während des Transports und in der bereits erwähnten, im »Ernstfall« jederzeit drohenden Gefahr eines feindlichen Treffers in die eigenen Vorräte mit den vorhersehbaren katastrophalen Konsequenzen.

Beide Risiken lassen sich durch die Anwendung der binären Technologie mit großer Zuverlässigkeit ausschließen. Ihr Prinzip besteht darin, nicht den fertigen Giftstoff zu lagern und einzusetzen, sondern seine chemischen Vorstufen. Eine »binäre« Gas-Granate enthält nicht Sarin oder ein anderes Nervengift, sondern zum Beispiel lediglich den (völlig harmlosen) Alkohol Isopropanol. Dieser ist durch eine zerbrechliche Wand aus Glas oder Keramik von einem Hohlraum getrennt, der von außen durch einen Schraubverschluß zugänglich ist.

Erst unmittelbar »vor Gebrauch« wird in diesen Hohlraum eine ebenfalls zerbrechliche Kapsel mit einer anderen Chemikalie eingesetzt. Nehmen wir an, es handele sich bei ihr um Methyl-phosphonyl-difluorid. Das Zeug ist zwar selbst nicht ganz ungiftig, aber, wenn man es nicht gerade heruntergeschluckt, doch relativ ungefährlich. Jedenfalls läßt es sich ohne nennenswerte Probleme auch unter kriegerischen Bedingungen lagern und transportieren. Isopropanol und Methyl-phosphonyl-difluorid sind jetzt also in der Granate untergebracht, aber immer noch durch eine zerbrechliche Wand voneinander getrennt. Auch in diesem Zustand ist das Geschoß noch »harmlos«. Es kann von der Bedienungsmannschaft ohne Gefährdung berührt, transportiert und in ein Geschütz oder, als Bombe, in ein Flugzeug geladen werden.

Erst beim Abschuß, im letzten Augenblick also, ändert sich die Situation. Durch die jähe Beschleunigung beim Abfeuern zerbricht die Trennwand, und die von den Zügen des Geschützlaufs bewirkte schnelle Rotation der Granate – über 200 Umdrehungen pro Sekunde – führt zur blitzschnellen Durchmischung der beiden Ausgangssubstanzen, die sofort chemisch miteinander zu reagieren beginnen. Innerhalb weniger Sekunden entsteht dabei in dem hier einmal angenommenen Fall Sarin.

Der Trick der binären Technologie besteht also darin, die Produktion eines Nervengases bis zum letzten möglichen Augenblick hinauszuschieben und sie an einen Ort zu verlegen – in die Flugbahn des bereits abgefeuerten Geschosses –, an dem das Produkt der eigenen Truppe nicht mehr gefährlich werden kann. Was man abschießt, sind zwei relativ harmlose chemische Substanzen. Was beim Gegner wenige Sekunden später eintrifft, sind einige Kilogramm eines tödlichen Nervengases. Keine Frage: ein erneuter, höchst ingeniöser Fortschritt der Waffentechnik.

Es wirft ein bezeichnendes Licht auf die seelische Verfassung der Verantwortlichen, daß dieser Fortschritt, diese wehrtechnische Erleichterung der Durchführung großflächiger chemischer Ausrottungsaktionen, die Bereitschaft der Amerikaner, auf das sowjetische Vertragsangebot einzugehen, nachweislich nicht etwa gesteigert hat. Bezeichnenderweise war das Gegenteil der Fall. Nachdem bis dahin die Weigerung der östlichen Seite, Verbotskontrollen im eigenen Herrschaftsbereich hinzunehmen, das Zustandekommen eines Vertrages verhindert hatte, half jetzt mit einem Male auch der sensationelle sowjetische Sinneswandel nichts mehr. Der Vorteil, den die Amerikaner plötzlich in der Hand hatten, ließ ihr Interesse an einer Übereinkunft mit dem potentiellen Gegner jählings schwinden.

Wir haben zur Kenntnis zu nehmen, daß nicht etwa das Grauen vor der heute möglich gewordenen Totaldesinfektion ganzer Landstriche durch ein bis zu apokalyptischer Perfektion weiterentwickeltes Insektenvertilgungsmittel das Motiv der vorangegangenen Verhandlungsbereitschaft gewesen war, sondern allein die Furcht vor der Möglichkeit, der Gegner werde mit gleicher Münze heimzahlen können. Nachdem die binäre Technik der eigenen Seite einen Vorteil zugespielt hatte, der im Falle einer mit Nervengasen geführten Auseinandersetzung eigene

Überlegenheit verhieß, waren alle Gedanken an die Möglichkeit des Einlenkens, an eine Übereinkunft darüber, auf diese widerwärtigste aller denkbaren »Waffen« zu verzichten, augenblicklich wieder vergessen.

Über die Zulässigkeit der unmenschlichsten und radikalsten Vernichtungsmethode, die der Mensch in seiner an Scheußlichkeiten nicht eben armen Geschichte ersann, wird nicht unter moralischen oder auch nur humanen Gesichtspunkten entschieden. Hinweise auf Hemmungen irgendwelcher Art, das von der Existenz der Nervengase heraufbeschworene Grauen auf die Gegenseite loszulassen, sind weit und breit nicht zu entdecken, weder in dem einen noch in dem anderen Lager. Als Bremse funktioniert einzig und allein die Sorge vor dem »Gegenschlag«. Nichts anderes ist der Leitgedanke des sprichwörtlich gewordenen »Gleichgewichts des Schreckens«. Es blieb unserem Zeitalter vorbehalten, den durch dieses Motiv (bisher) erzwungenen Verzicht auf die Beseitigung der eigenen Gefährdung durch die Ausrottung des Gegners als »Frieden« zu bezeichnen.

Am 8. Februar 1982 erklärte Präsident Ronald Reagan in einer Rede vor dem amerikanischen Kongreß, die Wiederaufnahme der Produktion von Giftgasen (die von den USA 1969 demonstrativ eingestellt worden war) sei im nationalen Interesse der Vereinigten Staaten unumgänglich notwendig. Nach anfänglichem Widerstand der Parlamentarier wurden Ende Juli 1983 die ersten 130 Millionen Dollar für die Herstellung binärer Gasmunition bewilligt. Insgesamt sind für die »chemische Wiederaufrüstung« der Vereinigten Staaten in den kommenden 15 Jahren mehr als zehn Milliarden Dollar eingeplant.

Die Argumentation, mit welcher es der Reagan-Administration gelang, den Kurs des vorangegangenen Jahrzehnts umzudrehen und dem amerikanischen Bedrohungspotential jetzt auch die Option einer mit Nervengasen geführten »Auseinandersetzung« hinzuzufügen, erscheint dem gesunden Menschenverstand schwer begreiflich. Wer ihn, den gesunden Menschenverstand, auf Fragen der Sicherheits- oder Friedenspolitik anwenden zu können glaubt, muß sich allerdings ohnehin vorhalten lassen, daß seine »naive« Argumentation nur allzu deutlich mangelhafte Kompetenz verrate und daß er gut beraten sei, diesen schwierigen Komplex den damit befaßten Experten zu überlassen.

Diese Experten haben nun die chemische Wiederaufrüstung der USA mit dem einleuchtenden Argument erfolgreich in die Wege leiten können, daß erst der Besitz binärer Waffensysteme und die Möglichkeit, mit ihnen drohen zu können, die Russen zu ernsthaften Abrüstungsverhandlungen auf diesem Gebiet bewegen könne. Ohne diese »neue Generation« der binären Waffen sei die amerikanische Verhandlungsposition zu schwach.

Das alles klingt unseren Ohren seltsam bekannt. »Erst aufrüsten, um dann – aus einer Position der Stärke heraus – abrüsten zu können«, das war doch auch das unermüdlich wiederholte Argument der Befürworter einer »Nach«-Rüstung. Einzig und allein die Aufstellung von Pershing-2-Raketen und Marschflugkörpern könne die östliche Seite zu ernsthaften Abrüstungsverhandlungen zwingen, das war der bis zum Überdruß wiederholte Refrain in den Jahren der »Nach«-Rüstungsdebatte. Das »unbeirrbare Festhalten am zweiten Teil des Doppelbeschlusses der NATO«, am Aufrüstungs-Teil also, sei der unbedingt notwendige, der einzige Schritt, der zur Abrüstung führen werde.[27] So damals die »Experten«. Originalton Helmut Kohl (als Gastredner auf dem Parteitag der CSU im Juli 1983 in München): »Es ist eine unerträgliche Arroganz, wenn es Leute gibt, die behaupten, einen anderen Weg zum Frieden zu kennen.«

Man weiß, wie es dann kam. Recht behielt der »naive« gesunde Menschenverstand, der die »Arroganz« besessen hatte, auf die logische Wahrscheinlichkeit hinzuweisen, daß die Russen sich durch die »Nach«-Rüstung nicht zum Abbau ihrer bisherigen, sondern im Gegenteil zum Aufbau neuer Raketen veranlaßt fühlen würden. In dem Wahnsystem – diese Klassifikation wird in einem späteren Kapitel noch näher begründet werden – der durch einen längst irrational gewordenen Rüstungswettlauf gekennzeichneten offiziellen Sicherheitspolitik haben derartige

Erfahrungen kein Gewicht. Und so ist unsere westliche Schutzmacht derzeit im Begriff, sich auch im Bereiche der Gas-Kriegführung eine dem phantastischen Aufwand von mehreren Dollarmilliarden entsprechende Overkill-Kapazität zuzulegen, »um die Voraussetzungen zu schaffen, mit den Russen zu einer Übereinkunft über das Verbot chemischer Waffen kommen zu können«[28]. Die Schwierigkeiten, die der gesunde Menschenverstand bei dem Versuch empfindet, sich in diese »Alice-in-Wonderland«-Logik einzufühlen, ist als einigermaßen zuverlässiger und beängstigender Gradmesser anzusehen für das Ausmaß der psychischen Deviation, die im Lager der offiziellen Sicherheitsexperten grassiert und die sich für jeden von ihr noch nicht infizierten Betrachter längst unübersehbar dokumentiert. Auch diese Behauptung wird, ebenso wie die nähere Beschreibung der Natur dieser Deviation und ihrer Ursachen, noch eingehend zur Sprache kommen.

Aber selbst dann, wenn es gelingen würde, der Einsicht in die gemeingefährlich-wahnsinnige Struktur einer solchen Argumentation einen Weg in die Expertenschädel zu bahnen – eine Möglichkeit, die wir als utopisch verwerfen können –, selbst dann würde die Bereicherung der Kriegstechnik durch die binären Waffen zur Destabilisierung des ohnehin prinzipiell labilen Schreckensgleichgewichts beitragen, da diese neue Technologie die Möglichkeiten einer sinnvollen Kontrolle durch Inspektionen an Ort und Stelle endgültig obsolet werden läßt.

Die Ursache für diesen durch die neue Waffenart bewirkten politischen Schaden ist identisch mit eben der Eigenschaft, die sie für ein ausschließlich auf militärische Kategorien eingeengtes Denken so attraktiv erscheinen läßt: Sie beruht auf der Harmlosigkeit der Ausgangsstoffe. Eine Fabrik, die Nervengase produziert, ist von Inspektoren, die sich frei bewegen dürfen, relativ leicht aufzuspüren. Die von der ungeheuren Gefährlichkeit des hergestellten Produkts erzwungenen Sicherheitsvorkehrungen sind so aufwendig, daß eine solche Produktionsstätte sich auf die Dauer nicht verbergen ließe.

Anders die Situation, wenn es um die Herstellung von Isopropanol geht oder irgendwelchen anderen »Ausgangsstoffen«. Produkte dieser Art kann ein mittlerer Waschmittelhersteller sozusagen nebenher »mitlaufen« lassen, ohne daß irgend jemandem etwas auffällt. Und einmal abgesehen von aller Kontrollmöglichkeit: Stoffe wie Isopropanol kann man schlechthin nicht »verbieten«. Die US-Army hat denn auch schon werbend darauf hingewiesen, daß sich der Einstieg in die Herstellung von Nervengas-Vorstufen für kleine, spezialisierte Firmen als wahre »Goldgrube« erweisen könne.[26] Eine Aussicht, deren Verlockungen sich die angesprochenen Unternehmer (»Wenn ich es nicht mache, sahnt doch bloß die Konkurrenz ab«) gewiß nicht verschließen werden. Daß bei dieser neuen Lage in Zukunft noch ein internationaler Vertrag über ein Verbot von Kampfstoffen zustande kommen könnte, wird man leider ausschließen müssen. Seine Voraussetzung, die Möglichkeit einer Überwachung des Verbots, ist hinfällig geworden. Es sieht, wie schon gesagt, nicht gut für uns aus.

Ist unsere Uhr also abgelaufen? Oder präziser: Ist es nur noch eine Frage der Zeit, bis ein Urteil vollstreckt wird, das wir selbst längst über uns gefällt haben? Denn absolute, hundertprozentige Sicherheit verleiht auch das »Gleichgewicht des Schreckens« nicht, die einzige Barriere, die uns von der Exekution der permanent gewordenen Auslöschungsdrohung noch trennt. Nicht einmal seine glühendsten Verfechter sind so kühn, dieses »Gleichgewicht« als eine für beliebige Zeiträume geltende Überlebensgarantie auszugeben. Wenn jedoch, so wieder die Logik des gesunden Menschenverstandes, die Sicherheitsgarantie nicht hundertprozentig ist, dann ist die Vollstreckung mit Hilfe der von uns selbst in unermüdlicher Besessenheit perfektionierten Auslöschungsmittel aus rein statistischen Gründen nur eine Frage der Zeit. Denn die Möglichkeit unserer Selbstvernichtung kann niemals mehr rückgängig gemacht werden. Für die Realisierung eines noch so gering gedachten Restrisikos steht daher ein beliebig langer Zeitraum zur Verfügung.

Ist das Ende also vorhersagbar? Ist es jetzt, da unserer Unmenschlichkeit Mittel zu Gebote stehen, wie noch niemals zuvor in aller bisherigen Geschichte, ist es da nicht unabwendbar, daß wir als »kosmische Unkrautvertilger«[1] früher oder später Hand an uns selbst legen werden, wobei man es noch als stilvolles Detail ansehen könnte, daß die Mittel, deren wir uns in diesem Falle bedienen würden, chemische Abkömmlinge von Insektenvertilgungsmitteln sind?

Die Existenz von Cholinesterase-Hemmern und von zielgenauen, Kernsprengstoffe tragenden interkontinentalen Raketen in einer Gesellschaft, in der die Symptome jener schon beiläufig erwähnten psychischen Deviation immer mehr um sich greifen, das schafft jedenfalls eine Situation, in der es realistisch ist, an die Möglichkeit des Endes der menschlichen Geschichte zu denken. Werden wir das »Raumschiff Erde« also, wie Arthur Koestler es formulierte, in absehbarer Zeit in eine Art kosmischen Fliegenden Holländer verwandeln, der mit seiner toten Besatzung durch die Weiten des Sternenmeeres treibt?

Wie groß sind unsere Chancen? Wir müssen die Behandlung dieser Frage vorerst noch zurückstellen. Denn bedroht sind wir nicht nur von den Mitteln, welche die moderne Wissenschaft unserer Aggressivität überantwortet hat. Gefährdet wird unsere Existenz mindestens ebenso von dem Phänomen, das wir als »ökologische Bedrohung« zu bezeichnen uns gewöhnt haben. Der genaueren Beschreibung und Analyse dieser zweiten Gefahr müssen wir uns jetzt zunächst zuwenden.

Der Zusammenbruch der Biosphäre

Wetterleuchten

»Es herrschte eine ungewöhnliche Stille. Wohin waren die Vögel verschwunden? Viele Menschen fragten es sich, sie sprachen darüber und waren beunruhigt. Die Futterstellen im Garten hinter dem Haus blieben leer. Die wenigen Vögel, die sich noch irgendwo blicken ließen, waren dem Tode nah. Sie zitterten heftig und konnten nicht mehr fliegen. Es war ein Frühling ohne Stimmen. Einst hatte in der frühen Morgendämmerung die Luft widergehallt vom Chor der Wander- und Singdrosseln, der Tauben, Häher, Zaunkönige und unzähliger anderer Vögel, jetzt hörte man keinen Laut mehr. Schweigen lag über Feldern, Sumpf und Wald.«
Mit diesem »Zukunftsmärchen« leitete die amerikanische Biologin und Journalistin Rachel Carson 1962 ihr legendäres Buch »Silent Spring« ein. In demselben Kapitel, dem Einleitungskapitel, heißt es weiter: »Ich kenne keine Gemeinde, der all das Mißgeschick, das ich beschrieben habe, widerfahren ist. Doch jedes einzelne dieser unheilvollen Geschehnisse hat sich tatsächlich irgendwo zugetragen, und viele wirklich bestehenden Gemeinden haben bereits eine Reihe solcher Unglücksfälle erlitten. Fast unbemerkt ist ein Schreckgespenst unter uns aufgetaucht, und diese Tragödie, vorerst nur ein Phantasiegebilde, könnte leicht rauhe Wirklichkeit werden, die wir alle erleben.«
Als das Buch kurz darauf unter dem Titel »Der stumme Frühling« auch in Deutschland erschien, löste es lebhafte Diskussionen aus. Diese kreisten vor allem um die Frage, wie sehr

die Autorin wohl im Interesse einer möglichst spannenden Darstellung übertrieben habe. Der Gedanke, daß ihre Schilderungen ernst zu nehmende Prophezeiungen sein könnten, kam kaum jemandem in den Kopf. Ich erinnere mich sehr gut an Diskussionen unter Wissenschaftlern in industriellen Forschungszentren – und hier hätte man sich von Rachel Carsons Warnungen in erster Linie angesprochen fühlen müssen –, die unweigerlich mit dem einmütigen Ergebnis endeten: »Typisch amerikanische Sensationsmacherei. Spannend, aber ganz sicher nicht ernst zu nehmen.«

Kaum mehr als zwanzig Jahre später, Anfang 1983, sah sich das Bürgermeisteramt der südbadischen Gemeinde Heitersheim genötigt, bei der Geburt eines Kindes in der Gemeinde an die Eltern den folgenden, hier auszugsweise wiedergegebenen Standardbrief zu verschicken: »Sehr geehrte Frau..., sehr geehrter Herr...! Zunächst möchten wir Ihnen zur Geburt Ihres Kindes am... unseren Glückwunsch aussprechen. Wie Ihnen evtl. bekannt, haben die Stadt Heitersheim und einige andere Gemeinden des Markgräfler Landes Probleme mit den Nitratkonzentrationen im Trinkwasser... Nach Mitteilung des Staatlichen Gesundheitsamtes sollte insbesondere in den ersten drei Monaten die Säuglingsnahrung nicht mit dem zur Zeit zur Verfügung stehenden Trinkwasser zubereitet werden. Wir empfehlen Ihnen daher... nur eine bereits fertige Flüssigsäuglingsnahrung zu verwenden... empfehlenswert ist auch die Zubereitung der Babynahrung mit Mineralwasser.« Es folgt ein Hinweis darauf, daß für Erwachsene »keinerlei gesundheitliche Gefahren« gegeben seien, nebst freundlichen Grüßen.

Der gleiche Brauch mußte inzwischen auch in mehreren Gemeinden des Kaiserstuhls eingeführt werden, im schwäbischen Schussenried, im fränkischen Marktbreit, in Lollar (Hessen), in immer mehr Gemeinden des Großraums Frankfurt/Main, des Ruhrgebiets, im Bayerischen Wald, in Niedersachsen und im Stadtstaat Hamburg. Der Grund: In allen Fällen enthielt das Trinkwasser mehr als jene 25 Milligramm Nitrate pro Liter, welche die zuständige EG-Kommission als zulässigen Grenzwert ansieht. Ursache ist die immer intensivere Stickstoffdüngung in der Landwirtschaft. In Lollar waren es mehr als fünfzig Milligramm, in Schussenried sogar hundert Milligramm. Bei einem Gehalt von mehr als 25 Milligramm aber besteht bei Säuglingen das Risiko des Auftretens von »Blausucht«: In diesen Konzentrationen reduzieren die Nitrate die in den ersten Lebensmonaten noch nicht voll ausgereifte Fähigkeit des Blutfarbstoffs zur Sauerstoffbindung in solchem Maße, daß Kleinkinder von Erstickung bedroht sind.

Es ist schneller gegangen, als selbst Rachel Carson ahnte, die niemand wirklich hatte ernst nehmen wollen. Die Gefahr, vor der die Amerikanerin mit ihrem Buch warnte, bestand in den von ihr vorhergesehenen Spätfolgen einer zunehmenden chemischen Belastung der Umwelt (wobei sie in erster Linie allerdings die Pestizide – chemische Insekten- und Unkrautvernichtungsmittel – im Auge hatte). Heute, nur zwei Jahrzehnte später, ist das Wasser, das aus den Leitungsrohren unserer Wohnungen fließt, in vielen Fällen für Kleinkinder bereits so giftig, daß behördlich vor seiner Verwendung gewarnt werden muß. Es ist schnell gegangen. Aber noch immer scheint Ruhe die erste Bürgerpflicht zu sein. Man kann ja »auf Mineralwasser zurückgreifen«. (Wann wird den Leuten aufgehen, daß dieses aus demselben Boden kommt?) Aber die psychische Toleranz des Menschen gegenüber Bedrohungen dieser Art ist offenbar grenzenlos.

Im Mai 1977 forderte der damalige US-Präsident Carter den amerikanischen Kongreß auf, in Zusammenarbeit mit den fachlich zuständigen Bundesbehörden »die voraussichtlichen Veränderungen der Bevölkerung, der natürlichen Ressourcen und der Umwelt auf der Erde bis zum Ende dieses Jahrhunderts« zu untersuchen und über das Ergebnis als »Grundlage für unsere langfristige Planung« zu berichten. Auf den Wunsch des Präsidenten machten sich einige hundert Regierungsangestellte ans Werk, unterstützt von Heerscharen von Wissenschaftlern großer amerikanischer Universitäten und staatlicher Forschungsinstitute. Drei Jahre später, 1980, legten sie das Resultat ihrer Anstrengungen vor. Es trägt den Titel »Global 2000. Der Bericht an den Präsidenten«.

Das Autorenteam fügte seinem eineinhalbtausend Seiten umfassenden Report einen Begleitbrief bei, in dem es unter anderem heißt: »Die Schlußfolgerungen, zu denen wir gelangt sind, sind beunruhigend. Sie deuten für die Zeit bis zum Jahre 2000 auf ein Potential globaler Probleme von alarmierendem Ausmaß. Der Druck auf Umwelt und Ressourcen sowie der Bevölkerungsdruck verstärken sich und werden die Qualität menschlichen Lebens auf diesem Planeten zunehmend beeinflussen.« Angesichts der Dringlichkeit und des Ausmaßes der Gefahren, fuhren die Autoren fort, sei eine globale Zusammenarbeit notwendig, wie es sie in der Geschichte noch nie gegeben habe. Die zur rechtzeitigen Abwehr der ermittelten Gefahren notwendigen Veränderungen überstiegen jedenfalls die Möglichkeiten jeder einzelnen Nation.[29]

Deutliche Worte, sollte man meinen. Wenn eine Weltmacht im Auftrag ihres Präsidenten ihre Brain-Power zusammenrafft, um für ihre langfristige Planung Informationen über zukünftige Entwicklungen zu beschaffen, dann muß auf eine solche Diagnose doch wohl die Tat einer mindestens vergleichbar großen therapeutischen Anstrengung folgen – sagt sich der »gesunde Menschenverstand«. Abermals jedoch erweist er sich mit dieser Vermutung als nur mangelhaft vertraut mit den Realitäten der politischen Welt. Denn: Es geschah überhaupt nichts. Der Präsident – inzwischen hieß er Ronald Reagan – nahm die Antwort auf die Frage, die sein Amtsvorgänger gestellt hatte, schlicht nicht zur Kenntnis. Er ließ sie im Archiv begraben.

»Da die ursprünglich von der US-Regierung beabsichtigte internationale Abstimmung über Ergebnisse und über globale aus dem Bericht abzuleitende politische Handlungsempfehlungen von der Regierung Reagan nicht mehr aufgegriffen wurde, blieb die erwartete weitere internationale Beratung über den Bericht zunächst aus.«[30] »Zunächst« heißt in diesem Falle: bis auf den heutigen Tag. Die regierungsamtliche Beerdigung von »Global 2000« gelang jedoch nicht gänzlich unbemerkt. Der Text des Expertenreports begann in ökologisch interessierten Kreisen der amerikanischen Gesellschaft zu kursieren. Wenige Monate später erschien eine deutsche Übersetzung.[29]

Die öffentliche Diskussion war jetzt nicht mehr aufzuhalten. Sie spielte sich während der längsten Zeit allerdings außerhalb der offiziellen politischen Gremien ab. Die einzige politische Gruppierung in der Bundesrepublik, die sich von Anfang an weigerte, das Totschweigen von Global 2000 für eine praktikable Methode zur Lösung der darin aufgezählten globalen Gefahren zu halten, war das im eigenen Selbstverständnis zwischen der Rolle einer »neuen Partei« und einer »basisdemokratischen Bewegung« bis auf den heutigen Tag hin und her gerissene Häuflein der »Grünen«.

Diese Identifikation wirkte sich auf die Bereitschaft der politischen Repräsentanten unserer Gesellschaft, die ökologische Bedrohung als Tatsache anzuerkennen, nicht eben förderlich aus. Es war, als fühlte sich die psychologisch obligate Tendenz zur Verdrängung der in Global 2000 aufgezählten Unerfreulichkeiten durch die Tatsache legitimiert, daß gerade »diese Leute« es waren, die auf einer parlamentarischen Diskussion und politischen Konsequenzen bestanden. Vorübergehend schlug die bloße Verdrängung damals um in unverhüllte Feindseligkeit, ja in blanken Haß all denen gegenüber, die davor warnten, die Entscheidung über Konsequenzen weiter auf die lange Bank zu schieben.

Zur Charakterisierung der Atmosphäre nur ein einziges Beispiel: Auf einer kommunalen Wahlveranstaltung der Hamburger FDP am 22. April 1982 sah sich der Redner, ein Wirtschaftswissenschaftler der Universität Kiel, veranlaßt, Kritiker daran zu erinnern, daß es sich bei Global 2000 nicht um ein Machwerk »linker Demagogen« handele, sondern um eine als durchaus konservativ einzustufende Expertise. Bei ähnlichen Gelegenheiten erwies sich der Hinweis als nicht überflüssig, daß in diesem Falle auch der Verdacht abwegig sei, der Report könne womöglich mit Moskauer Unterstützung entstanden sein, da über allem Zweifel feststehe, daß er aus der Feder amerikanischer Regierungsangestellter stamme. Es gab noch groteskere Reaktionen.[31]

Dies alles wird hier nicht angeführt, um alte Wunden aufzureißen. Das Kernthema dieses Buchs gibt jedoch Anlaß, sich derartiger Reaktionen im Detail zu erinnern. Die Leichtigkeit, mit der sich sonst ganz manierliche, »Aufgeklärtheit« für sich in Anspruch nehmende Zeitgenossen zu verleumderischen oder gar haßerfüllten Attacken auf Mitmenschen hinreißen lassen, die sich ihnen bei dem Versuch, angstauslösende Fakten zu verdrängen, in den Weg stellen, ist für unsere Bestandsaufnahme ein grundlegend wichtiges Phänomen: Es erleichtert das Verständnis der Ursachen unserer Misere, indem es die weitverbreitete Ansicht von der Rationalität des Menschen unübersehbar relativiert.

Wie auch immer, die Fakten ließen sich auch in diesem Falle durch noch so heftige Emotionen nicht aus der Welt schaffen. Und so raffte sich denn, nach einer Schrecksekunde, die zwei Jahre gedauert hatte, und nach endlosem Vorgeplänkel schließlich auch der Deutsche Bundestag in der letzten Oktoberwoche 1982 dazu auf, über Global 2000 zu debattieren. In der »über vierstündigen« (!) Aussprache kam es zu »leidenschaftlichen Appellen an die Regierungen und Parlamente der Welt«. Rasches und entschlossenes Handeln wurde gefordert. Die Opposition warf der Regierung mangelnde Entscheidungskraft vor. Bundesforschungsminister Heinz Riesenhuber andererseits warnte vor Resignation gegenüber den Problemen.[32] Und das war's denn auch schon. Beschlüsse wurden nicht gefaßt. Ausschüsse wurden nicht ins Leben gerufen. Auf der Tagesordnung unseres Parlaments erschien das Thema nie wieder. Offensichtlich ist die Majorität unserer Volksvertreter der Ansicht, daß es dringendere Probleme gibt, die ihre Aufmerksamkeit erfordern.

Wenn man den »Bericht der Bundesregierung zu ›Global 2000‹ und den darin aufgezeigten Problemen« liest, der auf Drängen mehrerer Fraktionen am 15. März 1982 in Bonn vorgelegt worden war, bekommt man für diese Haltung sogar Verständnis. Der Bericht ist ein in seiner Ehrlichkeit anrührendes, kaum verschlüsseltes Dokument der eigenen Ohnmacht. Der größte Teil der 42 Textseiten dient der endlosen Aufzählung aller, aber auch der kleinsten Beiträge der Bundesrepublik zu internationalen und nationalen Hilfsaktionen, Subventionen und Initiativen, die sich auf welche Art auch immer in irgendeinen Zusammenhang mit den von Global 2000 genannten Problemen und Bedrohungen bringen lassen. Man muß im Lesen zwischen den Zeilen nicht sonderlich geübt sein, um den eigentlichen Tenor zu erkennen, der sich durch den ganzen Text zieht und der da lautet: Was, um Gottes willen, sollen wir denn sonst noch tun oder ausrichten, nachdem die amerikanische Regierung die ursprünglich geplante internationale Zusammenarbeit auf diesem Problemfeld stillschweigend abgeblasen hat?

In der Tat: Was denn schon? Man muß gerecht sein. Immerfort bloß Vorwürfe zu erheben ist allzu billig. Die notwendigen Veränderungen überstiegen die Möglichkeit jeder einzelnen Nation, wie die Autoren von Global 2000 festgestellt haben. Wer könnte bezweifeln, daß diese Bemerkung, adressiert an den eigenen Auftraggeber und gemünzt auf die Weltmacht USA, erst recht für die Bundesrepublik gilt? Die Einsicht ändert nichts daran, daß das globale Stillschweigen über Global 2000 auf jeden unheimlich und beängstigend wirken muß, der sich näher mit dem Bericht beschäftigt.

Seine entscheidende Aussage, das Ergebnis, zu dem Hundertschaften von Wissenschaftlern und Regierungsexperten kamen, läßt sich in einem einzigen Satz zusammenfassen, an dem es nichts zu rütteln und zu deuteln gibt. Dieser lautet: Wenn sich die weltweit heute festzustellenden Tendenzen und Entwicklungen nicht innerhalb sehr kurzer Zeit grundlegend ändern, dann treibt dieser Planet mit der auf seiner Oberfläche lebenden Menschheit einer Katastrophe entgegen, deren Ausmaß in der bisherigen Geschichte ohne Beispiel ist.

Die Aussage ist klar und eindeutig. Sie läßt ausweichenden Interpretationen grundsätzlich keinen Raum. Die einem wissenschaftlichen Report an die eigene Regierung wohl anstehende distanzierte Coolness der Formulierungen, in denen die Aussage verpackt ist, kann nur den über die Unerbittlichkeit der Prognose hinwegtäuschen, der sich täuschen lassen will. Nur den Leser, der es angesichts der freilich einschüchternden Problemgebirge, die zur Rettung unserer Zukunft bewegt werden müßten, vorzieht, beide Augen zuzumachen.

Deren aber gibt es, wen könnte es wundernehmen, nicht wenige. Seit Global 2000 der Öffentlichkeit zugänglich gemacht wurde, ist an den Methoden des Berichts, den seinen Extrapolationen zugrunde gelegten Zahlen und den verwendeten Computermodellen herumgemäkelt worden. Den einen waren die Ausgangsdaten nicht weit genug in die Vergangenheit zurückbezogen (ungeachtet der inzwischen nachgewiesenen Tatsache, daß die Voraussagen dann noch ungünstiger ausgefallen wären). Andere Kritiker bestritten die Seriosität der verwendeten statistischen Methoden. Viele witterten hinter dem ganzen Unternehmen ideologische Voreingenommenheit und verwiesen auf angebliche Einseitigkeiten der Interpretation.
Sie alle müssen sich an die grundlegenden Fakten erinnern lassen, die diese ganzen Diskussionen zu durchsichtigen Scheingefechten werden lassen: Es ist richtig, daß den zur Erstellung von Entwicklungsprognosen zugrunde gelegten Zahlen immer (unvermeidlich) eine gewisse Willkür anhaftet. Einzuräumen ist auch, daß sich bei der Extrapolation bestehender Entwicklungstendenzen grundsätzlich ein gewisser Spielraum ergibt, innerhalb dessen nur nach subjektiven Kriterien (»persönliche Meinung«) geurteilt werden kann. Das alles wird von niemandem bestritten. Es war selbstverständlich auch den Autoren des Berichts bewußt.
Sie haben es sich daher zum Prinzip gemacht, an allen Stellen, an denen sich derartige Spielräume ergaben, und bei allen ihren Rechenschritten jeweils von der für die Endprognose günstigeren Annahme auszugehen. Wer das bei seiner Kritik nicht berücksichtigt, muß sich vorhalten lassen, daß er Global 2000 nur flüchtig gelesen hat. Vor allem aber: Bei den von den Autoren benutzten und errechneten Zahlen handelt es sich um Daten, die sich eine Weltmacht mit den ihr zur Verfügung stehenden Mitteln verschafft hat in der Absicht, sie ihrer langfristigen Planung zugrunde zu legen. Auf deutsch: Bessere Zahlen und verläßlichere Vorhersagen gibt es nicht.
Das erkennt auch die deutsche Bundesregierung uneingeschränkt an. In diesem Punkt immerhin herrscht Einigkeit unter den Parteien. »Die Bundesregierung ist der Auffassung,

daß die in der Studie ›Global 2000‹ aufgezeigten Entwicklungstendenzen Schlüsselprobleme für die Zukunft der Menschheit darstellen... Die Bundesregierung teilt somit die Grundaussage der Studie ›Global 2000‹«, heißt es in einem »Sprechzettel für den Regierungssprecher« vom 4. März 1982.[33]
Unter diesen Umständen können wir uns die Mühe sparen, uns im einzelnen mit den bis heute – wenn inzwischen auch wesentlich leiser – vernehmbaren Ausflüchten derer auseinanderzusetzen, die es noch immer nicht wahrhaben wollen. Versuchen wir statt dessen, uns anhand einiger Beispiele einmal die »Schlüsselprobleme für die Zukunft der Menschheit« konkret vor Augen zu führen, die auch nach Ansicht unserer Bundesregierung in dem amerikanischen Bericht zutreffend beschrieben worden sind.
Dazu drei Vorbemerkungen. Erstens: Die Entwicklung der für die ökologische Bedrohung ursächlich verantwortlichen Tendenzen hat sich in den seit der Veröffentlichung des amerikanischen Reports vergangenen Jahren so rapide beschleunigt, daß keines der in den folgenden Kapiteln beschriebenen Beispiele in der Öffentlichkeit mehr unbekannt ist. Trotzdem ist ihre zusammenfassende Darstellung hier notwendig, weil erst sie uns die Möglichkeit geben wird, der Frage nach der gemeinsamen, sich hinter allen diesen Einzelsymptomen verbergenden Grundursache nachzugehen. Zweitens stützen sich die Beispiele selbstverständlich nicht allein auf den in manchen Punkten von der Entwicklung schon wieder überholten amerikanischen Bericht des Jahres 1980, sondern von Fall zu Fall auf die zu den einzelnen Spezialthemen inzwischen erschienenen aktuelleren Berichte und Meldungen. Und schließlich werden wir nicht den globalen Aspekt der einzelnen Probleme jeweils in den Vordergrund stellen (er hat immer etwas Entlegenes, schwer Vorstellbares an sich). Wir werden die uns alle weltweit bedrohenden Gefahren vielmehr anhand der Entwicklungen und Befunde schildern, die sie uns vor der eigenen Haustür bescheren.

Eine Wüste neuer Art

Die Autoren von Global 2000 haben eine zunehmende Verknappung des Trinkwassers und eine Verschlechterung seiner Qualität vorausgesagt. Was ist von der Prognose zu halten, und inwieweit betrifft sie überhaupt die Industriestaaten und damit auch uns selbst?
Ausgangspunkt aller Überlegungen in diesem Zusammenhang ist die Besinnung darauf, daß die irdischen Wasservorräte zwar ungeheuer groß sind, daß dem Leben auf den Kontinenten davon aber nur ein vergleichsweise winziger Teil zur Verfügung steht. Er reicht aus, weil er ständig wiederverwendet wird. Jeder Schluck Wasser, der unseren Durst stillt, hat in der Vergangenheit schon den Durst unzähliger anderer Kreaturen gelöscht.
Bekanntlich können wir nur von Süßwasser leben. Dennoch darf man sich die Süßwasserreservoire der Erde nicht streng getrennt von den Ozeanen vorstellen. Die oft zitierte Feststellung, über 97 Prozent alles irdischen Wassers seien für den Menschen nicht nutzbar, da es sich dabei um Salzwasser handele, stimmt zwar der Zahl nach. Sie ist insofern aber irreführend, als sie die Tatsache verschleiert, daß auch alles für uns lebensnotwendige Süßwasser letztlich aus den Meeren stammt. Jeder Tropfen wurde durch die Wärmestrahlung der Sonne aus den obersten Meeresschichten »herausdestilliert«, um als Bestandteil einer Wolke in der Atmosphäre mehr oder weniger weit transportiert zu werden, bis er an einer anderen Stelle der Erdoberfläche wieder herabregnete.
Auch dann, wenn das zufällig über einem der Kontinente geschah, trug jedoch niemals der ganze Niederschlag zur Auffüllung der für uns lebenswichtigen Süßwasserreservoire bei. Der größere Teil des in den vergangenen Jahrtausenden abgeregneten Süßwassers ist, zu einem stellenweise mehrere Kilometer dicken Eispanzer erstarrt, an den Polen der Erde liegengeblieben. (Durchaus denkbar, daß man sich seiner in nicht allzu ferner Zukunft als eines Notvorrats erinnern wird.) Ein

erheblicher Anteil des Rests – bis zu fünfzig Prozent – verdunstete sogleich wieder.

Schon immer floß ein nennenswerter Prozentsatz jedes Niederschlags über Hänge, Bäche und Flüsse direkt wieder ins Meer zurück. Bei den Experten beginnt die Entdeckung Sorge auszulösen, daß der Verlust durch diesen verkürzten Süßwasserkreislauf heute bereits beginnt, die Wiederauffüllung der Grundwasserreservoire zu verlangsamen. Die Verfestigung immer größerer Teile der Erdoberfläche durch Erosion und nicht zuletzt die »Zubetonierung« immer neuer Areale (»Flächenversiegelung« nennen die Experten das) begünstigen diesen direkten Rückfluß ebenso wie die »Regulierung« von Fluß- und Bachbetten infolge der dadurch bewirkten Erhöhung der Abflußgeschwindigkeit. Dem Boden bleibt immer weniger Zeit, das Regenwasser aufzunehmen und in sich hineinsickern zu lassen.

Aber selbst von diesem Wasser, das von der Oberfläche des Erdbodens schließlich aufgenommen wird, kommt unseren unmittelbaren Bedürfnissen auch wieder nur ein Teil zugute. Große Mengen – bis zur Hälfte – werden von der Vegetation aufgenommen, gespeichert oder wieder verdunstet. Nur der danach noch übriggebliebene Rest kann tiefer in den Boden eindringen. Nur er gelangt in die Grundwasserspeicher der Erdkruste. In den tiefsten – mehr als tausend Meter unter der Oberfläche gelegen – scheidet das Wasser für lange Zeit aus dem Kreislauf aus. Es kommt in diesen oft riesigen Reservoiren mitunter für viele Jahrtausende zur Ruhe.

Lediglich der in den obersten Schichten der Erdkruste hängenbleibende Rest füllt die Grundwasserspeicher immer wieder von neuem auf, aus denen die Quellen unserer Bäche und Flüsse gespeist, Mensch und Tier versorgt werden. Dieser Rest wird auf nur ein drittel Prozent des gesamten irdischen Wasservorrats geschätzt. In absoluten Zahlen ausgedrückt, ist er immer noch unvorstellbar groß: Es sind über vier Millionen Kubikkilometer.

Diese Menge reicht für die Bedürfnisse des irdischen Lebens jedenfalls aus. Nicht zuletzt deshalb, weil sie in dem skizzierten globalen Kreislauf für die Bedürfnisse der Landorganismen immer von neuem aufbereitet wird. Die »Hitzedestillation« durch die Sonnenenergie an der Meeresoberfläche führt zur Freisetzung praktisch reinen Wasserdampfs, und die lange, bei tieferen Lagern unter Umständen Jahre in Anspruch nehmende Wanderung des Sickerwassers bis in die Grundwasserspeicher ist identisch mit seiner optimalen Filterung durch die verschiedenen Bodenschichten. Das von den Landbewohnern »verbrauchte«, also mit Körperausscheidungen und anderen Abfällen verunreinigte Wasser wird daher nach seinem Rückfluß ins Meer mit Hilfe der Sonnenenergie in einem natürlichen »Recycling«-Prozeß immer wieder in seinen Urzustand zurückversetzt. Was am Ende des Kreislaufs aus den Quellen schließlich wieder ans Licht tritt, ist, obwohl unzählige Male gebraucht, dennoch jedesmal wieder »frisches« Wasser.

So hat der Mensch seinen Durst bisher denn auch während nahezu seiner ganzen Geschichte aus Quellen und Flüssen stillen können. Erstaunlich lange ging das gut. Erst 1820 wurden in England die ersten Sandfilter eingeführt: Man ließ das den Flüssen entnommene Wasser, bevor es an die Verbraucher verteilt wurde, durch etwa einen Meter dicke Sandlagen hindurchsickern. Mit dieser Nachahmung des natürlichen Sickerprozesses, bei dem das Wasser in die Grundwasserspeicher wandert, beabsichtigte man, in kleinem Maßstab auch den damit einhergehenden Filtrier- und Reinigungsvorgang zu wiederholen.

Veranlassung gab die Beobachtung, daß in den Städten und Ansiedlungen der Flußufer, bezeichnenderweise vor allem an den unteren Flußabschnitten, seit einiger Zeit immer häufiger lokale Cholera- und Typhusepidemien ausbrachen. Wenn die Ärzte von der Existenz mikroskopisch kleiner Krankheitserreger damals auch noch nichts wußten, ihre Feststellungen über das zeitliche Auftreten und die regionale Verteilung der Krankheitsfälle ließen sie doch zu dem Schluß kommen, daß diese die Folge einer Verschmutzung des den Flüssen entnommenen Trinkwassers sein müßten. Der Erfolg gab ihnen recht.

In Deutschland war man noch Jahrzehnte hindurch sorgloser.

Die Folgen ließen nicht lange auf sich warten. 1892 brach in Hamburg – also am untersten Abschnitt eines dicht besiedelten Flußlaufes (!) – eine katastrophale Choleraepidemie aus. Innerhalb weniger Wochen starben mehr als 8000 Menschen. Als Ursache wurde die Verwendung ungereinigten Elbwassers in privaten Haushalten vermutet. Wichtigstes Indiz war der Umstand, daß die Nachbargemeinde Altona verschont blieb. Dort hatten die Stadtväter, dem englischen Beispiel folgend, schon seit längerem die Sandfiltration vorgeschrieben. Nachdem die Hamburger die gleiche Vorsichtsmaßnahme eingeführt hatten, blieben sie von weiteren Katastrophen verschont.
In den Jahren vor dem Ersten Weltkrieg ging man dann an allen größeren deutschen Flüssen zur Trinkwassergewinnung durch sogenannte »Uferfiltration« über. Dabei wurde das Wasser einfach Brunnen entnommen, die man in der Nähe der Flußufer grub. Was darin zutage trat, war Flußwasser, das zuvor einige Dutzend Meter sandiger Uferablagerungen passiert hatte und dabei »natürlich gefiltert« worden war. Das Produkt ließ sich als Trinkwasser gefahrlos genießen. Erstaunlich lange genügte die einfache Maßnahme: den ganzen Ersten Weltkrieg und die Weimarer Zeit hindurch, während der Naziherrschaft und sogar noch in den ersten Jahren nach dem Zweiten Weltkrieg. Man bekommt einen Begriff von dem atemberaubenden Tempo, in dem die Gefährdung unseres Trinkwassers zugenommen hat, wenn man sich vor Augen hält, daß die moderne Trinkwasseraufbereitung mit chemischen und technischen Methoden in der Bundesrepublik generell erst ab 1950 eingeführt werden mußte.[34] Schon heute, nur dreieinhalb Jahrzehnte später, befinden wir uns abermals in einer Situation, in der wir uns etwas Neues einfallen lassen müssen.
Daß noch so ausgeklügelte, zu ganzen Verfahrensserien hintereinandergeschaltete Reinigungs- und Filtriervorgänge es neuerdings nicht mehr vermögen, Flußwasser in risikolos trinkbares Wasser zurückzuverwandeln, darf eigentlich niemanden in Erstaunen versetzen. Bekanntlich benutzen wir unsere Ströme seit je nicht allein als Trinkwasserlieferanten, sondern zugleich auch als Abwasserkanäle. Daß die widersprüchliche Kombina-

tion derart entgegengesetzter Funktionen früher oder später zu einem Engpaß würde führen müssen, hätte man sich eigentlich von Anfang an vorstellen können. Vorübergehend ließ die Situation sich noch durch den simplen Trick der sogenannten »Grundwasseranreicherung« leidlich beherrschen. Dabei wird durch Tiefbrunnen direkt gewonnenes, noch nicht verunreinigtes Grundwasser dem von einem Wasserwerk aufbereiteten Flußwasser beigemischt. Die in diesem nach allen Reinigungsvorgängen immer noch enthaltenen Schadstoffe werden dadurch verdünnt. Das ist alles. Drin sind sie auch dann selbstverständlich noch.

Auch auf diese simple Weise aber können wir uns heute schon nicht mehr an der Misere vorbeimogeln. Das überrascht nicht, wenn man einmal näher betrachtet, welchen Abfall wir zum Beispiel dem von uns notgedrungen auch weiterhin als Trinkwasserlieferanten benutzten Rhein täglich zur Beseitigung aufbürden. Es sind unter anderem – jeweils innerhalb von 24 Stunden – bis zu 30 000 Tonnen Salz, überwiegend Abraum aus Kalibergwerken vor allem des Elsaß, sowie, als Abfallprodukte der verschiedensten industriellen Herstellungsprozesse, drei Tonnen Arsen, fast eine halbe Tonne Quecksilber und an die tausend Tonnen Tausender organischer Chlorverbindungen, von denen ein beträchtlicher Teil als Krebserreger gilt.[34]

Angesichts dieser Brühe hat der einfallsreichste Wasserchemiker früher oder später zu kapitulieren. Dennoch muß der Rhein weiterhin als unentbehrlicher Trinkwasserlieferant für zwanzig Millionen Menschen herhalten. In dieser Situation kann auch ein gutmütiger Mensch von Zorn gepackt werden, wenn man ihm erzählt, mit welcher Hartnäckigkeit und welchen Methoden die für die Verunreinigung verantwortlichen Industriebetriebe, nicht selten in einträchtiger Kungelei mit den regional zuständigen Behörden, ihren Anteil an der Verschmutzung zu verheimlichen versuchen. Wenn man ihm von den Tricks erzählt, mit denen diese industriellen Verschmutzer bestehende Auflagen umgehen, von der sturen Verbissenheit, mit der sie sich jedem Versuch widersetzen, zur Verminderung der Schadstoffbelastung beizutragen.[35]

Sie alle werden nicht müde, die unbestreitbar erheblichen finanziellen Aufwendungen ins Feld zu führen, die sie in den letzten Jahren für die Vorklärung ihrer Abwässer investiert haben. Es sind beachtliche, es sind Milliardenbeträge. Daß sie alle sich dazu jedoch immer erst nach hartnäckigem Abstreiten, mitunter erst nach dem Fehlschlagen trickreicher Täuschungsmanöver verstanden haben, bleibt in der Regel unerwähnt. Wenn man die Einzelheiten dieser Auseinandersetzungen verfolgt, kann man zu der Auffassung gelangen, daß es offenbar kaum möglich ist, einer auf die Optimierung wirtschaftlicher Effizienz fixierten Unternehmensführung eines klarzumachen: Es wirkt skrupellos, wenn außerbetriebliche, allgemeingesellschaftliche Folgelasten so konsequent ausgeblendet werden, wie es in diesen Kreisen mit der größten Selbstverständlichkeit geschieht. Wer in dieser Welt nicht konsequent »betriebsloyal« denkt, verhält sich »karriereschädigend«. Konsequent betriebsloyal aber heißt nichts anderes als uneingeschränkt im Dienste des eigenen Betriebs – auch auf Kosten der Allgemeinheit.

Auch dann, wenn man bereit ist, das Prinzip der Gewinnmaximierung als eine der Ursachen der unbestreitbaren Überlegenheit unseres Wirtschaftssystems anzuerkennen, fällt es schwer, diese Einstellung nicht für asozial zu halten. Es ist ein nur schwacher Trost, daß diese betriebsspezifische Blindheit gegenüber dem Gemeinwohl offensichtlich auch in der sogenannten »sozialistischen« Gesellschaft zu den Voraussetzungen einer erfolgreichen Betriebsführung gerechnet wird. Im Herbst 1983 kam ein von der holländischen Regierung unterstütztes »Internationales Wassertribunal« nach sorgfältiger Prüfung aller Unterlagen zu dem Urteil, daß die auf dem Gebiet der DDR liegenden Kaligruben »Ernst Thälmann«, »Einheit« und »Marx-Engels« die 1947 vereinbarte Quote der Salzbelastung der Weser um mehr als 500 Prozent überschritten und damit die Gesundheit der von diesem Fluß als Trinkwasserlieferanten abhängigen Menschen gefährdeten.[36] Der denkbare Einwand, daß die sich darin ausdrückende gesellschaftliche Verantwortungslosigkeit womöglich nur gegenüber dem »Klassenfeind« –

den ganz überwiegend westlichen Weseranliegern – als zulässig erachtet werde, läßt sich durch den Hinweis auf die von den gemeinsamen Aktivitäten ostdeutscher und tschechoslowakischer Betriebe bewirkte Vernichtung großer Waldgebiete im Riesengebirge entkräften.

Aber noch einmal zurück zur »hauseigenen« Situation. Symptomatisch ist der Verlauf des neuerdings ausgebrochenen Streites um die Einbeziehung der Kraftwerks-»Altanlagen« (im Klartext: aller schon bestehenden Anlagen) in das Emissionsschutzgesetz des Bundes. Die den Betreibern dieser »Altanlagen« bis zum Einbau schadstoffmindernder Einrichtungen eingeräumte Frist - bis 1993! – läßt das Gesetz angesichts des heute zu konstatierenden Tempos der Schadstoffzunahme in Wasser, Boden und Luft zur reinen Farce werden. Als der verantwortliche Minister unter dem überwältigenden Druck der von den Experten vorgelegten Beweise Anfang 1984 jedoch den Versuch unternahm, die Schonfrist für die Kraftwerksbetreiber zu verkürzen, warf ihm der Bundesverband der Deutschen Industrie vor, er habe »die Abwägung zwischen ökologischen und ökonomischen Erfordernissen« außer acht gelassen, und schwang die jede Regung kritischer Nachdenklichkeit in diesem Bereich mit entmutigender Regelmäßigkeit erschlagende Keule der »Arbeitsplatzgefährdung«: Die Einbeziehung der Altanlagen in das Schutzgesetz werde, so ließ der Verband sich dräuend vernehmen, unvermeidlich zu einer »Verschlechterung des Investitionsklimas« führen.[37] Der Wink genügte. Die Gesetzesänderung war vom Tisch. Wieder einmal hatte sich gezeigt, wer Herr im Hause ist.

Noch einmal: Kein Einsichtiger wird die großen Verdienste der Wirtschaft um die Sicherung von Arbeitsplätzen, an der Aufrechterhaltung unserer internationalen Wettbewerbsfähigkeit oder an der Erhaltung unseres im internationalen Vergleich noch immer luxuriös zu nennenden Lebensstandards leugnen. Niemand auch den Umstand, daß eine konsequente (»knallharte«) Kosten-Nutzen-Analyse die Voraussetzungen für diese Erfolge liefert. Dem widerspricht man jedoch nicht, wenn man auf die Gefahren hinweist, die entstehen, sobald betriebswirtschaftliche Argumente auch auf Entscheidungen durchzuschlagen beginnen, von denen das gesamtgesellschaftliche Wohl abhängt. Es ist kein Ausdruck von »Industrie-Feindlichkeit« (oder gar von »System-Gegnerschaft«), wenn man darauf beharrt, daß im Konfliktfall das gesellschaftliche Wohl als der höhere Wert zu respektieren ist. Man kann diese Forderung, wie es tagtäglich geschieht, tendenziös verleumden, man kann sie als ideologieverdächtig und auf mancherlei andere Weise diskreditieren. Wenn wir uns aber weiter weigern sollten, ihre Berechtigung einzusehen, werden wir alle gemeinsam in absehbarer Zeit die Erfahrung machen, daß man auch in einer höchst befriedigenden Wirtschaftssituation, ja, daß man sogar im Zustand der Vollbeschäftigung ökologisch zum Teufel gehen kann.

Zurück zum eigentlichen Thema. Keine noch so perfektionierte Aufbereitung des aus Flüssen und Talsperren stammenden »Oberflächenwassers« kann heute noch alle Schadstoffe erfassen und entfernen. Es geht ja nicht nur um Schwermetalle und weit über tausend organisch-chemische Industrierückstände (darunter in erster Linie die erst von menschlicher Synthesekunst in die Natur eingeführten chlorierten Kohlenwasserstoffe, schwer abbaubare und großenteils als Krebserreger bekannte Verbindungen). Niemand kann abschätzen, wie viele überhaupt noch nicht erfaßte, womöglich erst durch Folgereaktionen in der chemischen Brühe unserer Flüsse entstandene Schadstoffmoleküle darüber hinaus noch in unserem Trinkwasser enthalten sein mögen.[38]

Sehen wir einmal davon ab, daß die gesetzlich festgelegten Grenzwerte nach Ansicht fast aller Fachleute zu hoch angesetzt sind, daß die »Technische Anleitung zur Reinhaltung der Luft« (TA-Luft genannt) – selbstverständlich belasten auch die aus der Atmosphäre ausgewaschenen Schadstoffe unsere Oberflächengewässer – zum Beispiel beim Schwefeldioxid fast das Dreifache der Dosis für zulässig erklärt, mit der sich im Experiment bereits die ersten Anzeichen einer Pflanzenschädigung hervorrufen lassen. (Wer das wohl durchgesetzt hat?) Alle diese gegen hartnäckigen Widerstand schließlich eingeführten Kompromiß-Werte gewährleisten prinzipiell nur eine höchst dubiose Sicherheit. Denn die entscheidende Frage ist allein die, welche langfristigen Wirkungen auf den menschlichen Organismus die *Kombination* von Hunderten derartiger Stoffe haben mag, deren erbschädigende (»mutagene«) oder krebserregende (»carzinogene«) Wirkung grundsätzlich nachgewiesen ist. Selbst kaum noch nachweisbare Spurenstoffe mögen sich da zu einer brisanten Zeitbombe addieren. Niemand kennt die Antwort.

Das ist keine »Panikmache«. Wie ernst das Risiko selbst offiziell, wenn auch in aller Stille, längst genommen wird, zeigt die Reaktion einiger Großkommunen. Mehrere deutsche Großstädte haben aus der Situation schon vor Jahren eine radikale Konsequenz gezogen. Sie haben auf die Verwendung von »Oberflächenwasser« aus Flüssen oder Talsperren zur Trinkwassergewinnung gänzlich verzichtet und sind dazu übergegangen, weitab von allen Ballungsräumen gelegene Grundwasserspeicher direkt anzuzapfen. Die Lösung ist teuer. Auf den ersten Blick erscheint sie aber auch als optimal. Denn das aus diesen unterirdischen Kavernen durch Tiefbrunnen hochgepumpte Wasser war bisher wirklich »rein«. Seine Beschaffenheit ist noch identisch gewesen mit der besonderen Qualität, die sich in unserer Erinnerung mit dem längst schon nostalgisch anmutenden Begriff »frisches Quellwasser« verbindet.

Innerhalb weniger Jahre stellte sich jedoch heraus, daß auch dieser scheinbar ideale Ausweg rasch in eine Sackgasse führt. Das geringste Problem ist noch der Kostenaspekt. Die Lösung ist ungewöhnlich aufwendig. Dies ist auch die einfache Erklärung dafür, daß sich nur einige Großstädte – Bremen, Hamburg, München – auf sie einlassen konnten. Bremen holt sich seit einigen Jahren sein Trinkwasser über eine 200 Kilometer lange Fernleitung aus dem Harz. Hamburg bedient sich in der Lüneburger Heide. München plant eine Sicherung seiner Versorgung durch den Zugriff auf unterirdische Wasserreserven im Loisachtal bei Garmisch-Partenkirchen. Hier deutete sich mit anderen Worten bereits die Entstehung einer »Trinkwasser-Klassengesellschaft« an: Arme Bürger – die des hochverschul-

deten Frankfurt zum Beispiel – müssen mit mangelhaftem Trinkwasser vorliebnehmen, die Bürger reicher Kommunen werden dagegen einwandfrei versorgt – typisches Anzeichen einer beginnenden Verknappungssituation.
Die Entstehung einer nach unterschiedlichen Trinkwasser-Güteklassen einzuteilenden Gesellschaft wird uns jedoch erspart bleiben. In allen genannten und einigen anderen Fällen hat sich der direkte Zugriff zum Grundwasser bereits als Raubbau mit untragbaren Konsequenzen erwiesen. Die Methode läßt das Gleichgewicht zwischen dem Abfluß durch natürliche Quellen und der ebenso natürlichen Ergänzung der unterirdischen Speicher durch den langsamen Zufluß von Sickerwasser aus den Fugen geraten. Die Entnahme übersteigt in allen Fällen den Nachschub. Die Folge ist ein mitunter dramatisches Absinken des Grundwasserspiegels in den ausgebeuteten Regionen mit den entsprechenden ökologischen Folgen an der Oberfläche. Im hessischen Ried, einem tausend Quadratkilometer großen Naturpark zwischen Rhein und Odenwald, verdorrten in den letzten Jahren einige Millionen Bäume, trockneten Bäche aus, verkarstete Ackerland, das seit Jahrhunderten fruchtbar gewesen war, bis der Grundwasserspiegel in der Region um mehrere Meter fiel, weil allzuviele Nachbarkommunen sich aus ihm bedienten. In der Lüneburger Heide, deren Grundwasser den Durst der Hamburger löschen muß, sind unter Naturschutz stehende Feuchtgebiete in Gefahr. Manchen Landwirten in der Umgebung von Hannover ersetzt die Stadt die Kosten für eine künstliche Bewässerung ihrer Felder, die notwendig ist, seit die Großkommune ihnen das Grundwasser buchstäblich unter den Füßen absaugt.
Die Beispiele lehren, daß kommunaler Egoismus sowenig aus der Sackgasse führt wie eine ausschließlich auf die eigenen Kosten fixierte Industrie-Mentalität. Wo aber ist dann ein Ausweg? So, wie sie heute ist, kann die Situation nicht bleiben. Daß erst wenige das klar erkannt haben, ist eine der bedenklichsten Folgen der immer wieder zu konstatierenden offiziellen Vernebelungsstrategie, deren Sinn schwer zu begreifen ist. Wenn regionale Umweltschutzgruppen oder gar »Grüne« aus

eigener Initiative Wasseruntersuchungen vornehmen und dabei auf Schadstoffkonzentrationen stoßen, die eindeutig über den ohnehin großzügig bemessenen gesetzlichen Grenzen liegen, besteht die Standardantwort der zuständigen Behörden mit unschöner Regelmäßigkeit im Vorwurf der »Panikmache«. Allzuviele Wasserwerkbetreiber und Kommunalpolitiker scheinen die von einer »Beunruhigung der Öffentlichkeit« ausgehenden Gefahren für größer zu halten als die einer chronischen Vergiftung dieser Öffentlichkeit. Geschlagene sechs Monate hat es gedauert, bis das Stuttgarter Stadtparlament Anfang 1984 endlich den von einigen Abgeordneten hartnäckig aufrechterhaltenen Verdacht bestätigte, daß in mehreren der Trinkwasserversorgung der Stadt dienenden Brunnen unzulässig hohe Schadstoffkonzentrationen gefunden worden waren. Die Liste der Beispiele ließe sich beliebig verlängern.

Hinter dieser im ersten Augenblick irrational wirkenden Vertuschungsstrategie steckt eine beunruhigende Tatsache: Die Verantwortlichen sind selbst weitgehend ratlos. Der Ratschlag, sicherheitshalber doch »auf Mineralwasser zurückzugreifen«, ist dafür ein ob seiner Einfalt schon fast rührender Beleg. Wo aber ist sonst ein Ausweg zu erkennen aus einer Situation, deren mögliche langfristige Folgen schon heute von niemandem mehr verantwortet werden können und die sich dabei von Jahr zu Jahr noch nachweislich verschlechtert?

Erste Voraussetzung zur Vermeidung einer sonst unweigerlich bevorstehenden Trinkwasserkatastrophe in der Bundesrepublik ist die Bereitschaft aller Beteiligten, die Krise endlich realistisch zur Kenntnis zu nehmen und öffentlich zu diskutieren. Wenn man den in den letzten Jahren von verschiedenen Seiten vor dem Problem kunstvoll errichteten Nebelvorhang einmal beiseite bliese, käme eine für viele sicher überraschende Situation ans Tageslicht: Die von den Autoren von Global 2000 für die kommenden beiden Jahrzehnte vorhergesagte zunehmende Wasserknappheit und Verschlechterung der Wasserqualität gilt, was niemand bei uns bisher zur Kenntnis genommen zu haben scheint, eben keineswegs nur für die sogenannten Entwicklungsländer (wenn die Folgen dort voraussichtlich auch am schwersten sein werden). Wir dürfen die Prognose durchaus auch auf unsere eigene Region beziehen.

Schon vor zwei Jahren schätzten die Experten, daß mindestens zwei Millionen Bundesbürger auf Trinkwasser mit einem über der zulässigen Konzentration liegenden Nitratgehalt angewiesen sind. Ihre Zahl hat in der Zwischenzeit ganz sicher nicht abgenommen. Wir alle trinken täglich Wasser, das eine Kombination einer längst unübersehbar gewordenen Summe von Schadstoffspuren der verschiedensten chemischen Stoffklassen enthält und von deren chronischer Wirkung auf unseren Organismus kein Toxikologe die geringste Ahnung hat. Noch so angebrachte Erhöhungen der bis heute als lächerlich zu bezeichnenden Abwasserabgaben, noch so rigorose Strafandrohungen – und vor allem ihre konsequente Anwendung – und noch so scharfe Kontrollen werden diese Situation nur bessern können. Selbstverständlich ist auch das eine endlich durchzusetzende Grundforderung. Ändern aber wird sich unsere Lage nicht mehr. Nitrate, Schwefeldioxid, halogenierte Kohlenwasserstoffe und die unzählig vielen anderen chemischen Abfallprodukte müssen selbstverständlich weiter reduziert werden. Verhindern aber, darüber sollte Klarheit herrschen, läßt sich ihr Auftreten in einer modernen Industriegesellschaft nicht.

Wir haben uns, anders läßt es sich zutreffend nicht beschreiben, in eine Lage manövriert, die der zu gleichen beginnt, in der sich die Bewohner der ariden, also aus geologischen Gründen wasserarmen Regionen der Erde seit jeher befinden. Wir haben, von den meisten noch unbemerkt, angefangen, auch unseren Teil der Erde in eine Wüste zu verwandeln. In eine Wüste neuer Art, wie sie nur die industrielle Leistungsgesellschaft hervorzubringen vermochte: eine Wüste, in der es äußerlich gesehen noch immer so viel Wasser gibt wie von alters her, nur: immer weniger Wasser, das man trinken kann.

Wenn wir die Definition von »Wüste« nicht an einer ihrer anderen typischen und für das Auge gewiß auffälligeren Eigenschaften aufhängen, sondern an dem Kriterium der Knappheit an Trinkwasser – eine vielleicht einseitige, unter biologischem Blickwinkel jedoch zulässige Definition –, könnten wir auf den

Gedanken kommen, daß unsere Lage der von Wüstenbewohnern immer ähnlicher zu werden beginnt. Die Einsicht hat nicht nur besorgnisauslösende Aspekte. Wie alle realistischen Einschätzungen enthält sie in sich auch schon den Keim zu einer Lösung des Problems. Denn wenn das so ist, wenn sich unsere Situation mit dem Begriff der Wüste zutreffend kennzeichnen läßt, dann eröffnet sich uns die Möglichkeit, die Mitglieder jener Kulturen, die von jeher unter den Bedingungen einer solchen Situation entstanden sind und sich in langen geschichtlichen Zeiträumen an sie angepaßt haben, danach zu fragen, was in solcher Lage am zweckmäßigsten zu tun sei.
Warum eigentlich, das ist der erste Gedanke, der einem bei dieser Betrachtungsweise einfällt, warum stellen auch wir eigentlich nicht längst Zisternen auf die Dächer (oder den Dachboden) unserer Häuser? Durch das Sammeln von Regenwasser lösen die Bewohner der meisten ariden Gebiete der Erde seit Jahrtausenden erfolgreich die dringendsten Probleme der Wasserversorgung. Daß wir auf den naheliegenden Gedanken bisher nicht gekommen sind, obwohl die in unseren Breiten vergleichsweise üppigen Niederschlagsmengen die Methode um so ergiebiger werden ließen, liegt allein daran, daß die Mehrheit sich bei uns noch in dem Glauben wiegt, Wasser, auch in der Form von Trinkwasser, stehe in praktisch unbegrenztem Umfang zur Verfügung. Daß das eine gefährliche Täuschung ist, dürfte hoffentlich klargeworden sein. Eine Täuschung übrigens, um das noch einmal hervorzuheben, der durch die öffentliche Tabuisierung des Themas und offizielle Verschleierungstaktiken fahrlässig Vorschub geleistet wird.
Natürlich kann man Regenwasser bei uns längst nicht mehr trinken. Wir könnten von ihm aber nutzbringend Gebrauch machen für viele andere Zwecke, für die wir mit einer Gedankenlosigkeit, die unsere Nachfahren einmal zu ungläubigem Kopfschütteln veranlassen dürfte, bisher immer noch trinkbares Wasser verwenden.
Was würde ein Sahara-Nomade wohl von unserer geistigen Verfassung halten, wenn ihm jemals zu Ohren käme, daß wir von den 150 Litern hochgereinigten Trinkwassers, die wir

täglich pro Kopf im Durchschnitt verbrauchen, nur vier bis fünf Liter zum Trinken und Kochen nehmen, aber nicht weniger als fünfzig Liter, also ein ganzes Drittel der Tagesration, nur dazu, um unsere Notdurft in die Kanalisation zu spülen? Trinkwasser für das WC, Trinkwasser zum Waschen von Autos, zum Sprengen unserer Gärten – bei Lichte betrachtet eine Verschwendung von wahrhaft bodenloser Leichtfertigkeit.

Wer die Einzelheiten der von keinem Fachmann mehr bestrittenen Trinkwasserkrise kennt, wird ferner verständnislos reagieren, wenn man ihm sagt, daß das als wirklich reines Trinkwasser einzig noch verfügbare Grundwasser bei uns immer noch überwiegend für technische Produktionsprozesse verbraucht wird. Etwa 85 Prozent des gesamten Wasserverbrauchs in der Bundesrepublik entfallen auf die Industrie. Darunter befindet sich ein beträchtlicher (nicht präzise ermittelbarer) Anteil an kostbarem Grundwasser, das bei Kühlungs- und Reinigungsvorgängen verbraucht wird, die sich genausogut mit unvollkommen gereinigtem Flußwasser (»Brauchwasser«) durchführen ließen. Die Betriebe haben sich aber gegen die Forderung, Grundwasser dem menschlichen Verbrauch vorzubehalten, bisher mit dem Hinweis auf »ältere Rechte« an den von ihnen benutzten Tiefbrunnen erfolgreich wehren können. Noch gilt auch hier wieder das Kostenargument als letztes Wort und nicht der Hinweis darauf, daß die Grundwasserlager in der jetzigen Situation – unbeschadet in der Vergangenheit mehr oder weniger zufällig zustande gekommener Gewohnheitsrechte – als Trinkwasserlieferanten für die Allgemeinheit reserviert werden müßten.

Wenn die Vernunft sich in diesem Punkt durchsetzen würde, wenn wir uns als Gesellschaft dazu entschlössen, das aus diesen Tiefenspeichern gewonnene Wasser ausschließlich zum Trinken und Kochen zu benutzen, anstatt es weiter für Zwecke zu vergeuden, für die Wasser minderer Qualität völlig genügte, dann könnten wir endlich dem Skandal ein Ende bereiten, daß Millionen von Menschen heute durch die Versorgung mit unzulänglich gereinigtem Trinkwasser einem gar nicht abschätzbaren Gesundheitsrisiko ausgesetzt werden. Schon seit mehre-

ren Jahren kann nicht mehr ein einziges der am Rhein gelegenen Wasserwerke die von der Europäischen Gemeinschaft festgelegten – und aller Wahrscheinlichkeit nach ohnehin zu hoch angesetzten – Schadstoffgrenzwerte einhalten.[39] Man bedenke, was das für die Betroffenen im Laufe der Zeit bedeuten könnte. Die Untätigkeit, mit der dieser allen Experten bekannte Zustand hingenommen wird, obwohl Abhilfe auf dem angedeuteten Wege in kürzester Zeit möglich wäre, ist schlechthin unfaßlich.
Wenn wir dazu übergingen, trinkbares Wasser für Trinkwasserzwecke zu reservieren, wenn wir unseren Brauchwasserbedarf industriell mit Oberflächenwasser decken würden und privat mit Regenwasser und wenn wir in der logischen Konsequenz dieser Unterscheidung von Stund an wenigstens in alle Neubauten doppelte Leitungssysteme installieren würden, welche unter anderem die Wiederverwendung von Spülwasser für die Toiletten und die Beseitigung stark verunreinigter Abwässer getrennt von den Regenwasser-Sielen ermöglichten, würde sich die Situation schlagartig bessern. Dann ließe sich auch die Entnahme aus den vorhandenen Grundwasserspeichern auf ein Maß reduzieren, das nicht zu ihrer Erschöpfung führen muß und daher nicht zwangsläufig die beschriebenen ökologischen Folgeschäden nach sich zieht.
Es wird niemanden mehr erstaunen zu hören, daß diese Forderungen zahlreicher Umweltorganisationen, die seit Jahren in technisch ausgereifter Form konkret vorliegen, bislang regelmäßig mit Kostenargumenten abgewiesen worden sind. Da sich die Struktur der gegen wesentliche, mitunter existentielle ökologische Forderungen ins Feld geführten wirtschaftlichen Einwände in allen Fällen ähnelt und da sie alle aus demselben Grund aus gesamtwirtschaftlicher Sicht als Milchmädchenrechnungen anzusehen sind – die gleichwohl fast immer die Wende zum Besseren verhindert haben –, soll hier noch ein typisches Beispiel geschildert werden.
In Frankfurt am Main existierte vorübergehend ein zu Versuchszwecken getrennt von den Trinkwasserleitungen verlegtes Brauchwassernetz. Nach einigen Jahren ergab die Kosten-

Nutzen-Analyse, daß dieses zweite Netz unrentabel war: Es kostete den Magistrat mehr, als es einbrachte. Prompt wurde der Versuch eingestellt. Eine fiskalisch in den Augen der Verantwortlichen sicher unvermeidliche, zwingende Konsequenz. In der Bilanz des Magistrats wurden allerdings die Folgekosten nicht berücksichtigt, welche diese Entscheidung außerhalb des eigenen Verantwortungsbereichs nach sich zog: An der seit Jahren fortschreitenden Absenkung des Grundwasserspiegels im hessischen Ried ist die Frankfurter Großkommune mit ihrem immensen Wasserbedarf kräftig beteiligt. Selbstverständlich – heute jedenfalls gilt das noch als selbstverständlich – deckt sie aus dieser Quelle auch ihren Brauchwasserbedarf.[34] Seit Frankfurt sein Brauchwassernetz »aus Kostengründen« wieder aufgab, steht fest, daß es dabei bleiben wird. Die ökologischen Folgekosten – Waldvernichtung und Feldverkarstung, nicht gerechnet die finanziell gar nicht abschätzbare Zerstörung eines alten Erholungsgebietes – übersteigen die Milliardengrenze. Das aber ist ein Posten, der in der Bilanz des Frankfurter Magistrats nicht erscheint. Folglich fiel seine Entscheidung so aus, als ob es ihn nicht gäbe. Das ist nun einmal so der Brauch bei uns. Daß das unsinnig ist, daß die Konsequenzen einer derart auf den eigenen unmittelbaren Bereich begrenzten Sicht gerade bei ökologischen Problemen ruinös für die Gesellschaft insgesamt sind, wird immer noch geflissentlich verdrängt.

Aber inzwischen zeigt die Entwicklung ohnehin schon neue Alarmsymptome. Im Regierungspräsidium Freiburg im Breisgau trafen in der Zeit eines knappen Jahres neun Meldungen ein über das Auftauchen chlorierter Kohlenstoffverbindungen im Grundwasser.[40] In anderen Bundesländern gibt es ähnliche Beobachtungen. Wenn das der Beginn einer neuen Phase der Entwicklung sein sollte, wird es endgültig ernst. Denn worauf sollen wir mit unserem Durst noch »zurückgreifen«, wenn die Schadstoffe jetzt sogar die in der Tiefe der Erdkruste geborgenen Grundwasserreservoire erreichen? Wenn sie anfangen sollten, auch die bisher noch von unserer Lebensweise unberührt gebliebenen Primärlieferanten wirklich »reinen« Wassers zu verseuchen?

Die Experten räumen inzwischen ein, daß man die von dieser langlebigen organischen Stoffklasse ausgehenden Gefahren erst in letzter Zeit in vollem Umfang erkannt habe. Daß die bei den verschiedensten industriellen Produktionsprozessen in riesigen Mengen anfallenden Chlorkohlenwasserstoffe offenbar nach einer sich über viele Jahre hinziehenden Wanderung schließlich sogar die Gesteinsformationen und die anderen Bodenschichten durchdringen können, die das Grundwasser bisher vor Verschmutzung bewahrt haben, kam selbst für die Fachleute überraschend. Es ist eine erschreckende Entdeckung. Fast alle dieser Gruppe zugehörigen chemischen Verbindungen gelten als krebserregend, erbschädigend und hochgradig lebertoxisch. Wenn sie sich in den kommenden Jahren endgültig bis zu den Grundwasserlagern hindurcharbeiten sollten, dann allerdings wird guter Rat teuer.

Alle diese Verbindungen sind relativ neue Produkte unserer technisch-zivilisatorischen Kunstwelt. In der Natur kommen sie bis auf wenige Ausnahmen überhaupt nicht vor. Fachleute haben bereits die Vermutung geäußert, daß ihr unvorhergesehenes Verhalten in den Bodenschichten ebenso wie ihre Widerstandsfähigkeit gegenüber fast allen natürlichen Abbauvorgängen auf diesen Umstand zurückzuführen sein könnten. »Wir haben die Aufgabe übernommen, die Stoffe zu synthetisieren, die der liebe Gott bei der Schöpfung mitzuerschaffen vergaß«, ließ der Autor eines Spielfilms kürzlich einen Industriechemiker sagen.

Wer weiß, vielleicht hatte der dafür seine guten Gründe.

Der Abschied vom Wald

»Ob man es wahrhaben will oder nicht: Der deutsche Wald liegt im Sterben.« So steht es in der Zusammenfassung der Ergebnisse eines Gesprächs, zu dem sich im April 1982 ein Dutzend namhafter deutscher Forstwissenschaftler mit Energiefachleuten in Kaiserslautern traf.[41] Wahrhaben wollte es damals in der Tat noch niemand. Schon gar nicht die verantwortlichen Politiker. Noch bis in das Jahr 1983 hinein wurde in deren Kreisen »das Gerede vom sogenannten Waldsterben« als eine »maßlose Übertreibung ökologischer Spinner« hingestellt. Heute dämmert auch dem letzten, daß sich in unseren Wäldern ein Desaster abspielt. »Etwa 35 Prozent des westdeutschen Waldes«, so beginnt die von dem Münchner Forstwissenschaftler Peter Schütt vorgelegte aktuellste und umfassendste wissenschaftliche Abhandlung des Problems, »leiden in unterschiedlich starkem Maß unter einer Krankheit, die wir Waldsterben nennen.«[42] Etwa 35 Prozent, ein gutes Drittel also. Was gäbe es da noch zu übertreiben? Von einem »pathologischen Ereignis, welches das Gleichgewicht eines Drittels der Landschaft bedroht und eine ganze Kette ökologischer Folgen auszulösen beginnt«, spricht dieselbe Quelle.

Es begann Anfang der siebziger Jahre mit einer vor allem in Süddeutschland beobachteten explosiven Ausbreitung der seit Jahrhunderten bekannten und von den Forstleuten gefürchteten sogenannten »Komplexkrankheit« der Weißtanne. Der weitere Verlauf war durch den raschen Befall immer neuer Baumarten gekennzeichnet: 1979 wurden die ersten Symptome an alten Fichten und Kiefern in Bayern entdeckt. 1981 folgten Buche, Bergahorn und Vogelbeere, 1982 Esche, Douglasie und Birke, 1983 schließlich begann die Seuche auch auf Eichen, Pappeln und Lärchen überzugreifen.

Anfangs hatte mancher noch geglaubt, das Ausmaß der Katastrophe durch den Hinweis darauf verharmlosen zu können, daß es auch in der Vergangenheit immer wieder einmal zu einem großflächigen Tannensterben gekommen war. Die Tanne ist gegen äußere Schädigungen offenbar besonders empfindlich. (Heute wird in Ostbayern und im Schwarzwald bereits mit ihrem völligen Aussterben gerechnet.) Inzwischen aber gibt es kaum eine einzige einheimische Baumart mehr, die noch als völlig gesund bezeichnet werden könnte. *Das* hat es in der Vergangenheit noch nie gegeben. Die Situation sei vergleichbar »mit einer Epidemie, die gleichzeitig Blindschleichen, Meer-

schweinchen, Sperlinge und Menschen dahinrafft«, schreibt Peter Schütt.
Dem normalen Waldspaziergänger mag auch heute noch nicht allzuviel auffallen. Abgestorbene Bäume wird er in aller Regel nicht zu Gesicht bekommen. Besitzer und Forstaufseher lassen erkrankte Exemplare rechtzeitig fällen, bevor ihr Holz seinen Wert gänzlich verloren hat. Kronenverlichtung, mangelhafte Benadelung der aus den letzten Jahren stammenden Triebe und Vergilbung von Blättern zur Unzeit verraten dem Erfahrenen neben anderen Symptomen jedoch das wahre Ausmaß der Katastrophe. Hinzu kommt, daß die sichtbaren Anzeichen nur die »Spitze des Eisbergs« markieren. Erkrankt sind längst auch viele der Bäume, denen selbst der Fachmann ihr Schicksal noch nicht anzusehen vermag. Es hat sich nämlich gezeigt, daß dem sichtbaren Befall fünfzehn oder auch zwanzig Jahre lang eine reduzierte Holzneubildung voranzugehen scheint, die nur an einer Verschmälerung der Jahresringe abgelesen werden kann. Aber nicht nur das erschreckende Tempo der Krankheitsentwicklung und die rasche Ausbreitung quer durch praktisch alle Baumarten machen das Waldsterben zu einem absolut neuartigen Phänomen. Ungewöhnlich und zunächst unerklärlich waren noch weitere Beobachtungen. Naturnah gebliebene Mischwaldbestände wurden genauso häufig befallen wie die ökologisch als besonders anfällig anzusehenden Monokulturen. Die Zonen besonders intensiver Schädigungen stimmten ferner mit den Regionen besonders starker Schadstoffbelastung keineswegs immer überein. In einigen Fällen wurden bis dahin völlig gesund scheinende Bestände in ausgesprochenen »Reinluftgebieten« innerhalb weniger Monate dezimiert. So geschehen im Winterhalbjahr 1982/83 im Allgäu.
Für die Mehrzahl der Forstleute sind das Alarmsignale, die auf eine neuartige, sehr komplexe und besonders bedrohliche Erkrankungsform hinweisen, die den Wald als Ökosystem insgesamt gefährdet. Die genannten Widersprüchlichkeiten und Ungereimtheiten, die eine monokausale, auf eine einzige Ursache sich berufende, Erklärung freilich unmöglich machen, dienen jedoch auch heute noch zur Begründung von mancherlei Aus-

flüchten. Am einfachsten machten es sich gewisse Industriesprecher mit einer »Theorie«, welche die Verantwortung der Forstwirtschaft selbst zuschiebt. Es handele sich, so lautet die kühne These, um nichts anderes als die Folgen einer Verarmung des Waldbodens an Nährstoffen nach jahrhundertelanger Holzentnahme ohne gleichzeitige Düngung.[43] Die angeblich fehlenden Düngemittel werden dann mitunter im selben Atemzug offeriert.

In der Öffentlichkeit fand die Behauptung vorübergehend Beachtung. In den Augen der Experten ist sie schlicht unseriös. Dies in solchem Maße, daß sie in diesen Kreisen den naheliegenden Verdacht erweckte, hier solle nicht nur von der eigenen Verantwortung abgelenkt, sondern zugleich auch der eigenen Kunstdüngerproduktion ein neuer Markt erschlossen werden. Die Nährstoffkreisläufe in einem gesunden Wald sind nämlich außerordentlich stabil. Laboruntersuchungen haben bewiesen, daß dem Wald durch Holzeinschlag nur ein Tausendstel der Nährstoffe entzogen wird, die einem landwirtschaftlich genutzten Areal gleicher Größe beim Abernten verlorengehen. Aber derartige Thesen verstärken im Verein mit der nicht mehr zu bestreitenden Tatsache, daß sich eine einheitliche, einzige Ursache für die Waldkatastrophe nicht dingfest machen läßt, die allgemein-menschliche Neigung, unangenehme Konsequenzen möglichst weit hinauszuschieben.

So, wie es aussieht, wird diese menschliche Schwäche den Wäldern wohl endgültig den Garaus machen. Nicht nur bei uns, sondern auf der ganzen Nordhalbkugel. Die Entscheidungen, zu denen wir uns aufraffen müßten, um die letzte Chance zur Rettung des Waldes noch wahrzunehmen, wirken auf die meisten von uns heute noch sehr viel einschneidender und dramatischer als jener lautlose Absterbevorgang da draußen vor unseren Städten. Die Vernichtung der Wälder, wenn es denn wirklich so weit kommen sollte, sei doch letztlich nur als ein sentimentaler Verlust zu bewerten, den man notfalls eben in Kauf nehmen müsse, wenn es anders nicht möglich sei, die Versorgung der zunehmenden Bevölkerung mit Wirtschaftsgütern sicherzustellen. Diesen Standpunkt verfocht ein bekannter, mit dem Nobelpreis ausgezeichneter Wirtschaftswissenschaftler noch vor zwei Jahren in meiner Gegenwart mit Nachdruck und aus ehrlicher Überzeugung. Sein Name sei hier rücksichtsvoll verschwiegen. Nicht nur aufgrund persönlicher Wertschätzung, sondern vor allem, weil es hier nicht um individuelle Schuldzuweisungen geht, sondern darum, mit dieser Äußerung eines weit überdurchschnittlich klugen und gebildeten Zeitgenossen die ökologische Ahnungslosigkeit zu belegen, die bei uns immer noch vorherrscht und die uns aller Voraussicht nach ins Verderben führen wird.

Menschen sind kurzatmige Lebewesen. Das gilt für den einzelnen, und erst recht gilt es für menschliche Gesellschaften. Es ist in vielen Fällen sicher nicht bloß eine Ausflucht, sondern traurige Wahrheit, wenn Politiker das Ausbleiben einer ökologisch dringend erforderlichen Entscheidung damit entschuldigen, daß sie »politisch nicht durchsetzbar« sei. Nicht durchsetzbar sind offenbar alle Formen eines konkreten Verzichts, wenn dem aktuell notwendigen Opfer nicht ein ebenso konkret erlebbarer Gewinn auf dem Fuße folgt. Deshalb kann es sich offizielle Politik zum Beispiel leisten, den Vorschlag, die Schadstoffbelastung durch die Einführung einer Geschwindigkeitsbegrenzung auf den Autobahnen herabzusetzen, mit dem unsäglich albernen Slogan zurückzuweisen: »Freie Fahrt für freie Bürger«.

Deshalb hält offizielle Politik die Pfennigbeträge für unzumutbar, um die sich die Kilowattstunde verteuern würde, wenn in alle Kraftwerke ab sofort die technischen Einrichtungen installiert würden, mit denen sich Schwefeldioxid, Stickstoffverbindungen und andere Schadstoffe auf einen Bruchteil der heutigen Werte reduzieren ließen.[44] Eine Entscheidung übrigens, mit der die Regierenden die Einsichtsfähigkeit der von ihnen Regierten gröblich unterschätzen dürften. Und deshalb läßt offizielle Politik sich durch die Drohung mit einer – wirklichen oder auch bloß behaupteten – Arbeitsplatzgefährdung immer wieder dazu verleiten, zukünftiges Übel sehenden Auges in Kauf zu nehmen oder sogar auszulösen, um das gegenwärtige Übel eines möglichen Verlustes von Wählerstimmen zu vermei-

den. Wie zum Beispiel bei der im Juli 1984 getroffenen, als verantwortungslos zu bezeichnenden Entscheidung, dem neuen Kraftwerk Buschhaus entgegen aller ökologischen Vernunft und im Widerspruch zu den selbst getroffenen gesetzlichen Regelungen die Betriebsgenehmigung zu erteilen, obwohl es nicht über die entsprechenden Abgasfilter verfügt.
Um die Windigkeit des Kostenarguments in diesem und allen analogen Fällen zu beweisen, braucht man heute nicht einmal mehr Wirtschaftswissenschaftler zu sein. Die in unserer so sehr an Fragen der wirtschaftlichen Rentabilität orientierten Gesellschaft geradezu schizophrene Kurzsichtigkeit derartiger Einwände, die eben nur die unmittelbar erlebbaren Kosten berücksichtigen, wird bei einem Vergleich mit der Situation in Japan auch dem völligen Wirtschaftslaien in aller wünschenswerten Deutlichkeit offenbar.
Die Japaner haben ihre Gesamtemission von Schwefeldioxiden innerhalb von zehn Jahren auf etwa ein Viertel des Standes von 1970 verringert – in einer Phase fortgesetzter Wirtschaftsexpansion. Während in Japan 1984 mehr als 1300 Rauchgas-Entschwefelungsanlagen in Betrieb waren, wurden in der Bundesrepublik zum selben Zeitpunkt gerade zehn derartige Anlagen – mit einer Kapazität von weniger als fünf Prozent aller mit fossilen Brennstoffen betriebenen Kraftwerke – erprobt. Man traut seinen Augen nicht, wenn man liest, daß die Grenzwerte an Schadstoffen, nach denen sich die japanische Industrie zu richten hat, »bereits in der Vergangenheit weit unter denen lagen, die in Zukunft für die Bundesrepublik vorgeschrieben sind oder (erst) noch vorgeschrieben werden sollen«[45].
Hat irgend jemand etwa gehört, daß der mit diesen Aufwendungen verbundene Kostenfaktor die internationale Wettbewerbsfähigkeit der japanischen Industrie über Gebühr belastet und damit Arbeitsplätze gefährdet hätte? Das Gegenteil dürfte der Fall sein. Jedenfalls ist jetzt schon abzusehen, daß wir die Lizenzen für manche der von uns letzten Endes dann doch benötigten emissionsmindernden Technologien bei unserem fernöstlichen Konkurrenten werden einkaufen müssen. Bis dahin wird allerdings noch manches Jahr ins Land gehen, von

denen jedes einzelne uns allein durch die Verschmutzung mit Schwefeldioxiden volkswirtschaftliche Schäden von (offiziell geschätzt!) acht Milliarden Mark aufhalsen wird. (S. Anm. 45) Soviel zur Rolle des unverdrossen ins Feld geführten »Kostenfaktors«.

Es ist keine Voreingenommenheit oder gar »Industriefeindlichkeit«, sondern einfach allgemeine Lebenserfahrung, wenn man dazu tendiert, die Stimmen derer mit einer gewissen Zurückhaltung zu bewerten, denen die Verantwortung für die nächste bevorstehende Jahresbilanz des eigenen Betriebes aus verständlichen Gründen schwerer auf dem Gemüt lastet als die Sorge um das Schicksal unserer Wälder. Erkundigen wir uns also besser bei den direkt Betroffenen, den Forstwissenschaftlern. Was sagen sie zu dem Fall?

In der von Peter Schütt und seinen Mitarbeitern vorgelegten Untersuchung wird den erwähnten Ungereimtheiten und Widersprüchen, welche die Rückführung der Waldkatastrophe auf eine einzige einheitliche Ursache in der Tat unmöglich machen, breiter Raum gewidmet. Dennoch zögert das kompetente Autorenteam nicht, gleich im ersten Kapitel ebenso knapp wie eindeutig festzustellen: »Das Waldsterben stellt ein neues, in dieser Form noch nicht aufgetretenes Ereignis dar, das den Wald als System, also in seiner Gesamtheit bedroht. Es geht auf eine vom Menschen verursachte Vergiftung der Umwelt zurück und wird daher von selbst nicht wieder verschwinden.« Wenn nicht von selbst, wie dann? Dieser Frage gehen die Münchener Waldexperten mit detaillierter Gründlichkeit nach.

Nach einer ausführlichen Beschreibung der bei den verschiedenen Baumarten beobachteten Symptome diskutieren sie alle jemals in die Diskussion eingebrachten Ursachentheorien, bis hin zu entlegenen Spekulationen.

Die »Infektionshypothese« wird von ihnen nach eingehender Erörterung aller Argumente pro und contra verworfen. Zwischen den beobachteten Symptomen des Waldsterbens und der bekannten Wirkung von Bakterien, Pilzen oder anderen Parasiten bestehe »nicht die geringste Übereinstimmung«. Wenn Schädlinge gefunden wurden, habe es sich immer um den

sekundären Befall schon erkrankter und entsprechend geschwächter Bäume gehandelt.
Auch die »Dürre-Hypothese« hält einer kritischen Diskussion nicht stand. Zwar scheinen wasserarme Sommer den Krankheitsprozeß regional zu verschlimmern, umgekehrt halten jedoch ausgeprägte Nässeperioden sein Fortschreiten nicht nachweislich auf. Das gleiche gilt für die Vermutung, daß forstwirtschaftliche Fehler in der Vergangenheit – etwa der Übergang zur Anlage von Monokulturen – eine entscheidende Rolle spielten. Nachdem noch einige andere Möglichkeiten (Schädigung durch Kurzwellen oder durch radioaktive Belastung) erörtert und als ungenügend untersucht offengelassen worden sind, bleibt der weite Bereich der von unserer technischen Zivilisation bewirkten Luftverunreinigungen.
Um es kurz zu machen: Es führt kein Weg an der Annahme vorbei, daß wir selbst es sind, wir mit unserem heutigen Lebensstil, die den Wald zugrunde richten. Allerdings ist es eben nicht so, daß sich ein einziger Schadstoffbestandteil in der Atmosphäre (etwa das Schwefeldioxid, welches das Phänomen des »sauren Regens« hervorruft) als alleinige Krankheitsursache festnageln ließe. Es gibt auch nicht nur einen einzigen Schädigungsmechanismus (auch wenn der »saure Regen« eine besonders verheerende Rolle spielt). Nein, es ist die Kombination der zahllosen nicht-natürlichen oder jedenfalls in ihrer heutigen Konzentration nicht mehr natürlichen Luftbestandteile – vom SO_2 über die Stickoxide, Ozon und andere »Photooxidantien«, von Schwermetallen (Blei) und den von unseren Autos produzierten Kohlenwasserstoffen bis zu all den Terpenen, Benzolen, Methan und Äthylen sowie der uns schon bekannten Familie der chlorierten Kohlenwasserstoffe –, welche die Kraft unserer Wälder zu überfordern begonnen hat.
Dieses bunte Gemengsel liefert in seinen von Region zu Region wechselnden Kombinationen zwanglos die Erklärung für die Variantenvielfalt der Symptompalette. Auch für die Ausbreitung der Seuche bis in sogenannte »Reinluftgebiete« fand sich eine befriedigende Erklärung. Ironischerweise spielt bei ihr

eine in bester Absicht eingeführte gesetzliche »Schutzmaßnahme« eine fatale Rolle.
In der »Technischen Anleitung zur Reinhaltung der Luft« wurden seinerzeit Obergrenzen für die »Emission« bestimmter Schadstoffe festgelegt. »Emission« meint den von einem bestimmten Werk verursachten Schadstoffausstoß. (Als »Immission« wird dagegen die Summe der in einer bestimmten Region gemessenen atmosphärischen Schadstoffe bezeichnet, unabhängig von ihrer Herkunft.) Die Überwachung der in der TA-Luft vorgeschriebenen Grenzwerte muß daher logischerweise in der unmittelbaren Umgebung der kontrollierten Werke erfolgen. Die vom Gesetzgeber nicht vorhergesehene Reaktion der Industrie auf diese vom Gesetz geschaffene neue Situation bestand in der »Politik der hohen Schornsteine«: Ein Werk nach dem anderen ging dazu über, seine Schornsteine mehr und mehr, bis auf Höhen von 200 oder sogar 300 Metern aufzustocken. Diese relativ geringfügige Investition erlaubte es ihnen, die Gesetzesauflage spielend zu erfüllen, ohne eine einzige der sehr viel kostspieligeren Reinigungstechniken einführen zu müssen. Die eigene, in der unmittelbaren Umgebung gemessene Emission ging meßbar und unter den vorgeschriebenen Wert zurück, womit dem Wortlaut des Gesetzes Genüge getan war. Daß es sich lediglich um eine Verdünnung der eigenen Schadstoffproduktion handelte, nicht etwa um ihre Reduzierung, interessierte die »Emittenten« verständlicherweise wenig. Auch die Tatsache, daß die – unveränderte, wenn nicht sogar erhöhte – Schadstoffmenge auf diese Weise in höhere Luftschichten befördert und in diesen, stark verdünnt, über weite Entfernungen transportiert wird, braucht einen Verursacher nicht zu bekümmern, der nur die Vermeidung eigenen Nachteils im Kopf hat. Tatsächlich aber wird der Schaden mit dieser Praxis erst richtig großräumig verteilt.
Eine weitere, ebenfalls nicht vorhergesehene Komplikation erhöht den allgemein-volkswirtschaftlichen Schaden dieser unter ausschließlich betriebswirtschaftlichen Gesichtspunkten genial zu nennenden Anpassung noch um Größenordnungen. Er resultiert aus der Verlängerung der »Verweildauer« der ver-

schiedenen Schadstoffbestandteile in der Atmosphäre. Seit Einführung der »hohen Schornsteine« vergehen zwischen der Emission von Schadstoffen und ihrer nicht selten erst Hunderte von Kilometern entfernt erfolgenden »Deposition« in extremen Fällen mehrere Monate. Das wirkt sich deshalb verhängnisvoll aus, weil einige der besonders schädlichen Verbindungen überhaupt erst während des Aufenthaltes in der Atmosphäre entstehen. Dies gilt nicht zuletzt für die von Anfang an mit Recht als eine der Hauptursachen verdächtigten Schwefeldioxide. Erst während des Lufttransports nämlich und überwiegend in den höheren Luftschichten werden sie – und dies um so mehr, je länger sie sich dort aufhalten – zu Sulfit- beziehungsweise Sulfat-Ionen oxidiert, die starke Säurebildner sind. Sie sind es, die dem »sauren Regen« seine saure Qualität verleihen.

Auch die Fälle von Waldsterben in »Reinluftgebieten« sind vor diesem Hintergrund verständlich geworden. Die extreme Verdünnung und der weiträumige Transport von Schadstoffverbindungen, die sich während der Verschleppung in der Atmosphäre bilden, machen den Begriff »Reinluftgebiet« obsolet. Die üblichen Routinemessungen, mit denen nur nach relativ wenigen, altbekannten Luftbestandteilen gefahndet wird, genügen längst nicht mehr zum Ausschluß pflanzentoxischer Verunreinigungen. Vor allem aber haben ausgedehnte experimentelle Arbeiten inzwischen bewiesen, daß gerade hochverdünnte Schadstoff*kombinationen* dann, wenn die Einwirkung chronisch erfolgt, auf die Dauer jeden Baum zur Strecke bringen.

»Der Wald stirbt an Streß«, so lautet das Fazit der Münchener Experten. Jawohl, es hat immer schon, auch in der Vergangenheit, Fälle von regionalem Baumsterben gegeben. Es hat ja auch immer schon zum Beispiel Schwefeldioxide in der Atmosphäre gegeben, die, etwa nach größeren Vulkanausbrüchen, unter bestimmten meteorologischen Bedingungen global verteilt wurden. Nur haben sich diesen und anderen Belastungen, denen bisher nur regional und allein unter Extrembedingungen besonders anfällige Baumarten (Tanne) zum Opfer fielen oder Waldgebiete an ungünstigen Standorten (in den dreißiger Jahren waren es die ostpreußischen Fichtenbestände), in den letzten Jahren immer neue anthropogene, vom Menschen erzeugte, Schadstoffe hinzugesellt. Ihre *Summe* ist es, denen der Wald heute nicht mehr gewachsen ist. Nach Jahrzehnten einer schleichenden, unbemerkt gebliebenen Schwächung ist jetzt offenbar der Punkt erreicht, an dem das Ökosystem »Wald« zusammenbricht.

Was nun? Selbst wenn die Möglichkeit bestände, daß Politiker und industrielle Führungskräfte sozusagen »trägheitslos«, ohne weiteren Zeitverlust, ohne ihre Zuflucht zu neuerlichen Ausflüchten zu nehmen und unter Verzicht auf rein verbale Kraftakte, tätig würden – eine nach allen bisherigen Erfahrungen wenig plausible Annahme –, käme alle Abhilfe heute wahrscheinlich schon zu spät. Wie sehr alle bisherigen halbherzigen Maßnahmen der Entwicklung hinterherhinken, das wird der letzte wohl erst begreifen, wenn er in zehn oder fünfzehn Jahren mit seinem dann schließlich abgasgereinigten Auto durch ein baumloses, verkarstetes Mittelgebirge fährt, das lediglich aus historischen Gründen immer noch Schwarzwald oder Westerwald oder Teutoburger Wald genannt wird.

Die Radikalität, mit der unsere Gesellschaft – und damit ist jetzt selbstverständlich nicht allein unsere bundesdeutsche Gesellschaft gemeint, sondern unsere planetarische technische Zivilisation als Ganze – die von ihr tagtäglich produzierten Abfall- und Schadstoffmengen unverzüglich reduzieren müßte, um dem Wald noch eine letzte Chance einzuräumen, geht, wenn nicht alles täuscht, definitiv über das Maß hinaus, das Menschen sich aufzuerlegen fähig sind.[46] Also werden die meisten von uns sich noch mit einer Welt abzufinden haben, in der es keine Wälder mehr gibt. In der Bundesrepublik wird das nach dem Urteil der Münchener Wissenschaftler etwa zur Zeit der Jahrhundertwende, in nur fünfzehn Jahren also, der Fall sein. Es steht zu vermuten, daß nicht wenige dann nachträglich die Engstirnigkeit derer verfluchen werden, die das Steuer noch rechtzeitig hätten herumwerfen können. Nicht die eigene Engstirnigkeit selbstredend, die sie daran hinderte, den Verant-

wortlichen rechtzeitig, etwa durch ihre Stimmabgabe als Wähler, zu dem erforderlichen Entscheidungsdruck zu verhelfen. Die eigene Rolle wird dann längst erfolgreich vergessen und verdrängt sein. Das Wehklagen aber wird laut ausfallen. Denn der Tod unserer Wälder zieht Folgen nach sich, die gravierender sind, als es ein bloß »sentimentaler Verlust« wäre.
An den Küsten des Mittelmeers können wir studieren, was es bedeutet, wenn eine Gesellschaft ihren Wald mutwillig zerstört. Sizilien und Nordafrika waren in der Antike noch fruchtbare Landstriche. Rom bezog einen Großteil seines Getreides von dort. Das Atlasgebirge war dicht bewaldet. Südlich davon, in einer Gegend, die längst von der Sahara erobert ist, verraten Mauerrelikte und Felszeichnungen, heute weitab von jeder Wasserquelle gelegen, daß dort einmal Menschen leben und ihr Auskommen finden konnten.
Das Verschwinden des Waldes hier und an den meisten anderen mediterranen Küstenstrichen war ebenfalls nicht die Folge einer Naturkatastrophe, etwa eines Klimawechsels. Der Schaden und alle seine Folgen sind auch hier »anthropogen«, vom Menschen bewirkt, in diesem Falle von dem schließlich den natürlichen Nachschub übersteigenden unersättlichen Holzbedarf des Römischen Reiches.[47] Die bis heute, 2000 Jahre später, spürbaren Konsequenzen in Gestalt der in der ganzen Mittelmeerregion zu registrierenden Verkarstung mit nachfolgenden Erosionsschäden, Ausdehnung der Wüstenregionen und deren Rückwirkungen auf Grundwasser und Klima sind die Folgen eines lediglich regionalen Eingriffs in das ökologische Gleichgewicht.
Wir betreiben heute das gleiche in globalen Dimensionen. Denn nicht nur bei uns auf der Nordhalbkugel schwinden die Wälder. Dort, wo die Atmosphäre den Bäumen das Überleben noch gestatten würde, in den Tropen vor allem, ist es ein alle natürlichen Regenerationsmöglichkeiten überschreitender Raubbau, der die tropischen Regenwälder mit beängstigender Geschwindigkeit dahinschwinden läßt. Vierzig Prozent dieses als Klimapuffer und natürlicher Kohlenstoffspeicher global (auch für uns!) biologisch unersetzlichen letzten großräumigen

Ökosystems haben wir in den vergangenen Jahrzehnten bereits unwiederbringlich zerstört.[48] Wenn die jetzige Tendenz anhält, wird es in zwei bis drei Jahrzehnten nicht mehr existieren. Neben dem sentimentalen Verlust werden wir einschneidende klimatische Veränderungen zu gewärtigen haben. Der Wegfall des Waldes wird die mit ihm verbundene Bodenvegetation dem unmittelbaren Sonnenlicht aussetzen und damit einer Situation, in der sie mangels Anpassung nicht überleben kann. Niemand sollte sich in dem Glauben wiegen, daß die im Vergleich zu mediterranen Breiten bei uns reichlicher strömenden Niederschläge die Erosion des Bodens in den ehemaligen Waldregionen danach noch verhindern könnten. Er wird – wie die Erfahrungen in den leer gerodeten nordamerikanischen und kanadischen Weizengebieten lehren – austrocknen. Die Vielfalt der ihn besiedelnden Mikroorganismen, die ihn bis dahin zu einem lebenden Substrat machten, wird verkümmern. Der als Folge davon verdichtete, an seiner Oberfläche verhärtete Boden wird weitgehend die Fähigkeit verlieren, herabregnendes Wasser so rasch und so bereitwillig aufzusaugen wie zuvor. Es werden sich folglich Verhältnisse entwickeln, wie wir sie heute schon aus verkarsteten Regionen kennen: in den höheren Lagen zunehmende Austrocknung, in den Tälern zunehmende Hochwassergefahr.

Darüber hinaus wird es auch landwirtschaftliche Verluste geben. Die bei uns kultivierten Getreide- und Gemüsesorten sind seit Jahrhunderten ausgelesen und angepaßt an ganz bestimmte klimatische Verhältnisse und Bodenqualitäten. Beide Faktoren werden sich in unvorhersehbarer Weise ändern. Die Landwirte werden viele ihrer in Generationen erworbenen Erfahrungen als nicht mehr zutreffend über Bord werfen und anfangen müssen, neue Erfahrungen zu machen, die auf die veränderten Anbaubedingungen zugeschnitten sind. Spezielle Anbauformen dürften regional gänzlich verschwinden: Es ist wenig wahrscheinlich, daß alle Obst- und Gemüsesorten oder alle Rebarten den Wechsel unbeschadet überstehen könnten. Was das alles für die ländliche Infrastruktur bedeutet, ist noch gar nicht abzusehen.

Aber auch wir Städter werden nicht bloß das emotionale Defizit zu verkraften haben, das mit dem Verschwinden einer klassischen Erholungslandschaft verbunden ist. Die unvermeidliche Umstellung der Agrarproduktion auf neue Getreide- und Fruchtsorten, die Gewöhnung an den zweckmäßigsten Umgang mit ihnen und an die veränderten Bodenverhältnisse, das alles wird viele Jahre in Anspruch nehmen. In dieser Zeit wird die landwirtschaftliche Produktion unvermeidlich spürbar zurückgehen. Nicht nur bei uns, sondern in weiten Teilen der nördlichen Halbkugel, überall dort, wo wir heute schon in West und Ost die Symptome des Waldsterbens beobachten. Es mag sein, daß die außergewöhnliche Effizienz unseres Wirtschaftssystems, die im Begriff ist, uns in diese Lage hineinzumanövrieren, auch am ehesten Auswege finden und die Krise mit der ihm eigenen Dynamik in die Hand bekommen wird. Hungersnöte mögen uns daher – im Gegensatz zu anderen Gesellschaften – erspart bleiben. Aber um eine zumindest vorübergehende Rationierung bestimmter Grundnahrungsmittel werden wir als Bürger eines Landes, das zu seiner Versorgung auf Importe angewiesen ist, kaum herumkommen. Jedenfalls dann nicht, wenn wir die ungute Möglichkeit ausschließen, daß verantwortliche Politiker in dieser Mangelsituation auf den Gedanken verfallen könnten, die Nahrungsmittelverteilung sich »über den Preis selbst regeln« zu lassen.
Diese Preise nämlich werden erheblich anziehen. Es sei denn, wir schafften die freie Marktwirtschaft ab, was gewiß auch als eine die sentimentale Dimension überschreitende Konsequenz zu betrachten wäre. Solange aber weiterhin Angebot und Nachfrage über den Preis entscheiden, wird die Ernährung in dieser Übergangszeit – wenn nicht für viel längere Zeiträume – das Budget der privaten Haushalte in dem gleichen Maße zu belasten beginnen wie heute schon die Energieversorgung. Man sieht, der Tod des Waldes zieht allerlei Folgen nach sich.
In der Gewißheit, dadurch abermals den Vorwurf der Panikmache auf mich zu ziehen, muß ich dennoch gleich hinzusetzen, daß damit noch keineswegs alle Übel aufgezählt sind, die das Waldsterben uns auf den Hals lädt. Wir haben die gesundheitli-

chen Folgen noch gar nicht bedacht. Auch in dieser Hinsicht ist der Ausblick in die waldlose Zukunft alles andere als rosig. Unter der Voraussetzung, daß sich die jetzige Entwicklung nicht in sehr kurzer Zeit radikal ändert, sei davon auszugehen, »daß unser Wald in seiner heutigen Form bis zum Ende dieses Jahrtausends weitgehend verschwunden sein wird«, schreibt Peter Schütt. Was könnte das für unsere Gesundheit bedeuten? Man kommt der wahrscheinlich richtigen Antwort auf die Spur, wenn man darüber nachdenkt, warum es eigentlich der Wald ist, welcher der zunehmenden Vergiftung als erstes Ökosystem geschlossen zum Opfer fällt. Der Grund ist derselbe wie die Erklärung für die Tatsache, daß es ausgerechnet die Zerstörung der Leber ist, die sich ein Trinker zuzieht, der zu lange des Guten zuviel getan hat. Auch viele andere Gifte wirken zuallererst »lebertoxisch«.

Ein Laie könnte daraus den irrigen Schluß ziehen, daß die Leber allen möglichen Giften gegenüber besonders empfindlich sei. Das Gegenteil ist der Fall. Die Leber ist von allen unseren Organen mit Abstand am besten dazu imstande, Gifte aller Art aufzufangen und unschädlich zu machen. Eben dies ist ihre spezifische Aufgabe. Aus diesem Grunde ist der Bauplan unseres Körpers so beschaffen, daß alles, was unseren Magen passiert hat, nach der Aufnahme durch die Darmschleimhaut mit dem Blutkreislauf auf einer Art Zwangskurs (durch die sogenannte Pfortader) zunächst in die Leber gelangt, bevor es im Körper verteilt wird. Hunderte von Enzymsystemen und anderen Einrichtungen »entgiften« dort alle Substanzen, deren chemische Eigenschaften uns gefährlich werden könnten. Die Leber ist das wichtigste »Entgiftungsorgan« unseres Körpers. Nun läßt sich die Leistungsfähigkeit auch dieses Schutzorgans selbstverständlich überfordern. Wenn jemand Alkohol chronisch im Übermaß zu sich nimmt (oder laufend größere Schlafmittelmengen oder andere toxische Substanzen), dann kann irgendwann der Punkt erreicht sein, an dem die Leber an ihre Leistungsgrenze stößt. Von diesem Augenblick ab wird sie von den Giften, die ihr ständig weiter zugehen, selbst geschädigt. Die Erkrankung des Schutzfilters, ein »Leberleiden« also, ist dann das erste Symptom der Vergiftung des ganzen, seines natürlichen Schutzmechanismus nunmehr verlustig gehenden Organismus.

Es steht zu befürchten, daß wir die Rolle des Waldes und sein im Augenblick sichtbar werdendes Schicksal analog zu dieser pathologischen Situation aufzufassen haben. Die Filterwirkung, die der Wald auf die ihn durchstreichende Luft ausübt, ist ein seit langer Zeit erkanntes und als besonders wichtig angesehenes Phänomen. Nicht nur Staubpartikel – der Fachmann spricht hier von der »Kämmwirkung« der Bäume –, auch Kalorien bleiben in ihm hängen: Der aus einem Wald kommende Luftstrom hat an heißen Tagen eine deutlich niedrigere Temperatur als die Umgebungsluft. Kluge Stadtväter haben daher seit je für die Anlage von baumbestandenen Grünzonen am Stadtrand gesorgt.

Aber auch industrielle Schadstoffe werden nachweislich sowohl in gasförmiger Beschaffenheit (von den Blättern) als auch in flüssiger Form (von den Wurzeln nach ihrem Eindringen in den Boden) von einem Baum aufgenommen, gebunden und im eigenen Stoffwechsel abgebaut und unschädlich gemacht. Das hat lange Zeit gut funktioniert. Wie die Leber eines chronischen Trinkers durch übermäßigen Alkoholgenuß ist jetzt aber, so scheint es, auch der Wald von dem Übermaß der von ihm als Luftfilter der Atmosphäre entzogenen Giftstoffe endgültig überfordert. Er beginnt an den schädigenden Substanzen, die er bisher von uns fernhielt, nunmehr selbst zu erkranken. Der Vergleich mit dem Leberpatienten läßt uns schaudernd daran denken, was das bedeuten könnte.

Es könnte sich – zu spät – herausstellen, daß diese Funktion des Waldes in einer Industrielandschaft lebensnotwendig ist. 1952 starben in London, die meisten haben das längst schon wieder vergessen, mehrere tausend (!) Menschen, als es als Folge einer ungewöhnlichen Kombination ungünstiger meteorologischer Bedingungen über mehrere Tage hinweg zu einer extremen SO_2-Konzentration in der Stadtluft kam. Müssen wir nicht befürchten, daß schon weniger ungewöhnliche Wetterbedingungen vergleichbare Katastrophen auslösen könnten, wenn wir demnächst auf die »Vorreinigung« unserer Atemluft durch den Wald zu verzichten haben werden? Schon heute treten asthmaartige, von den Kinderärzten »Pseudokrupp« genannte Erstickungsanfälle bei Kleinkindern vermehrt in industriellen Ballungsgebieten auf. Schon heute gibt es medizinische Statistiken bei uns, in den USA und in anderen Industriestaaten, aus denen sich ein Anstieg von chronischen Atemwegserkrankungen in Abhängigkeit von der jeweiligen durchschnittlichen »Schadstoffexposition« des einzelnen Patienten ersehen läßt. Niemand kann verläßlich vorhersagen, in welchem Maße Krankheitserscheinungen dieser Art zunehmen werden, wenn wir den Wald erst einmal endgültig beseitigt haben. Aber niemand sollte sich auch der Illusion hingeben, daß Luft, die imstande war, unsere Wälder auszurotten, unsere Lungen auf die Dauer unangetastet lassen würde.

Biologische Pyrrhussiege

»Parasiten« nennt man Lebewesen, die ihr Dasein auf Kosten anderer Arten fristen. Wenn wir diese Definition zugrunde legen, haben wir uns selbst als die rücksichtslosesten und erfolgreichsten Repräsentanten dieser speziellen Anpassungsform zu betrachten. Als globale Parasiten sind wir dank der unserer Art in den letzten Jahrzehntausenden zugewachsenen Intelligenz zu so übermächtigen Konkurrenten geworden, daß wir begonnen haben, die Erde mit aller übrigen lebenden Kreatur monopolistisch unserem eigenen Nutzen zu unterwerfen.
»Für die Tier- und Pflanzenwelt ist der Mensch das schlechthin satanische Wesen: mit überlegenen, unheimlichen Mächten ausgestattet, geht er in allem seiner Willkür nach. Er pflanzt die Gewächse an, wo und wie er mag, und er vernichtet sie wieder nach seinem Gefallen. Er verändert sie nach seinem kurzsichtigen Gutdünken... und sie folgen ihm willig und still.«[49]

Unser Erfolg im Wettkampf der Arten ist unvergleichlich. Erstmals in der Weltgeschichte ist eine einzelne Art im Begriff, die Konkurrenz zu ihren Gunsten zu entscheiden. Wir werden die Sieger sein, endgültig und unwiderruflich. Die Freude darüber wird uns jedoch schal schmecken. Denn schon jetzt beginnen wir zu spüren, daß es ein Pyrrhussieg ist, dem wir entgegeneilen. »Die Zerstörungen aber, die der Mensch in seiner Verwaltung des ihm anvertrauten Planeten anrichtet, sind so furchtbar und zugleich so unwiderruflich, daß er sich selbst auf die Dauer damit zerstören muß.«[49]
Unsere absolutistisch zu nennende, keine Berufungsinstanz gelten lassende Gewaltherrschaft über die irdische Natur hat sich längst auch, ganz unbewußt, wenngleich mit einfühlsamer Treffsicherheit, sprachlichen Ausdruck verschafft: Kaum mehr als dreißig, höchstens vierzig Tier- und Pflanzenarten greifen wir unter dem egozentrischen Aspekt ihres Gebrauchswertes für uns als »Nutztiere« oder »Nutzpflanzen« aus der riesigen Fülle der insgesamt zehn oder gar fünfzehn Millionen irdischer Arten heraus. Alle übrigen erklären wir zu Schädlingen, Ungeziefer, Parasiten, Unkraut oder wie sonst wir irdische Lebewesen verbal abtun, die unseren Interessen biologisch im Wege stehen. Wenn sie Glück haben, sind sie uns gleichgültig. Ungeziefer aber, Unkraut und was sonst uns direkt ins Gehege kommt, das bekämpfen wir mit allen Mitteln, die unsere wissenschaftlich-technische Zivilisation zur Verfügung stellt. Und gegen diese Mittel gibt es keine Verteidigung.
»Warum eigentlich nicht?« so möchte mancher hier wohl fragen. »Welche Gründe könnten uns denn davon abhalten, von der Macht, die uns im Verlauf der Artkonkurrenz nun einmal zugefallen ist, im Interesse unserer eigenen Spezies den umfassendsten Gebrauch zu machen?« Die Zahl der Menschen, die solche Fragen für berechtigt oder gar für rein rhetorisch halten, ist immer noch bedenklich groß. Nur ökologische Ahnungslosigkeit aber kann angesichts des bevorstehenden totalen Sieges unserer eigenen Spezies über den Rest der Natur vor Angst bewahren. Denn dieser Sieg wäre unter biologischem Aspekt zu verstehen als Errichtung einer planetaren, die ganze Erde

umspannenden Monokultur, bestehend aus den Mitgliedern einer einzigen Art: unserer eigenen.
Monokulturen aber sind, wie jeder heute wissen müßte, nur in begrenztem Umfang und nur dann lebensfähig, wenn sie in eine natürliche Umgebung eingebettet sind. Selbst dann gilt das in einem höchst eingeschränkten Sinn. Denn derartige Kunst-Gesellschaften bedürfen zu ihrem Überleben auch noch ständiger pflegerischer Eingriffe von außen.
Die Anfälligkeit unserer Wälder – nicht erst in der jetzt zu konstatierenden katastrophalen Endphase der Entwicklung, sondern auch davor schon gegen Borkenkäfer, Nonnenraupe und andere Schädlinge – ist ja auch eine Folge davon, daß es sich bei ihnen in Wirklichkeit längst nicht mehr um Wälder im natürlichen Wortsinne handelt, sondern um planmäßig zur Holzgewinnung angepflanzte Bestände aus Bäumen jeweils derselben Art. In einem naturbelassenen Mischwald, einem »Ur-Wald«, hat kein Schädling eine reale Ausbreitungschance. Denn auch Pilze, Insekten oder Viren haben sich an bestimmte Wirtsarten angepaßt, die sie bevorzugt, wenn nicht ausschließlich befallen. Deshalb ist auch noch niemals ein Urwald unter natürlichen Umständen zugrunde gegangen. Denn wenn in einem Mischwald ein kranker Baum gestorben ist, haben die Mikroorganismen oder Insekten, denen er zum Opfer fiel, praktisch keine Chance, einen Vertreter derselben Art zu erreichen, auf dem sie überleben und ihr Zerstörungswerk fortsetzen könnten. Wenn aber die Nonnenraupe erst einmal einen einzigen Baum eines reinen Fichtenwaldes für sich entdeckt hat, dann ist sofort der ganze Bestand in Gefahr.
Auch die moderne Landwirtschaft demonstriert jedem, der Augen im Kopf hat, wie lebensuntüchtig und daher gefährdet eine typische Monokultur ist. Keines unserer Getreide- oder Gemüsefelder würde ohne ständige Aufsicht und Pflege unter Einsatz der von einer immer raffinierter vorgehenden Agrarwissenschaft gelieferten Hilfsmittel auch nur wenige Wochen heil überleben können.
Unser Versuch, uns in einem biologischen Verdrängungswettbewerb ohnegleichen als planetare Monokultur zu etablieren,

die alle anderen Lebensformen nur noch in marginalen Reservaten duldet, ist daher – von seiner moralischen Fragwürdigkeit ganz abgesehen – unter ökologischen Aspekten als selbstmörderisch einzustufen. Trotzdem sieht es so aus, als setzten wir alles daran, ihn auf Biegen und Brechen zu Ende zu führen. Der »Erfolg« ist bereits in Sicht.

Ein Beleg ist das seit etwa hundert Jahren zu verzeichnende exponentielle Ansteigen der sogenannten »Aussterberate«.[50] Sie betrug nach Auskunft der Experten unter natürlichen Umständen etwa eine Art pro Jahrhundert. Keine Art lebt ewig, sowenig wie ein einzelnes Individuum. Laufend wurden in der Erdvergangenheit aussterbende Arten durch die evolutive Entstehung neuer Arten ersetzt, wobei die Neubildung das Ausscheiden durch Aussterben sogar ein wenig überkompensierte, denn die Zahl der gleichzeitig existierenden Arten hat während der längsten Zeit der Erdgeschichte eher zugenommen. Das Tempo dieses »Fließprozesses« also betrug, wie die Schätzungen der Paläontologen ergeben, ursprünglich etwa eine Art pro Jahrhundert. In jedem Jahrhundert starb – im statistischen Durchschnitt – eine Tier- oder Pflanzenart aus, und in demselben Zeitraum gelang es der Evolution jeweils auch, (mindestens) eine neue Art hervorzubringen. So war es während aller zurückliegenden Epochen der Erdgeschichte.

Seit etwa hundert Jahren aber ist diese Aussterberate nun drastisch angestiegen, und zwar mit zunehmender Geschwindigkeit. Um 1900 betrug sie bereits eine Art pro Jahr. Heute ist sie auf das ungeheure Tempo von einer Art pro Tag angewachsen. Und wenn die Beschleunigung im gleichen Tempo anhält, wird sie im Jahre 2000 die aberwitzige Höhe von einer Art pro Stunde erreicht haben. In jeder einzelnen Stunde, 24mal an jedem Tag, den Gott werden läßt, wird sich dann eine Tier- oder Pflanzenart von der Erdoberfläche verabschieden, endgültig und auf Nimmerwiedersehen.

Einen verdreckten Fluß könnte man, wenn man es will, wieder reinigen. Auch verschmutzte Luft läßt sich, theoretisch jedenfalls, von schädlichen Beimengungen wieder befreien. Die einmalige, individuelle Form lebendiger Anpassung jedoch, als die wir eine biologische Art anzusehen haben, ist mit ihrem Aussterben unwiederbringlich dahin und mit ihr auch das spezifische genetische Programm, in dem ihre besondere Konstitution niedergelegt war. Die Schätzungen besagen, daß die Erde in den kommenden beiden Jahrzehnten, in der erdgeschichtlich lächerlich kurzen Frist von nur zwanzig Jahren, zwanzig Prozent der heute noch auf ihrer Oberfläche existierenden Arten einbüßen wird, ein Fünftel also aller Tier- und Pflanzenarten, die es heute noch gibt.

Ein Massenaussterben, einen »Faunenschnitt« dieser Größenordnung hat es in der ganzen bisherigen Erdgeschichte nicht gegeben. Daß wir selbst, daß unsere langsam, aber offenbar unaufhaltsam die ganze Erdoberfläche überziehende technische Zivilisation seine Ursache ist, wird von niemandem bestritten. »Die Stadt der Menschen, einstmals eine Enklave in der nichtmenschlichen Welt, breitet sich über das Ganze der irdischen Natur aus und usurpiert ihren Platz«, stellt Hans Jonas lakonisch fest.[51]

Wir stehen kurz vor dem Endsieg im größten Verdrängungswettbewerb der Erdgeschichte. Das Unternehmen, die ganze Erde zur Plantage des Menschen »umzubauen« (Ernst Bloch), nähert sich seiner Vollendung. Unsere Entschlossenheit, diesen Weg bis zu seinem Ende zurückzulegen, ist vorerst noch immer ungebrochen. Dabei läßt sich jedem, der Ohren hat zu hören, klarmachen, daß wir nur die Alternative haben, mit den übrigen Lebewesen dieser Erde zusammen weiterzuexistieren oder gemeinsam mit der Mehrheit von ihnen, erfaßt von dem schon anhebenden Strudel des Faunenschnitts, zugrunde zu gehen.

Biologische Vielfalt ist, auf mancherlei Weise, eine der elementaren Voraussetzungen von Lebenstüchtigkeit. Die Geschichte ist voller Beispiele, welche die Tatsache belegen. In den vierziger Jahren des vorigen Jahrhunderts brach in Irland eine Kartoffelseuche aus. Die Folge waren mehr als zwei Millionen Hungertote auf der damals noch vergleichsweise dünn besiedelten Insel. Warum ein solches Ausmaß der Katastrophe? Die Iren hatten sich damals auf eine einzige Kartoffelsorte spezialisiert. Sie hatten das fraglos für höchst vernünftig gehalten: Die Sorte war kälteunempfindlich, lagerbeständig und ertragreich. Welche Gründe also hätten sich dafür anführen lassen, daneben noch andere Sorten anzubauen, die in jedem dieser Punkte unterlegen waren? Dann aber trat, quasi über Nacht, ein neues »pathogenes Agens« auf – wahrscheinlich ein mutiertes Virus –, für das sich eben diese von den Inselbewohnern bevorzugte Kartoffelart als ideraler Nähr- und Vermehrungsboden erwies. Ausweichmöglichkeiten gab es nicht. Genetische Varianten, die dem Virus gegenüber hätten resistent sein können, waren nicht angebaut worden oder auch nur vorrätig. Man hatte als Ernährungsgrundlage auf eine einziges Spezies gesetzt. Bei einer so hochgradigen Spezialisierung aber ist das Eintreten einer Katastrophe lediglich eine Frage der Zeit.

Hat man das erst einmal erkannt, dann kann einem unbehaglich zumute werden, wenn man bedenkt, daß wir heute im Begriff sind, uns in weltweitem Rahmen schnurstracks in eine vergleichbare Abhängigkeit zu begeben. Vier Fünftel der gesamten Weltnahrungsproduktion stammen heute schon von weniger als zwei Dutzend Tier- und Pflanzenarten. Sie gehören zu den bereits erwähnten »Nutztieren« und »Nutzpflanzen«, auf die wir uns spezialisiert haben, weil sie nach generationenlanger Züchtung Eigenschaften aufweisen, die sie als Nahrungslieferanten für den Menschen allen anderen Arten überlegen gemacht haben. Ist das etwa keine vernünftige Entscheidung? Solange alles beim alten bleibt, haben wir nichts zu befürchten. Einem phantasiebegabten Menschen könnte sich allerdings die Frage aufdrängen, was wir eigentlich anfangen wollen, wenn diesen zwei Handvoll Arten in Zukunft jemals etwas zustoßen sollte. Wenn neue Schädlinge auftreten sollten. Wenn eines der unzähligen Viren durch einen stets möglichen mutativen Zufall sich unversehens in einen Spezialisten verwandeln sollte, der ausgerechnet auf einer unserer Brotgetreidesorten ideal gedeiht. In einer solchen, grundsätzlich jederzeit denkbaren Situation würden wir aller Wahrscheinlichkeit nach erschrocken feststellen, daß der Vorrat an »Ausweichsorten«, auf die wir im Augenblick der Gefahr zurückgreifen könnten, minimal ge-

worden ist. Daß wir ihn allzulange gedankenlos verschleudert haben.
Wir haben »vergessen«, daß alle Nutztiere und Nutzpflanzen von Wildformen abstammen. Woher sonst sollen sie gekommen sein? Ihre heutigen Eigenschaften haben sie erst während einer über Jahrhunderte hinweg fortgesetzten Auslese, Züchtung und Kultivierung durch die Hand des Menschen erworben. Vernünftig wäre es, wenn wir dafür Sorge trügen, daß sich dieser Prozeß im Falle zukünftiger Notwendigkeit grundsätzlich wiederholen ließe. Wir sollten, anders gesagt, darauf bedacht sein, eine möglichst große Zahl der verschiedensten genetischen Programme, verkörpert durch eine möglichst große Artenfülle, als unersetzliches Nachschubreservoir zu konservieren. Was wir tatsächlich tun, ist genau das Gegenteil: Wir werfen die auf der Erde heute noch existierenden Arten – und mit ihnen das genetische Reservoir, das sie verkörpern – längst weit schneller über Bord, als es unseren Wissenschaftlern möglich ist, sie näher zu untersuchen oder auch nur zu identifizieren.
Eine amerikanische Biologin hat diese Einstellung treffend charakterisiert: »Unkraut«, so sagte sie sinngemäß, »nennen wir Pflanzen, deren mögliche zukünftige Bedeutung für uns wir noch nicht erkannt haben.« Wenn wir in den kommenden zwei Jahrzehnten also, wie von den Global-2000-Autoren geschätzt, weitere zwei Millionen Arten blindlings und gedankenlos opfern, verhalten wir uns wie ein Fluggast, der während des Fluges in das Cockpit eindringt und dort anfängt, alle Instrumente herauszureißen, deren Funktion er nicht begriffen hat.
Wahrhaftig, der von Ernst Bloch noch 1959 utopisch herbeigehoffte »Umbau des Sterns Erde«[52] hat in der Zwischenzeit eindrucksvolle Fortschritte gemacht. Es mag auch sein, daß eine »neue Übernaturierung gegebener Natur« kraft menschlich-technischer Ingeniosität »fällig« ist. Nur fällt es uns neuerdings schwer, derlei Resultate herbeizusehen. Unter uns beginnt sich vielmehr die Hoffnung zu regen, daß der liebe Gott uns die Erfüllung dieses Wunsches versagen möge.

Der »Umbau« nämlich ist inzwischen recht weit gediehen und hat dabei Züge angenommen, die beginnen, uns zu erschrecken. Der Konstanzer Biologe Hubert Markl[50] gibt an, daß 85 Prozent des bundesrepublikanischen Bodens heute land- oder forstwirtschaftlich genutzt werden. Auf diesem Areal werden die Interessen der Spezies Mensch somit in der Gestalt von Monokulturen durchgesetzt. Zu deren Pflege und Erhalt ist neben dem Einsatz von Kunstdünger auch die Anwendung giftiger Chemikalien notwendig. Mit ihnen müssen die von Hause aus anfälligen künstlichen Anpflanzungen vor konkurrierenden Arten (»Unkräutern« und »Schädlingen«) geschützt werden. Weitere zehn Prozent unseres Bodens sind von Städten, Industrieansiedlungen und Verkehrswegen zugedeckt.
Insgesamt ergibt sich, daß wir den mit Abstand größten Teil des uns zur Verfügung stehenden Bodens für die höchstens zwei Dutzend Arten reserviert haben, die wir in der Bundesrepublik als »nützlich« ansehen. Alle übrigen 50 000 bis 100 000 Arten aber, die es bei uns sonst noch gibt, sind auf die zwei bis höchstens drei Prozent Bodenanteile zurückgedrängt, die sich noch im Naturzustand befinden. Und diese »naturbelassenen« Areale bilden dabei keineswegs etwa eine zusammenhängende Fläche. Sie sind in Abertausende kleiner Fetzchen zerrissen, die weit voneinander getrennt sind.
Da hilft dann freilich kein noch so aufopferndes Bewachen der Gelege seltener Vögel mehr. Da nimmt die bunte Vielfalt der Schmetterlinge auch dann unwiderruflich weiter ab, wenn der eine oder andere Gartenfreund trotz nachbarlicher Proteste eine Brennesselecke unbehelligt stehen läßt, um auch dem Pfauenauge noch eine Chance zu geben. Eine so radikale Beschneidung des Lebensraums hält keine biologische Population auf die Dauer aus. Kein Zweifel, wir sind an dem gegenwärtig sich abspielenden Faunenschnitt (der von einem nicht minder gewaltigen »Florenschnitt« begleitet wird) selbst nach Kräften aktiv beteiligt.
Noch immer beschränkt sich die Reaktion der Menschen, die bisher überhaupt auf diese Entwicklung aufmerksam geworden sind, in der Regel auf einen Appell an unser Mitleid. Wir

sollten doch Erbarmen mit der Natur haben, bekommen wir zu hören. Wir verstießen gegen die moralischen Ansprüche selbst einer verweltlichten Gesellschaft, wenn wir unser Existenzrecht so weitherzig auslegten, daß es den Untergang von Hekatomben anderer Lebensformen nach sich zöge oder zumindest in Kauf nähme. Das alles ist uneingeschränkt richtig. Aus der Sicht aller übrigen irdischen Kreatur sind wir unbestreitbar »das schlechthin satanische Wesen«. Hier aber soll von moralischen Kategorien noch nicht die Rede sein. Sie kommen in einem späteren Abschnitt zur Sprache. Hier, im ersten Drittel unserer Schilderung, geht es vorerst allein noch um den objektiven, naturwissenschaftlichen Aspekt unserer Lage.
Deren nähere Betrachtung aber muß uns auch dann betroffen machen, wenn wir die moralische Frage gänzlich ausklammern. Denn das spurlose Dahinschwinden von Millionen von Arten in der abenteuerlich kurzen Zeitspanne weniger Jahrzehnte, im Bruchteil einer erdgeschichtlichen Sekunde, stellt sich objektiv als eine Katastrophe dar, deren Ausmaß alles in den Schatten stellt, was sich auf diesem Planeten jemals abspielte. Daß es, wie die alltägliche Erfahrung lehrt, dennoch einer bewußten intellektuellen Anstrengung bedarf, um ihrer überhaupt ansichtig zu werden, liegt allein daran, daß sie für unsere Sinne unmerklich abläuft. Unserer biologischen Ausstattung fehlen für diese, von der natürlichen Entwicklung in keiner Weise vorhersehbare Art von Katastrophen einfach die Sensoren. An die Existenz aber einer weltweiten Katastrophe zu glauben, die sich lautlos vollzieht, ohne Blitz und ohne Donner und ohne Gestank, das haben wir nicht gelernt.
Mitleid mit der Natur werde von uns verlangt? Schon recht, als moralische Forderung duldet die Maxime keine Abstriche. Als Formel für die sich aus unserer Lage objektiv ergebenden Konsequenzen jedoch bleibt sie hinter der Realität auf eine tragikomische Weise zurück. Es ist richtig, daß allein schon moralische Gesichtspunkte uns davon abhalten sollten, von der uns zugefallenen Übermacht weiterhin einen so blindwütig-egoistischen Gebrauch zu machen wie bisher. Aber die hinter dieser Mahnung steckende Besorgnis, daß allein eine solche

moralisch – und damit nicht notwendig objektiv – zu begründende Zurückhaltung die Natur davor bewahren könnte, von uns endgültig zerstört zu werden, stellt die tollste anthropozentrische Hybris dar, seit eine Handvoll Gelehrter uns vor einigen Jahrhunderten von der Wahnvorstellung befreite, wir bildeten den Mittelpunkt des Komos.

Und sei unsere Macht auch noch so groß und unser Wesen noch so satanisch, der Gedanke an die Möglichkeit, wir könnten die irdische Natur auslöschen, ist lächerlich. Wir gehörten, soviel steht ja schon fest, nicht zu den ersten Lebensformen, die dem seit ein oder zwei Jahrhunderten ausgebrochenen planetaren Massen-Aussterben zum Opfer gefallen sind. Ganz gewiß aber werden wir auch nicht die letzten sein. Sobald jedoch wir selbst an der Reihe waren – was früher oder später mit Naturnotwendigkeit der Fall sein wird, wenn niemand dem Prozeß Einhalt gebietet –, wird wieder Frieden herrschen auf Erden. Dann wird sich die Natur mit der schöpferischen Kraft, die sie in Jahrmilliarden kosmischer Geschichte an den Tag legte, aufs neue aus dem Trümmerfeld erheben, das wir hinterlassen haben. Die wenigen Jahrzehntausende der Anwesenheit von »Homo sapiens« auf der Erdoberfläche würden auf den Rang einer bloßen Episode herabsinken. Einer Episode ohne Bedeutung und letzten Endes auch ohne Folgen. Denn es würde keine Spur von uns bleiben.

Wir können der Natur, wie wir zur Genüge bewiesen haben, entsetzliche Verwundungen zufügen. Aber um sie zu zerstören, dazu sind wir, als ein Teil von ihr, denn gottlob doch zu klein. Was bei unserer Fortschritts- und Wachstumsraserei in Gefahr gerät, ist nur vordergründig »die Natur«. In Wahrheit – wann endlich wird die Einsicht sich verbreiten? – haben wir angefangen, uns selbst in Frage zu stellen dadurch, daß wir nach Kräften an dem Ast sägen, auf dem wir sitzen: an der Stabilität der irdischen Biosphäre nämlich, die sich unter unserem Ansturm sehr wohl auf ein anderes Gleichgewicht einpendeln könnte. Dies aber wäre dann nicht mehr jenes besondere, unverwechselbare biologische »Milieu«, an das unsere Art sich in einer langen Stammesgeschichte angepaßt hat.

Die Perfektion dieser Anpassung erleben wir – quasi »von innen« – als die »Schönheit« der Natur. Als die selbstverständlich hingenommene Entsprechung zwischen Wachen und Schlafen und dem Wechsel von Tag und Nacht. Als die wie Ebbe und Flut wechselnden Schwankungen unserer Stimmungen im Einklang mit den Schwankungen des Wetters und dem Wechsel der Jahreszeiten. Als die attraktive Verlockung, die für uns von einer reifen Frucht ausgeht, als die »Annehmlichkeit« der bei uns vorherrschenden Temperaturen und auf unnennbar viele andere Weisen, die uns nicht auffallen, weil wir sie für selbstverständlich halten.

Eine so vollkommene, in Äonen erworbene biologische Anpassung ist jedoch alles andere als selbstverständlich. Die wie eine glückliche Fügung anmutende außerordentliche »Lebensfreundlichkeit«, die unsere irdische Umwelt – im Unterschied etwa zu anderen planetarischen Umwelten – in unseren Augen auszeichnet (und die in Wahrheit nichts anderes ist als der Widerschein der Vollkommenheit unserer Anpassung an sie), ist ein höchst verletzliches Produkt langer stammesgeschichtlicher Optimierung. Der Vollkommenheit unserer Geborgenheit in der real existierenden ökologischen Situation entspricht die Totalität unseres Angewiesenseins auf sie. Als biologische Wesen sind wir von ihr als unserer Lebensgrundlage abhängig, auf Gedeih und Verderb. Entweder diese Welt – oder keine.

Man muß auf die Trivialität dieser Aussage im Falle des Menschen ausdrücklich hinweisen, so sehr pflegen wir die Tatsache zu verdrängen, daß auch wir immer noch (auch) biologische Wesen sind und damit den in der lebenden Natur geltenden Gesetzen unterworfen. Die Erdgeschichte aber ist übersät mit den fossilen Überresten von Arten, die ihrer spezifischen, ihnen gemäßen Umwelt verlustig gingen. Ihre Zahl ist nach den Rückrechnungen der Paläontologen zehntausendfach größer als die Zahl aller heute lebenden Arten zusammengenommen.[53] Die Todesursache bestand ausnahmslos in allen Fällen in einer Veränderung der Umweltbedingungen und der Unfähigkeit der jeweils betroffenen Art, diesem Wechsel durch eine korrespondierende Umstellung ihrer biologischen Anpassung zu folgen.

Insofern wäre der Fall also als ganz alltäglich anzusehen. In der Tat, wenn die Menschheit infolge des Zusammenbruchs der Biosphäre demnächst aussterben sollte, so wäre das, aus erdgeschichtlicher Perspektive, kein sonderlich herausragendes Ereignis. Es würde uns lediglich zustoßen, was in den zurückliegenden Jahrmilliarden schon unzählig vielen anderen Arten widerfahren ist. Man muß sich nur hüten, diesen Ausgang der Geschichte deshalb für unmöglich zu halten, weil er uns unvorstellbar vorkommt. Auch unser individueller Tod erscheint ja jedem einzelnen von uns trotz allen Grübelns letztlich unvorstellbar, wie man spätestens dann festzustellen Gelegenheit hat, wenn man ihm konkret begegnet.
Nichts besonderes also, kein Grund zur Aufregung – sieht man einmal von der allerdings einschneidenden Tatsache ab, daß diesmal wir selbst es sind, die an die Reihe kämen? Nicht ganz. Denn da gibt es einen Umstand, der unseren Fall von allen Aussterbe-Toden der Vergangenheit unterscheiden würde: Zum allererstenmal in der Erdgeschichte wäre es die betroffene Art selbst, die jene Umweltveränderung herbeigeführt hätte, der sie zum Opfer fiel.

Das ökologische »Fliegenfänger-Syndrom«

Fliegen und anderer geflügelter Plagegeister pflegen wir uns heute mit Gift zu erwehren. Der – an Bequemlichkeit nicht zu überbietende – Druck auf den Knopf einer Spraydose hat frühere, schlicht mechanische Tötungsmethoden der Vergessenheit anheimfallen lassen. Eine Ausnahme bildet die klassische Fliegenklatsche, die deshalb zeitlos sein dürfte, weil ihre Anwendung den Zusammenhang zwischen der eigenen Aktion und dem drastischen Ende des irritierenden Insekts mit einer Befriedigung erleben läßt, deren Unmittelbarkeit unübertroffen ist.
So gut wie vergessen ist dagegen ein anderer in Großvaters

Tagen verbreiteter Fliegentöter. Er bestand in einem gut meterlangen, honigfarbenen Klebeband, das zusammengerollt in einem kleinen grünen Pappröhrchen steckte, aus dem man es nach der Entfernung des Deckels im Zeitlupentempo – sonst riß es – herauszuziehen hatte, um es danach wie eine Girlande unter einer Lampe aufzuhängen.

Die Vorbereitungen mochten umständlich erscheinen. Jedoch: Die Wirksamkeit der simplen Vorrichtung war an Effizienz wie an Grausamkeit kaum zu übertreffen. Jeder von uns Älteren hat sie als Kind mit einer Mischung aus Faszination und heimlichem Entsetzen studiert. Zunächst brauchte es Geduld. In der Anfangsphase der heimtückischen Aktion war es eine Frage reinen Zufalls, ob und wann die erste der mit erstaunlicher Ausdauer die Lampe umkreisenden Fliegen sich auf dem mit einer sirupähnlichen Klebmasse dick bestrichenen Band niederließ. Dem ersten Beispiel folgten dann aber immer rascher die Nachfolger – geleitet von einem sich in diesem Falle selbstmörderisch auswirkenden Instinkt zur Geselligkeit, den die moderne Verhaltensforschung inzwischen wissenschaftlich einwandfrei nachgewiesen hat und von dem man damals noch gar nichts wußte, was nicht hinderte, sich seiner aufgrund schlichter, aus Beobachtung gewonnener Erfahrung zum Verderben der Insekten zu bedienen.

Das Entsetzen rührte sich, sobald man der Versuchung nachgab, das individuelle Schicksal einer einzelnen Fliege nach der Landung auf der tückischen Oberfläche zu verfolgen. Der erste Kontakt zwischen Fliegenbein und klebriger Landefläche löste noch keinen Alarm aus. Augenblicke später aber, nach dem ersten Versuch, auch nur einen einzigen weiteren Schritt zu tun, geriet jede Fliege unübersehbar in Panik. Und anschließend kam es dann mit unbarmherziger Regelmäßigkeit zu jener Ablauffolge von Befreiungsversuchen und eben durch sie bewirkter immer hoffnungsloserer Verklebung, an deren Ende das unglückliche Insekt unweigerlich als unbeweglicher schwarzer Fleck im Inneren der sirupartigen Masse endete. Jede Aktion, mit der die Fliege diesem Schicksal zu entgehen versuchte, führte es nur um so schneller herbei.

Diese Kindheitserinnerung wird hier nicht deshalb beschworen, weil zu erwarten ist, daß die archaische Methode angesichts bestimmter gravierender Pferdefüße der Knopfdruck-Bequemlichkeit eine Renaissance erleben wird.[54] Die Lage der Fliege auf dem tödlichen Band erscheint vielmehr wie ein Symbol unserer eigenen heutigen Situation: Was auch immer sie zu ihrer Rettung unternimmt, es verstrickt sie nur tiefer in die Gefahr.

Sind wir etwa nicht in einer vergleichbaren Lage?

Da rät man uns, die Anbauflächen zu vergrößern und den Boden durch ein Mehr an Dünger zu größerer Fruchtbarkeit »zu ermuntern«, wie etwa Ernst Bloch es empfahl. Kein Zweifel, auf diesem Wege kann man versuchen, das Brot für immer mehr Münder zu vermehren. Jedoch: Inzwischen haben wir gelernt, daß die Auswirkungen derartiger Maßnahmen sich in aller Regel nicht auf das von uns erstrebte Ziel beschränken lassen. Wir haben lernen müssen, daß die rapide Beseitigung der Restbestände an tropischem Urwald – vor allem in Asien und Südamerika zur Gewinnung neuen Ackerlands – identisch ist mit der Beseitigung des wichtigsten biologischen Kohlenstoffspeichers auf dem Festland.

Wir verstehen zuwenig von dem Gleichgewicht in der Biosphäre, dessen Stabilität eine der Voraussetzungen unseres Überlebens ist. Deshalb können wir die Folgen nicht sicher vorhersehen. Daß Vorsicht geboten ist bei weiteren Eingriffen, das immerhin beginnt uns aufzugehen.

Es ist schlechthin unerklärt, wie es eigentlich zugeht, daß der Sauerstoffgehalt in unserer Atmosphäre – und damit unserer Atemluft – ebenso wie deren Gehalt an Kohlendioxid seit Menschengedenken konstant geblieben sind: Pflanzen binden Kohlenstoff und setzen dabei Sauerstoff frei, der von Mensch und Tier durch »Atmung verbraucht«, genauer: nach der »Verbrennung« von Nahrung in unserem Stoffwechsel gebunden an Kohlenstoff, als Kohlendioxid, wieder »ausgeatmet« wird, womit der Kreislauf sich schließt. So viel lernt heute jedes Schulkind.[55]

Was es nicht lernt, was niemand es lehren kann, weil niemand es weiß, das ist die Antwort auf die Frage, welche Rückkopplungsprozesse eigentlich dafür sorgen, daß dieser erdumspannende Kreislauf zwischen dem Reich der Pflanzen und dem der Tiere zu einem Resultat führt, das praktisch konstant bleibt: 20,93 Prozent Sauerstoff enthält unsere Atemluft und 0,03 Prozent Kohlendioxid – nicht mehr und nicht weniger (der Rest entfällt auf Stickstoff und Spuren von Edelgasen). Wenn wir sie wieder ausatmen, enthält dieselbe Luft nur noch 16 Prozent Sauerstoff, dafür aber vier Prozent Kohlendioxid. Jeder sieht ein, daß wir bald ersticken müßten, stellten die Pflanzen den Ausgangszustand nicht regelmäßig wieder her. Aber auch die Pflanzen sind, umgekehrt, von uns in der gleichen Weise abhängig: Sie würden in dem von ihnen als dem Abfallprodukt ihres typisch pflanzlichen Stoffwechsels (der Photosynthese) produzierten Sauerstoff ersticken, wenn wir – und die Tiere – seinen Überschuß nicht fortwährend durch unsere Atmung »beseitigten«.

Das alles ist großartig und als Ergebnis einer langen Anpassungsgeschichte auch wunderbar. Aber es ist, im Prinzip jedenfalls, von der Wissenschaft verstanden. Wie Pflanzen und Tiere es jedoch fertigbringen, ihre Kooperation so einzurichten, daß die Zusammensetzung der Atmosphäre im großen ganzen konstant bleibt, das ist bisher ein Rätsel. Denn die Zahl der Tiere und der Menschen ist ja nicht unverändert geblieben. Und im letzten Jahrhundert haben wir nun überdies angefangen, dieses geheimnisvolle und lebensnotwendige Gleichgewicht durch die Verbrennung riesiger Mengen von Kohle und Öl, also durch eine zusätzliche, künstliche Produktion von gewaltigen Mengen an Kohlendioxid, bedenkenlos zu belasten.

Ganz spurlos ist dieser unwissentlich von uns durchgeführte Belastungstest andererseits an unserer Atmosphäre auch wieder nicht vorübergegangen. Seit etwa dreißig Jahren werden Messungen des Kohlendioxidgehalts durchgeführt, bei denen nicht nur die ersten beiden, sondern bis zu sechs weitere Stellen hinter dem Komma erfaßt werden. Ein Vergleich der Meßdaten von Jahr zu Jahr (und, mit der entsprechenden Vorsicht, mit Werten zurück bis Mitte des vorigen Jahrhunderts) ergibt einen ganz allmählichen, aber anhaltenden Anstieg. In den letzten hundert Jahren dürften es alles in allem etwa zehn Prozent gewesen sein, um die der CO_2-Gehalt unserer Atmosphäre zunahm.

Der Ausfall der Wälder wird die Entwicklung unvermeidlich beschleunigen. Sie vor allem sind es, die den durch Atmung und andere Verbrennungsprozesse freigesetzten Kohlenstoff bisher langfristig gebunden haben. Die Schätzungen der Experten besagen, daß die jährliche Schrumpfung der Wälder infolge des Wegfalls der entsprechenden Speicherkapazität zum Anstieg des atmosphärischen Kohlenstoffgehalts heute schon mindestens soviel beiträgt, wie alle sich auf der Erde abspielenden Verbrennungsprozesse zusammengenommen, wahrscheinlich aber sehr viel mehr. Bei Einbeziehung der mit dem Rodungsprozeß in aller Regel einhergehenden Humusvernichtung kommt man auf Schätzwerte, die das Zwei- bis Dreifache betragen. Wir können also freilich die Anbauflächen zur Nahrungsproduktion durch Fortsetzung der globalen Rodung weiter zu vergrößern trachten. Tatsächlich geschieht das ja auch nach wie vor in weltweitem Maßstab. Jedoch setzt sich langsam die Einsicht durch, daß dieser Beitrag zum Versuch einer Lösung des Nahrungsproblems uns ganz unvermeidlich neue, gravierende Probleme in einem ganz anderen Lebensbereich verschaffen wird. Die als seine unbeabsichtigte und nicht vorhergesehene Nebenwirkung auftretende CO_2-Anreicherung der Atmosphäre muß früher oder später infolge des als »Treibhauseffekts« bekannt gewordenen Mechanismus zu einschneidenden Veränderungen des globalen Klimas führen. Darüber herrscht Einigkeit unter den Experten. Meinungsunterschiede gibt es lediglich hinsichtlich der Fragen, wie weit der CO_2-Anstieg sich fortsetzen wird und wann der für das Klima kritische Punkt erreicht ist.

Die bei der Überschreitung dieser kritischen Grenze zu erwartende allgemeine Erwärmung aber hätte nicht nur – durch das Abschmelzen der Polkappen – einen Anstieg des Meerwasserspiegels um mehrere Meter zur Folge. (Zur Veranschaulichung der Konsequenzen: Küstenstädte wie New York oder Rio de

Janeiro, aber auch küstennahe Städte wie Hamburg oder Bremen müßten geräumt werden.) Ganz unweigerlich käme es auch zu einer großräumigen Verschiebung der Klimazonen der Erde, ein Effekt, der jegliche Aussicht auf eine Vergrößerung der Ernten illusorisch werden ließe, der, im Gegenteil, die Nahrungsmittelproduktion in weiten Gebieten der Erde völlig zusammenbrechen lassen würde.

Der scheinbar so einleuchtende und naheliegende Gedanke, die Nahrungsversorgung durch eine grundsätzlich beliebige Erweiterung der Anbauflächen steigern zu können, würde, wenn wir ihm in großem Maßstab folgten, also eine Katastrophe auslösen.[56] Der Fall bildet ein eindrucksvolles Beispiel für ein Rezept, das die Katastrophe, zu deren Behebung es beitragen soll, definitiv herbeiführt.

Nicht besser steht es um den zweiten Vorschlag: den Boden zu größerer Fruchtbarkeit zu ermuntern. »Künstliche Düngemittel, künstliche Bestrahlung sind unterwegs... die den Boden zu tausendfältiger Frucht ermuntern, in einer Hybris und ›Anti-Demeter-Bewegung‹ ohnegleichen, mit dem synthetischen Grenzbegriff eines Kornfelds, wachsend auf der flachen Hand«, so pries Ernst Bloch diesen Aspekt des von ihm entworfenen »Prinzips Hoffnung« noch vor wenigen Jahrzehnten. Die Aussichten auf zunehmende Bodenversalzung, Erosion, Nitrat- und Phosphatbelastungen der Gewässer, nicht zuletzt aber auch auf den bei derartigen Gewaltmaßnahmen exponentiell steigenden Energiebedarf haben diesem Prinzip inzwischen jedoch längst auch den letzten Schimmer von Hoffnung genommen.

Die »Entfesselung unserer technologischen Potenzen« würde uns auch in diesem Punkt ganz gewiß nicht voranbringen, wie uns Hans Jonas in seiner Antithese vom »Prinzip Verantwortung« zu Recht ermahnt.[57] Denn es geht, wie der Autor begründet, schon längst nicht mehr darum, wieviel der Mensch noch zu tun imstande sein werde. (In dieser Hinsicht, heißt es ironisch, sei aller »Optimismus« wohl angebracht.) Entscheidend sei heute allein die Frage, wieviel die Natur noch zu ertragen fähig sei. Daß es in dieser Hinsicht Grenzen gebe, werde von niemandem mehr bestritten. Die Frage angesichts jeglicher Empfehlung oder utopischen Vision sei daher allein die, ob sich der jeweilige Entwurf noch innerhalb dieser Grenzen unterbringen lasse oder nicht.

Was die durch künstliche Steigerung der Fruchtbarkeit zu bewirkende »Ermunterung des Bodens« betrifft, so sind diese Grenzen heute ganz offensichtlich aber schon erreicht, wenn nicht in einigen Regionen schon überschritten. Alle Anstrengungen, die wir jetzt oder in Zukunft unternähmen, um auf diesem Wege aus den gegenwärtigen Engpässen herauszukommen, würden unsere Probleme daher mit Gewißheit nur weiter verschärfen. Sie wären den Fluchtaktionen der Fliege gleichzusetzen, die zu ihrem Verderben versucht, durch vermehrtes Strampeln doch noch vom Klebeband freizukommen.

Aber auch auf allen anderen Auswegen, auf die wir bisher verfallen sind, würden wir früher oder später von den alle Hoffnungen zunichte machenden, gleichwohl aber ganz unvermeidlich auftretenden Nebenfolgen unserer Aktionen überholt werden. Das läßt sich summarisch und ohne detaillierte Begründung für den Einzelfall feststellen, weil jede denkbare Aktion letzten Endes mit einer Steigerung des Energieverbrauchs einhergeht.

Energie aber wird nicht nur für die Erzeugung von Kunstdünger benötigt (und für seine anschließende Verteilung). Nicht nur für die längst unverzichtbar gewordene Technisierung der landwirtschaftlichen Anbaumethoden. (Mit der Folge, unter anderem, daß die Produktion einer Scheibe Brot heute schon einen Energiebetrag verbraucht, welcher der in zwei Brotscheiben steckenden Energiemenge äquivalent ist.) Nicht nur für die »Steigerung des Lebensstandards«, die wir angesichts jener unterhalb eines noch als menschenwürdig zu bezeichnenden Niveaus dahinvegetierenden Menschheitsmilliarde nicht als entbehrlichen Anspruch, sondern als moralische Pflicht anzusehen haben. Der rasch steigende Energiebedarf würde darüber hinaus früher oder später ganz unvermeidlich auch dem Rohstoffhunger unserer technischen Zivilisation eine unüberwindbare Grenze setzen.

Es mag ja sein, daß deren Vorräte sehr viel größer sind, als es im ersten Erschrecken über die Entdeckung der Begrenztheit unserer Welt der Fall zu sein schien. Vielleicht sind sie grundsätzlich sogar unerschöpflich. In dem Maße jedoch, in dem die spürbar werdende Verknappung an leicht zugänglichen Ressourcen uns zwingt, zu immer »heroischeren« Ausbeutungsmethoden unsere Zuflucht zu nehmen – zur Gewinnung von Öl aus Schiefergestein, von Metallen aus dem Meeresboden oder schließlich gar aus der Mondoberfläche –, in dem gleichen Maße wird sich der notwendige Energiebedarf erhöhen. Sein alsbald exponentiell verlaufendes Wachstum wird noch so asketisch reduzierten Bedürfnissen schließlich, wenn nicht aus finanziellen, dann letztlich aus absoluten, nämlich naturgesetzlichen Gründen einen Riegel vorschieben. Jegliche Energieanwendung erzeugt Wärme. Diese aber läßt sich in der irdischen Biosphäre nicht in beliebigen Mengen unterbringen.

Kurzfristiges, auf aktuelle Tagesprobleme eingeengtes Denken mag es sich leicht machen, indem es dieses »ultimative Thermalproblem« (Hans Jonas) als eine Sorge abtut, die einer ferneren Zukunft überlassen bleiben könne. Wir sollten aber nicht vergessen, daß eben unsere Neigung, Probleme dadurch »zu lösen«, daß wir ihre Bewältigung kommenden Generationen »anvertrauen«, eine der wichtigsten Ursachen bildet für die Lage, in der wir uns heute befinden. Und überdies ist es mehr als fraglich, ob diese »Nach-uns-die-Sintflut«-Mentalität hier nicht schon deshalb gänzlich fehl am Platze ist, weil die Sintflut bei weitem nicht so lange auf sich warten lassen wird, wie unsere Vorstellung es uns beschwichtigend weismacht. Gerade exponentielle Verläufe überrumpeln die prognostischen Fähigkeiten unserer Phantasie regelmäßig in immer von neuem verblüffendem Ausmaß. (Darüber noch einiges Konkrete im anschließenden Kapitel.)

Argumentieren wir, um anschaulich zu machen, was mit der Metapher vom »ökologischen Fliegenfänger-Syndrom« gemeint ist, einmal andersherum. Wie verzwickt, wie seltsam ausweglos unsere Lage sich ausnimmt, kann man sich auf keine andere Weise deutlicher vor Augen führen als durch den Versuch, sich auszumalen, was geschähe, wenn eine der fundamentalen Grenzen, die unserem zukünftigen Wohlergehen ein Ende zu bereiten drohen, wie durch einen Zauberschlag verschwände. Seiner zentralen Bedeutung wegen ist speziell der exponentiell anwachsende Energiebedarf, den die komfortable Existenz einer auf sechs oder mehr Milliarden angewachsenen zukünftigen Menschheit zur Voraussetzung hätte, ein gutes Beispiel.

Nehmen wir also einmal den utopischen Fall an, alle mit dieser Voraussetzung verknüpften Probleme seien wie durch ein Wunder ideal gelöst: Energie stände auf gefahrlose und »umweltfreundliche« Weise und sogar kostenlos in beliebiger Menge zur Verfügung. Stellen wir uns einfach vor, es käme ein Engel vom Himmel geschwebt, der uns eine »Energiepille« anböte, die uns Energie in jeder beliebigen Form, in unbeschränkten Mengen und ohne alle nachteiligen Begleiterscheinungen (Emissionsprobleme, CO_2-Anstieg und so weiter) bescherte. Was wären die Folgen?

Wenn die vermutlich von den meisten unter uns stillschweigend für selbstverständlich gehaltene Vorbedingung für individuelles Glück und gesellschaftliches Wohlergehen gälte, würde ein solches Himmelsgeschenk auf der Erde alsbald das Paradies ausbrechen lassen. Denn diese unausgesprochen angenommene Vorbedingung ließe sich, auf die kürzeste Formel gebracht, wohl in die Worte kleiden, daß jedes legitime menschliche Bedürfnis Anspruch auf Befriedigung habe und daß eine Gesellschaft, die diese Bedürfnisbefriedigung nicht vollständig und nicht für alle ihre Mitglieder zu leisten imstande sei, als noch unvollkommen entwickelt angesehen werden müsse.[58]

Die utopische Energiepille unseres Gedankenexperiments aber würde der Erfüllung dieser vermeintlichen Vorbedingung selbstverständlich freie Bahn schaffen: Energie kostenlos und in beliebiger Menge, das bedeutete nicht nur das Ende des Hungers auf der ganzen Erde. Es bedeutete die Erfüllbarkeit jeden Konsumwunsches für jeden Erdenbürger, also Wohnungen, Kleidung und Waren für den persönlichen Gebrauch

soviel das Herz nur begehrt – vom Radiogerät bis zum Privatflugzeug. Ein Schlaraffenland?
Schon der zweite Blick auf das Szenario belehrt uns eines Besseren. Nicht der Himmel wäre es, sondern eine Hölle, welche die Realisierung des Traums von der Energiepille auf der Erde entstehen ließe. Nach einer kurzfristigen, rauschhaften Phase explosionsartigen Wachstums würden die – prinzipiell ja unbegrenzt gedachten – individuellen Wunsch- oder Bedürfnisbefriedigungen in ihrer Summe den Zusammenbruch des ganzen Systems notwendig herbeiführen. Salopp konkretisiert: Vor lauter Privatflugzeugen wäre bald der Himmel nicht mehr zu sehen. Die Addition aller Konsumwünsche würde die Rohstoffvorräte definitiv überfordern. Die in weltweitem Luxus vereinte Menschheit würde durch ihre bloße Präsenz alle andere Kreatur auf diesem Planeten verdrängen und damit aufgrund der bereits erläuterten biologischen Gesetzlichkeiten ihren eigenen Untergang heraufbeschwören.
Wer da glaubt, daß sich derart extreme Entwicklungen auf irgendeine Weise vermeiden lassen müßten, der sei daran erinnert, daß unser utopisches Modell das »ultimative Thermalproblem« zwangsläufig akut werden ließe. Diese Konsequenz der »schlaraffischen Situation« allein aber würde den Untergang aus naturgesetzlicher Ursache, also mit Notwendigkeit, bewirken.
Das ist schon eine eigenartige Struktur, auf die wir hier stoßen: eine Lage, deren aktuelle Probleme sich durch die konsequente Anwendung der scheinbar nächstliegenden und daher auch allgemein diskutierten Rezepte auf lange Sicht nicht nur nicht lösen, sondern in allen genannten Beispielen nur multiplizieren ließen. Stets müssen wir darauf gefaßt sein, daß uns ein mit einleuchtenden Argumenten zur Rettung empfohlener Vorschlag – die wissenschaftliche Perfektionierung landwirtschaftlicher Produktivität, die Vermehrung der Weltnahrung durch Erweiterung der genutzten Bodenfläche, die Suche nach einer umweltfreundlichen Methode zur Gewinnung zusätzlicher, möglichst unbegrenzter Energiebeträge – auf einem unvorhergesehenen Felde mehr neue Sorgen beschert, als er uns vom

Halse schafft. Erinnert das etwa nicht an die Situation der Fliege, die sich durch vermehrtes Zappeln freizukämpfen versucht und eben dadurch ihren Untergang nur beschleunigt?
Auf der Ebene des politischen Alltagsgeschäfts manifestiert sich ein ähnliches Problem in Form der oft beschworenen »Sachzwänge«. Man wird ihre Realität fairerweise zugeben müssen, auch wenn der Begriff oft genug als Entschuldigung für bloße Untätigkeit herhalten muß und obwohl auch die Fälle nicht gerade selten sind, in denen gewiegte politische Taktiker »Sachzwänge« bewußt herbeiführen oder entstehen lassen, um eine ihnen wünschenswert erscheinende Entscheidung als unumgänglich hinstellen zu können.
Aber: Kollidieren die Maßnahmen, mit denen der Wald sich (vielleicht) noch retten ließe, etwa nicht mit den Strategien, die zur Sicherung und Vermehrung der Arbeitsplätze für notwendig gehalten werden? Ist, grundsätzlich und ganz allgemein gesprochen, der Konflikt zwischen »Ökonomie und Ökologie« etwa nicht real? Gewiß, wer über das notwendige biologische und allgemein-naturwissenschaftliche Grundlagenwissen verfügt, wird sich in allen Zweifelsfällen entschieden für den Primat der ökologischen Argumente aussprechen. Denn was hilft uns eine stetig wachsende Wirtschaft, wenn zugleich die elementaren Lebensgrundlagen in die Brüche gehen? Wem kann eine befriedigende Vollbeschäftigung noch nutzen, dem die biologischen Überlebensbedingungen entzogen werden? Dessen ungeachtet wäre es unrealistisch, zu leugnen, daß der Konflikt besteht.
Wie konnten wir in eine so perfekt konstruierte Sackgasse hineingeraten? Wo liegt der Fehler? Im Falle der Fliege ist die Antwort leicht: Sie hat den einen entscheidenden Fehler gemacht, sich eine für sie lebensgefährliche Oberfläche zur Landung auszusuchen. Gibt es zur Erklärung unserer, der menschlichen, Situation vielleicht eine ähnlich eindeutige Antwort?

Die Wurzel allen Übels

Die zentrale Wurzel unserer ökologischen Misere ist in der Tat mit Händen zu greifen. Wer sie erst einmal entdeckt hat, ist von ihrer Evidenz überrascht. Aber auch von ihrer Trivialität. Denn sie ist längst ein so integrierter Bestandteil unserer alltäglichen Welterfahrung, vom ganz privaten Bereich mitmenschlichen Umgangs bis zum globalen Panorama, so, wie es sich in den täglichen Nachrichten spiegelt, daß Gewohnheit sie quasi unsichtbar hat werden lassen. (Wer könnte schon auf Anhieb die Zahl der Fenster des Gebäudes angeben, das er täglich zur Arbeit betritt?) Um die spezifische Tarnung zu umgehen, mit der Gewohnheit den Fall vor unserer Wahrnehmung versteckt hat, müssen wir uns ihm auf einem Umweg nähern.
Ich beginne seine Beschreibung deshalb mit der Schilderung des Schicksals eines Urlaubers, der es in einem fernen Lande an der gebotenen hygienischen Vorsicht hat fehlen lassen mit der Folge, daß er sich mit Choleraerregern infiziert. Wenn der Mann Pech hat, bringen die Mikroorganismen ihn innerhalb von 48 Stunden um, schneller, als es den einheimischen Ärzten gelingt, auch nur die zutreffende Diagnose zu stellen. Dergleichen kommt auch heute gelegentlich vor – wenn glücklicherweise auch nur selten –, und wir betrachten das dann mit Recht als menschliche Tragödie und gedenken des Toten und seiner Angehörigen voller Mitgefühl.
So verzeihlich und sogar legitim unsere Reaktion aber auch immer sein mag, sie ist, objektiv gesehen, durchaus einseitig, nämlich gefärbt von unserer Parteilichkeit als Mitmenschen. Sie verführt uns in einem derartigen Fall zu der Ansicht, hier habe »die Krankheit gesiegt«. Das ist in Wirklichkeit grundfalsch. Niemand hat hier gesiegt. Alle Beteiligten haben verloren. Denn mit dem Patienten sind zwangsläufig auch die Choleraerreger zugrunde gegangen, die ihn besiedelt hatten.
So selbstverständlich es auch ist, daß wir deren Dahinscheiden nicht ebenfalls bedauern, so sollten wir uns dennoch einmal klarmachen, daß der Katastrophe in unserem Beispiel nicht nur

der Mensch zum Opfer fällt. Dies nicht um irgendeiner an den Haaren herbeigezogenen Pointe willen. Sondern zur lehrreichen Vergegenwärtigung des objektiven Tatbestandes. In den Augen eines Biologen stellt der geschilderte Krankheitsverlauf das Schulbeispiel einer evolutionären Auseinandersetzung dar. So etwas wie eine Examensszene im permanenten Überlebensspiel der Natur, bei der beide Prüflinge schmählich versagt haben: der Mensch, indem er die ihm zu Gebote stehende Intelligenz unzureichend einsetzte (er beachtete bestimmte hygienische Vorsichtsmaßnahmen nicht), und die Krankheitserreger, indem sie ihre Vermehrung über jene kritische Zahl hinaus fortsetzten, die mit der Weiterexistenz des menschlichen Organismus, den sie als ihre »Welt« mit Beschlag belegt hatten, noch vereinbar gewesen wäre. Mit durchgefallenen Examenskandidaten aber macht die Evolution kurzen Prozeß.

Daß es sich bei dem ungesteuerten Wachstum der Infektionserreger auch objektiv, also aus unparteiisch-biologischer Perspektive, um ein Negativum, um eine Abnormität, nämlich einen Fall mißlungener Anpassung handelt, ergibt sich übrigens zweifelsfrei aus seinem Ausnahmecharakter. Weit mehr als 99 Prozent aller Bakterien und anderen Mikroorganismen, die es gibt, sind für uns Menschen harmlos. Die erstaunlich große Mehrzahl, die uns zu ihrer »Welt« erkoren hat, ist fast ausnahmslos zweckmäßig, sozusagen »vernünftig« angepaßt. Sie sitzen zwischen unseren Hautschuppen, in unseren Haarwurzeln, auf unseren Schleimhäuten in Nase, Mund oder Darm, auf unseren Bindehäuten und an unglaublich vielen anderen Körperstellen vermöge der unüberbietbar einfallsreichen Phantasie biologischer Anpassung, die auch die Vielzahl unterschiedlicher Makroorganismen in der äußeren Welt eine ihnen gemäße ökologische Überlebensnische hat finden lassen. Es sind harmlose Parasiten, die sich niemals über ein bescheidenes Maß hinaus vermehren, von denen wir in der Regel gar nichts bemerken und die erst wissenschaftliche Neugier nach und nach entdeckte. Einige nennen wir sogar »Symbionten«, womit ausgedrückt werden soll, daß wir aus ihrer Anwesenheit auch unseren Nutzen ziehen. Dies gilt zum Beispiel für bestimmte

Darmbakterien, die lebensnotwendige Vitamine für uns freisetzen, die unser Körper selbst nicht produzieren kann.
Wenn wir mit Choleraerregern reden könnten, dann würden wir daher sicher den Versuch machen, sie darüber aufzuklären, daß sie nicht nur uns gefährden, sondern daß es auch in ihrem eigenen Interesse läge, ihre Vermehrung, das Wachstum ihrer Population, beizeiten einzustellen. Aller Wahrscheinlichkeit nach aber würden sie unseren Rat in den Wind schlagen und dies sogar mit höchst einleuchtenden Argumenten. Denn wenn es an der Zeit wäre, den Ratschlag zum Vermehrungsstopp zu beherzigen, dann hätten sie in dem von ihnen besetzten Lebensraum schon etwa hundert Generationen hinter sich gebracht: alle zwanzig Minuten eine – so schnell verläuft bei Bakterien die Vermehrung durch Zellteilung. In jeder einzelnen Stunde drei Generationen. Das macht rund hundert Generationen innerhalb von nur 33 Stunden, und das ist genau die Zeitspanne, innerhalb deren es für einen Cholerapatienten, der einen virulenten Stamm erwischt hat, gefährlich zu werden beginnt.
Hundert Generationen, das ist, in subjektive Lebenszeit übersetzt, ein außerordentlich großer Zeitraum. Wenn wir in unserer eigenen Geschichte hundert Generationen zurückdenken, geraten wir schon in die Lebenszeit von Moses. Vermutlich würden die Choleraerreger unsere Empfehlung daher mit dem Argument zurückweisen, daß man nun schon seit 99 Generationen, also seit »unausdenkbar langer Zeit«, konsequent auf Vermehrung gesetzt habe und daß man prächtig dabei gefahren sei. Unser Rat, einmal die Möglichkeit zu bedenken, daß eine Beibehaltung des bislang erfolgreichen Vermehrungsrezepts von einem bestimmten Punkt an lebensbedrohliche Konsequenzen heraufbeschwören könnte, würde von ihnen vor diesem konkreten Erfahrungshintergrund höchstwahrscheinlich als intellektuell unzumutbar verworfen werden. Die Katastrophe nähme folglich auch dann ihren Lauf.
Das liegt natürlich daran, daß Choleraerreger gänzlich außerstande sind, sich die Konsequenzen einer geometrischen Progression auszumalen. Man kann es ihnen nicht zum Vorwurf

machen, denn sie haben ja nicht einmal ein Gehirn. Man darf es ihnen um so weniger vorwerfen, als selbst wir Menschen, Besitzer eines Großhirns, Schwierigkeiten damit haben. Ein nicht unwesentlicher Teil der Probleme, mit denen wir es heute weltweit zu tun haben, hängt, wie mir scheint, in der Tat damit zusammen, daß unser Gehirn zwar mit arithmetischen Vermehrungsreihen nach Art der Zahlenreihe 2 ... 4 ... 6 ... 8 ... 10 ... 12 und so weiter (also mit der Aufeinanderfolge identischer Vermehrungsschritte) ganz gut zurechtkommt, daß es aber total versagt, wenn es sich um »geometrische« Vermehrungsschritte handelt, bei denen jeder einzelne Schritt ein bestimmtes Vielfaches des vorangegangenen beträgt, der Verlauf also zum Beispiel der Zahlenreihe 2 ... 4 ... 8 ... 16 ... 32 und so weiter entspricht, bei der jeweils »Verdoppelungsschritte« aufeinanderfolgen.

Daß auch bei uns Hirnbesitzern das Vorstellungsvermögen angesichts derartiger »geometrischer Progressionen« sofort in Schwierigkeiten gerät, zeigt die folgende altbekannte Scherzfrage: Nehmen wir an, auf einem See wüchsen Seerosen, deren Zahl sich mit jedem neuen Tag verdoppelt. Nehmen wir weiter an, daß diese Seerosen nach 99 Tagen die Seeoberfläche zur Hälfte zugewuchert hätten. Die Frage lautet dann: Wie viele Tage müßten wir danach noch warten, bis der See ganz von den Pflanzen bedeckt ist? Die Antwort liegt auf der Hand: einen einzigen weiteren Tag natürlich nur. Aber wer die Frage zum erstenmal hört, stellt in der Regel fest, daß er doch einige Augenblicke braucht, um sie zu durchschauen. Kein Wunder also, daß Choleraerreger Schwierigkeiten haben zu begreifen, daß nach 99 erfolgreich absolvierten Teilungsschritten ein einziger weiterer Schritt eine Katastrophe auslösen kann.

Andere Fälle stellen auch die menschliche Anschauung vor definitiv unslösbare Probleme. Ein einziges von vielen: Man stelle sich vor, man hätte ein gewöhnliches Blatt Zeitungspapier mit einer Dicke von rund 0,1 Millimeter vor sich und begänne, es zusammenzufalten. Nach dem ersten Mal hat das Resultat dann eine Dicke von 0,2 Millimetern, nach dem nächsten Faltungsvorgang 0,4 Millimeter, nach nochmaligem Falten 0,8

Millimeter und so weiter: 1,6 Millimeter, 3,2, danach 6,4 Millimeter Dicke und so fort. Jetzt die entscheidende Frage: Wie dick (oder hoch) fiele der Papierberg aus, wenn man den Faltungsvorgang fünfzigmal wiederholte?
Durch bloßes Vorstellen oder »Abschätzen« wird niemand das richtige Ergebnis auch nur annähernd treffen: Nach fünfzigmaligem Falten der Zeitungsseite hätte der resultierende Papierberg eine Höhe von mehr als hundert Millionen Kilometern erreicht, das heißt, er würde von der Erde aus über die Marsbahn hinaus bis in den Asteroiden-Gürtel ragen. Von dieser unvorstellbaren Art sind die Konsequenzen aufeinanderfolgender Verdoppelungsschritte.
Mit diesen Informationen gewappnet, können wir uns jetzt sinnvoll einem anderen Beispiel von Wachstum zuwenden, nämlich dem Wachstum der Erdbevölkerung.
Zur Zeit von Christi Geburt gab es auf unserem Planeten schätzungsweise 250 Millionen Menschen. Zur ersten Verdoppelung dieser Zahl brauchte es mehr als eineinhalb Jahrtausende: Um 1650, nach dem Ende des Dreißigjährigen Krieges, betrug die Mitgliederzahl der Erdbevölkerung rund 500 Millionen. Die nächste Verdoppelung dauerte schon nur noch zwei Jahrhunderte: Um 1850 war die erste Milliarde erreicht. Von da ab beschleunigte sich das Wachstum immer mehr: Nach nur achtzig weiteren Jahren, bis 1930, stieg die Zahl auf zwei Milliarden an. Fünfzig Jahre später (1980) betrug sie vier, heute sind es schon 4,7 Milliarden. Und wie jeder weiß, werden es in nur 15 weiteren Jahren, im Jahre 2000, nach neuesten Schätzungen unwiderruflich mehr als sechs Milliarden Menschen sein, die auf dem noch immer selben alten Planeten Erde leben, und das heißt nicht nur satt werden, sondern auch wohnen, arbeiten und konsumieren wollen – um nur die wichtigsten Minimalerfordernisse einer Existenz anzusprechen, die noch »menschenwürdig« genannt zu werden verdient.
Das heißt unter anderem, daß wir bis zum Jahre 2000, innerhalb der nächsten 15 Jahre also – und jetzt sind wir gezwungen, an dieser Stelle ein resignierendes »eigentlich« hinzuzusetzen –, im weltweiten Durchschnitt eigentlich 800 Millionen zusätzli-

che Wohnungen bauen müßten, wenn wir die beiden Menschenmilliarden, die es dann unwiderruflich mehr geben wird, menschenwürdig unterbringen wollen. Daß wir – beide Schätzungen beruhen auf offiziellen Zahlen der UNO – weltweit fast eine Milliarde zusätzliche Arbeitsplätze schaffen müßten, wenn wir verhindern wollen, daß die beiden Menschenmilliarden einfach ohne jede Hoffnung bloß existieren.
Wir, und damit eines der reichsten Länder dieser Erde, sind seit etlichen Jahren nur noch mit größten Anstrengungen in der Lage, auch nur 200 000 Jugendliche jährlich auf zusätzlichen Arbeitsplätzen unterzubringen. Wer sich darauf zum Vergleich besinnt, dem geht ein Begriff auf von der Hoffnungslosigkeit des Unterfangens, einer Menschenmenge, die mindestens 4000mal (!) so groß ist und deren größter Teil in den ärmsten Gebieten der Erde lebt, die gleichen Chancen zu verschaffen. Wobei noch daran zu erinnern wäre, daß ein Arbeitsplatz nicht nur aus Tisch und Stuhl besteht, sondern auch bei bescheidenster Auslegung die Verarbeitung irgendeines Rohstoffs bedeutet. Bei dieser aber wird – und sei der Betrag noch so gering – Energie verbraucht, und dabei entsteht irgendein Produkt, das sich zu irgendeinem Gebrauch eignet, im Verlaufe dessen es sich früher oder später unweigerlich in ebenfalls zusätzlichen Abfall verwandelt.
Damit wäre der Problemberg wenigstens andeutungsweise skizziert, mit dem wir es in den kommenden 15 Jahren auf diesem Sektor zu tun haben werden. Man sieht, mit der Lösung des Ernährungsproblems allein ist es nicht getan. Wer angesichts dieser Perspektiven frohgemut verkündet, daß die Erde nicht nur vier oder sechs, sondern ohne weiteres auch acht oder zehn Milliarden Menschen tragen könnte, muß sich, wenn er sich nicht auf mangelhafte Intelligenz berufen kann, den Verdacht gefallen lassen, er habe sein Denkvermögen durch ideologische Blockaden fahrlässig beschränkt.[59]
Zugegeben, das gegenwärtige Weltwirtschaftssystem ist beschämend ungerecht. Und wer behauptet, wirtschaftliche Ausbeutung existiere lediglich als propagandistisches Produkt in der Phantasie des Moskauer Zentralkomitees, verrät nur, daß

auch er ideologische Scheuklappen trägt. (Das Tragen dieses Kopfschmucks ist ja kein ausschließlich marxistisches Privileg.) Auch an unserer moralischen Verpflichtung, auf die aus den krassen weltökonomischen Ungerechtigkeiten uns erwachsenden Vorteile zu verzichten, gibt es nichts zu rütteln, jedenfalls dann nicht, wenn unser Selbstverständnis als eine an christlichen Maximen orientierte Gesellschaft nicht zur Heuchelei verkommen soll. Das alles ändert aber nichts an der schlichten Tatsache, daß die Erde ganz offensichtlich heute schon übervölkert ist.

Wohin immer man blickt, die Symptome sind unübersehbar. Schon 1978 sah Lester R. Brown, der Präsident des von der UNO unterstützen Worldwatch-Instituts, den Anlaß gekommen, daran zu erinnern, daß es nur vier natürlich vorkommende biologische Systeme gebe, die nicht nur unsere gesamte Nahrung, sondern – mit Ausnahme der aus Erdöl gewonnenen Kunststoffe und der mineralischen Rohstoffe – auch alle von unserer Industrie benötigten Rohstoffe liefern: die Ozeane und Binnengewässer unserer Erde (Fische), unsere Wälder (Holz), das Weideland (Vieh) und die landwirtschaftlich nutzbaren Anbauflächen (Getreide, Gemüse, Obst und so weiter). Es sind dies die sogenannten »regenerierbaren Ressourcen«, welche uns jene lebensnotwendigen Grundstoffe liefern, die, wie es so beruhigend heißt, »in der Natur von selbst immer wieder nachwachsen«. Wie prekär unsere Lage in Wirklichkeit geworden ist, geht nicht zuletzt daraus hervor, daß der Begriff der »beliebigen Regenerierbarkeit« seit mehr als einem Jahrzehnt relativiert werden muß.[60]

Wir leben als Erdenbürger seit dem Ende der sechziger, Anfang der siebziger Jahre nicht mehr von den Zinsen, sondern bereits vom Kapital. In allen vier Fällen hat der menschliche Verbrauch die natürliche Regenerationsfähigkeit überschritten. Unter *diesem* Aspekt haben wir das weltweite Dahinschwinden der großen Waldgebiete zu sehen. Und auch der immer von neuem ausbrechende »Fischereikrieg« zwischen Deutschen und Kanadiern oder Norwegern oder zwischen Engländern und Isländern ist nicht der Ausdruck kleinlicher Seerechthaberei, als der er von der Presse jedesmal verharmlosend mißdeutet wird: Er ist aufzufassen als unübersehbare Folge der erschreckenden Tatsache, daß der noch vor kurzem für unerschöpflich gehaltene Fischreichtum der Weltmeere neuerdings nicht mehr ausreicht, um alle hungrigen Münder zu stopfen. Er ist nichts anderes als das erste Wetterleuchten eines Verteilungskampfes, eines gruppenegoistischen Streits um die versiegenden Nachschubquellen, der in den vor uns liegenden Jahren und Jahrzehnten rasch beängstigende Formen annehmen könnte.

Wir haben bei unserer Geburt deshalb eine bewohnbare Erde vorgefunden, weil alle Generationen vor uns mit den »Zinsen« ausgekommen sind, die das Kapital der lebenden Natur laufend abwirft. Wir sind die erste Generation in der gesamten Geschichte, die sich daran nicht mehr hält. Unsere schiere Zahl macht es uns unmöglich, uns mit der laufenden natürlichen Regenerationsrate zu begnügen. Wir haben begonnen, das Kapital selbst anzugreifen. Niemand scheint sehen zu wollen, daß wir damit die Quellen zukünftiger Produktion zerstören. Daß wir den kommenden Generationen ihre Überlebenschancen auf fundamentale Weise beschneiden. Daß wir, wie ein französischer Biologe es vor einigen Jahren ebenso drastisch wie treffend formulierte, »dabei sind, unsere Enkel zu ermorden«.

Das alles ist, man kann es nicht oft genug wiederholen, eine Folge davon, daß wir der Erde eine Zahl an Menschen zugemutet haben, die größer ist, als sie tragen kann. Von allen Formen des Wachstums, die uns heute an Grenzen stoßen lassen, jenseits deren unsere Überlebenschancen zunehmend bedroht werden, ist das Wachstum unserer eigenen Art die gefährlichste. Das kann man schon daraus ablesen, daß sich nicht ein einziges konkretes Beispiel der Umweltgefährdung anführen läßt, das nicht auf diese eine zentrale Ursache zurückginge.

Von der Verschmutzung unserer Luft bis zur Schadstoffbelastung unseres Trinkwassers, von der Überfischung der Weltmeere bis zu den Engpässen in der Rohstoff- und Energieversorgung, von der Klimagefährdung durch einen stetigen CO_2-Anstieg in der Atmosphäre bis zur großräumigen Waldvernichtung zur Gewinnung immer neuer Anbauflächen – nicht eines, nicht ein einziges dieser und aller anderen noch existierenden Symptome des beginnenden Zusammenbruchs unserer Biosphäre, das letztlich nicht auf eine zu große Zahl der Mitglieder unserer eigenen Spezies zurückzuführen wäre. Sie ist die Wurzel allen Übels.

Sie ist damit auch die Erklärung für das eigentümliche Phänomen, von dem wir ausgegangen waren: für die Tatsache, daß wir uns, an welcher Stelle auch immer wir dazu ansetzen, einen konkreten Engpaß zu überwinden, alsbald in einem Netz von Nachfolgeschäden verstrickt finden, deren Nachteile die der Ausgangssituation noch übertreffen.[61] Der Versuch, an einzelnen Symptomen zu kurieren, kann die Krankheit nicht heilen, solange die Grundursache weiterbesteht.

In der Tat, die selbstmörderischen Konsequenzen unseres tollkühnen Versuchs, uns als planetare Monokultur zu etablieren, drohen nicht etwa. Sie schlagen bereits auf uns zurück. Wir stehen nicht vor der Gefahr, daß die für unser Überleben unverzichtbare Biosphäre Schaden leiden könnte. Ihr Zusammenbruch hat bereits eingesetzt. Es geht nicht mehr darum, ob wir der Bedrohung noch ausweichen können. Es kommt alles darauf an, ob wir es noch fertigbringen werden, uns gegen ein Ende zur Wehr zu setzen, das schon begonnen hat.

Zwischenbilanz und Überleitung

Damit wäre die Schilderung der Gefahren abgeschlossen, die uns unmittelbar bedrohen. Krieg und Zusammenbruch der irdischen Biosphäre, das sind die apokalyptischen Reiter, mit denen wir es heute zu tun haben.
Die Beschreibung der Schrecken, die sie verbreiten, mußte in einiger Ausführlichkeit erfolgen. Der Vorwurf der Panikmache, der Angstauslösung und der »Beunruhigung der Öffentlichkeit« war dabei in Kauf zu nehmen. Eine »ruhige Öf-

fentlichkeit« wäre mit Gewißheit nicht mehr zu retten. »In einer solchen Lage, die uns die heutige zu sein scheint, wird... Fürchten selber zur ersten präliminaren Pflicht einer Ethik geschichtlicher Verantwortung werden. Wen diese Quelle dafür, ›Furcht und Zittern‹ – nie natürlich die einzige, aber manchmal angemessen die dominante –, nicht vornehm genug für den Status des Menschen dünkt, dem ist unser Schicksal nicht anzuvertrauen«, schreibt Hans Jonas.[62] *(Von der Kompetenz und Vertrauenswürdigkeit derer, die uns von der Unnötigkeit unserer Angst zu überzeugen versuchen und uns unermüdlich versichern, sie hätten alle Probleme »fest im Griff«, wird noch kritisch zu reden sein.)*
Oder, mit den Worten von Walter Jens: »Angstmacherei, heißt es, sei das? Beförderung von Panik? Im Gegenteil, was uns bevorstehen könnte... kann nicht klar und plastisch genug dargestellt werden. Das Verenden, Verdampfen, Versaften von Menschen will vorgeführt und nicht beschönigt sein. So undankbar das Kassandra-Geschäft der Warnung in letzter Stunde auch ist: Angst, im Sinne eines Bedenkens drohenden Unheils, kann Erkenntnis- und Hilfsmittel sein, Hybris, ›so schlimm wird's schon nicht kommen‹, dagegen nie.«[63]
Deutlichkeit also war unerläßlich, erst recht in einer Gesellschaft, die noch immer nicht wahrhaben will, wie groß die Gefahr ist, in der sie schwebt. In welcher die denkfaule, bequeme Neigung grassiert, den Lauf der Dinge »den dafür Zuständigen« zu überlassen, denen »da oben«, die schon wüßten, was zu tun sei. Das Erschrecken wird groß sein, wenn den Leuten aufgeht, wie gering das Wissen ist, wie unterentwickelt die Sensibilität und wie groß die Ratlosigkeit derer, von denen sie sich »verantwortlich geführt« glauben.
Darauf muß jetzt die Sprache kommen. Es wird dabei nicht um Schuldzuweisungen gehen. Auch dann nicht, wenn unvermeidlich Versagen zutage tritt. Aber der radikalen Besorgtheit, die sich nach der Beschreibung der Lage (hoffentlich!) rührt, kann die Sicht auf rettende Auswege nur auf eine einzige Weise freigelegt werden: indem man ihr zeigt, daß

die apokalyptischen Reiter, deren Näherkommen uns zu Recht Angst einflößt, kein dämonisches Gesicht tragen, sondern ein durchaus vertrautes: unser eigenes. Was da scheinbar mit der Unaufhaltsamkeit eines unvermeidbaren Schicksals drohend auf uns zukommt, ist nicht Fatum, sondern Folge unseres eigenen Versagens.

Zweiter Teil
Ursachen, Auswege und Tabus

Von der Haltbarkeit des Friedens

Der NATO-Doppelbeschluß als sicherheitspolitisches Lehrstück

Wenn man sich die alle geschichtlichen Vergleichsmöglichkeiten hinfällig machenden Schrecken eines zukünftigen Krieges mit der Deutlichkeit vor Augen führt, wie wir es getan haben, rührt sich verständlicherweise das Interesse an der Frage, wie groß die Aussichten wohl sein mögen, in einer Welt, die solche Gefahren bereithält, noch einmal davonzukommen. Da es sich um eine von Menschen für Menschen vorbereitete Apokalypse handelt, müssen wir bei unserem Versuch, Klarheit über unsere Chancen zu gewinnen, von den psychologischen Strukturen ausgehen, die das Denken jener Menschen beherrschen, von deren Entscheidungen unser Überleben abhängen wird.
Daß sie selbst alle friedliebend sind, davon dürfen wir getrost ausgehen. Daß niemand den Krieg will – niemand von denen jedenfalls, die heute in der Position sind, über die Frage entscheiden zu können[64] –, kann ebenfalls vorausgesetzt werden. Leider genügt das nicht, um die Möglichkeit der Katastrophe auszuschließen. Das ist eben das Besorgniserregende: daß wir uns in einer politischen Konstellation, in der alle sich vor dem Ausbruch eines Krieges fürchten, gleichwohl nicht dem Eindruck entziehen können, daß dieser von niemandem gewollte Krieg dennoch langsam, aber unaufhaltsam näherrückt. Dem Eindruck, daß wir, wie man treffend gesagt hat, schon nicht mehr in einer Nachkriegs-, sondern bereits wieder in einer Vorkriegszeit leben.
Unsere Lage wäre, so widersinnig das im ersten Augenblick

klingen mag, weniger bedrohlich, wenn sich ein Übeltäter namhaft machen ließe. Wenn wir mit dem Finger auf diese oder jene Regierung zeigen und sie anklagen könnten, sie plane einen Angriffskrieg. Davon aber kann nicht die Rede sein. Selbst Konrad Adenauer hat am Ende seiner Regierungszeit mehrfach erklärt, daß er auch die Sowjetunion zu dem Kreis der Nationen rechne, die den Frieden wollten. Und auch den USA werden selbst ihre schärfsten Kritiker nicht die Absicht zu einem Angriffskrieg unterstellen.

Aber der Krieg, vor dem wir uns fürchten, ist eben auch nicht von der Art des von Adolf Hitler 1939 mutwillig vom Zaun gebrochenen Feldzugs zur Eroberung »neuen Lebensraums«. Die Wiederholung eines solchen kriminellen Aktes ist angesichts der Aussicht auf Bestrafung durch einen nuklearen Abwehrschlag denkbar unwahrscheinlich geworden. Vor dem Ausbruch eines Krieges à la 1939 schützt uns das Prinzip der »Abschreckung« wohl tatsächlich. Was wir fürchten und mit Recht zu fürchten haben, ist etwas ganz anderes, nämlich der Ausbruch eines Krieges, den eigentlich niemand will: eines Krieges »à la 1914« infolge einer instabil werdenden, den Verantwortlichen aus den Händen gleitenden Krise, bei welcher die Entscheidungsabläufe sich zu verselbständigen beginnen.66/3

Die Sorge vor einer solchen Möglichkeit könnte paradox wirken, wenn man, wie das hier geschieht, die Rationalität der verantwortlich handelnden Personen voraussetzt. Denn der Ausbruch sowie die Führung eines Atomkrieges würden unstreitig als der Inbegriff eines irrationalen Geschehens anzusehen sein. Aber die Paradoxie ist nur scheinbar und bedeutet daher in der Realität keinen Schutz. Denn die Rationalität der Mitglieder der sich selbst »Homo sapiens sapiens« nennenden Spezies ist, wie noch im einzelnen und mit naturwissenschaftlichen Fakten zu begründen sein wird, in einem höchst eingeschränkten Grade zu verstehen. Eine Überlebensgarantie läßt sich aus ihr ebenfalls nicht ableiten.

So besteht die Gefahr also in dem Ausbruch eines Krieges, den alle Welt abzuwenden sich bemüht. Wie kann das im einzelnen zugehen? Das ist die entscheidende Frage. Wie läßt sich erklären, daß die Anstrengungen so vieler Politiker, deren Friedensliebe und Intelligenz generell gewiß nicht in Zweifel gezogen werden dürfen, das Anwachsen der Gefahr bisher nicht haben verhindern können? Wie konnte der Eindruck entstehen, daß alles, was sie unternehmen, das Verhängnis im Gegenteil nur immer näherzubringen scheint? Worin ist der Grund dafür zu sehen, daß trotz mehr als hundert Abrüstungsverhandlungen seit dem Ende des letzten Krieges der Berg an Vernichtungs- und Ausrottungsinstrumenten immer nur weiter angewachsen ist?

Dieses Phänomen ist es, das wir begreifen müssen, um unsere Lage durchschauen zu können. Seine Ursache gilt es herauszufinden, wenn wir dem verhängnisvollen Automatismus der bisherigen Entwicklung vielleicht doch noch entgehen wollen. Das konkrete Beispiel, an dem der Versuch unternommen werden soll, ist der Ablauf der sogenannten »Nach«-Rüstung. An der Auseinandersetzung, in deren Verlauf über die Aufstellung neuer amerikanischer Waffensysteme – Pershing-2-Raketen und Cruise Missiles – auf bundesrepublikanischem Boden entschieden wurde, sind die psychologischen Mechanismen wie an einem Schulfall abzulesen.[27]

Wie war das doch noch? Fast vier Jahre lang hatte sich die offizielle bundesdeutsche Sicherheitspolitik damals auf das Argument berufen, daß der sogenannte »Doppelbeschluß« der NATO »die Russen an den Verhandlungstisch bringen« würde und daß insbesondere die Androhung einer westlichen »Nach«-Rüstung mit landgestützten Mittelstreckenraketen und Marschflugkörpern die Chancen für ein Abkommen über die Reduzierung der in Europa stationierten Kernwaffen erhöhe. Die »sogenannte« Friedensbewegung – sie als »sogenannte« zu titulieren war ebenfalls Bestandteil der offiziellen Politik – hatte dieser Prognose von allem Anfang an widersprochen. Sie hatte ihrerseits warnend vorhergesagt, daß es zur Aufstellung der neuen Systeme vom Typ Pershing-2 und Cruise Missiles kommen werde und daß dieser Schritt zwangsläufig eine Nachrüstung der Gegenseite und damit

eine erneute Umdrehung der Rüstungsschraube nach sich ziehen werde. Sie hatte sich für diese Warnung als »Handlanger sowjetischer Interessen« beschimpfen und des Antiamerikanismus verdächtigen lassen müssen.
Dies waren die über Jahre hinweg unveränderten Fronten auf dem Felde westdeutscher Sicherheitspolitik. Welche der beiden Seiten die Situation zutreffend beurteilt hatte – die sich für einzig kompetent erklärende offizielle Politik oder die als »naiv« abqualifizierten Sprecher der Friedensbewegung –, stellte sich im Herbst 1983 schließlich innerhalb weniger Tage heraus: Am 22. November 1983 stimmte der Deutsche Bundestag mit den Stimmen der Koalition von CDU/CSU und FDP für die Aufstellung der neuen amerikanischen Waffensysteme auf bundesdeutschem Boden. Einen Tag später kündigte die Sowjetunion die Fortsetzung der Genfer Abrüstungsgespräche auf. Am 25. November trafen die ersten Pershing-2-Raketenteile an den vorbereiteten Aufstellungsorten bei Mutlangen und Schwäbisch Gmünd ein. Und inzwischen hat die UdSSR auch mit der Aufstellung neuer Raketentypen in der DDR und der ČSSR begonnen – das Wettrüsten hat also den ebenfalls vorhergesagten erneuten Schub erfahren.
Übergehen wir die Tatsache, daß nicht ein einziger der sich bis dahin so selbstsicher gebärdenden Politiker nachträglich eingeräumt hat, er habe sich geirrt. Während man vorher jedes noch so begründete kritische Bedenken selbstherrlich abwies[65], ging man anschließend mit Stillschweigen über die offenkundige Tatsache hinweg, daß die offizielle Politik gescheitert, daß es gründlich mißlungen war, durch das Beharren auf dem Doppelbeschluß »Frieden mit weniger Waffen« zu schaffen, wie man es beabsichtigt und den Wählern wieder und wieder in Aussicht gestellt hatte. Solche Sprachlosigkeit angesichts eines selbst zu verantwortenden Fehlschlags ist als typisch menschliche Schwäche sicher verzeihlich. Sie bleibt andererseits bedauerlich, da sie identisch ist mit dem Verzicht darauf, aus der mehrjährigen Debatte über das Für und Wider der sogenannten »Nach«-Rüstung die unübersehbaren Lehren zu ziehen. Die Weigerung, sich dieser Aufgabe zu stellen, wiegt schwer, denn

die Geschichte des »Doppelbeschlusses« stellt ein sicherheitspolitisches Lehrstück ersten Ranges dar.

Versuchen wir daher – des Vorwurfs mangelnder Kompetenz und daraus abzuleitender Anmaßung durchaus gewärtig – aufgrund allgemein zugänglicher und nachprüfbarer Quellen nach besten Kräften wenigstens zu einem bescheidenen Teil zu jener Aufarbeitung beizutragen, der sich die in der Regierungsverantwortung stehenden offiziellen Sicherheitspolitiker bisher verweigert haben.[66] Am einfachsten dürfte es sein, wenn wir zu diesem Zweck die wichtigsten Argumente der »Nach«-Rüstungs-Befürworter der Reihe nach kritisch unter die Lupe nehmen. Natürlich kommt es uns dabei zugute, daß wir diese kritische Betrachtung post festum, in Kenntnis des Ausgangs der Dinge, vornehmen können. Es ist jedoch nicht unfair, wenn wir von dieser uns »nach der Rückkehr vom Kirchgang« zugefallenen »Klugheit« Gebrauch machen, da es, um das nochmals zu betonen, nicht darum geht, in billiger Schadenfreude nachträglich den »Schwarzen Peter« auszuteilen. Die für die »Nach«-Rüstung ins Feld geführten Argumente haben ja, wie erinnerlich, nicht nur denen eingeleuchtet, die sie seinerzeit vortrugen und zur Grundlage ihrer Politik machten. Zweck der hier versuchten nachträglichen Manöverkritik ist es allein, unser aller Skepsis angesichts bestimmter, auf den ersten Blick einleuchtend, ja geradezu trivial erscheinender »Sicherheitsargumente« zu schärfen. Denn eben das ist das entscheidende Problem: Nicht alles, was wir für den Frieden und unsere Sicherheit glauben tun zu müssen, dient dem angestrebten Zweck wirklich.

Die falsche Parallele: München 1938

Eines der scheinbar »schlagendsten« Argumente der »Nach«-Rüstungs-Befürworter bestand und besteht in dem Hinweis auf das Scheitern der »Beschwichtigungspolitik«, mit der die west-

lichen Demokratien in den dreißiger Jahren versuchten, Hitler von kriegerischen Abenteuern abzuhalten. Wäre dieser Wahnsinnige – und mit ihm unser in seiner Mehrheit geistig von ihm infiziertes Volk – nicht vielleicht wirklich von seinen kriegerischen Eroberungsgelüsten abzubringen gewesen, wenn diese Staaten ihm, anstatt seine mehr oder weniger plausibel begründeten Gebietsansprüche stückweise auf Kosten anderer Staaten zu befriedigen, ihre Entschlossenheit demonstriert hätten, allen Annexionsversuchen notfalls mit Waffengewalt entgegenzutreten? Wenn sie, Hitlers Beispiel folgend, selbst aufgerüstet hätten, anstatt dem Diktator ihre Friedenssehnsucht zu beteuern?
Haben die in diesen Demokratien damals existierenden pazifistischen Bewegungen etwa nicht dazu beigetragen, die Verteidigungsbereitschaft dem expansionslüsternen Nazireich gegenüber psychologisch zu unterminieren, und haben sie damit etwa nicht, wenn auch gewiß ungewollt und aus idealistischen Motiven, Hitler in die Hände gespielt? Und muß man deshalb nicht auch dem Minister Heiner Geißler beipflichten, der die Ansicht vertrat, die Pazifisten der damaligen Vorkriegsjahre hätten aus diesem Grunde auch eine Mitschuld daran zu tragen, daß Auschwitz möglich wurde?[67]
»Wer vor dem Druck einer Diktatur weichen muß, weil er ihrer Macht nicht standhält«, so folgerte Bundeskanzler Helmut Kohl in seiner die »Nach«-Rüstungs-Debatte am 21. November 1983 einleitenden Rede, »verleitet sie zu immer neuer Erpressung und zur Anwendung von Gewalt.« Und weiter: »Wir sollten nicht jene bittere Erkenntnis des britischen Premierministers Neville Chamberlain vergessen, der nach der Unterzeichnung des Münchner Abkommens die englische Ohnmacht gegenüber dem nationalsozialistischen Regime im Unterhaus beschrieb. Er sagte: ›Die Erfahrung der letzten Tage hat uns nur zu deutlich gezeigt, daß militärische Schwäche diplomatische Schwäche bedeutet.‹«
Die Parallelen liegen, so scheint es vielen, auf der Hand. Auch der sowjetischen Diktatur werden wir ihren expansionistischen Appetit, so wird uns hier suggeriert, nur durch einen – das

militärische Gleichgewicht »wiederherstellenden« (zur Legitimität dieser Formulierung vgl. Anm. 92) – erneuten Rüstungsschritt, eben die »Nach«-Rüstung, austreiben können. Ein Verzicht auf die Aufstellung der neuen Waffensysteme Pershing-2 und Cruise Missiles wäre »ein Signal der Schwäche«. Er liefe auf einen »einseitigen Verzicht auf Abschreckung« hinaus, der ein »unkalkulierbares Risiko« berge. »Für solche Wagnisse ist der Frieden in Freiheit ein zu kostbares Gut« (Helmut Kohl). Folgerichtig wird die »sogenannte« Friedensbewegung, die der Aufstellungsabsicht entschieden widerspricht, in dem Debattenbeitrag des CDU-Fraktionsvorsitzenden Alfred Dregger denn auch als »Unterwerfungsbewegung« bezeichnet: »Diese sogenannte Friedensbewegung, die nicht nach dem Willen ihrer Anhänger, aber objektiv eine Unterwerfungsbewegung ist...«

Die Formulierung ist noch glimpflich. Sie enthält sich einer direkten moralischen Bezichtigung. Diese aber ist bei derartiger Betrachtungsweise mittelbar, sozusagen implizit, dennoch mitgedacht. Denn wer sich gegen die »Nach«-Rüstung engagiert und damit – ob nun absichtlich und bewußt oder nicht – russischen Interessen in die Hände spielt, der hätte, in Analogie zu Geißlers Argument, gegebenenfalls dann auch die Schuld an der Einrichtung neuer »GULAGs« in den von der Sowjetmacht zukünftig unterworfenen Gebieten mitzutragen.

Ist das alles etwa nicht schlüssig und zwingend? Läßt sich etwa nicht verstehen, daß jemand, der das alles glaubt und deshalb so argumentiert, außerstande ist, daran zu zweifeln, daß »unsere Sicherheit, der Schutz unserer Freiheit gebieten... daß wir mit der Stationierung neuer amerikanischer Mittelstreckenraketen beginnen« (Helmut Kohl)?

Verständlich im Sinne psychologischer Einfühlbarkeit ist das alles ohne jeden Zweifel. Wenn man die Argumentation jedoch einmal auf ihre logische und sachliche Substanz abklopft, bekommt man erstmals einen gehörigen Schrecken angesichts der Voreingenommenheit, mit der an diesen beiden schicksalhaften Novembertagen im Deutschen Bundestag eine Entscheidung durchgesetzt wurde, die unsere Sicherheit in der Tat existentiell berührt. Denn keine der Analogien und Parallelen, auf welche

die »Beweisführung« sich stützt, hält einer kritischen Betrachtung auch nur einen Augenblick stand. Zwischen der Natur der uns bedrohenden Risiken und der Realitätsferne, mit der man an diesen beiden Tagen über sie diskutierte, wird ein wahrhaft bestürzender Abgrund sichtbar.
Der Ausgangspunkt der ganzen Argumentation ist schlicht unhaltbar. Die historische Parallele zwischen der Situation von 1938 und der Lage, in der wir heute den Frieden zu sichern haben, existiert in Wahrheit überhaupt nicht. Es trifft zu – und selbstverständlich hat Chamberlain mit seiner von Helmut Kohl zitierten verspäteten Einsicht insofern recht –, daß die westlichen Demokratien unzureichend »nachgerüstet« hatten, während Hitler sich unübersehbar auf seinen Krieg vorbereitete. Hitlers Anfangserfolge belegen das Versäumnis zur Genüge. Aber man braucht doch einige Zeit, um sich von seiner Verblüffung zu erholen, wenn ein deutscher Bundeskanzler diese damalige Situation an einer entscheidenden Stelle seiner Argumentation zum Parallelfall für die gegenwärtige Lage der Sicherheitspolitik erklärt. Denn während die damaligen Demokratien militärisch in jeder Hinsicht wirklich schwach waren, könnte das heutige westliche Verteidigungsbündnis jeden potentiellen Angreifer, wie jedermann weiß, gleich mehrfach hintereinander vernichten (wenn darin irgendein Sinn zu sehen sein sollte). Und auch der Gegner wäre dazu in der Lage. Diese Situation mit der Situation der Westmächte im Jahre 1938 Hitler gegenüber zu vergleichen ist mehr, als gesunder Menschenverstand sich bieten lassen sollte. Wie könnte in der heutigen Lage ein Schritt nuklearer »Nach«-Rüstung unsere Sicherheit noch vergrößern?
Verschieben wir die Begründung der Sorge, daß er sie ganz im Gegenteil spürbar verringert haben dürfte, auf später. Beschränken wir uns für den Augenblick auf die Frage, wie ein solcher Schritt in einer Situation mehrfacher »Overkill«-Kapazitäten beider Seiten Sicherheit erhöhen oder, umgekehrt, wie ein Verzicht auf diesen Schritt Sicherheit verringern sollte. (»Ein einseitiger Verzicht würde die auf uns gerichtete nukleare Bedrohung nicht mindern, sondern die Gefahr eines Krieges

erhöhen«, behauptete Helmut Kohl in, wie wir unterstellen wollen, ehrlicher Überzeugung.) Die Frage ist rein rhetorisch. Denn wenn die Aussicht auf einen fünf- oder sechsmaligen Tod nicht ausreichen sollte, einen potentiellen Angreifer abzuschrecken, wie realistisch wäre dann die Annahme, daß die Fähigkeit, ihm dieses Schicksal siebenmal zu bereiten, den angestrebten Abschreckungseffekt würde herbeiführen können?

Was die »Nach«-Rüstungs-Befürworter während der ganzen jahrelangen Kontroverse zu keiner Zeit zur Kenntnis zu nehmen bereit oder fähig waren – die Argumente der »sogenannten« Friedensbewegung anzuhören haben sie sich konsequent geweigert –, ist die Tatsache, daß sich über den Akt einmaligen Umbringens hinaus aus einsichtigen Gründen nicht mehr wirkungsvoll drohen läßt. Während sie nach Kräften dazu beitrugen, das Instrumentarium zur Ausrottung ganzer Völker auf noch wahnwitzigere Größenordnungen anwachsen zu lassen, ist ihnen völlig entgangen, daß das Maximum der Möglichkeiten psychologischer Abschreckung längst weit überschritten ist. Sie scheinen außerstande, die schlichte Tatsache zu begreifen, daß, sollte das dem Westen heute zu Gebote stehende Vernichtungspotential zur Abschreckung noch immer nicht genügen, prinzipiell keine zusätzliche Drohung dazu fähig wäre.

Die eigentümliche, wie entschlossen wirkende Blindheit der Befürworter einer weiteren nuklearen Aufrüstung ist nicht zuletzt deshalb fatal, weil sie in dieser Runde den Gedanken erst gar nicht aufkommen ließ, die beabsichtigte Aufstellung der neuartigen Systeme könne vielleicht andere als reine Abschreckungszwecke verfolgen. Dieser Gedanke stellt sich zwangsläufig ein, sobald einem die Unmöglichkeit aufgegangen ist, Abschreckung auf diesem Wege zu »vermehren«. Der Versuch, diesen argumentativen Zusammenhang in die Debatte einzubringen, wurde als Symptom eines angeblichen antiamerikanischen Ressentiments konsequent unterbunden. Wir müssen darauf noch zurückkommen.

Was aber ist nun von Geißlers Behauptung zu halten, zwischen

Auschwitz und dem Pazifismus der dreißiger Jahre bestehe ein ursächlicher Zusammenhang? Läßt sich das Engagement der heutigen Friedensbewegung mit diesem »Argument« wirklich moralisch disqualifizieren? Nichts anderes bezweckte ja die ministerielle Anmerkung.

Mir scheint, der Zusammenhang ist grundsätzlich in der Tat nicht in Abrede zu stellen. Jedoch bedarf dieses Zugeständnis einiger zusätzlicher Bemerkungen, die in der Diskussion über den Geißlerschen Vorwurf bisher erstaunlicherweise unerwähnt geblieben sind: Um zu vermeiden, daß die Aussage, Pazifismus sei eine der Mitursachen für Auschwitz gewesen, als unfaßliche Verleumdung mißverstanden werden kann, ist es selbstverständlich notwendig, im gleichen Atemzug und mit der gleichen moralischen Rigorosität auch der zahlreichen weiteren Mitursachen des organisierten Völkermords zu gedenken. Ja, die hohe Sensibilität für schuldhafte Zusammenhänge, die aus Geißlers Äußerung abzulesen wäre, wenn sie denn keine Verleumdung gewesen sein soll, zwingt uns dazu, diese anderen Mitursachen nach dem Grade der Schuld zu ordnen, die mit ihnen jeweils verknüpft gewesen ist.

Dann aber wäre, lange bevor die Rede auf die damaligen Pazifisten kommen könnte, zunächst einmal daran zu erinnern, daß seinerzeit ein ganzes Volk Millionen von Mitverursachern für Auschwitz gestellt hat. Jeder einzelne von uns Älteren, die wir überlebt haben, gehört dazu. Eben deshalb, weil wir überlebt haben. Denn niemand von uns kann die furchtbare Tatsache abstreiten, daß sein Überleben in der damaligen Zeit erkauft werden mußte mit der Bereitschaft, bei bestimmten Gelegenheiten Augen und Ohren zu verschließen. Und den Mund auch, immer dann, wenn vernehmlicher Protest moralische Pflicht gewesen wäre. Sicher: Was hätte es geändert, wenn man sich dafür in einem versteckten Keller von der SS zu Tode hätte prügeln lassen? Zu dieser Entschuldigung nahmen wir damals und nehmen wir auch heute noch Zuflucht.

Sie ändert nichts daran, daß die Entscheidung, die uns überleben ließ, uns unwiderruflich zu Mitschuldigen hat werden lassen. Jeden einzelnen. Nicht nur jeden Richter und jeden

Anwalt und jeden Polizisten. Sondern auch jeden Kaufmann, jede Hausfrau und jeden Arbeiter. Alle. Niemand kann von jeglicher Mitschuld freigesprochen werden, mit der einzigen Ausnahme der kleinen Schar derer, die damals aktiv Widerstand leisteten und bewußt ihr Leben aufs Spiel setzten.
Auch die Soldaten dürfen wir keineswegs vergessen. Insbesondere nicht die Frontsoldaten, so tapfer sie immer gekämpft haben. Denn jedem von ihnen wäre bei der Anlegung des unerbittlichen Geißlerschen Maßstabes gerade der Todesmut vorzuhalten, den er an den Tag gelegt hat, weil eben seine Tapferkeit (wie ungewollt auch immer) mit dazu beitrug, Hitlers Herrschaft zu verlängern, und somit auch dazu, die Todesmühlen der KZs ein wenig länger in Betrieb zu halten, als es ohne seinen Einsatz möglich gewesen wäre.
Wen die Empfindlichkeit seines Gewissens dazu befähigt, der Mitschuld an der Ermöglichung von Auschwitz bis in diese feinen Verästelungen nachzuspüren, der mag dann in der Tat das Recht haben, am allerletzten Ende der hier nur höchst unvollkommen nachgezeichneten Stufenleiter moralischer Verstrickung, auch noch der Spur an Mitverursachung zu gedenken, die – möglicherweise – auf das Konto der damaligen Pazifisten entfällt. Ich möchte sogar annehmen, daß ein christlich denkender Pazifist die Demut aufbringen würde, das Dilemma anzuerkennen und diesem Gedankengang zu folgen. (Ich bezweifle nur, daß der Herr Geißler es so gemeint hat.)
Aber der ministerielle Versuch, der heutigen Friedensbewegung durch die Konstruktion dieses Zusammenhangs gleichsam prophylaktisch die Ehre abzuschneiden, war nicht nur perfide. Er war auch historisch unhaltbar. Ihm fehlt nicht nur die moralische, sondern auch jede reale Grundlage. Denn die Friedensbewegung auch der dreißiger Jahre war, wie anders, ein auf der linken Hälfte des politischen Spektrums angesiedeltes Phänomen. Die politische Verantwortung aber trugen in den beiden die Anti-Hitler-Koalition anführenden Demokratien damals konservative (England) oder doch jedenfalls rechtsorientierte (Frankreich) Regierungen. Daß Neville Chamberlain und Edouard Daladier so lange – wie der spätere Verlauf bewies:

zu lange – zögerten, sich auf die von Hitler ausgehende Bedrohung vorzubereiten, hat daher auch keine pazifistischen Ursachen gehabt. Die inzwischen zugänglichen Dokumente erwekken vielmehr den Eindruck, daß man im Westen damals – wie heute! – die Sowjetunion für den eigentlichen Ausgangspunkt aller drohenden Gefahren hielt und der Versuchung erlag, das stramm antikommunistisch ausgerichtete Nazi-Deutschland als eine Art Wachhund gegenüber der kommunistischen Weltbedrohung zu betrachten.[68]

Nein, wenn denn schon eine Parallele zwischen der letzten Vorkriegszeit und der heutigen Situation gesehen werden soll, so bezöge sie sich auf einen ganz anderen Punkt. Viel eher erschiene es angebracht, eine Lehre aus dem Elend und der Kette furchtbarer Verbrechen zu ziehen, in die sich unser Volk damals verstrickte, weil es sich in einen blindwütigen Antikommunismus hatte hineintreiben lassen. In eine seelische Verfassung, in der das eigene Lager schließlich als der einzige Hort wahrer menschlicher Bestimmung erschien, woraus sich dann im weiteren Verlauf bekanntlich die Überzeugung entwickelte, zu einem Kreuzzug berechtigt zu sein, mit dem das Übel aus der Welt geschaffen werden sollte.

Der Mythos von der »russischen Überrüstung«

Die Angst vor der »russischen Bedrohung« hat in unserer Gesellschaft längst wieder einen Grad erreicht, der die Realitäten zu entstellen beginnt. Und der jeden, der auf diese beängstigende Verfälschung unserer Sehweise aufmerksam zu machen versucht, der Gefahr aussetzt, als »Handlanger sowjetischer Interessen« oder als »Kolporteur sowjetischer Desinformation« verteufelt zu werden. Es ist nicht zuletzt dieses Phänomen, das der heute herrschenden Atmosphäre den unverwechselbaren Geruch einer »Vorkriegsära« verleiht.

Man darf sich davor nicht fürchten. Man muß versuchen, die

Attacken so zu ertragen, wie ein Psychoanalytiker die Abwehr hinzunehmen gelernt hat, mit der ein neurotischer Patient sich gegen die Aufarbeitung seines Verfolgungswahns sträubt. Der Vergleich mag in manchen Ohren hart klingen. Es wird aber noch einsichtig werden, wie präzise die Analogie ist. Es hilft auch, sich daran zu erinnern, daß sehr viel Größere, Menschen, deren moralische Integrität niemand anzuzweifeln wagen würde, keine bessere Erfahrung gemacht haben. Man habe es leider, so schrieb Albert Schweitzer am 17. Juli 1961 (!) in einem Brief aus Lambarene, »mit verblödeten Staatsoberhäuptern zu tun, die mit der Atombombe spielen«. Und: Wer sich zum Anwalt der Vernunft mache, müsse damit rechnen, »als Communist gebranntmarkt« zu werden. Mehr falle den »Widersachern der Humanität leider nicht ein«[69].
Deshalb sei hier unverdrossen der Versuch gemacht, anhand einiger von jedermann nachprüfbarer Beispiele daran zu erinnern, daß es auch Fälle westlicher »Desinformation« gibt und gegeben hat. Dies nicht, um russische Propagandakampagnen zu rechtfertigen oder »das eigene Nest zu beschmutzen«. Sondern deshalb, weil nur eine realistische, von emotionalen Verfälschungen freie Sicht der Dinge zweckmäßige Entscheidungen ermöglicht. Allein deshalb also, weil es »dem eigenen Lager nützt«, will ich versuchen, die Köpfe derer, die dem Mythos von der russischen Überrüstung verfallen sind, zu ein wenig Nachdenklichkeit anzustiften.
Die Überzeugung, daß sich der systemimmanente Expansionismus des Sowjetregimes seit dem Ende des letzten Krieges in einer fortwährenden Aufrüstung dokumentiert habe, mit welcher der Westen nur unter Mühen habe Schritt halten können, ist fraglos weit verbreitet. Dergleichen die Ansicht, daß der Westen unter dem verführerischen Einfluß der für sein System charakteristischen Friedensliebe stets der Versuchung ausgesetzt gewesen sei, es an den zu seinem Schutze notwendigen Rüstungsanstrengungen fehlen zu lassen, wie sich dann insbesondere in den Jahren der sogenannten »Entspannungspolitik« in erschreckendem Ausmaß erwiesen habe.
Die Amerikaner hätten ihre »nuklearstrategische Zerstörungs-

kapazität auf ein Viertel dessen (vermindert), was sie zu Beginn der sechziger Jahre besessen hatten«, sagte Helmut Kohl in der Nachrüstungsdebatte, und er fuhr fort: »Für die Europäer und für uns Deutsche... ist der Verlust der nuklearstrategischen Überlegenheit der USA eine der folgenreichsten Entwicklungen der letzten beiden Jahrzehnte.« Ihm assistierend schlug Alfred Dregger in die gleiche Kerbe: Zu den heutigen Realitäten gehöre »die unveränderte offensive Zielsetzung der sowjetischen Politik und die gerade unter dem Deckmantel der Entspannung massiv betriebene Aufrüstung«. Anders als der Westen habe die Sowjetunion »seit 1945 niemals abgerüstet. Sie hat immer aufgerüstet, und sie betreibt seit 15 Jahren eine Hochrüstung, für die es in der Geschichte der Menschheit, jedenfalls in Friedenszeiten, kein Beispiel gibt«. Das »Weißbuch 1983 zur Sicherheit der Bundesrepublik... berichtet nüchtern über die Fakten«.
Nichts davon ist wahr. Auch Dreggers Behauptungen geben tendenziös nur die halbe Wahrheit wieder. Wenn man die andere Hälfte hinzufügt, die in allen Debattenbeiträgen der »Nach«-Rüstungs-Befürworter ausnahmslos verschwiegen wurde, wird man daran erinnert, wie vortrefflich sich mit halben Wahrheiten lügen läßt. Ich möchte jedoch ausdrücklich betonen, daß hier niemandem bewußte Unehrlichkeit unterstellt werden soll. Mir liegt ganz im Gegenteil gerade daran zu zeigen, wie sehr der von Bedrohungsängsten ausgehende psychologische Druck die Fähigkeit außer Kraft setzen kann, nachprüfbare Fakten und Zusammenhänge noch objektiv wahrzunehmen.
Horst Afheldt schreibt zu diesem Punkt in seinem wichtigen, jede einzelne Angabe präzise dokumentierenden Buch[66/3]: »Die These von ungeheuren russischen Rüstungsaufwendungen stimmt. Aber die Rüstungsaufwendungen der NATO *sind noch größer*« (Hervorhebung von mir). Die Behauptung in Ziffer 7 des Weißbuchs der Bundesregierung 1983, die Sowjetunion habe »seit Mitte der sechziger Jahre Rüstungsanstrengungen unternommen, die ohne Beispiel sind«, sei deshalb falsch.

In einer gewiß unverdächtigten Quelle – einer Veröffentlichung des amerikanischen Verteidigungsministeriums aus dem Jahre 1981 – wird festgestellt, daß die Rüstungsanstrengungen der NATO (ohne Frankreich!) bis 1964 fast doppelt so hoch waren wie die des ganzen Warschauer Pakts, der erst 1980 fast aufschloß.[70] Frage: Wer hat da »vor«- und wer hat »nach«-gerüstet? Dieselbe Quelle: In der Zeit von 1964 bis 1980 – also auch während der ganzen »Entspannungsperiode« – gab der Warschauer Pakt umgerechnet 3200 Milliarden, die NATO (wieder ohne Frankreich gerechnet!) dagegen 4000 Milliarden, also 800 Milliarden Dollar mehr für Rüstungszwecke aus. Wie unter diesen Umständen in ein offizielles Weißbuch der Bundesregierung die zitierte, in der Nachrüstungsdebatte selbstverständlich mit dem entsprechenden Nachdruck verwendete Behauptung hineingeraten konnte, verrät einem niemand. Frage: Ein (bei einem so offiziellen Dokument einigermaßen erstaunliches) Versehen – oder ein Beispiel für westliche »Desinformation«?
Auch die von Kanzler Kohl in seiner Eröffnungsrede aufgestellte Behauptung, daß die Sowjetunion seit 1945 »immer aufgerüstet« habe, ist unbestreitbar. Auch sie stellt dennoch eine wahrhaft umwerfende Verdrehung des tatsächlichen Ablaufs dar, weil sie die Hälfte der Wahrheit unterschlägt, die hier mit der nebenstehenden Aufstellung ergänzend hinzugefügt sei (zusammengestellt aus jedermann zugänglichen Daten).
In der Tat, »die Russen« haben seit 1945 pausenlos gerüstet – und sie hatten alle Mühe, dabei den Anschluß nicht zu verpassen an den Rüstungsstand der Amerikaner, die ihnen immer und ausnahmslos einen Schritt voraus waren. Dies hat seinen Grund gewiß nicht in einer die sowjetische noch übertreffenden amerikanischen Kriegslüsternheit. Aller Wahrscheinlichkeit nach dürfen wir als Ursache einfach die überlegene Innovationsfähigkeit amerikanischer Technologie ansehen. Immerhin aber genügt diese vergleichende Aufstellung, um die aus Kanzlermund stammende, für sich genommen unwiderlegbare Behauptung (die Russen hätten seit 1945 »immer aufgerüstet«) als »Desinformation« durchschauen zu können.[71]
Nicht besser steht es um die Belegbarkeit der Kohlschen Aussa-

Übersicht über das Jahr der Einführung jeweils neuer
Waffensysteme   in den USA   in der UdSSR

Waffensysteme	in den USA	in der UdSSR
Atombombe	1945	1950
Wasserstoffbombe	1953	1954
taktische Kernwaffen	1955	1956
Interkontinentalraketen	1955	1957
Atom-U-Boote	1956	1962
U-Boot-Raketen	1959	1968
interkontinentale Feststoffraketen	1962	1969
Mehrfachsprengköpfe	1964	1972
getrennt steuerbare Mehrfachsprengköpfe	1970	1975

ge, die Amerikaner hätten ihre »nuklearstrategische Zerstörungskapazität« auf ein Viertel des Standes der beginnenden sechziger Jahre vermindert. Es ist mir nicht gelungen, eine Quelle ausfindig zu machen, welche den Kanzler zu dieser kühnen Aussage veranlaßt haben könnte. Dagegen habe ich in den von mir benutzten Quellen (s. Anm. 66/2 und 66/3) bestätigt gefunden, was ohnehin jedermann weiß: nämlich daß die Amerikaner seit dem Ende der fünfziger Jahre unter dem Vorwand einer angeblich bestehenden »Raketenlücke« dazu übergingen, jene das Maß ausreichender Abschreckungsdrohung irrational übersteigende nukleare »Overkill-Kapazität« aufzubauen, welche die Russen, dem amerikanischen Beispiel ein weiteres Mal folgend, sich anschließend dann auch zugelegt haben.

»Ungezählte (amerikanische) Wissenschaftler kehrten nach dem Kriege nicht in die Laboratorien ihrer Universitäten zurück, sondern arbeiteten weiter in den Forschungseinrichtungen der Rüstungsindustrie«, stellen Garrison und Shivpuri in ihrem wichtigen, minuziös dokumentierten Buch »Die russische Bedrohung«[72] fest. Ist das so schwer zu verstehen? Wo sonst kann ein intelligenter, ehrgeiziger und junger Wissenschaftler bei hoher Bezahlung auf einem in allen wirtschaftlichen Wechselfällen als sicher anzusehenden Arbeitsplatz die Realisierbarkeit seiner Geistesblitze mit nahezu unbeschränkten finanziellen Mitteln fast spielerisch erproben? Diese jungen Leute arbeiten in ihrem Selbstverständnis ja nicht primär an Mordinstrumenten, sondern an der Entwicklung neuer Systeme zur Entfernungsbestimmung, an rückgekoppelten Steuersystemen zur Stabilisierung ballistischer Bahnen in nicht vorhersehbaren atmosphärischen Turbulenzen oder an dem unlösbar scheinenden Problem, den Kopf einer Rakete einige tausend Kilometer nach dem Verlassen der Startrampe als Ausgangspunkt einer zielgenauen Sekundärrakete benutzen zu können. Vergleichbar faszinierende technische Aufgabenstellungen gibt es in keinem anderen Industriezweig.

Aber wenn es einem der jungen Genies schließlich gelungen ist, eines dieser oder ähnliche Probleme – in einer Art intellektuellen Wettbewerbs mit den Kollegen der Nachbarabteilung oder einer Konkurrenzfirma – zu lösen, dann ist ihm nicht nur die neidvolle Bewunderung seiner Kollegen gewiß und die lobende Anerkennung der Vorgesetzten (verbunden mit einer saftigen Geldprämie). Dann gibt es plötzlich auch ein Raketensystem mit einer bis dahin unvorstellbaren Zielgenauigkeit oder die ebenfalls neue Möglichkeit, am Kopf einer Rakete Mehrfachsprengköpfe anzubringen, die vielleicht sogar noch unabhängig voneinander einzeln steuerbar sind.

Auf diesem Wege kommen derartige Entwicklungen doch zustande. Und zwar in vielen Fällen nachweislich, »ohne daß das Militär dies verlangt hätte. Diese Leute schufen eine neue militärische Technologie, für welche die Generäle erst nachträglich die strategischen Verwendungsmöglichkeiten fanden«[72]. Es sind die generell auf »Verbesserung« und »technologischen Fortschritt« programmierten Gehirne in den Laboratorien der großen amerikanischen Rüstungsfirmen – und nicht die Generäle –, die darüber nachgrübeln, wie man einen existierenden Sprengkopf noch wirksamer oder ein existierendes Steuersystem noch präziser machen könnte.

In allen diesen Firmen gibt es Spezialabteilungen, denen keine andere Aufgabe gestellt ist als die, sich über Möglichkeiten der Weiterentwicklung des Bestehenden, über die Perfektionierung über den bisherigen Stand hinaus, den Kopf zu zerbrechen. Aus demselben Grunde, der unweigerlich den Effekt mit sich bringt, daß sich das »absolute Super-Auto« von heute in den Augen des Autofans von morgen unweigerlich als hoffnungslos überholter »alter Hut« ausnehmen wird. Und den General möchte ich sehen, in dem sich nicht sofort Besitzergelüste regten bei der Präsentation eines neuen Zielgeräts (einer noch »unverwundbareren« Rakete, eines noch beweglicheren Panzers, eines noch schnelleren oder kampfstärkeren Flugzeugs), das die bisherige Ausrüstung seiner Truppe vergleichsweise als »alten Hut« erscheinen läßt.

Und welches Argument bietet am ehesten Aussichten, die für das neue – durch militärischen Bedarf primär ja gar nicht erzwungene – Waffensystem erforderlichen astronomischen Summen von den politischen Instanzen auch zu erhalten? Richtig: Die Bedrohung durch die Aufrüstung der Gegenseite. So daß es also im Interesse aller Beteiligten liegt, deren wenn nicht bereits vorliegende, dann unmittelbar bevorstehende Überlegenheit so eindringlich wie möglich zu beschwören.

Garrison und Shivpuri belegen diesen fast gesetzmäßigen Ablauf unter anderem mit der Geschichte der Entwicklung der Mehrfachsprengköpfe. Wissenschaftler der Lockheed Missiles and Space Company begannen Anfang der sechziger Jahre mit einer Untersuchung der Möglichkeit, mehrere nukleare Sprengsätze in der Spitze derselben Rakete unterzubringen, die dann über dem Zielgebiet in planmäßig gewählten zeitlichen Abständen abgestoßen werden sollten. Als man einige Jahre später den Militärs die fertige Lösung präsentierte, waren diese, wie anders, von der neuen Technologie fasziniert. Sie befanden sich aber auch in einer gewissen Verlegenheit. Damals nämlich war das Prinzip der nuklearen Abschreckung offiziell noch uneingeschränkte Maxime der amerikanischen Sicherheitspolitik. Diesem Ziel aber genügten die bis dahin existierenden Raketen mit ihrer gewaltigen Sprengkraft vollauf. Die sich jetzt

andeutende neue Möglichkeit, mit jeweils einer einzigen Rakete mehrere feindliche Ziele – also etwa auch mehrere russische Raketensilos – zur selben Zeit vernichten zu können, ließ sich dagegen nur als erste Weichenstellung in der Richtung auf einen »führbaren Atomkrieg« interpretieren. Denn das neue System ließ erstmals die Möglichkeit auftauchen, das russische »Vergeltungspotential« (dessen Existenz bislang das Gleichgewicht der Abschreckung auf östlicher Seite gewährleistet hatte) mit einem präventiven »Erstschlag« ausschalten zu können.
Wie dann aber die Kosten für das neue Waffensystem, das die Militärs selbstredend unbedingt haben wollten, im Kongreß plausibel begründen? Die Generäle erklärten bei den Anhörungen schließlich, Raketen mit Mehrfachsprengköpfen würden deshalb unbedingt benötigt, weil die Russen inzwischen wirksame Abfangraketen in großer Zahl entwickelt und in Stellung gebracht hätten. An denen könnten einfache Raketenköpfe nicht mehr in genügender Menge vorbeikommen, um das Abschreckungsgleichgewicht aufrechtzuerhalten. Wohlgemerkt: Zuerst gab es die neue Waffe, und erst danach ließen die Militärs sich eine Begründung dafür einfallen, warum diese für »die nationale Sicherheit der USA« unbedingt erforderlich sei. Der technische Fortschritt präjudizierte folglich den Kurs der strategischen Planung, nicht etwa umgekehrt.
Da niemand die unpatriotische Rolle übernehmen mochte, durch seinen Widerstand das Risiko der »Verwundbarkeit gegenüber einem russischen Angriff« zu vergrößern, wurden die Mehrfachsprengköpfe mit gewaltigen Kosten eingeführt. Lockheed und das Pentagon gerieten mit ihrer Argumentation 1972 jedoch in Schwierigkeiten. In diesem Jahre wurde – mit dem Ziel der uneingeschränkten Wirksamkeit des reinen Abschreckungsprinzips – zwischen den USA und der UdSSR ein Vertrag unterzeichnet, der das Arsenal beider Länder auf jeweils nur 200 Abfangraketen begrenzte. Woraus sich (nachträglich!) beiläufig ergab, daß es in den Jahren zuvor die wirksame Abwehr gegen die amerikanischen Interkontinentalraketen auf russischer Seite überhaupt nicht gegeben hatte, mit der die Generalität die Einführung der Mehrfachsprengköpfe seinerzeit gegen-

über den politischen Kontrollinstanzen durchgesetzt hatte. Der Fall ist beispielhaft und keineswegs etwa eine Ausnahme. Tatsächlich stellten Lockheed und eine andere inzwischen hinzugezogene Firma die Entwicklungsarbeiten an der weiteren »Verbesserung« steuerbarer Mehrfachsprengköpfe 1972 vorübergehend ein. Wenige Jahre später wurden sie jedoch stillschweigend wieder aufgenommen. Als alarmierte Politiker protestierten und auf die Unvereinbarkeit mit der offiziell immer noch verkündeten Abschreckungsstrategie hinwiesen, wurde ihnen nunmehr erklärt, die Entwicklung erfolge lediglich vorsorglich für den Fall, daß die Russen den sogenannten ABM-Vertrag – mit dem die Zahl der Raketenabwehrsysteme begrenzt worden war – kündigen oder brechen sollten.

Was je nach Beweislage wechselte, war die vorgeschobene Begründung. Woran man unbeirrt festhielt, das war das neue Waffensystem – und das Grundmotiv aller Argumentation in diesem Bereich: die Bedrohung durch den potentiellen Gegner, die sowjetische Militärmacht, deren Aggressivität und Stärke darum nicht schwarz genug an die Wand gemalt werden konnten.

Nun besteht sicher kein Anlaß, die Rote Armee mit der Heilsarmee zu verwechseln. Es wäre fraglos auch keine ausreichende Sicherheitsdoktrin, sich auf die prinzipielle Friedfertigkeit der Sowjets zu verlassen. Keine Frage auch: Der Gedanke an die Möglichkeit, »Frieden *ohne* Waffen« schaffen zu können, ist angesichts dieses von inneren Krisen geschüttelten, bis zu mehrfacher Overkill-Kapazität aufgerüsteten östlichen Lagers nicht mehr bloß von rührender, sondern von schlechthin kindischer Einfalt. Aber dennoch auch die Gegenfrage: Sieht die Situation umgekehrt, aus russischer Perspektive, eigentlich so sehr viel anders aus?

1977 ließ General Alexander Haig, damals Oberbefehlshaber der NATO, in einem Computer-Kriegsspiel folgendes Szenario analysieren: In einer Krisensituation befiehlt der amerikanische Präsident als »letzte Warnung« den nuklearen Angriff auf 19 Ziele in Mittel- und Osteuropa: fünf Städte in der DDR, fünf in Bulgarien, drei in Polen, drei in Ungarn und drei in der

ČSSR. Anschließend sollte dann über den »heißen Draht« zwischen Washington und Moskau die Verhandlungsbereitschaft der Sowjets erkundet werden. Auch wenn wir unterstellen, daß in Wirklichkeit niemand einen derartigen nuklearen Schachzug ernstlich plant (andererseits: Wie sicher können wir in dieser Hinsicht eigentlich sein?), wird die ungenierte Bekanntgabe derartiger »Übungen« kaum dazu beitragen, die Bereitschaft der russischen Seite zu fördern, einer ausschließlich friedlichen Zielsetzung der NATO unbeirrt zu vertrauen.
Welche Empfindungen würden sich in uns wohl rühren, wären es nicht amerikanische, sondern sowjetische Politiker und Strategen gewesen, die lauthals über die Möglichkeit diskutiert hätten, unsere Gesellschaft »totzurüsten«, sie durch Wettrüsten »in die Knie zu zwingen« oder »durch gezielte nukleare Enthauptungsschläge« zu paralysieren, wie Colin S. Gray, maßgeblicher militärischer Berater der Reagan-Administration, es in dem berühmt-berüchtigten Aufsatz »Victory is possible« in der offiziösen Zeitschrift Foreign Policy formulierte?[73] Würden wir einem potentiellen Gegner, der über das Schicksal, das er uns zu bereiten gedenkt, in dieser Weise öffentlich meditiert, seine bei anderer Gelegenheit vorgebrachten Friedensbeteuerungen wohl ohne ein Fünkchen des Zweifels abnehmen? Und: Wenn wir uns schon – und sicher nicht ohne jedes Recht – vor der russischen »Überrüstung« fürchten, die in unseren Augen jedes für die eigene Verteidigung noch sinnvolle Ausmaß weit übersteigt (was auch objektiv zutrifft), wie sehr mögen sich dann erst die Russen vor unserer westlichen Rüstung fürchten, die nach Auskunft offizieller amerikanischer Quellen (s. Anm. 70) das von uns bereits als irrational beurteilte russische Rüstungsvolumen noch übertrifft?
Kann man es sich wirklich so leichtmachen, wie die Debattenredner der Regierungskoalition im Deutschen Bundestag, die alle diese Widersprüche einfach dadurch auflösen zu können glaubten, daß sie unsere Rüstungsanstrengungen als Beitrag zur Friedenssicherung interpretierten, die der Gegenseite dagegen als Möglichkeit zur Ausübung politischer Erpressung, wenn nicht zur Durchführung noch schlimmerer Pläne? Man muß

ernstlich befürchten, daß jene, die sich dieser und verwandter Argumente bedienen, längst jeglichen kritischen Sinn für die groteske Einseitigkeit ihrer Weltsicht verloren haben.
Für diese beunruhigende Vermutung spricht auch die sonst unerklärliche Tatsache, daß Helmut Kohl den Genfer Vorschlag der Amerikaner an die Russen, beide Seiten sollten doch einfach auf alle landgestützten Mittelstreckenraketen verzichten, als Bestandteil des »bisher umfassendsten Abrüstungsangebots der Geschichte« preisen konnte – und zwar ohne dafür im Plenum schallendes Gelächter zu ernten. Warum man eine solche Reaktion eigentlich hätte erwarten müssen, formulierte Egon Bahr in seinem Debattenbeitrag: »Aber wissen Sie denn nicht«, fragte er den Bundeskanzler, »daß die USA zwei Drittel ihrer strategischen Systeme seegestützt haben und daß die Sowjetunion zwei Drittel ihrer strategischen Systeme landgestützt hat?«[74]
Den die ganze Debatte wie ein Grundmotiv durchziehenden Hinweis darauf, daß die NATO im Unterschied zur östlichen Seite bisher nicht über landgestützte Mittelstreckenraketen verfüge – weshalb eine »Nach«-Rüstung in diesem Bereich im Interesse der Friedenssicherung und der Erhaltung des Abschreckungsgleichgewichts unerläßlich sei –, kann ebenfalls nur für ein ernst zu nehmendes Argument halten, wer an der gleichen Stelle seines sicherheitspolitischen Gesichtsfelds mit einem blinden Fleck geschlagen ist. Denn die publikumswirksame Klage über das Fehlen einer vergleichbaren Zahl westlicher landgestützter Mittelstreckenraketen (Helmut Kohl: »Und bis heute verfügt die NATO nicht über landgestützte nukleare Mittelstreckenwaffen, also solche Waffen, die nach der Bündisstrategie notwendig sind, um die Abschreckung auf allen Ebenen sicherzustellen«) ist angesichts der Vorgeschichte entweder Ausdruck erschütternder Ignoranz oder nichts als pure Heuchelei.
Die angebliche »Raketenlücke« auf dem Gebiet der eurostrategischen Waffen ist nämlich von der gleichen Substanz wie die schon kurz erwähnte, sprichwörtlich gewordene »Raketenlücke« im Bereich der Interkontinentalraketen, mit der die ameri-

kanischen Militärs ab 1960 einen der gewaltigsten westlichen Aufrüstungsschritte zu einem »im nationalen Sicherheitsinteresse absolut erforderlichen Schritt der Nachrüstung zur Erhaltung des Gleichgewichts« umlogen und erfolgreich durchboxten[75]: Sie existiert in der Realität gar nicht. Die dichte Besiedelung Westeuropas ließ es den NATO-Strategen vielmehr aus guten Gründen ratsam erscheinen, ihr Abschreckungspotential nicht auf dem europäischen Festland zu installieren. »Landgestützte Raketen gehören nach Alaska... oder in die Wüsten... keineswegs aber in dichtbesiedelte Gebiete. Sie sind Anziehungspunkte für die nuklearen Raketen des Gegners. Alles, was Feuer auf sich zieht, ist für Staaten mit hoher Bevölkerungsdichte oder kleiner Fläche unerwünscht«, schrieb der spätere Bundeskanzler Helmut Schmidt schon 1965.[76]
Die überlegene, dem östlichen Lager auch in diesem Punkt wieder um mehrere Nasenlängen vorauseilende westliche Waffentechnologie gab den Eurostrategen die Möglichkeit, aus dieser Einsicht praktische Konsequenzen zu ziehen. Sie postierten ihr Arsenal »seegestützt«, das heißt auf U-Booten, von denen aus die Sprengköpfe unter Wasser abgefeuert werden konnten, eine Technik, über die Amerika bereits ab 1959 verfügte. Damit konnte nicht nur eine Gefährdung der dicht zusammengedrängten westeuropäischen Bevölkerung besser vermieden werden. Es war – in einer Zeit, in der man sich auf westlicher Seite noch uneingeschränkt an einer »reinen« Abschreckungsdoktrin orientierte – auch unter strategischen Gesichtspunkten das optimale Konzept. Denn die U-Boote konnten als unverwundbar gelten und stellten daher unter allen denkbaren Umständen das Überleben einer zur Abschreckung ausreichenden »Zweitschlags-Kapazität« sicher.
Anders die Lage der Russen. Ihren Technikern gelang es erst fast ein Jahrzehnt später, mit ihren amerikanischen Konkurrenten gleichzuziehen und ebenfalls U-Boote als Raketenplattformen mit hinreichender Zielgenauigkeit einzusetzen. Es blieb ihnen folglich nichts anderes übrig, als ihr das Schreckensgleichgewicht austarierendes Gegenpotential auf dem Lande aufzubauen, was ihnen allerdings insofern auch leichter gefallen

sein dürfte, als sie sich im Gegensatz zu Westeuropa dazu Gebiete mit relativ dünner Besiedelung aussuchen konnten. Beide Seiten haben die sich daraus ergebende Sicherheitslage zwei Jahrzehnte hindurch als praktisch ausgeglichen angesehen und daher auch toleriert. Seit 1960 bedrohte die Sowjetunion Mitteleuropa mit 600 bis 700 Mittelstreckenraketen des Typs SS-4 und SS-5. Jede von diesen trug Sprengköpfe im Megatonnenbereich. Ihr Einsatz hätte die Bundesrepublik und darüber hinaus weite Teile Mitteleuropas verwüstet und dem größten Teil der westdeutschen Bevölkerung den sicheren Tod gebracht. Das Maximum einer wirksamen Bedrohung (oder auch der neuerdings fortwährend ins Feld geführten »nuklearen Erpreßbarkeit«) bestand folglich während der ganzen Zeit. Niemand regte sich darüber auf – mit Recht insofern, als die auf U-Booten (und in Langstreckenbombern) stationierten westlichen Kernwaffen den Ausgleich herstellten.
Ab 1977 etwa begann die Sowjetunion dann, ihre veralteten Raketenmodelle – die Typen SS-4 und SS-5 mußten vor einem möglichen Einsatz im Gegensatz zu den jederzeit feuerbereiten amerikanischen Feststoffraketen erst stundenlang aufgetankt werden – durch die modernere SS-20 zu ersetzen. Der Westen hätte mit einer solchen Modernisierung wohl kaum so lange gezögert. Jetzt aber entdeckte man in unserem Lager plötzlich aufgeschreckt jene »Raketenlücke« im Mittelstreckenbereich, die es »im Interesse unserer Sicherheit« angeblich unumgänglich notwendig machte, dem Osten Pershing-2-Raketen und Marschflugkörper entgegenzusetzen. Jene Waffensysteme also, die ein neues nuklearstrategisches Zeitalter in Europa eingeläutet haben, in dem man sich nicht mehr ausschließlich am Prinzip gegenseitiger Abschreckung orientiert.
Jetzt hielt man sich mit einem Male nicht nur für berechtigt, jetzt behauptete man sogar, gezwungen zu sein, den Russen einen Rüstungsschritt zuzumuten, den Präsident Kennedy 1962 seiner ungeheuerlichen Unzumutbarkeit wegen unter dem Applaus des ganzen westlichen Lagers mit der Androhung eines Atomkriegs beantwortet hatte: die Aufstellung nuklearer Raketen, die das Gebiet der gegnerischen Supermacht von einer

geographischen Position aus bedrohen, die außerhalb des eigenen Territoriums liegt, mit allen strategischen und nicht zuletzt psychologischen Konsequenzen, die eine solche Asymmetrie der gegenseitigen Bedrohungsmöglichkeiten nach sich zieht. Kennedy hatte sich 1962 gegen die Aufstellung von zwanzig, höchstens dreißig Mittelstreckenraketen auf kubanischem Boden zu wehren (die höchste amerikanische Schätzung nahm damals 32 Raketen an [s. Anm. 66/3, S. 209]). Wie plausibel ist es vor diesem Hintergrund eigentlich, wenn wir von den Russen heute verlangen, sie hätten die Aufstellung von 108 Pershing-2-Raketen auf bundesdeutschem Territorium und zusätzlich von 464 Marschflugkörpern in Westeuropa verständnisvoll als Schritt einer »Nach«-Rüstung hinzunehmen? Als einen Schritt, der mit rein defensiver Zielsetzung allein den Zweck verfolge, das durch den Austausch von SS-4 und SS-5 durch die SS-20 von ihnen selbst gestörte Gleichgewicht »wiederherzustellen«? Mit welcher Wahrscheinlichkeit können wir davon ausgehen, daß ihnen die Logik einleuchtet, mit welcher der Sicherheitsexperte der CSU, Theodor Waigel, in der Parlamentsdebatte erklärte, daß es sich bei dieser Aufstellung nur um »jenes Mindestmaß« handele, »das für unsere Sicherheit elementar erforderlich ist«? Wieviel Verständnis kann Alfred Dregger auf östlicher Seite billigerweise wohl voraussetzen, wenn er, wie er es in der »Nach«-Rüstungsdebatte tat, die Neuaufstellung von 572 nuklearen Waffensystemen mit einer bislang unvorstellbaren Zielgenauigkeit als »minimales Gegengewicht« gegen die Bedrohung aus dem Osten bezeichnet?
Die Vermutung ist nicht aus der Luft gegriffen, daß die Art und Weise, in der hier bei uns für die »Nach«-Rüstung argumentiert worden ist, in östlichen Ohren ebenso unglaubhaft und unwahrhaftig, ebenso irrsinnig klingt wie für uns die russischen Erklärungen zum Hintergrund der Situation in Afghanistan oder die wiederholten Beteuerungen, die östliche Hochrüstung diene ausschließlich der defensiven Sicherung des eigenen Territoriums. Wer sich durch das Dickicht der Auseinandersetzungen um den »NATO-Doppelbeschluß« hindurchliest, bei dem stellt sich früher oder später unweigerlich der Eindruck ein,

daß er sich in eine Welt begeben hat, in der alle Begriffe, Argumente und Zusammenhänge in sich zwar stimmig und geschlossen sind, in der sie alle aber einen anderen als den gewohnten Sinn angenommen haben.
Da können die Beteiligten miteinander und gegeneinander engagiert diskutieren und subtile Argumente austauschen, ja die ganze Auseinandersetzung bis auf den Gipfel einer Geheimwissenschaft hinauftreiben, die nur noch Insidern zugänglich ist. Denn alle haben sich denselben Gesetzen unterworfen. Alle gehorchen sie denselben Spielregeln. Diese Regeln und Gesetze aber haben mit der Wirklichkeit, in der wir uns als normale Sterbliche in einer von unüberbietbaren Ausrottungsinstrumenten strotzenden Welt zu fürchten begonnen haben, immer weniger zu tun. Als potentielle »Weichziele« einer längst von keinem mehr für unmöglich gehaltenen nuklearen Auseinandersetzung sind wir zunehmend mißtrauisch geworden gegenüber jenen Verteidigern unserer Sicherheit, denen das Reden vom »Megatod« aus professioneller Gewöhnung schon verdächtig leicht über die Lippen geht. Warum sollten wir Menschen vertrauen können, für die der Gedanke ein einleuchtendes Argument darstellt, daß die Reduzierung der Verlustquote der eigenen Bevölkerung auf zwanzig Prozent ein erstrebenswertes Ziel sei, weil sie die Voraussetzung dafür bilden könne, aus einem nuklearen »Schlagabtausch« als »Sieger« hervorzugehen? Affekte trüben den Blick. Genauer muß man sagen, daß unsere Emotionen und Stimmungen die Welt für uns »auslegen«, sie in einer der jeweiligen Gemütsverfassung entsprechenden Weise interpretieren und damit unser Urteil präjudizieren.
Ein Beispiel: Im Erleben des Hungrigen reduziert sich die Welt mehr und mehr auf eine Wirklichkeit genießbarer oder ungenießbarer Objekte. Die erwähnte Präjudizierung des Urteils gibt sich in diesem Falle unter anderem daran zu erkennen, daß sich der Kreis des noch als genießbar Erachteten im Verständnis des Hungernden immer mehr erweitert. Jeder wird das bestätigen, der in einem Gefangenenlager oder in der Nachkriegszeit Menschen in Abfällen wühlen und Dinge essen sah, die für eßbar zu halten ihnen ohne den Druck des Triebs nicht eingefallen wäre.

Das Auf und Ab unserer Stimmungen läßt uns die Welt wie mit psychischen Sensoren auf ihre verlockenden und bedrohlichen Möglichkeiten hin durchmustern. Sind wir »guter« Stimmung, bereit, uns auf etwas einzulassen und unsere Leistungsfähigkeit auf die Probe zu stellen, dann präsentiert die Welt sich uns als ein Feld attraktiver Möglichkeiten des Genusses und der Bewährung. Umgekehrt dann, wenn wir dieselbe Welt durch den nicht weniger selektiven Filter einer »schlechten« Stimmung betrachten. Jetzt schieben sich wie von selbst die Aspekte in den Vordergrund, die sie auch zur Bedrohung für uns machen können. Jene Eigenschaften der Welt, die uns Grenzen setzen und die unsere Vorhaben gefährden. In solcher Verfassung entdecken wir auch noch das winzigste Hindernis. Und nicht nur das: Jedes Problem, alle Aufgaben, die vor uns stehen, erscheinen uns dann wie durch eine Lupe übernatürlich vergrößert und drohen, uns mutlos zu machen. Mitunter genügt dann eine einzige gut durchgeschlafene Nacht, um uns das Problem, das noch am Abend zuvor unüberwindbar wirkte, als leicht zu nehmende Hürde erscheinen zu lassen.

Der normale Wechsel unserer Stimmungen sorgt dafür, daß die Welt uns alle ihre unterschiedlichen Gesichter nacheinander zeigt. Daß sie für uns nicht, wie es bei einer anhaltenden Verstimmung der Fall sein kann, in der Einseitigkeit eines einzigen ihrer Aspekte erstarrt. Sobald das geschieht, erstarrt auch unser Vermögen, über die Welt zu urteilen, in entsprechend einseitiger, tendenziöser Weise. Die Psychologen diagnostizieren dann eine Neigung zu »wahnhafter Mißdeutung der Realität«.

Vieles spricht dafür, daß der anhaltende Druck einseitiger Emotionen, die permanente und praktisch ausschließliche Beschäftigung mit Bedrohungsaspekten, in der Welt der sicherheitspolitischen Diskussion eine vergleichbare psychische Grundverfassung hat entstehen lassen. Man kann die »russische Bedrohung« nicht Jahr um Jahr mit suggestiver Eindringlichkeit beschwören und in den schwärzesten Farben ausmalen, ohne von den Ängsten, die man damit beflügelt, früher oder später selbst angesteckt zu werden. Es gibt handfeste Indizien

für den Verdacht, daß das offizielle System der nuklearstrategischen Sicherheitspolitik ungeachtet seiner systemimmanent widerspruchsfreien eigenen Logik begonnen hat, unter der Einwirkung dieser psychologischen Mechanismen zu einem Wahnsystem zu degenerieren.
Wir müssen die Möglichkeit, daß ein solcher Sachverhalt vorliegt, der als spezielle Variante einer Berufskrankheit anzusehen wäre, näher untersuchen. Denn die Frage, der wir nach wie vor auf der Spur sind, ist ja die nach unseren Überlebenschancen in einer Welt, deren Aspekte neuerdings um den eines nuklearen Holocaust erweitert worden sind. Daß diese Chancen von der psychischen Verfassung jener Handvoll Experten abhängig sind, in deren Hände allein, nach eigenem Selbstverständnis[77], unser aller Schicksal gelegt ist, wird niemand bestreiten.

Das Grundmuster einer Phobie

Eine vom amerikanischen Center for Defense Information vorgelegte Untersuchung über den sowjetischen Einfluß in mehr als 150 Ländern kam 1980 zu dem Ergebnis, daß der Ablauf der globalen politischen Entwicklung seit 1945 im Widerspruch stehe zu der verbreiteten Vorstellung, die Sowjets hätten ständig Erfolge aufzuweisen und ihren Einfluß weltweit immer mehr ausgedehnt, während die Vereinigten Staaten eine Kette katastrophaler Rückschläge hätten hinnehmen müssen.[78]
Das ist noch zurückhaltend formuliert. Denn wie sehen die Tatsachen aus? Ganze sechs Länder stehen heute außerhalb des Ostblocks eindeutig unter sowjetischem Einfluß. Mit der einzigen Ausnahme von Kuba hat keines von ihnen militärisch oder politisch eine nennenswerte Bedeutung. Sie alle belasten die ohnehin chronisch kränkelnde Wirtschaft des Ostblocks Tag für Tag mit astronomischen Beträgen. Im einzelnen handelt es sich um Angola, Mozambique und Äthiopien, in denen seit Jahren und fraglos auch auf Jahre hinaus Hungersnöte das

dringendste Problem darstellen. Um das schon erwähnte Kuba sowie Afghanistan, die beide, wenn gewiß auch aus höchst unterschiedlichen Gründen, materiell die gravierendsten Belastungen hervorrufen. Und schließlich um den Südjemen, ein ebenfalls total verarmtes Entwicklungsland, das immerhin den Hafen Aden zu bieten hat.

Das wäre dann auch schon die komplette Liste auf der Erfolgsseite der Bilanz. Wer sich die Mühe macht, seine Vorurteile und Ängste anhand objektiver Daten zu überprüfen, kann sich leicht davon überzeugen, daß die andere, die negative Seite ungleich stärker ins Gewicht fällt. In den Jahren seit 1945 wurden die Sowjets aus Indonesien (der Bevölkerungszahl nach immerhin die sechstgrößte Nation der Erde) hinausgeworfen, nachdem sie versucht hatten, dort Fuß zu fassen. Nicht besser erging es ihnen mit China, dem sie vor dem Bruch noch die zur Errichtung einer eigenen Atomindustrie benötigten Informationen überlassen hatten – als Opfer ihrer eigenen Propaganda in dem Irrglauben gefangen, daß kommunistisch regierte Länder immer und unter allen Umständen »natürliche Verbündete« seien. Seitdem muß sich Rußland nicht nur im Westen, sondern auch an seiner vielfach längeren Grenze zu China bedroht fühlen und verteidigen. (Bei der Gegenüberstellung von westlichen und östlichen Rüstungsaufwendungen, bei denen die kritische Betrachtung alles in allem, wie schon belegt, ohnehin ein deutliches westliches Übergewicht ergibt, wird regelmäßig »vergessen«, daß die Russen mindestens ein Drittel ihrer gesamten Rüstungsausgaben zur Verteidigung dieser zweiten Front aufzuwenden haben.)

Aber die Liste gravierender russischer Schlappen und Fehlschläge ist damit noch keineswegs komplett. 1973 wurden sie von Sadat aus Ägypten hinausgeworfen, nachdem die unterentwickelte sowjetische Wirtschaft in den Jahren zuvor Militärhilfe im Wert von vier Milliarden Dollar ins Land gepumpt hatte (gedacht als Gegengewicht gegen die amerikanische Israel-Hilfe). 1977 warf der Sudan alle russischen Militärberater und Entwicklungshelfer aus dem Land und brach die diplomatischen Beziehungen zur Sowjetunion ab, mit dem Vorwurf, die

Russen hätten begonnen, sich in die inneren Angelegenheiten des Landes einzumischen. Schließlich mußten sie auch Somalia verlassen, was ihnen allein deshalb nicht leicht gefallen sein dürfte, weil sie dort die einzige Flottenbasis außerhalb des eigenen Territoriums eingerichtet hatten.

Nicht vergessen werden darf in diesem Zusammenhang ferner, daß es nach 1945 immerhin zwei ursprünglich zum Ostblock gehörenden Staaten gelungen ist, sich aus der sowjetischen Hegemonie zu lösen: Jugoslawien und Albanien. Partiell gehört zu dieser Gruppe auch noch Rumänien, das politisch und militärisch in den letzten Jahren eine Eigenständigkeit errungen hat, die angesichts der rigide praktizierten Breschnew-Doktrin* erstaunen muß. Der Umstand, daß die Versuche anderer »sozialistischer Bruderstaaten«, es ihnen gleichzutun, 1956 in Ungarn, 1968 in der Tschechoslowakei und in den letzten Jahren in Polen wenn nicht blutig, dann durch massiven militärischen Druck unterbunden werden mußten, kann auch nicht gerade als besonders glänzendes Schmuckstück in der angeblich so lückenlosen Reihe sowjetischer Erfolge angesehen werden. Nicht zu vergessen die brutale, den Vorwurf des Völkermords rechtfertigende Unterdrückung Afghanistans, die sich seit mehreren Jahren vor den Augen einer das Geschehen fassungslos verfolgenden »Dritten Welt« abspielt, die einst wirklich an die ideologisch-propagandistische Phrase geglaubt hatte, das Sowjetregime sei der »natürliche Verbündete« aller armen, hilfsbedürftigen, vom amerikanischen Imperialismus unterdrückten Staaten dieser Erde.

Das Sowjetreich erfolgreich auf dem Wege zur Weltherrschaft? Die Fakten rechtfertigen die Diagnose nicht. Objektiv sieht die Tendenz ganz anders aus. Noch vor einigen Jahren gab es Stimmen in den USA, die ernstlich einen Austritt der Vereinigten Staaten aus der UNO erwogen, da die erdrückende Stimmenmehrheit der fast schon gewohnheitsmäßig alle sowjeti-

---

* These von der begrenzten Souveränität der Staaten des »sozialistischen Lagers«. Sie diente zur Rechtfertigung der Besetzung der ČSSR durch die Truppen des Warschauer Pakts (1968).

schen Anträge befürwortenden Drittwelt-Länder die Weltorganisation zu einem Instrument antiamerikanischer Sowjetpropaganda zu machen drohte. Davon kann inzwischen keine Rede mehr sein. Die Zeiten haben sich geändert. Bei einer am 15. November 1984 in der Vollversammlung der Vereinten Nationen erfolgten Abstimmung unterstützten 119 Länder einen Antrag, der den sofortigen Abzug aller russischen Truppen aus Afghanistan forderte. Nur zwanzig Länder – darunter natürlich die selbst unterdrückten Marionetten der Runde der »sozialistischen Bruderstaaten« – stimmten gegen diese Forderung (und 14 weitere enthielten sich der Stimme).

Fürwahr, die Sowjets haben nicht nur die meisten und ganz gewiß die politisch und militärisch gewichtigsten Verbündeten außerhalb des eigentlichen Ostblocks einen nach dem anderen verloren, sondern auch die meisten ihrer ursprünglichen Freunde in der farbigen Welt. Der zahlenmäßig das Bild der UNO beherrschende Kreis der jungen Nationen beginnt zu entdecken, daß der sowjetische Kaiser keine Kleider anhat.

Zu dieser Bilanz würde man bei einer nüchternen Betrachtung der Situation selbst dann kommen, wenn man sich den unseligen, globalpolitisch verhängnisvollen amerikanischen Standpunkt zu eigen machte, daß überall dort, wo auf dieser Welt Befreiungsbewegungen gegen Diktaturen, gegen die Ungerechtigkeit einer feudalen Wirtschaftsordnung oder gegen die Ausbeutung durch ausländische Wirtschaftsinteressen aufgestanden sind, das eigentliche, das wahre Ziel in einer Erweiterung der sowjetischen Einflußsphäre bestehe. Daß russische Agenten bei solchen Anlässen mitzumischen versuchen, steht außer Frage. Wie unangebracht es andererseits ist, ihre Chancen auf bleibenden Erfolg zu überschätzen, ergibt sich aus der soeben skizzierten sowjetischen »Erfolgsbilanz« der zurückliegenden Jahrzehnte.

Die Farben werden aus sowjetischer Sicht nicht freundlicher, wenn man die Szene um die noch fehlenden Fakten ergänzt, die für das Machtpotential Rußlands maßgeblich sind. In der Klammer zwischen der westlichen Grenzlinie zur NATO und der östlichen zu einem feindlichen China, das selbst dabei ist, sich zu seiner Großmacht aufzuschwingen, sieht das russische Imperium sich von einer fast lückenlosen Kette westlicher Militärstützpunkte in allen Himmelsrichtungen umgeben. Um abermals eine unverdächtige Quelle zu zitieren: Im offiziellen Report Nr. 97–58 des Verteidigungsausschusses des US-Senats aus dem Jahre 1981 heißt es[79]: »Die Sowjets sehen sich möglicherweise von feindlichen Kräften eingekreist, ohne starke Alliierte zur Unterstützung zu haben. Von den 16 Staaten, die 1978 die größten Verteidigungshaushalte hatten, sind sieben einschließlich der Vereinigten Staaten Mitglieder der NATO, eins (Japan) hat ein bilaterales Verteidigungsabkommen mit den USA, und drei (China, Saudi-Arabien und Israel) sind dezidiert antisowjetisch oder prowestlich orientiert. Nur drei der 16 Staaten (die UdSSR selbst sowie die DDR und Polen) sind Mitglieder des Warschauer Vertrags*, ein weiteres (Indien) ist prosowjetisch orientiert...« In der Tat, man möchte es für möglich halten, daß die Sowjets sich eingekreist fühlen!

Aber auch das sind immer noch nicht alle Faktoren, die wir bei dem Versuch einer nüchternen Bilanzierung der tatsächlichen Kräfteverhältnisse in Rechnung stellen müssen. Selbstverständlich gehört zu ihnen auch die wirtschaftliche und industrielle Potenz der jeweiligen Supermacht. Nun, die Ineffizienz der sowjetischen Wirtschaft, die Mängel des russischen Transportsystems, die chronische Versorgungsmalaise des gesamten Ostblocks, der bei den Banken des kapitalistischen Gegners mit astronomischen Summen verschuldet ist, das alles ist weidlich bekannt. Es spricht für sich, daß das Riesenreich es nicht einmal in Friedenszeiten schafft, Nahrungsmittel in einer zur Versorgung der eigenen Bevölkerung ausreichenden Menge zu produzieren, sondern trotz permanenter Devisenknappheit gezwungen ist, der konkurrierenden Supermacht Jahr um Jahr Getreide in der Größenordnung von vielen Millionen Tonnen abzukaufen.

Wir brauchen über all das nicht in Tränen auszubrechen.

---

* Wie hilfreich mag wohl den Russen selbst die Zugehörigkeit Polens zu dieser kleinen Runde erscheinen?

Mitleid hat dieses Imperium nicht verdient (wenn auch gewiß die seinem Einfluß unterworfenen Menschen). Die Sowjets haben sich das alles durch ihre Politik selbst auf den Hals gezogen. Ich weiß: Da gab es die westliche militärische Intervention während der Geburtswehen des postrevolutionären Rußlands, den mehrere Jahre lang drohenden Zerfall des Riesenreiches. Da gab es, ebenfalls in den zwanziger Jahren, den polnischen Überfall, der die »günstige Gelegenheit« nutzte, um sich aus dem noch nicht konsolidierten russischen Staatswesen ein üppig bemessenes – und weder durch historische noch durch ethnische Argumente hinreichend zu legitimierendes – Stück herauszuschneiden. Und da gab es dann schließlich – und das alles zu Lebzeiten einer einzigen Generation! – den mörderischen Überfall Nazi-Deutschlands, der zwanzig Millionen Tote hinterließ und ein weithin verwüstetes Westrußland.

Dennoch: Die Lage könnte heute günstiger sein, als sie es ist, wenn dieses System sich nicht fortwährend selbst behindern würde. Unser Mitleid mit der heutigen Situation ist daher überflüssig. Es ist aber auch überhaupt nicht gefragt. Nicht, ob wir dieses Imperium bedauern sollen, steht zur Debatte, sondern allein die Frage, wie sehr wir Grund haben, uns vor ihm zu fürchten.

Wer von uns, welcher amerikanische Politiker oder General würde angesichts dieser objektiv vorliegenden Bilanz der Kräfteverhältnisse mit den Russen wohl tauschen mögen? Könnte man, wenn man diese Daten im Kopf hat und dann an unsere Russen-Hysterie denkt, nicht auf den Gedanken kommen, hier habe die Schlange angefangen, sich vor dem Kaninchen zu fürchten? Noch einmal: Natürlich gibt es keinen Anlaß, diesem geostrategisch unvergleichlich benachteiligten, aufgrund jahrhundertelanger furchtbarer Erfahrungen von Invasionsängsten beherrschten und an den Folgen eigener Unfähigkeit chronisch leidenden Riesenreich ohne gehörige Vorsicht zu begegnen oder gar ohne die Mittel, sich notfalls verteidigen zu können. Aber aus diesem Grunde sind wir ja auch bis an die Zähne bewaffnet, in jedem der seit 1945 vergangenen Jahre nachweislich weit mehr, als es die östliche Seite zur jeweils selben Zeit gewesen ist. Warum dann trotzdem die auch bei vielen intelligenten und sonst ganz rational denkenden (»vernünftigen«) Menschen verbreitete Zwangsvorstellung, daß ein Überfall aus dem Osten jederzeit zu gewärtigen sei und daß – in einer Situation eines vielfachen »Overkill-Potentials«! – nur eine die westliche Wirtschaft bis an den Rand des Ruins belastende Steigerung der bisherigen Rüstungsanstrengungen die Gefahr noch abwenden könne? Warum angesichts einer erdrückenden globalen Überlegenheit des Westens[80] Bekundungen einer Furcht, die so übermächtig geworden ist, daß ein Psychologe sie unter dem Rubrum »Phobie« einordnen würde?

»Wenn Amerika abrüstete und hilflos wäre, wie lange würde es dann wohl dauern, bis die Kommunisten auch den kleinen Rest (!) der freien Welt schlucken würden, den es heute noch gibt?«[81] heißt es in einem (typischen) Leserbrief an eine amerikanische Provinzzeitung als Antwort auf den Vorschlag, beide Seiten sollten dazu übergehen, atomar abzurüsten. Das ist jene an Verfolgungswahn grenzende Mentalität, die Ronald Reagan, Caspar Weinberger, Colin S. Gray und die anderen Sicherheitsexperten dieses Schlages an die Macht gebracht hat. Legal und ganz demokratisch. Sie sind nicht nur die verfassungsgemäß gewählten Repräsentanten des amerikanischen Volkes, sondern ohne jeden Zweifel auch Männer, die die psychische Verfassung des von ihnen repräsentierten Volkes getreulich widerspiegeln.[82] Eine psychische Verfassung, in der es eine bestürzende Mehrheit dieses großen Volkes für richtig hält, daß ihr Präsident ungeachtet bedrückender innenpolitischer und globaler Probleme für fünf Jahre, 1982–86, die unvorstellbare Summe von 1,5 Billionen Dollar (1 500 000 000 000 Dollar, für jeden einzelnen Tag 800 Millionen Dollar) zur weiteren Aufrüstung verlangt hat.

Bevor wir darauf mit dem Finger zeigen, sollten wir daran denken, daß der aus dieser Mentalität sprechende Verfolgungswahn auch bei uns in voller Blüte steht. Wie sonst soll man es nennen, wenn der Fraktionsvorsitzende der stärksten Regierungspartei den Russen in der »Nach«-Rüstungsdebatte die strategische Option unterstellt, »mit einem einzigen Schlag alle wichtigen Ziele in Europa zu zerstören« – um den Teilkontinent nach anschließend erfolgter Besetzung »zur Ausbeutung zur Verfügung« zu haben?[83] Fürwahr, wer den Russen nicht nur die Absicht zutraut, Europa »mit einem einzigen Schlag« zu zerstören, sondern dazu auch noch das Motiv und die Fähigkeit, die atomare Wüste hinterher gewinnträchtig »auszubeuten«, für den hat der Gegner übermenschliche Proportionen angenommen. In dessen Kopf ist dem potentiellen Feind längst alles zuzutrauen. Der wähnt sich in einer Welt so irrationaler Bedrohungen, daß ihm auch eine »jegliches legitime Verteidigungsbedürfnis übersteigende Rüstung« weder den inneren noch gar den äußeren Frieden schenken kann. Muß es nicht als das »Tüpfelchen auf dem i« gelten, daß just diese Leute es sind, die denen, die vor dem zunehmenden Risiko eines atomaren Holocaust warnen, voller Entrüstung vorwerfen, sie schürten die Angst ihrer Mitmenschen?

Die entscheidende Frage, auf die wir eine Antwort finden müssen, um die psychologische Struktur des Falles verstehen zu können: Wie ist es zu erklären, daß wir als die in jeder wesentlichen Hinsicht weitaus Stärkeren die Angst nicht abzuschütteln vermögen, hoffnungslos Unterlegene zu sein? Wie ist, anders gesagt, die Selbstverständlichkeit psychologisch zu verstehen, mit der wir alle eigenen Rüstungsanstrengungen – unter Berufung auf unsere unbezweifelbare Friedensliebe – als Beitrag zur Sicherheit der Welt betrachten, während wir die gleichen, genauer: die nur fast gleichen Anstrengungen der anderen Seite mit derselben Überzeugung als Drohung beurteilen, geboren aus einer aggressiven Grundhaltung?

»Von Wettrüsten kann doch, was den Westen angeht, wirklich nicht die Rede sein«, sagte Alfred Dregger. Die UdSSR dagegen denke bis heute »ausschließlich in den Kategorien ihres eigenen aggressiven Sicherheitsbedürfnisses, das nicht Ausgleich sucht, sondern auf Unterwerfung zielt«, sekundierte ihm der CSU-Redner Waigel. Warum ist es, wenn zwei dasselbe tun, auf dem Felde der Sicherheitspolitik in den Augen der meisten von uns keineswegs dasselbe? Die Antwort ergibt sich aus einer zur Konstitution des Menschen gehörenden, uns allen angeborenen Asymmetrie des Angsterlebens.[84]

Zwischen der Angst, die ich an mir selbst erlebe, und der Angst eines anderen Menschen, von der ich lediglich weiß, klaffen Welten. Das ist gewiß unlogisch, aber psychologisch verständlich ist es allemal. Die Lage, in der ich mich befinde, wenn ich mir mit noch so großer Phantasie ausmale, ein Zahnarzt bohre mir auf dem Nerv, hat mit der Situation, in der er das wirklich tut, so gut wie nichts gemein. Genau dieser Unterschied besteht für jeden Menschen auch zwischen der eigenen Angst und der eines anderen. Real ist immer nur die eigene Angst. Die Angst des anderen bleibt ihr gegenüber ein blasser Schemen.

Daher erlebt jeder von uns die Rakete in der Hand des Gegners unmittelbar als ein sein Leben bedrohendes Potential. Die Fähigkeit jedoch, die angstauslösende Wirkung realistisch einzuschätzen, die von der gleichen Rakete in der eigenen Hand ausgeht, ist in unserer Psyche fatal unterentwickelt. Ich weiß, da ich der Besitzer meines eigenen Kopfes bin, was in diesem vorgeht. Ich weiß daher auch über jeden Zweifel hinaus, daß ich meine Rakete ohne jeden Hintergedanken einzig und allein zu dem Zweck in der Hand halte, mich mit ihr notfalls verteidigen zu können. Angesichts der Rakete, die ich in der Hand des Gegners sehe, ist mein Wissen sehr viel weniger vollständig. Der Inhalt seines Kopfes ist mir nicht unmittelbar zugänglich, und daher rät meine Angst mir, vorsichtshalber von der schlimmsten Möglichkeit auszugehen.

Diese psychologische Asymmetrie ist allen Menschen angeboren und daher nicht aufhebbar. Sie ist ein erstaunlich oft übersehener Motor des aberwitzigen Rüstungswettlaufs. Denn sie nimmt dem von beiden Seiten als Verhandlungsziel angestrebten »Gleichgewicht« a priori jegliche Realisierungschance. Soweit die Kontrahenten dieses Ziel ernstlich verfolgen – und das nicht zur Vertuschung von Falschspielertricks nur zu tun vorgeben –, jagen sie einem Phantom nach. Die trotz jahrzehntelanger Ergebnislosigkeit unverdrossen fortgesetzte Raketenzählerei ist deshalb so vollkommen sinnlos, weil sie von der gänzlich verfehlten Annahme ausgeht, bei einem Bedrohungsgleichgewicht handele es sich um eine objektive, rechnerisch feststellbare Größe. Ein Mißverständnis, das alle an diesem Ziel

orientierten Bemühungen von vornherein zum Scheitern verurteilt. Denn ein Bedrohungsgleichgewicht ist keine objektivierbare Größe, sondern eine psychologische Erlebnisqualität. Für diese aber gelten ganz andere als arithmetische Gesetze. Deshalb überläßt sich einem Irrlicht, wer die Herstellung eines von beiden Seiten bestätigten »Gleichgewichts« zur obersten Richtschnur von Rüstungskontrollverhandlungen macht.
Selbstverständlich ist dieser Begriff sinnvoll und legitim. Jedoch darf, wer ihn benutzt, nicht aus dem Auge verlieren, daß er damit ein auf dem Felde der Sicherheitspolitik grundsätzlich nicht realisierbares Ziel beschreibt. Auf welcher Ebene das Gleichgewicht numerisch auch immer hergestellt würde, keines der beiden Lager könnte jemals aufhören, die Bedrohung, der es ausgesetzt ist, für unvergleichlich viel größer zu halten als die Bedrohung, die von ihm selbst ausgeht. Jedes der beiden Lager wird daher auch in Zukunft – so, wie es in den zurückliegenden Jahrzehnten ausnahmslos der Fall war – der aus seiner Sicht zwingenden Logik gehorchen, nach der es notwendig ist, die aus der eigenen Perspektive unübersehbar vorliegende Differenz zwischen dem eigenen Bedrohungspotential und dem des Gegners durch eigene »Nach«-Rüstung auszugleichen. Und jede Seite wird eben diesen Schritt dann, wenn die Gegenseite ihn vollzieht, unweigerlich als das sichere Indiz einer gegnerischen Aggressivität interpretieren, die auf sie um so provozierender wirken muß, als sie – subjektiv ehrlich – fest davon überzeugt ist, nicht den geringsten Anlaß für einen neuerlichen Rüstungsschritt geliefert zu haben. So bleibt das Karussell in Schwung.
Deshalb kann weiterhin als ehrlicher Mensch gelten, wer, wie Helmut Kohl oder Alfred Dregger oder Theodor Waigel oder der amerikanische Präsident, eine unsere Sicherheit in höchstem Maße bedrohende russische Überlegenheit an die Wand malt, obwohl aus dem eigenen Lager stammende Zahlen existieren, die diese Behauptung objektiv zur Unwahrheit stempeln. Deshalb ist der deutsche Bundeskanzler weiterhin ein ehrenwerter Mann, auch wenn er am 21. November 1983 vor dem Deutschen Bundestag verkündete, daß ein Verzicht auf die

Aufstellung von Pershing-2-Raketen und Marschflugkörpern die Gefahr eines Krieges erhöhen würde. Obwohl die »Generale für Frieden und Abrüstung« mit militärisch unwiderlegbaren Argumenten nachgewiesen hatten, daß 1. die Aufstellung der NATO-Kernwaffen nur mit der Absicht eines nuklearen Erstschlages zu rechtfertigen sei, daß 2. jeder konventionelle Konflikt in Mitteleuropa zwangsläufig eine Gefährdung dieser nuklearen Systeme bedeuten werde und damit die an Gewißheit grenzende Wahrscheinlichkeit ihres frühzeitigen Einsatzes und daß 3. nicht der geringste Zweifel daran bestehe, daß die Sowjetunion daraufhin Europa mit einem nuklearen Gegenschlag in eine Wüste verwandeln würde. (62/4, S. 118)
Keine Frage: Ehrlich sind sie alle und alle ehrenwert. Auch die Weinbergers, die Adelmans, die Rostows und Perles[85]. Auch Edward Teller, der »Vater der Wasserstoffbombe«, der heute als wissenschaftlicher Chefberater Reagans in Rüstungsfragen die Rolle eines Super-Falken spielt. Die Frage ist nur, was aus uns werden wird, wenn wir uns weiterhin dem Urteil und den Entscheidungen dieser Männer überlassen.

Auf dem Kurs in den »führbaren Atomkrieg«

Aber hat das nukleare »Gleichgewicht des Schreckens« etwa nicht dazu beigetragen, daß uns in Europa der Friede seit 1945 erhalten geblieben ist? Und ergibt sich daraus etwa nicht der logische Umkehrschluß, daß folglich jeder Eingriff in dieses Gleichgewicht – also zum Beispiel das einseitige »Einfrieren« des westlichen Vernichtungspotentials auf dem erreichten Stand ohne Vorleistung des Ostens - den weiteren Erhalt dieses Friedens aufs Spiel setzen würde?
Es ist erstaunlich, wie viele Menschen dieses von allen Rüstungsbefürwortern nachgeplapperte Argument für überzeugend halten. Sie sind ganz offensichtlich blind gegenüber dem zentralen Denkfehler, auf dem es beruht. Von der gleichen

Aussagekraft wäre auch die banale Feststellung, daß die »Titanic« sich in Sicherheit befunden habe, bevor sie auf den Eisberg stieß. Es mag durchaus sein, daß die von vielen offenbar schon für bemerkenswert lang gehaltene Friedensperiode in Europa eine Folge des Prinzips wechselseitiger »Abschreckung« gewesen ist. Beruhigung für die Zukunft aber ließe sich daraus doch nur ziehen, wenn wir sicher sein könnten, daß es sich bei diesem durch Abschreckung gewährleisteten Frieden um einen statischen Zustand handelt. (Wenn die »Titanic« bewegungslos in ihrem Heimathafen liegengeblieben wäre, ja dann, aber auch nur dann, hätte man sie für alle Zukunft in Sicherheit glauben können.)
Bischöfe sind es bemerkenswerterweise gewesen, nicht Generale oder Politiker, die in aller Unmißverständlichkeit ausgesprochen haben, was selbstverständlich ist: »Nukleare Abschreckung ist auf Dauer kein verläßliches Instrument der Kriegsverhütung.«[86] Die Begründung wurde gleich mitgeliefert: Es sei »eine tragische Illusion zu meinen, der Rüstungswettlauf könnte bis ins Unendliche so weitergehen, ohne eine Katastrophe heraufzubeschwören«. Das ist genau der Punkt. Wer den Frieden durch Abschreckung aufgrund der Erfahrung der letzten vier Jahrzehnte für eine ausreichende Sicherung der Zukunft hält, verdrängt total, daß die »Abschreckung«, der er vertrauen zu können glaubt, ihren Charakter nicht für alle Zeiten unverändert beibehalten kann.
Hier stoßen wir abermals auf einen seltsam widersprüchlichen Sachverhalt. Denn wer sich auf diesen durch Abschreckung erzwungenen Frieden auch weiterhin einlassen will, der müßte eigentlich doch entschieden dafür eintreten, daß sich an den »bewährten« Bedingungen, die ihn bisher erhalten haben, nicht das geringste ändert. Gerade er müßte also zum Beispiel engagierter Anhänger jener von den USA ausgehenden Variante der Friedensbewegung sein, die »Freeze«, das Einfrieren der atomaren Rüstung auf dem jetzigen Stand, propagiert. Bekanntlich aber ist das Gegenteil der Fall. Bekanntlich erklären gerade jene, die sich fortwährend auf das Argument berufen »40 Jahre Frieden in Europa unter dem atomaren Schirm«, einen Verzicht

auf den jeweils nächsten möglichen Aufrüstungsschritt (die Vermehrung oder »Verbesserung« einer bestehenden Waffe oder die Einführung eines neuen Waffensystems) mit stereotyper Beharrlichkeit zu einem Verrat an der Sache der Friedenssicherung.
Auch in diesem Punkt aber hat die vom quantitativen und vor allem qualitativen Rüstungswettlauf bewirkte Eigendynamik der Entwicklung die offiziell noch immer vorgetragene sicherheitspolitische Argumentation längst überholt. Die »Gnadenfrist«, die uns das Abschreckungsprinzip verschaffte, um über zuverlässigere und rationalere Möglichkeiten der Friedenssicherung nachdenken zu können, geht heute definitiv ihrem Ende entgegen. Bisher haben wir sie ungenützt verstreichen lassen. Aus eigener innerer Dynamik steuert die Entwicklung aber bereits erkennbar auf ein neues strategisches Konzept zu: auf das des »führbaren Atomkriegs«.
Abschreckung wird nämlich durch den Fortgang der waffentechnischen Entwicklung früher oder später automatisch in Frage gestellt. Die Perfektionierung der Systeme setzt der Wirksamkeit »reiner« Abschreckung als friedenssichernder Strategie mit Notwendigkeit schließlich ein Ende, ohne daß noch so gut gemeinter und energischer menschlicher Widerstand – wenn es ihn denn gäbe – das geringste daran ändern könnte. Nukleare Abschreckung beginnt just dann, wenn sie aus waffentechnologischer Perspektive den Gipfel ihrer Perfektion erreicht hat, aufgrund eines ihr anhaftenden und unvermeidlichen inneren Widerspruchs an Wirksamkeit zu verlieren.
Abschreckung funktioniert nur, wenn der Gegner davon überzeugt ist, daß die andere Seite nicht nur über die Mittel verfügt, mit denen sie ihn auslöschen könnte, sondern auch über den unerschütterlichen Willen, diese Mittel notfalls einzusetzen, und zwar selbst dann, wenn sie damit infolge eines unausbleiblichen Gegenschlages auch die eigene Vernichtung auslöst. Die plausible Annahme, daß diese Aussicht beide Seiten davon abhalten werde, von dem eigenen nuklearen Arsenal Gebrauch zu machen, ist bekanntlich der Kern der Ab-

schreckungsdoktrin. Sie erklärt auch so manchen eigentümlichen Vorfall, der für sich allein genommen zunächst skurril wirken könnte.

So schickte Kennedy im Dezember 1960 zum Beispiel Sicherheitsberater nach Moskau, die keinen anderen Auftrag hatten als den, die Russen dazu zu bewegen, ihre Interkontinentalraketen endlich unverwundbar zu machen. Die im ersten Augenblick verblüffend klingende Forderung folgte peinlich genau der Logik des Abschreckungsprinzips: Sie hatte zum Ziel, die mögliche russische Befürchtung zu beseitigen, die Verwundbarkeit ihres Abschreckungspotentials könnte die amerikanische Seite irgendwann einmal dazu verleiten, dieses Potential durch einen Erstschlag auszuschalten. So kompliziert verlaufen die psychologischen Wege der Abschreckungsstrategie! Ich entnehme diese Begebenheit dem schon wiederholt zitierten Buch von H. Afheldt[66/3], der an seine Schilderung die in der Tat höchst beunruhigende Frage anknüpft, warum denn dann wohl zwanzig Jahre später, im Rahmen der »Nach«-Rüstungsdebatte, gerade die sich aus ihrer Mobilität ergebende Unverwundbarkeit der SS-20 als besonderes Bedrohungsmoment empfunden wurde.

»Die erschreckten Reaktionen auf die ›schwere Bekämpfbarkeit‹ der neuen SS-20-Raketen zeigen eine besorgniserregende Änderung der Auffassung, die im Westen von der Rüstung, insbesondere von Kernwaffen, herrscht.« Eine Änderung in der Tat, die den sich auch aus anderen Hinweisen speisenden Verdacht nährt, das westliche strategische Denken bewege sich inzwischen in der Richtung auf einen nicht mehr unter allen Umständen zu verhindernden, sondern ganz im Gegenteil unter bestimmten Voraussetzungen durchaus führbaren Atomkrieg.

Aber wir wollen der Reihe nach vorgehen. Wir sagten, die Vorbedingung der Wirksamkeit von Abschreckung sei die Überzeugung beider Seiten, daß ein Angriff auch die eigene Vernichtung nach sich ziehen werde. »Wer als erster schießt, stirbt als zweiter« lautete die Devise. Sie aber führte sich, dies die Folge eines inneren Widerspruchs des so einleuchtend erscheinenden Prinzips, im weiteren Verlauf selbst ad absurdum. Denn just als die Perfektion der Waffentechnik den absoluten Selbstmordcharakter einer jeglichen Angriffshandlung mit strategischen Kernwaffen zur absoluten Gewißheit gemacht hatte, kam ein irritierendes psychologisches Moment neu ins Spiel.

»Wenn«, so flüsterte die allzeit wache Bedrohungsangst es den westlichen Strategen jetzt ins Ohr, »wenn die Russen nunmehr also völlig sicher sein können, daß wir unsere Kernwaffen niemals einsetzen werden, weil wir keine Selbstmörder sind, was hindert sie dann eigentlich daran, sich mit Hilfe einer Reihe ›kleiner‹ Aggressionen Stückchen für Stückchen jene Vorteile zu nehmen – Rohstoffquellen oder strategisch wichtige Stützpunkte –, die das Kräfteverhältnis auf längere Sicht zu ihren Gunsten verändern würden?« Gerade die Vervollkommnung der Abschreckung – und darin liegt ihre innere Widersprüchlichkeit – ließ sie unglaubhaft und damit unwirksam werden. Niemand kann billigerweise davon ausgehen oder gar die Forderung erheben, die Amerikaner sollten bei einer »begrenzten« russischen Aggression, bei der vielleicht sogar einige taktische Kernsprengköpfe eingesetzt würden, unverzüglich mit nationalem Selbstmord antworten oder gar, durch die Auslösung der Automatik von Schlag und Gegenschlag, mit der Zerstörung der ganzen Erde. Der Abschreckungsschirm, unter dem bisher der Frieden geborgen schien, verwandelte sich von diesem Punkt an im Verständnis derer, die ihr Denken dem Einfluß permanenter Bedrohungsängste unterworfen hatten, langsam in einen Schirm, unter dessen Deckung Krieg, auch ein mit »kleinen« Kernwaffen geführter Krieg, erneut gedeihen konnte.

Was ließ sich dagegen tun? Einen Ausweg wies der waffentechnische Fortschritt, der aus eigengesetzlicher Dynamik fortwährend die Anpassung an den »strategischen Markt« zu verbessern sucht: Zielgenauigkeit hieß von nun an das Leistungskriterium und: Miniaturisierung der Sprengköpfe. Eine »blindwütige« Zerstörungskraft, gewährleistet durch Sprengköpfe im Megatonnenbereich, die mit nur mäßiger Präzision in die Umge-

bung des Ziels befördert zu werden brauchten, das waren die Charakteristika einer typischen strategischen Abschreckungswaffe gewesen. Die Perfektionierung der Treffgenauigkeit und die – bei Kernsprengsätzen technisch außerordentlich schwierige – Verkleinerung der Sprengköpfe sind ebenso charakteristisch für die Abkehr von diesem strategischen Prinzip.
Deshalb ist eine Rakete vom Typ Pershing-2 eben – auch wenn das von interessierter Seite bis heute heftig in Abrede gestellt wird – keine typische »Abschreckungswaffe« mehr. Sie ist der waffentechnisch konkretisierte Ausdruck einer neuen strategischen Denkschule, die das zur Friedenssicherung nicht mehr länger für tauglich erachtete Abschreckungsprinzip durch die Androhung gezielter (»chirurgischer«) nuklearer Schläge – gegen Befehlsbunker, Nachrichtenzentren und andere Schwerpunkte der gegnerischen Verteidigungsstrukturen – zu ersetzen sucht.
Der anhaltende Streit um die Frage, ob es sich bei der Pershing-2 um eine »Erstschlagswaffe« handele oder nicht, ist ein Streit um des Kaisers Bart. Es kommt auf die Definition an. Mit einem Zielkreis von etwa dreißig Metern – in diesen läßt sie sich aus mehreren tausend Kilometern Entfernung steuern – und Sprengköpfen im Kilotonnenbereich erfüllt sie die von einer Erstschlagswaffe zu fordernden Leistungskriterien jedenfalls in bisher unbekanntem Maße. In höherem Maße als das Gegenstück auf sowjetischer Seite, die legendäre SS-20, deren Eigenschaften andererseits keinen Zweifel daran lassen, daß auch die russische Waffenentwicklung vom Pfade reiner Abschreckung abzuweichen begonnen hat. Es ist zwar sicher richtig, daß die 108 Pershings, die aufgestellt werden sollen, weder zahlenmäßig noch mit der (offiziell angegebenen) Reichweite von rund 5000 Kilometern in der Lage sind, das russische Zweitschlagspotential auszuschalten und damit die »Abschreckung« aus den Angeln zu heben. Aber noch ist ja auch nicht aller Tage Abend.
Wer unter diesen Umständen, wie alle Nachrüstungsbefürworter im deutschen Parlament es unisono getan haben, im Brustton der Überzeugung verkündet, die Aufstellung der neuen

amerikanischen Raketen diene allein »der Wiederherstellung des atomaren Gleichgewichts« und damit der »Aufrechterhaltung der Abschreckung« und somit auch der Vergrößerung unserer Sicherheit, der weiß entweder nicht, wovon er redet, oder er belügt die Öffentlichkeit.

Zu seinen Gunsten sei unterstellt, daß er die »Nach«-Rüstung aus welchen Gründen auch immer für unbedingt notwendig hält und nur deshalb objektiv unwahre Gründe vorschob, weil er nicht mit der Möglichkeit rechnete, uns seine wahren, einen höheren Grad an Weisheit voraussetzenden Argumente verständlich machen zu können. Daß der Untertan auch in der Demokratie von der Obrigkeit in aller Regel für ziemlich dumm gehalten und entsprechend behandelt wird, für diese Vermutung sprechen ja auch sonst Anhaltspunkte in Hülle und Fülle. (Wie oft bekommt man in der Diskussion mit »Sicherheitsexperten« bis auf den heutigen Tag zum Beispiel allen Ernstes das groteske »Argument« aufgetischt, die Abnahme einer nuklearen Gefährdung ergäbe sich doch allein schon aus der stetigen Verkleinerung der Sprengköpfe!)

Diese Entschuldigung mag der Ehrenhaftigkeit der »Nach«-Rüstungs-Befürworter Genüge tun, unsere Sorge angesichts der Mentalität, in der »da oben« über Fragen entschieden wird, die unser Überleben berühren, vermag sie nicht im mindesten zu beschwichtigen. Denn wer weiß sich schon gern in der Hand von Menschen, die, und seien sie noch so intelligent und ehrlich, über unser Schicksal in einer psychischen Verfassung entscheiden, die von phobischen Ängsten geprägt ist. Von Menschen, die sich auf eine sicherheitspolitische Philosophie festgelegt haben (oder haben festlegen lassen), die durch Realitätsverlust und die spezifischen Symptome eines unübersehbar gewordenen Verfolgungswahns charakterisiert ist.

Schon ihre Sprache verrät sie. Auch in ihren Kreisen hat sich längst ein spezifisches Rotwelsch-Idiom entwickelt, das die Vorstellungswelt verräterisch widerspiegelt, in die sie sich zurückgezogen haben. Von den »Insidern« selbst unbemerkt, bestätigt es unsere Befürchtungen: Hier ist ein die Phantasie abstumpfendes, das Grauen in schlimmster Hollywoodmanier mit Pastellfarben zukleisterndes Vokabular im Schwange[87], unverkennbares Anzeichen eines bereits fortgeschrittenen Realitätsverlustes. Oder genauer, da »Verlust« einen vom Betroffenen selbst bedauerten, rein passiven Vorgang meint: sprachlicher Ausdruck einer konsequenten, durch berufliche Gewöhnung und phobische Verdrängung motivierten aktiven Abwendung von der Realität.

Es begann, wir erinnern uns, damit, daß die beteiligten Militärs der Hiroshima-Bombe seinerzeit den Kosenamen »Little Boy« verliehen – so, als wollten sie sich durch sprachliche Verniedlichung des »Geräts« vor der Einsicht abschotten, daß sie im Begriff waren, mit ihm den ungeheuerlichsten Massenmord der Kriegsgeschichte zu begehen. Inzwischen hat man sich auch an Wörter wie »Megatod« und »Overkill« als an (bitte sehr!) sachlich aufzufassende Fachausdrücke gewöhnt. Das heißt aber doch nur, daß das unvorstellbare Entsetzen, auf das diese Wörter sich beziehen, mit ihrer Hilfe mehr verdeckt als ins Bewußtsein gehoben wird. Im militärischen und sicherheitspolitischen Raum sind Begriffsbildungen dieser Art, die jeden potentiellen emotionalen Anknüpfungspunkt vorsorglich umgehen, längst gängige Münze. Da tauchen Soldaten in einem Rüstungsvergleich als »menschliche Aktivposten« auf und zukünftige tote Zivilisten als »Nebenverluste«. Menschen verwandeln sich im Kopf eines Waffentechnikers in »Weichziele« – die Wirkungsabschätzung erfordert zwingend ihre Unterscheidung von Gebäuden oder »militärischem Gerät« –, und Großstädte werden zu abstrakten »Zielgebieten«.

Ein letztes Restchen an Humanität mögen diese das Grauen verharmlosenden Umschreibungen mittelbar insofern noch reflektieren, als sie sich als Belege dafür interpretieren lassen, daß der Mensch Unmenschliches denn doch nicht in beliebig hoher Dosierung zu akzeptieren bereit ist. Aber da gilt es dann eben, sich zu entscheiden. Entweder man lehnt das Unerträgliche entschieden ab und stellt sich ihm bedingungslos in den Weg, oder man »bewältigt« es passiv durch Gewöhnung und läßt sich dabei moralisch korrumpieren. Strategen und Sicherheitspoliti-

ker in Ost und West marschieren mit ungebrochenem Selbstbewußtsein auf dem zweiten Weg.
Deshalb sind ihre Beteuerungen, sie seien an nichts anderem interessiert als an der Erhaltung des Friedens, in Wahrheit auch keinen Pfifferling wert. Schon zu Lebzeiten Bert Brechts galt der Satz: »Wenn die Oberen vom Frieden reden, weiß das gemeine Volk, daß es Krieg gibt.«[88] Selbst wenn sie glauben sollten, was sie uns sagen, änderte das gar nichts. Denn jener Gewöhnungsprozeß hat längst begonnen, nicht nur ihre Sprache, sondern auch ihr Denken und ihre Vorstellungswelt zu denaturieren. Wer es sich lange genug zur alltäglichen professionellen Pflicht macht, das Undenkbare zu denken, für den nimmt das Undenkbare früher oder später ganz unvermeidlich den Charakter des Möglichen an. An diesem Punkt aber beginnt er in seinem Kopf mit dem Gedanken zu spielen, welche Optionen sich wohl eröffnen könnten, wenn er das ursprünglich Undenkbare und inzwischen immerhin als möglich Erscheinende einmal als realisierbare Maßnahme betrachtet. Nur im Kopf, selbstverständlich, und nur als bloßes Gedankenspiel. Aber von hier ab wird der Weg immer abschüssiger, und Gewöhnung schmiert ihn wie Seife.
An welchem Punkt dieses Weges jene inzwischen schon angelangt sind, die über unser Schicksal entscheiden werden, das ist für jeden in aller Deutlichkeit erkennbar, der Augen und Ohren hat. Wenn die Verantwortlichen heute von der Führbarkeit eines Atomkriegs reden, weil sie bei ihren Computerspielen herausgefunden haben, daß es strategische Möglichkeiten gibt, bei denen nicht die ganze Menschheit, sondern »bloß« zwanzig oder dreißig Prozent der gegnerischen und der eigenen Bevölkerung ausgerottet werden würden – die Bevölkerung der nichtkriegführenden Länder bleibt in der Regel unerwähnt –, dann wird man ohne Übertreibung von einem bereits kritischen Punkt reden dürfen.
Oder kann es uns etwa beruhigen, wenn der amerikanische Vizepräsident George Bush die Ansicht äußert, daß die Vereinigten Staaten selbst aus einem global eskalierenden Atomkrieg als »Gewinner« hervorgehen könnten, wenn es nur gelänge,

durch Zivilschutzmaßnahmen das Überleben von mindestens fünf (!) Prozent der amerikanischen Bevölkerung sicherzustellen?[23] Oder wenn der bundesdeutsche Verteidigungsminister Manfred Wörner kühl resümiert: »Die Bereitschaft zur Hinnahme empfindlicher Verluste an Menschen und Material fällt heute in einem potentiellen Kriegstheater wie in Westeuropa... bereits mit der Entscheidung, sich überhaupt verteidigen zu wollen.«[89] Am Rande: »Kriegstheater« – wieder so ein die Realität verlogen ins noch Erträgliche verfälschendes Wort, das der nuklearen Massentötung den Charakter einer gewaltigen Show unterzuschieben scheint. Als ob es sich auch dabei nur um eine Variante aus der Gattung der so beliebten Hollywood-Katastrophenspektakel handelte.

Sie alle wollen den Krieg nicht. Niemand will ihn. Aber will denn niemand sehen, daß die Wahrscheinlichkeit seines Ausbruchs gleichwohl immer größer wird infolge der professionellen Abstumpfung, die in den Köpfen derer um sich greift, denen wir die Aufgabe überlassen haben, uns vor ihm zu schützen? Die Gefahr besteht nicht darin, daß irgend jemand heute den Krieg will. Das ist richtig. Aber wie lange können wir die Augen noch davor verschließen, daß sie dadurch stetig näherrückt, daß wir alle einer Gesellschaft angehören, deren Denken und Maßstäbe sich immer mehr militarisieren?

Es ist Zeit, sich darauf zu besinnen, daß der Prozeß nicht nur die sicherheitspolitischen »Profis« erfaßt hat. Diese naturgemäß zwar am stärksten. Ganz unberührt aber sind auch wir, das gewöhnliche Volk, inzwischen nicht mehr. Psychisch seien wir alle längst »atomar verseucht«, schreibt Franz Alt. Längst haben wir uns daran gewöhnt, daß wir keine Zeitung mehr aufschlagen und keine Nachrichtensendung mehr hören können, ohne – »mitten im Frieden«! – auf Meldungen über Krisen oder Zwischenfälle, über gegenseitige Drohungen, Ab- oder Aufrüstungsinitiativen, über den erfolgreich abgeschlossenen Test einer neuen Rakete oder die martialische Äußerung irgendeines Generals zu stoßen. Mehrmals an jedem Tag, ohne Ausnahme. Längst haben wir uns gewöhnt, das für »normal« zu halten. In der Tat: Es ist »Vorkriegszeit«!

Auch in unseren Köpfen hat die Realität längst auf bedenkliche Weise begonnen, unrealistische Züge anzunehmen. Es beginnt schon damit, daß wir das, was da auf uns zukommt, noch immer mit dem gewohnten Wort »Krieg« bezeichnen. »Krieg«, den hat es immer gegeben, in aller Geschichte. Mit ihm sind die Menschen, so furchtbar er ihnen auch mitspielte, immer auf irgendeine Weise dann doch fertig geworden. Selbst der letzte, der furchtbarste Krieg von allen, unterschied sich in dieser Hinsicht nicht von seinen historischen Vorgängern: Millionen Menschen kamen um. Aber Zivilisation und Kultur überlebten. In allen Trümmern hinterließ er doch genügend Reste, um den Überlebenden die Chance zu lassen, »wieder von vorn anfangen« zu können. Auch die zwischenstaatliche Ordnung hatte überlebt. Verträge konnten geschlossen werden und das friedliche Zusammenleben wenigstens innerhalb begrenzter Regionen der Erde neu ordnen.

»Es ist ganz offensichtlich eine den Tatbestand der Unwahrheit erfüllende Verharmlosung, wenn wir, als hätte sich nichts geändert, noch immer dies längst nicht mehr treffende Wort gebrauchen«, indem wir von »Krieg« und »Kriegsgefahr« reden, wo es um die Gefahr der Vernichtung allen menschlichen Lebens geht, um die Aussicht, daß hinterher keine Überlebenden mehr Frieden schließen und an eine »Vorkriegszeit« wieder anknüpfen könnten, indem sie von neuem anfangen. »Die Distanz zwischen der Wirklichkeit, um die es geht, wenn wir (heute) Krieg sagen, und der Vorstellung, die wir mit diesem Wort verbinden, ist abgründig«, stellt der Freiburger Sprachwissenschaftler Hans-Martin Gauger zu Recht fest.[90]

Das gleiche gilt für das Wort »Waffe«. Es stellt objektiv eine Lüge dar angesichts der Wirkung von Vernichtungsmitteln, deren Folgen nicht nur ganze Populationen von »Nichtkombattanten« (welch rührend nostalgisches Wort aus ferner Vergangenheit!), sondern sogar »den Nichtgeborenen, ja den noch nicht Gezeugten« treffen würden. »Völkervertilgungsmittel« (Ivan Illich) wäre ein weitaus passenderes Wort für das, was gemeint ist. Für »Waffen«, die »in der Anwendung, bei einiger Eskalation, alle Regeln des Völkerrechts, alle Konventionen und Protokolle von Haag und Genf und dazu die Normen von Nürnberg, mit einem Schlag außer Kraft setzen, die unvermeidlich ›Verbrechen gegen die Menschlichkeit‹ begehen müßten, ja, die dazu bestimmt sind, das zu tun«. Mit diesen Worten beschrieb Dolf Sternberger die »absolute Kriminalität« dieser von uns allen höchst bedenklich nach wie vor »Waffen« genannten Vernichtungsinstrumente.[91]

Es gibt noch weitere Beispiele: Das Wort »Verteidigung« gehört dazu (weil seine legitime Verwendung die Bedeutung einschließt, daß das, was verteidigt werden soll, hinterher – und dies selbst im Falle des Mißlingens der Verteidigung – noch existiert). Das Wort »Nach«-Rüstung gehört ebenfalls dazu, weil es beschwichtigend suggeriert, daß man nur einen Schritt nachvollziehen wolle, den der Gegner schon getan habe, und daß danach alles wieder so sein werde wie zuvor.[92] So stutzt der Verrohungsprozeß einer zunehmenden psychischen Abstumpfung die Gefahr unmerklich auf eine scheinbar handhabbare Größe zurecht. Wer aber mit dem Gedanken vertraut zu werden beginnt, daß auch Pest und Cholera letztlich nur »gewöhnliche« Infektionen sind, die viele Menschen schon überlebt haben, der wird eines Tages auch anfangen, seinen Impfschutz zu vernachlässigen. Kriege fangen in Köpfen an, lange Zeit, bevor der erste Schuß fällt. Haben wir den kritischen Punkt womöglich schon überschritten?

Ende Juni 1984 hatte ich die Gelegenheit zu einem ausführlichen Gespräch mit Edward Teller, dem wohl einflußreichsten Befürworter des Konzepts, die Vereinigten Staaten durch einen im Weltraum zu installierenden Schirm von Abwehrraketen in eine »uneinnehmbare Festung«* zu verwandeln. Der äußerst charmante und lebhafte, hochgebildete alte Herr gab mir dabei eine Antwort, die einen unauslöschlichen Eindruck auf mich gemacht hat. Gegen Ende des in deutscher Sprache geführten

---

* Signalisiert diese, im Zusammenhang mit dem »Star-War-Konzept« in den USA – »mitten im Frieden!« – gebräuchliche, angeblich auf Reagan zurückgehende Formulierung nicht auch das Vorliegen eines wahnhaft übersteigerten Schutzbedürfnisses?

Gesprächs sagte er (und ich entnehme das folgende Zitat wörtlich dem vorliegenden Protokoll unserer Unterhaltung): »Sie haben es öfters behauptet, daß ein Atomkrieg die Menschheit ausrotten könnte oder mindestens die Zivilisation. Da bin ich mit Ihnen nur zum Teil einig. Die seelischen Konsequenzen, die könnten der Zivilisation ungeheuren Schaden, vielleicht unwiderrufbaren Schaden zufügen. Aber die Menschheit würde überleben. Das muß man wissen.«
Kein Zweifel war möglich: Teller empfand diese Feststellung als beruhigend und hielt sie mir entgegen, weil er überzeugt war, dieser mit Verve vorgetragene Hinweis werde die von mir vorgebrachten Befürchtungen als übertrieben erscheinen lassen. Ein Einblick in die Vorstellungswelt des wissenschaftlichen Chefberaters der Reagan-Administration in Rüstungsfragen, der einen lehren kann, wie weit sich die innerhalb des kleinen, exklusiven Kreises der professionellen Sicherheitsexperten geltenden Maßstäbe und Denkprozesse bereits von der Welt entfernt haben, in der wir noch immer zu Hause sind. Das Denkgebäude, an dem sie seit so langer Zeit arbeiten und das sie dabei – in ihren Augen – immer weiter vervollkommnet haben, ist in sich schlüssig und logisch unwiderlegbar. In unseren Augen aber hat es seit geraumer Zeit immer unübersehbarer den Charakter eines Wahnsystems angenommen.
Ob sie uns wenigstens vorher fragen werden, wenn sie an den Punkt gelangen, an dem es ihnen früher oder später unweigerlich als »vernünftige Option« erscheinen wird, angesichts irgendeiner kritischen Konstellation von dem Instrumentarium endlich auch einmal Gebrauch zu machen, mit dessen Anwendungsmöglichkeiten sie in ihren Köpfen jahrein, jahraus gespielt haben? Ob sie uns wohl wirklich »konsultieren« werden, um zu erfahren, ob es uns auch recht ist, bevor sie die Hölle loslassen?
Machen wir uns nichts vor: »Kein nuklearer Staat teilt die Entscheidung über den Einsatz einer Waffe, die über die eigene Existenz entscheidet, mit irgendeinem anderen Staat, schon gar nicht mit einem nichtnuklearen. Konsultationen sind Märchen für die nichtnuklearen Kinder.«[93] So ist es.

Wege aus der Gefahr

Lassen wir die Moral zunächst weiterhin aus dem Spiele. (Sie wird später noch zur Sprache kommen.) Beschränken wir uns also auf das sachliche Problem: die Frage, wie sicher wir uns in einem durch einen beiderseitigen Rüstungswettlauf charakterisierten Zustand des Nicht-Krieges (einer »permanenten Vorfeindschaft«, wie es in einer Verlautbarung des Pentagons einmal treffend hieß) fühlen dürfen. Die Antwort ist einfach: nicht mehr oder weniger sicher oder unsicher, sondern mit uneingeschränkter Eindeutigkeit absolut unsicher.
Das ist leicht zu begründen. Die Beurteilung ergibt sich aus der Relation zwischen der Größe der Gefahr und der Wahrscheinlichkeit ihres Eintretens, aus der »Risikokalkulation«, wie jede Versicherungsgesellschaft sie ihrer Prämienberechnung und wie wir alle sie mit ausreichender intuitiver Präzision unseren alltäglichen Handlungen zugrunde legen. Zwar verkürzen wir – statistisch betrachtet – unsere Lebenserwartung jedesmal um mehrere Minuten, wenn wir eine verkehrsreiche Straße überqueren. Wir »wissen« intuitiv auch, daß wir dabei »etwas riskieren«. Wir nehmen das Risiko jedoch auf uns, weil ein Unfall bei ausreichender Vorsicht äußerst unwahrscheinlich ist und weil er selbst dann, wenn es dazu kommen sollte, nicht gleich von der schlimmsten Art zu sein braucht. Je größer die möglichen Folgen aber sein können, um so eher sind schon minimale Wahrscheinlichkeiten geeignet, uns zu irritieren. Und wenn es sich gar um existentielle Gefahren handelt, halten wir schon ein noch so kleines »Restrisiko« aus guten Gründen für untolerierbar.
Das alles ist höchst trivial und aus den jahrelangen Diskussionen um die »Sicherheit« von Kernkraftwerken hinreichend bekannt. Zwar sitzt den Kraftwerksbetreibern das Hemd näher als der Rock, weshalb sie gegen die immer höher geschraubten Sicherheitsauflagen hinhaltenden Widerstand leisten. Aber wenn ein GAU – ein »Größter Angenommener Unfall« – mit einer noch so geringen Wahrscheinlichkeit dazu führen kann,

einige hundert Quadratkilometer eines dichtbesiedelten Industrielandes auf Jahrzehnte hinaus unbewohnbar zu machen, dann zweifelt grundsätzlich niemand an der Notwendigkeit, den Schutz gegen dieses »Restrisiko« so stark auszubauen, wie es technisch überhaupt machbar ist. Dann muß sogar das Argument ernstlich in Erwägung gezogen werden, ob man, da es absoluten Schutz nicht geben kann, auf das Projekt nicht vernünftigerweise von vornherein verzichten sollte.
Ich wüßte nun gern, woran es eigentlich liegt, daß man von dieser Argumentation im Zusammenhang mit der »Friedenssicherung durch Abschreckung« so selten etwas hört. Denn der GAU, der hier in Rechnung zu stellen wäre, besteht in nichts Geringerem als dem Ende der Bewohnbarkeit der ganzen Erde. Und daß »Abschreckung« den Ausbruch einer nuklearen Auseinandersetzung *mit absoluter Sicherheit* verhindern könne, das glauben nicht einmal ihre glühendsten Verfechter.[94] Und nur ein Zyniker könnte behaupten, daß das unvermeidlich verbleibende »Restrisiko« durch die inzwischen erfolgte Abkehr vom reinen Abschreckungsprinzip etwa verringert würde.
Das Ende durch einen nuklearen Holocaust ist daher, so, wie die Dinge bisher liegen, einzig und allein eine Frage der Zeit. Vierzig Jahre Frieden in Europa unter dem atomaren Schirm? Sehr schön! Vielleicht werden auch noch sechzig Jahre daraus oder sogar hundert. Aber was nützte das der Menschheit, was nützte es uns oder unseren Kindern· oder Enkeln, wenn am Ende dieser Frist, wie lange sie immer dauern mag, das Ende von allem steht, was »unsere Welt« ausmacht? Wenn am Ende dieser Frist nicht nur die weitere Geschichte, also die Zukunft, sondern auch die ganze Vergangenheit, alles, was Menschen bisher geleistet und hervorgebracht haben, annulliert würde, als ob es das nie gegeben hätte? So leben wir denn in der Situation von Delinquenten, über die das Todesurteil schon gesprochen ist und die jetzt nur noch auf die Festlegung des Exekutionstermins warten. Das ist das wahre Gesicht der »Gnadenfrist«, von der die deutschen Bischöfe gesprochen haben.[86]
Es sei denn, wir rafften uns auf und änderten die Voraussetzun-

gen. Es sei denn, wir zögen endlich – irgendwann wird es dazu zu spät sein – die Konsequenzen aus der Einsicht, daß wir auf dem bisherigen Wege »einer alles vernichtenden atomaren Katastrophe zusteuern«, wie die »Generale für Frieden und Abrüstung« unmißverständlich erklären. (66/4, S. 9) Daran, daß es grundsätzlich ohne weiteres möglich wäre, das sicherheitspolitische Ruder herumzuwerfen und einen anderen, weniger lebensgefährlichen Kurs zu steuern, muß daher noch mit einigen Hinweisen erinnert werden.

Zwar ist es im Rahmen dieses Buches natürlich nicht möglich, hier jetzt hieb- und stichfest ausgearbeitete sicherheitspolitische Alternativen vorzutragen (womit ich mich ohne fachlich kompetenten Beistand zweifellos auch übernehmen würde). Notwendig ist aber die Anführung von Belegen dafür, daß es überhaupt Alternativen gibt, über die nachzudenken uns helfen könnte. Denn zu den Eigentümlichkeiten, die der offiziellen Sicherheitsdebatte einen so bedenklich irrationalen, zwangsneurotischen Charakter verleihen, gehört auch die beharrliche Tendenz, den bisherigen Kurs ungeachtet aller unübersehbaren Nachteile und Risiken als den einzigen überhaupt möglichen auszugeben und alle abweichenden Vorschläge als unrealistisch und friedensgefährdend beiseite zu schieben.

Die Erfahrung zeigt, daß dabei in aller Regel auch noch unfair argumentiert wird. Die häufigste Methode: Dem Kontrahenten wird eine extreme Version der von ihm vertretenen Alternative untergeschoben. Wenn Oskar Lafontaine – um ein typisches Beispiel zu nennen – etwa die allmähliche Herauslösung der europäischen Staaten aus den beiden Blocksystemen und die Schaffung eines atomwaffenfreien Mitteleuropa als politisch erstrebenswertes Ziel bezeichnet, weil sich dadurch möglicherweise die unmittelbare Konfrontation der beiden Supermächte in einer der spannungsträchtigsten und höchstgerüsteten Regionen der Erde beseitigen ließe, dann wird das im Handumdrehen zu dem Vorwurf verkürzt, er und mit ihm Teile der SPD stellten das westliche Bündnis in Frage. (66/1, S. 65) Wenn ein Vertreter der Friedensbewegung mit einem Befürworter der »Nach«-Rüstung diskutiert, wird ihm wie selbstverständlich unterstellt, er propagiere eine »einseitige Abrüstung des Westens«.[97] Auch in der für uns alle so folgenreichen Bundestagsdebatte im November 1983 erwähnten ausnahmslos alle Redner der Koalitionsparteien jegliche Alternativen zu dem von ihnen selbst vertretenen Kurs, wenn überhaupt, dann nur in Formulierungen, in denen von »einseitigem Verzicht«, »mangelhaftem nationalen Behauptungswillen«, »antiamerikanischen Ressentiments« und ähnlich negativ besetzten Begriffen die Rede war.

Wen die Götter vernichten wollen, den schlagen sie zuvor mit Blindheit. Es ist schwer, dem Gedanken zu widerstehen, daß hier ein tiefsitzender Todestrieb am Werke ist, der die Verantwortlichen blind auf einem Wege beharren läßt, an dessen Ende es für uns alle nur ein totales Ende, das Ende aller menschlichen Geschichte geben kann.

Der Vorwurf der Blindheit schließt die Überzeugung ein, daß es in Wirklichkeit sehr wohl Alternativen gibt, Auswege, nach denen zu suchen und die wenigstens zu diskutieren in unserem Interesse läge. Wie können wir den Berg an Vernichtungsmitteln, dies die entscheidende Frage, wieder abbauen, mit dem wir uns, wenn uns das nicht rechtzeitig gelingen sollte, früher oder später unfehlbar in die Luft sprengen werden – und zwar ohne bei dem Prozeß die Kriegsgefahr zu erhöhen oder unsere Freiheit aufs Spiel zu setzen?

Die Polarisierung des Streits zwischen Friedensbewegung und offizieller Politik zwingt dazu, die Schilderung der nächstliegenden Möglichkeiten mit dem Hinweis auf eine Binsenwahrheit zu beginnen: Jeder Versuch, unsere Sicherheit auf eine andere Grundlage umzubetten, die tragfähiger ist als das Wahnsinnsgerüst der fortlaufenden Perfektionierung einer »Option« zum globalen Massenselbstmord, muß in Stufen erfolgen. In sorgfältig geplanten und vorbereiteten einzelnen Schritten, von denen der jeweils nächste immer erst erfolgen darf, wenn der vorangegangene abgeschlossen und gesichert ist.

Eine an Banalität kaum zu übertreffende Binsenweisheit, ohne Frage. Aber wenn man sie nicht unterstreicht, hat man sich erfahrungsgemäß schon im nächsten Augenblick mit dem lästigen Standardeinwand auseinanderzusetzen, man rede einer einseitigen Abrüstung des Westens das Wort. Daß in »der« Friedensbewegung auch Träumer mitschwimmen, die das allen Ernstes tun und die von den Möglichkeiten einer »zivilen Verteidigung« phantasieren, gibt dem Einwand scheinbar einen Anflug von Berechtigung. Aber »Spinner« gibt es ja in beiden Lagern.[95] Der katholische Friedensforscher Bernhard Sutor hat es in einem sehr lesenswerten Aufsatz über »Chancen politischer Innovation durch die kirchliche Friedenslehre« sogar für angebracht gehalten, das Prinzip des schrittweise erfolgenden Vorgehens bei allen Versuchen zum Abbau konfliktträchtiger Spannungen durch einen speziellen Terminus besonders hervorzuheben: Sutor spricht von dem »Konzept eines politischen Gradualismus«, ohne allerdings auf konkrete Beispiele einzugehen.[66/6] Nein, eine einseitige Abrüstung wäre in der entstandenen Situation als erster Schritt kein hilfreiches Mittel.

Ein sinnvoller erster alternativer Schritt wäre dagegen das »Einfrieren« der Rüstung auf dem gegenwärtigen Stand. Der Vorschlag wurde unter dem Kennwort »Freeze« bekanntlich schon vor Jahren in die Diskussion eingebracht und unter anderem in der Abschlußerklärung des Mainzer Kongresses »Naturwissenschaftler gegen Atomrüstung« 1983 mit eingehender Begründung wiederholt.[66/8] Seine Logik ergibt sich aus dem Rückblick auf die Geschichte. Der Aachener Politologe Winfried Böttcher rechnet vor, daß es zwischen den Jahren 650 v. Chr. und 1975 n. Chr. 1856 Versuche gegeben habe, den Frieden durch Hochrüstung zu sichern. Davon hätten 1600 Versuche zum Ausbruch eines Krieges geführt und weitere 16 zum wirtschaftlichen Ruin der Beteiligten.[96] Der Vorschlag, durch ein Anhalten der Rüstungsspirale den Versuch zu machen, diese Folgen zu verhindern, nimmt sich vor diesem historischen Hintergrund vernünftig aus. Warum ist er von offizieller Seite trotzdem niemals ernstlich diskutiert worden, warum wird er vielmehr bis auf den heutigen Tag schweigend übergangen?[97]

Mir scheint, daß das an gewissen mit ihm verbundenen Worten und Begriffen liegen könnte, die auf die Bereitschaft eines Berufspolitikers, über den Fall weiter nachzudenken, in der

Art eines bedingten Reflexes wirken. Das »Freeze«-Konzept ließe sich so, wie die Dinge heute liegen, im ersten Schritt einzig und allein in Gestalt einer »einseitigen westlichen Vorleistung« realisieren. Das aber ist eine Wortverbindung, welche die Fähigkeit eines Sicherheitsprofis zum weiteren Hinhören und Mitdenken mit der gleichen Abruptheit und Zuverlässigkeit beendet, wie ein Pawlowsches Klingelsignal den Appetit einer entsprechend konditionierten Ratte.

Das ist sehr bedauerlich, denn das Weiterdenken lohnt sich in diesem Falle durchaus. Zwar ist das »Freeze«-Konzept in der Tat nur in der Form eines einseitigen Schrittes der Vorleistung realisierbar. Das Schicksal nahezu aller Rüstungsbegrenzungs-Verhandlungen der letzten Jahrzehnte belegt das zur Genüge (eine der wenigen Ausnahmen: das Teststopp-Abkommen des Jahres 1963). Wer aber über seinen sicherheitspolitischen Schatten springt und sich von dieser Voraussetzung nicht am Weiterdenken hindern läßt, der kann auf den überraschenden Gedanken kommen, daß die Einseitigkeit seines Verzichts gar nicht ihn selbst, sondern den potentiellen Gegner empfindlich treffen könnte: mit der (hoffentlich) eintretenden Folge, daß sie diesen dazu animiert, dem »vorgeleisteten« Beispiel zu folgen.

Um damit anzufangen: Ein einziges Poseidon-U-Boot kann heute 160 Sprengköpfe – jeder einzelne von ihnen mit der zwanzigfachen Zerstörungskraft der Hiroshima-Bombe – in voneinander getrennte Ziele steuern und damit zum Beispiel alle russischen Städte mit mehr als 200 000 Einwohnern auslöschen. In der Praxis heißt das, daß ein einziges U-Boot Rußland zerstören könnte. Man muß seinen Kopf jahrelang exklusiv der Wahnsinnslogik des offiziellen Sicherheitsdenkens ausgesetzt haben, um unter diesen Umständen auf den Gedanken verfallen zu können, daß es eine Minderung der eigenen Sicherheit bedeuten würde, wenn man – und sei es einseitig – darauf »verzichtete«, dieses irrwitzige Vernichtungspotential unter Einsatz aller verfügbaren wirtschaftlichen Reserven noch weiter zu vermehren.[98]

Die Fortsetzung des Wettrüstens, davon waren wir ausgegangen, würde früher oder später unweigerlich zum atomaren

Holocaust führen. Eine – notgedrungen einseitige – Weigerung, sich an der Fortsetzung des Irrsinns unter diesen Umständen weiter zu beteiligen, würde unserer Sicherheit andererseits auf Jahre hinaus keinen Abbruch tun.[99] Was ergibt sich daraus? Was wären die wahrscheinlichen Folgen, wenn das westliche Verteidigungsbündnis eines Tages feierlich deklarierte, daß seine Mitglieder von Stund an nuklear nicht weiter aufrüsten würden. Und wenn es sich, das natürlich auch vorausgesetzt, an diese Deklaration dann ohne Wenn und Aber strikt hielte, ohne sich unter anderem von dem gewiß nicht ausbleibenden Widerstand aus den Kreisen der eigenen Rüstungsindustrie irre machen zu lassen? Erste voraussehbare Folge: Niemand würde es glauben. Insbesondere die Russen würden fest davon überzeugt sein, es lediglich mit einem weiteren, neuartigen sicherheitspolitischen Bluff zu tun zu haben. (Man könnte es ihnen nicht einmal verargen.) Während der Westen seinen »einseitigen Verzicht« auf eine weitere Teilnahme am Rüstungswettlauf realisierte, würde die andere Seite daher zunächst wie bisher nach Leibeskräften weiterrüsten.

Dabei aber bliebe es über die Jahre hinweg nicht. Die Gesamtsituation würde sich verändern. Unmerklich zunächst, dann aber immer deutlicher. Nach Überwindung der unvermeidlichen Umstellungsprobleme in der Rüstungsindustrie – deren »konventionelle« Zweige von der Entwicklung andererseits gar nicht betroffen wären – würde der amerikanische Staatshaushalt sich allmählich wieder normalisieren. Die astronomischen Defizite würden auf ein vernünftiges Maß reduziert werden können, die Zinsen ebenfalls, mit den entsprechenden heilsamen Konsequenzen für die gesamte westliche Wirtschaft. Für die Behebung innerer, vor allem sozialer und bildungspolitischer Probleme würden beträchtliche Summen freigesetzt, desgleichen für eine wirksame Unterstützung von Entwicklungsländern, die sich mit eigener Kraft nicht aus ihrem Elend erheben können.

Die Vereinigten Staaten – und mit ihnen die von ihnen abhängigen, zum westlichen Lager gehörenden Länder – würden sich zu erholen beginnen. Wirtschaftlich, aber nicht zuletzt auch

seelisch. Mit dem Ausstieg aus dem Wahnsinn eines bis zu irrationalen Dimensionen gediehenen Rüstungswettlaufs entfalteten sich auch psychisch heilsame Wirkungen. »Wir haben aufgehört, unser Ausrottungsarsenal wie besessen immer noch weiter zu vergrößern – und siehe da, nichts passiert!« Das wäre die Erfahrung, die in das allgemeine Bewußtsein Einlaß fände. Ein erster Schritt auf dem Wege, sich von Verfolgungswahn und von der phobischen Weltsicht zu befreien, welche die Gemüter bis dahin verdunkelt hatten.
Das Erscheinungsbild Amerikas würde sich vor den Augen der Welt eindrucksvoll ändern. Amerika brauchte sich nicht mehr angestrengt darauf zu konzentrieren, als die Macht respektiert zu werden, deren Ausrottungspotential man mehr zu fürchten hat als das jedes anderen Staates dieser Erde. Die Vereinigten Staaten sähen sich in die Lage versetzt, ihre Überlegenheit auf anderen Gebieten zur Geltung zu bringen. Sie könnten beispielsweise den Ehrgeiz entwickeln, die Rolle eines allseits anerkannten Aushängeschildes der freiheitlichen demokratischen Gesellschaftsordnung zu spielen. Wäre nicht auch das eine Methode, dem weiteren Vordringen der sowjetisch-marxistischen Ideologie Grenzen zu setzen – wirksamer als die primitive Reaktion physischer Gewalt und mit einem weitaus geringeren Risiko behaftet?
Die voraussichtlichen oder zumindest denkbaren Folgen aber würden auch auf das östliche Lager übergreifen. Früher oder später würde man sich dort angesichts der immer deutlicher hervortretenden Entwicklung im gegnerischen Lager die Frage vorlegen, ob man eigentlich gut beraten ist, wenn man seinerseits fortfährt, die verfügbaren Mittel fast ausschließlich in die weitere Aufrüstung zu investieren. Ist es sehr wahrscheinlich, daß man im Osten an diesem Kurs unbelehrbar festhielte und daß sich bei keinem der Verantwortlichen der Gedanke regen würde, was man mit den sinnlos verpulverten Riesensummen in dem Entwicklungsland Sowjetunion sonst bewirken könnte: vom Straßen- und Wohnungsbau bis zur geregelten Versorgung der Bevölkerung mit Nahrungsmitteln und Konsumartikeln? Ließe sich aus der im Westen allgemein akzeptierten Tatsache,

daß »die Sowjetunion ein Wettrüsten herkömmlicher Art nicht mehr sehr lange durchhalten kann, aus Gründen, die in der Unflexibilität und mangelndem wirtschaftlichem Erfolg des eigenen Systems liegen« (Bundesverteidigungsminister Manfred Wörner; s. Anm. 66/1, S. 139) nicht auch diese Schlußfolgerung ziehen? Und wäre sie etwa nicht leichter in Einklang zu bringen mit der unserem System eigenen Friedensliebe, die wir uns ein wenig selbstgerecht fortwährend attestieren, während man in den Regierungskreisen unserer Schutzmacht mit der Möglichkeit, die Russen »wirtschaftlich totzurüsten«, noch immer liebäugelt? Schließlich und nicht zuletzt: Läge diese »alternative« Schlußfolgerung angesichts der Wahrscheinlichkeit, daß eine bis an die Zähne aufgerüstete Sowjetunion im Fall der Fälle nicht »mit einem Winseln« abtreten würde, nicht auch in unserem ureigenen Interesse?

Der Druck des Verfolgungswahns, den wir auch auf östlicher Seite voraussetzen dürfen und der alle politischen Überlegungen auch dort mehr oder weniger auf militärische Kategorien verkürzt, ließe sich ebenfalls durch einen derartigen »Verzicht« verringern. Zwar sind die Aussichten auf eine psychische Gesundung auf dieser Seite geringer als im Westen, da die spezifischen Besonderheiten der russischen Geschichte die Phobie seit Jahrhunderten fest etabliert haben. Jedoch kann niemand bestreiten, daß der Vorteil wiederum auf unserer Seite läge, wenn wir durch einen »einseitigen Rüstungsstopp« Bedrohungsängste verringerten, die auf die Dauer geeignet sind, die Reaktionen eines Staatswesens unberechenbar werden zu lassen, dem wir selbst fortwährend einen »weit übersteigerten Sicherheitskomplex« bescheinigen.

Dies sind einige der denkbaren, wenn nicht gar wahrscheinlichen Konsequenzen eines Schrittes, der seiner voraussehbaren Wirksamkeit wegen mit dem Wort »Verzicht« zweifellos unglücklich und irreführend bezeichnet ist. Daß die durch ihn im Ablauf der Jahre bewirkte Verbesserung der heute durch eine unaufhebbar erscheinende Verflechtung wechselseitiger Bedrohungssignale und dadurch ausgelöster »Nach«-Rüstungsaktionen heillos vergifteten Atmosphäre dann als zweiten oder

dritten Schritt auch Aussichten auf *erfolgreiche* Abrüstungsverhandlungen eröffnen könnte, läßt sich ebenfalls erwarten.
Zwar werden nicht wenige diesen Versuch, die möglichen Folgen eines einseitigen Rüstungsstopps in groben Strichen zu skizzieren, als »unrealistisch« oder zu optimistisch beiseite schieben wollen. Ihnen möchte ich jedoch entgegenhalten, daß mir das unbeirrte Festhalten an einer weiteren Aufrüstung als Konzept der Kriegsverhinderung noch sehr viel unrealistischer zu sein scheint. Denn selbst seine Befürworter müssen einräumen, daß sich das Risiko einer nuklearen Selbstauslöschung der Menschheit auf diese Weise nicht gänzlich aufheben, und das heißt nichts anderes als: nicht für beliebig lange Zeiträume hinausschieben läßt.
Dies ist nur ein einziges von mehreren denkbaren Beispielen für »alternative« Möglichkeiten einer Friedenssicherung im nuklearen Zeitalter. Angeführt nur, um anschaulich werden zu lassen, wie borniert die letztlich suizidal zu nennende Festlegung auf Wettrüsten und »Abschreckung« als ausschließliche Rezepte der Friedenserhaltung ist.
Die »Umrüstung« auf Defensivwaffen, die Sicherheit verschaffen, ohne zugleich Bedrohungsängste auf der anderen Seite zu mobilisieren, stellt eine weitere von verschiedenen Experten und Gremien vorgeschlagene und begründete sicherheitspolitische Alternative dar. (66/3; 66/4; 66/8) Der Einwand, sie sei finanziell nicht zu realisieren, gilt nur dann, wenn man sie als *zusätzliche* Möglichkeit der bisherigen Aufrüstung noch hinzuaddieren will, was das Konzept eines Aufrüstungsstopps aber gerade ausschließt.
Wenn die Einsicht, daß der bisherige Weg nur noch ein kurzes Stück gangbar ist, akzeptiert wird, bedarf es keiner Begründung mehr, daß die Suche nach alternativen, besseren Wegen zur vordringlichen Aufgabe wird. Davon ist in der offiziellen Sicherheitspolitik jedoch kein Hauch zu spüren. Ganz im Gegenteil: Alternative Konzepte und Vorschläge werden dort nach wie vor mit scheinbar griffigen Standardantworten abgewiesen (»Ein einseitiger Verzicht würde... die Gefahr eines Krieges erhöhen«), die kritisch unter die Lupe zu nehmen alle

Welt offenbar für überflüssig hält. Oder sie werden einfach totgeschwiegen, indem man das »Wettrüstungs-« und »Abschreckungs-Konzept« – ebenfalls ohne weitere Begründung – schlicht zum einzigen denkbaren Konzept erklärt. Originalton Helmut Kohl: »Es ist eine unerträgliche Arroganz, wenn Leute behaupten, einen anderen Weg zum Frieden zu kennen.«[100]
So vernünftig und im Interesse der Selbsterhaltung dringend es auch wäre, alle intellektuellen Fähigkeiten auf die Suche nach Auswegen anzusetzen, so wahrscheinlich ist es daher, daß nichts dergleichen geschehen wird. So wahrscheinlich ist es, daß wir wie die Lemminge auf dem einmal eingeschlagenen Kurs weitermarschieren werden, unbeirrt von den Rufen derer, die uns darüber aufzuklären versuchen, daß wir einem Abgrund zusteuern.

Daß es in der offenbar von phobischen Ängsten durchtränkten Atmosphäre der amerikanischen Sicherheitspolitik so gut wie aussichtslos ist, der Stimme der Vernunft noch Gehör zu verschaffen, muß heute leider schon als ausgemacht gelten. Ein Psychiater könnte sich veranlaßt sehen, von verminderter Zurechnungsfähigkeit zu sprechen, einem Übel, das nicht nur Individuen befällt, sondern, wie die Geschichte – und nicht zuletzt unsere eigene Geschichte – lehrt, ganze Völker heimsuchen kann.

Aber wäre es dann nicht Ausdruck wahrer, wohlverstandener Bündnispflicht, wenn wir uns um einen klaren Kopf bemühten und darum, unserer Schutzmacht die kritischen Einwände und Gefahrensignale wieder und wieder vor Augen zu führen und in Erinnerung zu rufen, die in einer von übermächtigen Bedrohungsängsten beherrschten, einseitigen Weltsicht unterzugehen drohen?

Es ist müßig, sich darüber den Kopf zu zerbrechen. Solange unserer Regierung ein Kanzler vorsteht, der eine notfalls durch bedingungslose Akklamation erkaufte »völlige Übereinstimmung« mit besagter Schutzmacht für den Inbegriff einer erfolgreichen Politik hält, solange wird jeder Vorschlag in dieser Richtung unfehlbar als Manifestation »antiamerikanischer Ressentiments« angesehen werden. Solange ist eine »Folie à deux«

von Amerikanern und Westdeutschen den Russen gegenüber, das gemeinsame Versinken der Bundesgenossen in dem emotionalen Nebel eines von beiden geteilten Bedrohungswahns, wahrscheinlicher als ein rationaler westdeutscher Beitrag zu einer Friedenspolitik, die diesen Namen auch verdiente. In der Tat, unsere Chancen sind nicht sehr groß.

Ökologische Überlebensbedingungen

Die Antwort der Ökonomen

So viel dürfte klargeworden sein: Auch dann, wenn wir es fertigbringen sollten, uns die atomare Selbstvernichtung zu ersparen, sind wir noch keineswegs aus aller Gefahr heraus. Selbst dann, wenn das Unwahrscheinliche geschähe und die menschliche Gesellschaft den radikalen Übergang zu einer wirklichen Friedenspolitik zustande brächte, könnten wir noch immer nicht aufatmen. Denn tödlich ist auch jene stillere, darum aber nicht weniger endgültige Drohung, die wir unter dem Begriff eines »Zusammenbruchs der Biosphäre« erörtert haben.

Daß sie in all ihrer Geräuschlosigkeit so unerbittlich ist wie jede andere Todesursache auch, ungeachtet ihres für unsere Sinne unmerklich langsamen Fortschreitens, braucht nicht nochmals begründet zu werden. Erinnert sei jedoch daran, daß es sich bei ihr nicht um etwas handelt, das noch bevorstünde. Um eine erst in der Zukunft auf uns lauernde Gefahr, die, wenn wir uns nur richtig verhalten, gar nicht einzutreten braucht. Die gewohnten sprachlichen Wendungen, mit denen wir von ihr reden – über den drohenden Verlust der Wälder, die drohende Verseuchung unserer Atemluft, die bedrohte Existenz immer weiterer Tierarten –, suggerieren beschwichtigend, daß uns noch ein wenig Zeit bleibt, bis es tatsächlich soweit ist.

Wir belügen uns selbst, wenn wir uns damit beruhigen. Noch einmal: Es ist längst soweit. Der Zusammenbruch der Biosphäre steht nicht bevor. Er hat bereits eingesetzt. Der Vorgang des Aussterbens so vieler Arten, der auch uns bedroht, ist in vollem

Gange. Geräuschvoller findet Aussterben nicht statt. Und im erdgeschichtlichen Vergleich war die Geschwindigkeit des tödlichen Ablaufs noch niemals auch nur annähernd so groß wie im Augenblick.

Wenn wir noch einmal davonkommen wollen, müßten wir uns daher in diesem Augenblick wehren. Jetzt und heute. Wenn es uns nicht gelingt, unser gesellschaftliches Verhalten radikal zu ändern, gibt es niemanden, der uns retten könnte. Die expansive, aggressive, spezies-egoistische Art unseres Umgangs mit der uns ausgelieferten übrigen lebenden Natur ist für den Erfolg in unserer ganzen bisherigen Geschichte ausschlaggebend gewesen. Nur als Jäger, als Ausbeuter der in seiner Umwelt aufzufindenden natürlichen Ressourcen und später dann als aggressiver Verteidiger seines Besitzes und der Grenzen des von ihm eroberten Reviers hatte unser prähistorischer und frühmenschlicher Ahn eine Chance. Niemand bestreitet das.

Die unsere Lernfähigkeit auf das äußerste strapazierende Lektion, die wir zu absolvieren haben, besteht nun aber in der Einsicht, daß genau das, was einige hunderttausend Jahre lang unbestreitbar Voraussetzung unseres Überlebenserfolges gewesen ist, von Stund an als Ursache drohenden Aussterbens zu gelten hat. Unser Erfolg war so groß, unser »Sieg« über die restliche Natur so unvorhergesehen total, daß wir uns umbringen würden, wenn wir an den bisherigen Rezepten weiterhin festhielten. Diese wahrhaft radikale Wende unserer Situation, nach einer sagen wir: halben Jahrmillion stetigen Erfolgskurses, innerhalb der atemberaubend kurzen Frist von einer, höchstens zwei Generationen – eine bereits optimistische Abschätzung unserer ökologischen Gnadenfrist – zu begreifen, das ist die schwindelerregende Aufgabe, die wir bewältigen müßten, wenn die menschliche Geschichte auf diesem Planeten eine Fortsetzung haben soll.

Wo bieten sich Auswege zur Rettung? Der Weg zurück in die Höhlen der Steinzeit gehört ganz gewiß nicht dazu. Die Empfehlung »Zurück zur Natur« kommt um wenigstens einige Jahrhunderte zu spät. Wir haben ganz im Gegenteil allen

Anlaß, die Möglichkeit zu fürchten, daß wir uns in absehbarer Zeit gänzlich unfreiwillig in diesen Höhlen wiederfinden könnten. Dann nämlich, wenn wir die Dinge weiter treiben ließen. Wenn wir uns der »Selbsthilfe der Natur« anvertrauen würden, mit der sich mancher beruhigt. Zwar würde es sich auch dabei um eine Lösung des Problems handeln. Sie bestünde konkret darin, daß einige Menschenmilliarden verhungern, an Seuchen verrecken oder in den unvermeidlichen finalen Verteilungskriegen – um die letzten Trinkwasserreserven oder die letzten landwirtschaftlich noch nutzbaren Böden – umkommen müßten. Freilich, auch das wäre, aus unmenschlich-objektiver Perspektive, als eine Lösung des Problems der Überlastung unseres Planeten anzusehen. Die Natur, die Biosphäre, würde sich rasch regenerieren und hätte sich so in der Tat wirksam »selbst geholfen«. Die Frage ist nur, ob einer von uns bereit wäre, den Kaufpreis zu zahlen. Dieser wird von all denen in seltsamer Blindheit verdrängt, die, auf den Ernst der Lage aufmerksam geworden, ihre Verantwortung eben mit dem Satz abzuschieben trachten: »Die Natur wird sich schon zu helfen wissen.« Ohne Zweifel, das wird sie ganz gewiß. Wir sollten jedoch alles daran setzen, uns selbst zu helfen, bevor es dazu kommt und die Natur die Lösung mit der ihr eigenen Fühllosigkeit in die Hand nimmt. Viel Zeit bleibt uns nicht.

Wo also wäre ein Ausweg, der diesen Namen auch aus unserer, der Sicht des Menschen verdient? Es mag im ersten Augenblick eigentümlich klingen, ist bei näherer Betrachtung aber eigentlich nicht verwunderlich, daß die konkretesten Rezepte, die bisher vorgelegt worden sind, von Ökonomen stammen, von Wirtschaftswissenschaftlern.[101] Schließlich sind es Industrialisierung und technologischer Fortschritt, die unseren Einfluß auf die Erde ins Maßlose haben wachsen lassen. Beider Quelle ist der wissenschaftliche Erkenntnisfortschritt. Gesteuert aber wird die aus deren Zusammenwirken resultierende Macht von der »unsichtbaren Hand« des – relativ – freien Spiels wirtschaftlicher Kräfte.

Dieses »freie Spiel« der untereinander zu einem für uns undurchschaubaren Netz vielfältig rückgekoppelten Wirtschaftsfaktoren verkörpert eine »Intelligenz« – oder ist zumindest intelligenter Leistungen fähig –, die den Horizont individueller Intelligenz in mancher Hinsicht weit übertrifft. Liberale Wirtschaftswissenschaftler, die sich die theoretische Untermauerung der »freien Marktwirtschaft« zur Aufgabe gemacht haben, begründen diese Auffassung mit überzeugenden Argumenten (zum Beispiel F. A. von Hayek, s. Anm. 102).

Der Erfolg dieser überindividuellen System-Intelligenz auf ihrem ureigensten Gebiet, dem der Optimierung von Produktionssteuerung und Konsumbefriedigung im weitesten Sinne, ist konkurrenzlos. Selbst marxistische Ökonomen räumen das längst ein. Das Verschwinden von Hungersnöten und Massenelend, vor kaum mehr als hundert Jahren auch in unserem Kulturkreis noch schicksalhaft hingenommene »Menschheitsgeißeln«, ist der vielleicht wichtigste, von vielen schon vergessene Erfolg, den wir diesem Wirtschaftsprinzip verdanken. Es folgte eine schier unaufhaltsam scheinende Erhöhung des Lebensstandards, die im Verlauf der letzten beiden Generationen auch die bis dahin noch als arm anzusehende »Masse« der Bevölkerung der Industriestaaten einzubeziehen begann. Jedoch – der gleiche »blinde« Marktmechanismus führte auch zu unvorhergesehenen und bis auf den heutigen Tag schwer zu analysierenden Rückschlägen. Am gravierendsten waren unregelmäßig auftretende »Zyklen«, in deren Verlauf es zu ökonomischen Schwächeperioden kam (»Weltwirtschaftskrisen«), die längst überwunden geglaubte Formen der Verelendung aufs neue deprimierende Wirklichkeit werden ließen.

Bezeichnenderweise erwies es sich als äußerst schwierig, wenn nicht gar unmöglich, diese »Krisen« durch gezielte Eingriffe zu überwinden. Vereinfacht gesprochen: Man mußte auf die »Selbstheilungskräfte des Marktes« vertrauen und ihre heilsame Wirkung abwarten. Aber die in dem »System der freien Wirtschaft« steckende unpersönliche Intelligenz zeigte sich nicht nur in dieser Hinsicht gelegentlich überraschend unzuverlässig. Sie führte, neben allen begeistert begrüßten Erfolgen, in mancher Hinsicht auch zu durchaus unerwünschten Resultaten. Ihr

»freies Spiel«, dem man sich anfangs vertrauensvoll überlassen zu können glaubte, mußte daher zum Schutz der Menschen, denen es dienen sollte, im Laufe der Jahre und Jahrzehnte mit immer neuen Regeln und Gesetzen (Kartellgesetze, Wettbewerbsregeln, Werbungsbeschränkungen u. a.) quasi domestiziert werden. »Blind« ließ sich den automatisch produzierten Lösungen nun doch nicht vertrauen, so viel steht inzwischen fest.

Seit einigen Jahren wurde man nun überdies der Tatsache gewahr, daß die freie Entfaltung dieser »marktwirtschaftlichen Intelligenz« mit der Zunahme ihres Einflußbereichs zunehmend auch verheerende Konsequenzen für ökologische Zusammenhänge mit sich bringt. Unübersehbar geworden sind diese für die Öffentlichkeit, seit sie katastrophale Ausmaße angenommen haben: Emissionsschäden im Wald und an Gebäuden, Grade der Luftverschmutzung, die inzwischen auch bei uns schon in mehreren Großstädten zur Auslösung von »Smogalarm« und gesundheitlicher Gefährdung der Bewohner führten, Schadstoffbelastungen des Trinkwassers und chemische Rückstände in Nahrungsmitteln. Von alldem war schon eingehend die Rede. Die tiefere Problematik aber wird erst sichtbar, wenn man der Frage nachgeht, ob derartige nachteilige Folgen »systemimmanent« sind. Ob sie als *notwendige* Folgen einer freien Wirtschaft anzusehen und womöglich gar (etwa als »Kaufpreis für unseren Wohlstand«) hinzunehmen sind. Weit jenseits vordergründiger Schuldzuweisungen und bequemer (und meist selbstgerechter) Feindbild-Projektionen – der gängigen und in der üblichen Verallgemeinerung ebenso ungerechten wie schädlichen Polemik gegen »die« Industrie und ihr »Profitstreben« – werden dann wichtige und interessante Zusammenhänge sichtbar. Gerhard Scherhorn faßt den Kern der Angelegenheit zusammen, indem er sagt, die Natur sei innerhalb des marktwirtschaftlichen Gesellschaftssystems gleichsam rechtlos: Sie brauche nicht entlohnt zu werden wie Arbeiter oder Geldgeber, sie könne nicht einmal den Anspruch erheben, den wir toten Objekten wie Werkzeugen und Maschinen ganz selbstverständlich zubilligen, den Anspruch nämlich auf pflegliche

Behandlung. Unsere marktwirtschaftlich organisierte Gesellschaft betrachte die Natur gewissermaßen als »vogelfrei«.
Die Folge dieser Einstellung aber ist ganz unvermeidlich die Tendenz, der Natur zum eigenen Vorteil soweit irgend möglich mehr zu entnehmen, als ihr zurückgegeben wird. Zur Veranschaulichung noch einmal das Beispiel von Hubert Markl: Wer bei uns Möbel oder eine Zimmerdecke aus tropischen Edelhölzern erwirbt, hat in aller Regel nur den Ramschpreis zu zahlen, der aufgrund der Beschaffungskosten in einem Niedriglohn-Land kalkuliert wurde. Es war schon davon die Rede (s. Anm. 48), daß das ein Pseudopreis ist. Die realen Kosten ließen sich nur durch einen Preis begleichen, der auch die Pflege und eine die laufende Entnahme kompensierende Wiederaufforstung des Herkunftswaldes für seinen Besitzer rentabel macht. Aber da eben liegt der Haken: Der tropische Urwald hat keinen (individuellen) Besitzer. Damit aber steht er außerhalb der von unserer Gesellschaft respektierten Schutzansprüche.

Man braucht nicht bis an den Amazonas zu gehen, um auf diesen ruinösen Zusammenhang zu stoßen. Wir müssen hier etwas näher betrachten, was auf Seite 102 schon kurz zur Sprache kam: jene »Betriebsloyalität«, die es für legitim, ja für pflichtgemäß erachtet, der anonymen »Allgemeinheit« Nachteile zuzuschieben, wenn es dadurch gelingt, dem eigenen Unternehmen Kosten zu ersparen. Zu ihren Gründen gehört, wie Scherhorn feststellt, der Umstand, daß ökonomisches Denken nicht etwa darauf ausgerichtet ist, Aufwand und Ertrag möglichst objektiv zu vergleichen (was die Berücksichtigung auch all der Neben- und Folgekosten erfordern würde, die man selbst nicht zu tragen hat), sondern allein darauf, zwischen diesen beiden Größen ein möglichst günstiges Verhältnis herzustellen.

Im Endeffekt führt das unweigerlich zu der allen wirtschaftlichen Entscheidungen immanenten Tendenz, »interne Kosten zu externalisieren«, wie die Ökonomen das nennen. Es führt, auf deutsch gesagt, dazu, Kosten nur in dem Umfang in die Rechnung einzubeziehen, in dem sie sich nicht abwälzen lassen. Abgewälzt wird (hier einige Beispiele Scherhorns)

- auf die Umwelt, indem man zum Beispiel ungereinigte Abwässer in Flüsse ableitet oder Schadstoffe in die freie Atmosphäre,
- auf den Steuerzahler, indem man sich darauf verläßt, daß »der Staat« das Wasser wieder bis zu trinkbarer Qualität aufbereiten wird (oder die Produkte aufkauft, die sich nicht mehr absetzen lassen, oder die Lehrlingsausbildung übernimmt, die man selber nicht mehr finanzieren will),
- auf den Konsumenten, indem man ihm zum Beispiel gesundheitsschädliche Rückstände in Nahrungsmitteln zumutet (oder im Selbstbedienungsverfahren Dienstleistungen, die einem selbst nicht mehr rentabel erscheinen).

Zugespitzt könne man sagen, so Scherhorn, »daß das ökologische Denken das Tragen von Kosten begünstigt, während das derzeit herrschende ökonomische Denken eine Versuchung zum Nichtberücksichtigen und Abwälzen von Kosten enthält«. Leidtragender dieser Strategie ist, so braucht man dem nur hinzuzufügen, in aller Regel die durch keinerlei Besitzrechte geschützte und daher als vogelfrei geltende »Natur«.
Dieses Rezept ist den wirtschaftlichen Entscheidungsträgern längst in Fleisch und Blut übergegangen. Daher wird es von ihnen auch frohgemut und ohne Spur eines schlechten Gewissens tagtäglich praktiziert. Es enthält jedoch einen inneren Widerspruch. Wer sich seiner bedient, ist in eine »Rationalitätenfalle« gestolpert, wie Gerhard Prosi das nennt. Hinter der ein wenig aufwendigen Wortbildung des Kieler Wirtschaftswissenschaftlers steckt ein im Grunde ganz einfacher Sachverhalt. Wer Kosten »externalisiert«, sie also von sich abwälzt und – im Rahmen des gesetzlich Erlaubten – anderen aufbürdet, trifft eine Entscheidung, die als »rational« oder vernünftig gelten kann, solange man nur die unmittelbaren akuten Folgen für den Handelnden selbst ins Auge faßt. Da dieser selbst aber auch ein Mitglied der zwar anonymen, keineswegs aber abstrakten Allgemeinheit ist, der er die Nachteile seiner Entscheidung aufbürdet, treffen diese auch ihn früher oder später in unkontrollierbarer Weise: Auch er muß das Wasser trinken, zu dessen

Verschmutzung er beigetragen hat. Auch er muß die Luft atmen, die er mit seinen Emissionen befrachtete. Und auch er wird von der Steuererhöhung mit betroffen, die durch vermehrte staatliche Inanspruchnahme aufgrund der sich summierenden individuellen »Abwälzungshandlungen« unausbleiblich wird. So gesehen ist seine Entscheidung durchaus irrational und unvernünftig.

Diese Einsicht von ihm zu verlangen ist erfahrungsgemäß jedoch müßig. Denn die Bereitschaft der Menschen, zur Vermeidung zukünftiger Nachteile auf aktuelle Vorteile zu verzichten, ist in fataler Weise unterentwickelt. Sie wird zudem durch den Fortschrittsoptimismus untergraben, der mit dem bisherigen Siegeszug unseres Wirtschaftssystems einherging. Die meisten wirtschaftlichen Entscheidungsträger beruhigen ihr Gewissen nämlich mit der Hoffnung, daß wissenschaftlich-technischer Fortschritt für die von ihnen in die Zukunft hinausgeschobenen Folgen ihrer aktuellen Entscheidungen schon noch Lösungen finden werde, bevor die Gefahr akut wird. »Diese Hoffnung ist so wenig begründet, daß sie irrational erscheint.«[103]

Angesichts einer so klaren, überzeugenden Diagnose sind therapeutische Gegenmaßnahmen nicht schwer auszudenken. An entsprechenden Vorschlägen herrscht denn auch kein Mangel. Ihr Angelpunkt besteht in allen Fällen in dem Versuch, einen Weg zu finden, der dem jeweiligen Entscheidungsträger die Lust daran verleidet, nennenswerte Anteile der ihm entstehenden Kosten auf andere abzuwälzen (zu »externalisieren«). Dieses Heilungsrezept wird inzwischen unter dem Stichwort »Verursacherprinzip« bekanntlich auch im politischen Raum diskutiert. Über dieses Stadium sind die Überlegungen allerdings nicht hinausgelangt. Realität sind – bestenfalls – noch immer durch Gesetze und Erlasse festgelegte »Höchstgrenzen« für bestimmte Schadstoffe. Aus der Perspektive der Diskussion über Externalisierungstendenzen und Rationalitätenfallen sind diese nicht nur unzureichend, sondern schon im Ansatz falsch.

Gerhard Prosi spricht ebenso drastisch wie treffend aus, was von der Festlegung derartiger »Höchstwerte« bei Lichte be-

trachtet zu halten ist: Sie stellen nichts anderes dar als kostenlose Lizenzen zur Umweltbelastung. »Den betroffenen Umweltnutzern wird das Recht eingeräumt, die Umwelt bis zu den durch die Auflage vorgegebenen Grenzen kostenlos zu verschmutzen.« Das mag besser sein, als wenn gar nichts geschähe. Ein Ausweg aus der Misere öffnet sich damit aber noch nicht. Was also wäre wirksam und daher notwendig?
Es hilft alles nichts. Wir müssen uns, um die Antwort auf diese Frage formulieren zu können, abermals einem Begriff nähern, der in den Kreisen, in denen die Antwort Gehör finden soll, ein Reizwort darstellt. Die Logik läßt jedoch keinen Ausweg, der an der Aussage vorbeiführte, daß die ökologisch verheerende Tendenz zur »Externalisierung«, zur Abwälzung eines möglichst großen Teils der selbst verursachten Kosten, kennzeichnender Bestandteil der Spielregeln ist, die unser Wirtschaftssystem charakterisieren. Mehr noch: Diese Tendenz ist bei Lichte betrachtet eine der wesentlichen Ursachen für den außerordentlichen Erfolg dieses Systems. Eines Erfolges, für den wir, wie begründet, den Kaufpreis einer immer rapideren Zerstörung unserer natürlichen Lebensgrundlagen zu zahlen haben. Mit vollem Recht formuliert daher Scherhorn: »Der Wohlstand, den wir genießen, ist überhöht um den Gegenwert unseres Raubbaus an der Natur.« Solange die Spielregeln unseres Wirtschaftssystems unverändert bleiben, so lange hat unsere Gesellschaft auch diesen heute immer deutlicher in Erscheinung tretenden Nachteil in Kauf zu nehmen.
Wer das nun im politischen Raum ausspricht, ohne den theoretischen Prolog, mit dem wir diese Aussage hier vorbereitet haben, sieht sich im Handumdrehen dem Vorwurf der Industriefeindlichkeit, wenn nicht gar der »Systemgegnerschaft« ausgesetzt. Das wäre schließlich, wenn es auch nicht angenehm ist, noch zu ertragen. Das Gravierendste an diesem psychischen Reflex ist jedoch der Umstand, daß dieses Reizwort nicht nur psychologische Widerstände hervorruft, sondern zu allem Übel auch die Überzeugung, über einen Vorschlag so provozierenden Charakters brauche man gar nicht weiter nachzudenken. Zur Vermeidung von Mißverständnissen muß hier gleich mit

einem verbreiteten Vorurteil aufgeräumt werden. Es handelt sich um die Ansicht, daß die Tendenz zur Kostenabwälzung und damit zum Raubbau an der Umwelt ein unaufhebbares Übel speziell der kapitalistischen Wirtschaftsordnung sei. Das wird immer wieder behauptet. Zunächst klingt es ja auch ganz einleuchtend. Gleichwohl ist die Ansicht falsch. Es wird sogleich anhand konkreter Vorschläge davon die Rede sein, daß sich ökologischem Raubbau gerade im Rahmen kapitalistischer Marktgesetze sogar besonders wirksam steuern läßt. Die Unhaltbarkeit dieser Variante der »Kapitalismuskritik« ist aber darüber hinaus auch für den Nichtfachmann sofort erkennbar. Man braucht nur die täglichen Zeitungsmeldungen zu verfolgen, in denen zu lesen ist, in welchem Ausmaße sich auch die Gesellschaften des real existierenden Sozialismus mit den Auswirkungen zunehmender Umweltschäden herumzuschlagen haben. Man hatte sich dort in der Tat jahrelang der ideologisch genährten Wunschvorstellung hingegeben, Umweltkrisen könne es nur im kapitalistischen Lager geben. Seit dem drohenden Zusammenbruch des Ökosystems Baikalsee und der großräumigen Waldvernichtung im Grenzgebiet von DDR und Tschechoslowakei – um nur zwei Beispiele zu nennen – ist man auch dort eines Besseren belehrt.[104]
Es ist daher weder Industriefeindschaft noch Ausdruck dubioser »Systemveränderung«, wenn man heute zu dem Schluß kommt, daß die bisherigen Spielregeln unserer Wirtschaftsordnung in den einschlägigen Punkten offenbar revidiert werden müssen. »Umwelt ist ein knappes Gut, und wir können die Verhaltensweise wirtschaftlicher Entscheidungsträger, Umwelt als freies Gut zu behandeln, nicht mehr zulassen«, schreibt der über jeglichen Verdacht der Linkslastigkeit oder gar Industriefeindschaft gewiß erhabene Wirtschaftswissenschaftler Gerhard Prosi. Er sieht in den unumgänglichen Korrekturen unserer gesellschaftlichen Spielregeln denn auch alles andere als einen sozialistisch-planwirtschaftlichen Eingriff, durch den die Freiheit unseres Systems in irgendeiner Weise berührt würde. Es handelt sich für ihn vielmehr um die Korrekturen, die auf lange Sicht im Interesse dieses Systems selbst notwendig sind, weil

allein sie seine Überlebensfähigkeit auf die Dauer gewährleisten können.

»In einer freiheitlichen Gesellschaft«, so Prosi, »ist es Aufgabe des Staates, externe Kosten wirtschaftlichen Handelns den Verursachern aufzubürden, das heißt, externe Kosten in interne Kosten umzuwandeln, damit sie in den freiwilligen einzelwirtschaftlichen Entscheidungen berücksichtigt werden müssen. Entscheidungsfreiheit ohne Verantwortung für die Folgen, wie es bisher im Umweltbereich üblich war, führt zu verantwortungslosem Verhalten und letztlich in die ökonomische (!) Katastrophe.« Dem ist nichts hinzuzufügen.

Der Kieler Ökonom macht auch konkrete Vorschläge. Ein Beispiel, das den Kern des »Verursacherprinzips« ohne jede Industriefeindschaft veranschaulicht: Man könnte die Kraftfahrzeugsteuer, anstatt, wie bisher, nach dem Hubraum, entsprechend den vom Technischen Überwachungsverein ermittelten Lärm- und Abgaswerten staffeln. Damit würden nicht nur die bisher unberücksichtigten (vom Fahrzeugbesitzer »externalisierten«) Kosten erfaßt, welche die private Nutzung von Pkws durch eine entsprechende Wertminderung der Umweltqualität verursacht, womit dem Wesen des »Verursacherprinzips« Genüge geleistet wäre. Es würden zugleich – und dies ist ein ebenfalls typischer, erwünschter Folgeeffekt dieses Prinzips – höchst wirksame Anreize für die industrielle Forschung ausgelöst. Diese sähe sich jetzt motiviert, die Marktchancen der von ihr entwickelten Autos durch eine Reduzierung von Lärm- und Abgaswerten zu vergrößern, die das technisch Machbare bis zum letzten ausschöpft. Eine an ökologischen Gesichtspunkten orientierte industrielle Produktion würde mit einem Male möglich, da sie sich bei der angedeuteten gesetzlichen Regelung als rentabel erwiese.

Auf einen Generalnenner gebracht heißt das: »In jedem Wirtschaftssystem müssen diejenigen, die mit naturgegebenen Produktionsmitteln wirtschaften, dazu angehalten werden, auf die Endlichkeit der Naturgüter Rücksicht zu nehmen – also darauf... daß naturgegebene Rohstoffe erschöpfbar sind, daß Wasser, Luft und Boden nicht beliebig belastbar sind, weil ihre

Selbstreinigungskraft Grenzen hat, daß insbesondere die Vergiftung des Bodens Jahrzehnte andauert und daß die Natur Jahrhunderte braucht, um Humusböden zu regenerieren, die einmal durch Erosion zerstört wurden.« Dies sei nur zu erreichen, wenn die Notwendigkeit der Einführung und die Bereitschaft zur Einhaltung der entsprechenden Kontrollen »im wirtschaftlichen Denken selbst verankert werden« (Gerhard Scherhorn).

Individuelle Einsicht allein genügt jedenfalls nicht. Scherhorn erläutert das am Beispiel der sogenannten »Einwegflasche« (im Gegensatz zur wiederverwendbaren Pfandflasche). In den siebziger Jahren sprach sich in den USA eine große Mehrheit der Verbraucher für ein Verbot der Einwegflasche aus. Gleichzeitig nahm deren Verwendung jedoch immer mehr zu. Aus solchen Beispielen wird oft ein Widerspruch zwischen der Einsichtsfähigkeit und der Bereitschaft zu entsprechenden Konsequenzen beim Durchschnittsbürger abgeleitet. Scherhorn hält das für ungerecht. Denn der Widerspruch, auf den man hier stoße, bestehe nicht zwischen theoretischer Einsicht und praktischem Handeln, sondern wiederum allein zwischen ökologischem und ökonomischem Denken. Solange der einzelne nicht daran glauben könne, daß sein Verhalten dazu beitrage, die Entscheidung einer Mehrheit zu beeinflussen, überwiege bei seinen individuellen Handlungen verständlicherweise das Motiv der persönlichen Bequemlichkeit.

Wieder allgemein gesprochen: Das ökologisch Zweckmäßige – Sparsamkeit im Umgang mit Rohstoffen, Entlastung der Abfallmenge und so weiter – kann nur als Folge des gleichgerichteten Handelns vieler – in unserem Beispiel durch deren Entscheidung für die Pfandflasche – zustande kommen. »Es hat den Charakter eines öffentlichen Gutes. Öffentliche Güter unterscheiden sich von privaten dadurch, daß der einzelne von dem Nutzen oder Schaden, den sie verursachen, nicht ausgeschlossen werden kann. Ist er Mitglied einer sehr großen Gruppe, so kann er sich sagen, daß seine Entscheidungen keinen Einfluß darauf haben, ob das öffentliche Gut produziert wird oder nicht, und daß es ihm (umgekehrt) auch dann zugute kommt, wenn er sich nicht an seiner Produktion beteiligt« (Gerhard Scherhorn). Dies ist die sehr einfache Erklärung dafür, daß der einzelne in einem solchen Falle seinem persönlichen Vorteil den Vorzug gibt, ungeachtet seiner prinzipiellen Einsicht in das im größeren Zusammenhang Zweckmäßige und Wünschbare.

Es müssen daher Voraussetzungen geschaffen werden, die gewährleisten, daß die Entscheidungen einer überwiegenden Mehrheit – im Idealfall die Entscheidungen aller – in der Richtung auf ein ökologisch orientiertes Verhalten koordiniert werden. Wenn das gewährleistet ist, dann brauchte sich der einzelne nicht mehr als »der Dumme« zu fühlen, wenn er aus ökologischen Motiven persönliche Nachteile oder Mühen auf sich nimmt – die Einhaltung einer Geschwindigkeitsbegrenzung, die Sortierung seines häuslichen Abfalls oder die Investitionen für die Wiederverwendbarkeit von Brauchwasser in Garten und WC. Derartige Aufwendungen und Unbequemlichkeiten werden für ihn in dem Augenblick unbezweifelbar sinnvoll, in dem er sicher sein kann, daß »alle mitmachen«.

Es liegt auf der Hand, daß eine solche Synchronisierung des sozialen Verhaltens allein durch den Gesetzgeber herbeigeführt werden kann. Gerhard Prosi schließt seinen Aufsatz denn auch mit der Forderung, daß es höchste Zeit sei, eine Rechtsordnung zu schaffen, die diese Einsichten und Erkenntnisse berücksichtige und, »um es drastisch zu sagen«, dafür sorge, daß »Umweltschutz aus Eigennutz« betrieben werde.

So weit, so gut. Das alles ist vollkommen richtig. An der Schlüssigkeit dieser Analysen und Vorschläge dürfte kaum zu zweifeln sein. In der Theorie geht das alles ganz prächtig. Die Praxis sieht, erfahrungsgemäß, leider anders aus.

Zur Realisierung all dieser Vorschläge bedürfte es zunächst einmal parlamentarischer Mehrheiten. Und wie stehen die Chancen?

Man braucht nur an die Mentalität zu denken, in der Politiker heute immer noch über ökologische Themen debattieren, um den kleinen Hoffnungsschimmer sogleich wieder verblassen zu sehen, der sich bei der Lektüre der ökonomischen Empfehlun-

gen gezeigt haben mag. In einer Gesellschaft, in der Vorschläge zur Begrenzung der Raserei auf unseren Autobahnen in erster Linie als Eingriffe in den Bereich individueller Freiheit aufgefaßt werden, ist das Gefühl für ökologische Verantwortung noch immer hoffnungslos unterentwickelt.
Solange, ein anderes Beispiel, die für eine wirksame Entschwefelung aller bestehenden Kraftwerke notwendigen Investitionen unter Hinweis auf Konkurrenzfähigkeit und Arbeitsplätze als »unzumutbare zusätzliche Belastungen« weiterhin hinausgeschoben werden können, haben alle diese noch so fundierten Empfehlungen ökologisch aufgewachter Wirtschaftswissenschaftler in unserer Gesellschaft nicht die geringste Chance.
Das bis zum Überdruß wiederholte »Argument« der Kraftwerksbetreiber – bereitwillig übernommen von den verantwortlichen Regierungsvertretern – zeigt, daß seine Urheber die Lage noch immer gründlich verkennen. Da wird nach wie vor so argumentiert, als habe die Diskussion über den Konflikt zwischen »internen« und »externen« Kosten nie stattgefunden. Denn bei den ökologisch unumgänglich notwendigen Aufwendungen zur Herabsetzung oder Beseitigung des Schadstoffausstoßes handelt es sich eben nicht – wie alle Welt glaubt oder zu glauben vorgibt – um »zusätzliche« Belastungen, über deren Berechtigung und Zumutbarkeit gestritten werden könnte. Der gegenwärtige Strompreis – der sich bei konsequenten Maßnahmen um einige Pfennige erhöhen dürfte – ist in Wirklichkeit aufgrund einer realitätsfernen Kalkulation zu niedrig. Er ist unrealistisch, weil bei seiner Berechnung alle der Allgemeinheit aufgebürdeten Kosten durch Waldvernichtung, Gebäudeschäden und gesundheitliche Risiken schlicht unterschlagen werden. Diese Kostenanteile der Stromerzeugung werden konsequent »externalisiert«. Nicht um *zusätzliche* Belastungen für die Produzenten und Verbraucher von elektrischem Strom geht es folglich bei dem Streit, sondern lediglich um die Forderung nach einer realistischen Kalkulation eines alle Kostenfaktoren berücksichtigenden »echten« Preises.
Man braucht nur an das Elend des Agrarmarktes innerhalb der Europäischen Gemeinschaft zu denken, um zu erkennen, wie

illusorisch die Hoffnungen auf eine gesetzgeberische Realisierung der Vorschläge von Scherhorn oder Prosi sind: an den in Jahrzehnten nicht auszurottenden Aberwitz, mit dem von diesem Markt Jahr für Jahr Butterberge und Milchseen produziert werden, für deren Konservierung achtstellige Beträge ausgegeben werden müssen, weil sie nicht absetzbar sind. Niemand bringt es fertig, die »Rationalitätenfalle« zu beseitigen, in die eine staatliche Subventionspolitik Butter- und Milchproduzenten lockt, denen sie gleichzeitig die »Externalisierung« der durch diese Subventionspolitik verursachten Kosten verbindlich zusagt. Solange europäische Parlamente und Gremien diesen offenkundigen, von niemandem geleugneten Mißstand ohnmächtig oder jedenfalls untätig hinnehmen, ist nicht zu sehen, woher sie die Kraft schöpfen sollten, die Wirtschaftsordnung unserer Gesellschaft unter ökologischen Gesichtspunkten neu zu gestalten.
Diese politische Ohnmacht ist aber keineswegs der einzige Grund, der die Empfehlungen der Ökonomen auf das Format von frommen Wünschen reduziert. So bündig und schlüssig sie sich in der Theorie auch ausnehmen, in der harten Realität stoßen sie noch auf andere Hindernisse. Denn wirksam sind sie selbstverständlich nur unter den von ihren Autoren stillschweigend vorausgesetzten Ausgangsbedingungen. Daß diese aber, aus globaler Perspektive, überall dort gegeben seien, wo Abhilfe dringend notwendig wäre, kann auch der größte Optimist nicht ernstlich behaupten.

Rezept und Realität

Vor einigen Jahren besuchte ich in den Bergen von Luzon, der nördlichen Hauptinsel der Philippinen, ein Gebiet, in dem mit westdeutschen Entwicklungsgeldern großflächige Wiederaufforstungen zur Erosionsbekämpfung durchgeführt werden. Die mit der Kampagne verbundenen Mühen und die von allen

Beteiligten aufgebrachte Geduld machten auf mich einen großen Eindruck.

In einer speziellen Baumschule werden zunächst winzige Stecklinge einer Pinienart einzeln in kleine Töpfe gepflanzt. Nach einjähriger Pflege setzt man sie in größere Töpfe um. Das wird vier Jahre lang wiederholt, bis die dann etwa achtzig Zentimeter großen Jungbäume stark genug sind, um ohne Pflege in der Freiheit überleben zu können. Wenn es soweit ist, werden sie von Arbeiterkolonnen verpflanzt, die in der ausgewählten Region für jeden einzelnen Jungbaum ein Loch graben, das mit gedüngter Erde zugeschüttet und zuletzt mit mühsam herangeschlepptem Wasser angegossen wird. Zehntausende kleiner Bäumchen sind so in den vergangenen Jahren geduldig aufgezogen und schließlich in die freie Natur verpflanzt worden in der Hoffnung, daß auf kahlgeschlagenen Hängen, deren ungeschützter Boden während der Regenzeit jedesmal abgeschwemmt zu werden droht, im Ablauf der Jahre wieder ein »Wald« entsteht.

An jedem Abend bot sich uns auf der Rückfahrt ins Hotel aber auch der immer wieder gleiche Anblick von mindestens einem halben Dutzend Rauchfahnen, die aus bislang noch intakten Stellen des Bergwaldes links und rechts von der Straße aufstiegen. Es waren Waldbrände, absichtlich gelegt, regelmäßig kurz vor Eintritt der Dunkelheit, da die hereinbrechende Nacht die Ergreifung der Täter – denen schwerste Strafen drohten – unmöglich machte. Wer die Brandstifter waren, wußte jeder. Es waren bitterarme »Squatter«, landlose Bauern, die sich irgendwo im »Niemandsland« des Bergwaldes ein kleines Feld freigerodet hatten und die jetzt an willkürlichen Stellen Wald abbrannten, damit ihre Ziege oder ihre Kuh später das an dieser Stelle nachwachsende kümmerliche Gras fressen konnte. Es war nicht zu übersehen, daß die Brandstifter mit ihrer Arbeit rascher vorankamen als die Mitarbeiter der Baumschule.

Eines Tages nahmen wir Kontakt mit einer solchen Squatterfamilie auf. Ein kleines Geldgeschenk und Schokolade für die Kinder halfen, anfängliches Mißtrauen abzubauen. Wir konnten ihren Tagesablauf aus der Nähe unauffällig verfolgen. Eine

kümmerliche, mit rostigem Wellblech gedeckte Hütte. Ein einziger Raum für Eltern und drei Kinder. Vor der Behausung ein penibel gepflegter kleiner Gemüsegarten. Auf der Rückseite ein karges Feld, auf dem die Familienmitglieder sich wahrhaft »im Schweiße ihres Angesichtes« abplagten. Geräte gab es außer Spaten oder Hacke nicht. Gegen Abend schickte der Vater die halbflüggen Kinder in den Wald, um Holz zu holen. Es sollte eine (fleischlose) Gemüsesuppe geben.
Wir folgten den Kindern unauffällig. In der näheren Umgebung gab es längst kein Holz mehr, das sie hätten sammeln können. Aber sie wußten sich zu helfen. Nach einer halben Stunde kamen sie an eine Schonung, welche die Wiederaufforstungskolonne vor vielleicht zehn Jahren angelegt hatte. Hier gelang es ihnen, mit dem für sie eigentlich noch zu schweren Hackmesser Äste abzuschlagen und schließlich zwei kleine Bündel Feuerholz zu ernten, die von den Eltern mit sichtlicher Befriedigung in Empfang genommen wurden.
Was hätte ich dem Familienvater sagen sollen? Wenn wir uns miteinander hätten verständigen können, wäre es vielleicht sogar möglich gewesen, ihm klarzumachen, daß diese Art der Waldnutzung auf lange Sicht auch seine eigene Existenz und die seiner Schicksalsgenossen gefährdete. Fortschreitende Erosion macht auch eine noch so kümmerliche Landwirtschaft unmöglich. Aber selbst wenn er begriffen hätte, daß er in eine »Rationalitätenfalle« gestolpert war, würde das kaum genügt haben, ihn dazu zu bewegen, auf die »Externalisierung« der von seiner Familie verursachten Schäden zu verzichten. Denn für ihn und die Seinen, die auf dem ungeeigneten Waldboden bis zur Erschöpfung schufteten, war die nur auf diese Weise erhältliche einzige warme Mahlzeit am Tag eine unverzichtbare Überlebensbedingung.
Solange man so satt ist, wie wir es (noch) sind, kann Konsumverzicht als rationale Empfehlung gelten. Da läßt sich von Produzenten und Konsumenten mit uneingeschränktem Recht verlangen, sie hätten gefälligst alle durch ihr Verhalten entstehenden Kosten selbst zu tragen. Für einen philippinischen Squatter aber gelten Überlebensbedingungen, die dieselbe For-

derung zum blanken Zynismus werden lassen. Es mag ja sein, daß er, wie wir auch, dabei ist, mit seinem Verhalten »seine Enkel zu ermorden«. Im Unterschied zu uns könnte er diesen Vorhalt aber mit dem unwiderlegbaren Einwand parieren, daß er sich und seine Familie schon heute zum Tode verurteilen würde, wenn er darauf Rücksicht nähme.
Der Vorschlag, den Umweltschutz durch den Zwang zur Übernahme aller selbst verursachten Folgekosten marktwirtschaftlich gleichsam zu »automatisieren«, wirkt im ersten Augenblick wie das legendäre »Ei des Kolumbus«. Unter einer globalen Perspektive kommt er angesichts des heutigen Zustandes der Welt aber bereits zu spät. Weite Regionen der Erde, vor allem die sogenannten Entwicklungsländer, sind längst in eine Situation geraten, in der eine solche Aufforderung wie reinster Hohn wirken würde. Das ändert nichts daran, daß es dringend angebracht wäre, das »Verursacherprinzip« überall dort, wo das noch sinnvoll ist, so schnell wie möglich gesetzlich zu etablieren. Je länger unsere Industriegesellschaft zögert, je länger sie sich unter dem Druck von Gruppeninteressen davon abhalten läßt, das zu tun, um so größer ist ihr Versagen vor einer der wichtigsten Aufgaben unserer Zeit.
Vor der Situation des Squatters aber versagt die Zauberformel. Unwirksam ist sie auch angesichts der nordindischen Bauernfamilie, die den kümmerlichen Wald am Fuße des Himalaya ruiniert, indem sie nicht nur Brennholz, sondern – durch das »Schneiteln« aller frischen Asttriebe – mangels anderer Quellen auch Viehfutter aus ihm bezieht. Kann der Hinweis auf die galoppierende Erosion in diesem Gebiet und die nachfolgenden Flutkatastrophen in den südlichen Landesteilen als überzeugendes Argument gelten für Menschen, die andernfalls mit anzusehen hätten, wie ihre Angehörigen verhungern? Auch den afrikanischen Wilderer, der am Rande des von den satten weißen Männern entgegenkommenderweise angelegten Naturparks sein Dasein fristet, wird die zwingende Logik des »Verursacherprinzips« nur wenig beeindrucken. Solange jedenfalls nicht, wie der Verzicht auf das Erlegen der ihm so verlockend vor die Nase gesetzten Beute die Zahl der Hungertoten in

seinem Stamm unweigerlich in die Höhe schnellen ließe. Sie alle verschone man folglich mit Forderungen à la Prosi oder Scherhorn.

Wie sehr diese Einsicht das Verursacherprinzip im weltweiten Rahmen relativiert, läßt sich ermessen, wenn man berücksichtigt, daß wir damit weit über die Hälfte aller heute lebenden Menschen von seiner Anwendung ausgenommen haben: Nur etwas mehr als eine Milliarde Menschen lebt heute als Bürger eines entwickelten Industrielandes mehr oder weniger angenehm, drei Milliarden aber – von denen freilich nicht alle chronisch hungern, wie beschwichtigend hinzugefügt sei – in einem der sogenannten Entwicklungsländer. Ihr Anteil wird überdies rasch zunehmen: Im Jahre 2000 wird ihre Zahl nach den Voraussagen der Demoskopen schon auf rund fünf Milliarden angestiegen sein, gegenüber nur 1,2 Milliarden Einwohnern der Industrieländer. So überzeugend sich das Verursacherprinzip auch immer begründen läßt, dieser Realität gegenüber verliert es seine Kraft.

Aber ist das wirklich schon das Ende der Argumentationskette? Soweit es um die praktischen Aspekte geht, um die konkreten Realisierungsmöglichkeiten, wird man die Frage bejahen müssen. Eine konsequente Durchsetzung des Verursacherprinzips in den Ländern der sogenannten »Dritten Welt« liefe in der Realität auf Völkermord hinaus.

Trotzdem dürfen wir uns nicht damit zufriedengeben, an diesem Punkt das Weiterdenken erleichtert einzustellen – etwa in dem Gefühl, wir könnten angesichts eines offenbar unlösbaren Problems unsere Hände in Unschuld waschen. Denn unsere Ausgangsfrage ist zu eng gefaßt. Wir dürfen sie nicht allein auf den philippinischen Squatter, den indischen Bergbauern und den afrikanischen Wilderer beziehen. Wir machen es uns zu einfach, wenn wir die Wurzel des Übels in den ökologisch verheerenden Methoden sehen, mit denen sie und Milliarden ihrer Schicksalsgenossen versuchen, den ihnen drohenden Tod auf die nächste oder übernächste Generation »abzuwälzen«. Es muß die Frage gestellt werden, welche Umstände es eigentlich sind, die sie zuallererst in diese Situation gebracht haben. Eine

Lage, in der eine rücksichtslose »Kostenexternalisierung« zum schlichten Akt der Notwehr geworden ist. Wir brauchen die Ursachenkette nur um ein einziges Glied weiter nach rückwärts zu verfolgen, um auf die Frage zu stoßen, ob es nicht vielleicht einen »Verursacher« gibt, der für ihre Situation verantwortlich ist und der daher, dem ausführlich erläuterten Prinzip entsprechend, in die Pflicht zu nehmen wäre.

Es ist, man muß das in aller Deutlichkeit aussprechen, ohne den geringsten Zweifel eine unzulässige Verkürzung, wenn man das Elend der Dritten Welt einfach zur Folge einer »nachkolonialen Ausbeutung durch westlichen Wirtschaftsimperialismus« erklärt. Wer so redet, macht es denen, an die der Vorwurf sich richtet, allzu leicht, einfach wegzuhören. Ärgerlich ist an dieser in bestimmten Kreisen gängigen Formulierung allein schon die von der Wortwahl implizierte Unterstellung einer ausschließlichen Verantwortung der kapitalistischen Gesellschaft. Wer den Vorwurf als Marxist bewußt erhebt, muß sich pharisäerhafte Selbstgerechtigkeit vorwerfen lassen. Denn daß es den vom sogenannten »sozialistischen« Block wirtschaftlich abhängigen Entwicklungsländern wesentlich besser ginge, läßt sich ja beim besten Willen nicht behaupten. Denkt man an die Lage im Südjemen, in Äthiopien, Mozambique oder Angola, ja selbst an das von östlicher Unterstützung längst total abhängige Kuba, dann scheint eher das Gegenteil der Fall zu sein. Die Meinung, daß östliche Entwicklungshilfe der westlichen moralisch überlegen sei, kann ohnehin nur einem ideologisch benebelten Kopf entsprießen. Denn es ist unbestritten, daß sich die östliche »Hilfe« vor allem in der Versuchung zum Einkauf moderner Waffensysteme manifestiert.

Keine noch so demagogische Propaganda aber kann uns als Alibi dienen. So unsinnig und durchsichtig diese ideologisch motivierten Versuche einer einseitigen Schuldzuweisung sein mögen, sie entheben uns nicht der Verpflichtung, die Frage nach der Verantwortung zu stellen, die wir wirklich tragen mögen. Trifft der »Raubbau an der Natur«, um dessen Gegenwert unser Wohlstand »überhöht« ist, etwa nicht auch die

Entwicklungsländer? Trifft er sie nicht noch einschneidender, als es bei uns selbst der Fall ist? Gewiß, die Vorstellung, daß sich da einige skrupellose Wirtschaftsimperialisten die Köpfe darüber zergrübelten, wie sich die armen Menschen in der farbigen Welt am gründlichsten ausbeuten ließen, ist kindlich. (Wobei andererseits in Rechnung zu stellen ist, daß es Haifische dieser Kategorie ganz sicher gibt.)
Was tatsächlich geschieht, in viel größerem Umfange, generell und mit ganz unpersönlich permanenter Präzision, ist, was die Folgen angeht, viel schlimmer. Ohne daß – von Ausnahmen abgesehen – konkrete Individuen anzuklagen wären, ja ohne daß überhaupt eine moralisch anrüchige individuelle Entscheidung ins Spiel zu kommen brauchte, wirkt sich hier eine Automatik aus, für die wir die Verantwortung zu tragen haben. Das Prinzip der »Kostenexternalisierung«, Erfolgsrezept unserer freiheitlichen Wirtschaftsordnung, führt gleichsam selbsttätig zur Ausplünderung der Entwicklungsländer. Indem wir auch ihren Boden, ihre Rohstoffe und ihre Wälder für vogelfrei erklären, können diese zu den für uns vorteilhaftesten Preisen unseren Wohlstand mehren. Die externalisierten Kosten dieses ganz legalen »Tauschgeschäfts« werden den Entwicklungsländern aufgehalst. Ihre Ressourcen jedoch und die auf ihren Äckern auf unseren Wunsch gepflanzten Produkte – Ananas und Bananen oder Erdnüsse und Mais zur Mästung unserer Schweine und Rinder – fallen uns zu.
»Ich war hungrig, und ihr habt meine Nahrungsmittel eurem Vieh gefüttert. Ich war hungrig, und eure Konzerne pflanzten auf meinen besten Böden eure Wintertomaten. Ich war hungrig, und ihr wolltet nicht auf das Steak aus Südamerika verzichten. Ich war hungrig, aber wo Reis für meine tägliche Mahlzeit wachsen könnte, wird Tee für euch angebaut. Ich war hungrig, aber auf meinem Land werden exotische Früchte für eure Schlemmer gezüchtet.« Unser Wohlstand beruht nach der unwiderlegten – und unwidersprochenen – Ansicht aller Sachkenner nicht unwesentlich auf dem Elend der Menschen in der sogenannten »Dritten Welt«.[105]
Das ist keine Verleumdung und keine Beschimpfung. Es ist eine

nüchterne Beschreibung der Art der Wirtschaftsbeziehungen, wie sie sich unter dem Einfluß der Spielregeln unseres marktwirtschaftlichen Systems zwischen den Drittwelt-Ländern und unserem Teil der Welt selbsttätig und ganz unvermeidlich herausgebildet haben. Dies ist die Form, in der sich »Kostenexternalisierung« im globalen Rahmen zwischen Gesellschaften unterschiedlicher Wirtschaftskraft konkret abspielt.
Angesichts dieser Tatsachen muß sich unsere Gesellschaft in absehbarer Zeit entscheiden, ob sie ihren Anspruch auf ein christliches Selbstverständnis aufgeben oder ob sie ihre Wirtschaftsordnung in einer Weise reformieren will, die derartige Konsequenzen ausschließt. Es ist unfrommer Selbstbetrug oder reine Heuchelei, weiterhin so zu tun, als ob sich beides unter einen Hut bringen ließe. »Christentum und kapitalistische Ordnungsstruktur sind miteinander nicht nur unvereinbar, sondern einander entgegengesetzt«, stellt der namhafte katholische Theologe Rupert Lay SJ unverblümt fest.[106]
Solange die gegenwärtige Regelung weiterbesteht, können jedenfalls weder noch so zahlreiche Spenden für »Misereor«, »Brot für die Welt« oder eine der anderen zahlreichen Hilfsorganisationen noch staatliche Entwicklungsprojekte auch nur ein Quentchen der Mitschuld abtragen, die wir angesichts der Verelendung der farbigen Welt auf uns laden. Solange werden insbesondere unsere Spenden vor allem nur die eine Wirkung haben: die Zahl der künftigen Hungertoten von bisher vierzig Millionen Menschen in jedem Jahr auf ein Vielfaches dieser Größenordnung anschwellen zu lassen. Denn für jedes einzelne der Kinder, die wir heute vor dem Hungertod bewahren, wird es in der nächsten Generation vier oder fünf oder sechs Kinder geben. Dazu aber, auch diese dann wieder vor dem Verhungern zu bewahren, wird die vereinte Kraft aller Hilfsorganisationen dieser Erde nicht mehr ausreichen. Es sei denn, die wirtschaftliche und politische Organisation der Welt hätte sich bis dahin von Grund auf gewandelt. Dazu aber müßten die Weichen heute schon gestellt werden, und zwar von uns. Solange wir uns dazu nicht aufraffen, dienen unsere Spenden letztlich daher nicht den von Hunger und Dürrekatastrophen heimgesuchten

Ländern der Dritten Welt, sondern in Wirklichkeit einzig und allein der Beruhigung unseres eigenen Gewissens.

Bremsweg: Ein Jahrhundert

Es wäre denkbar, daß Wasser und Seife die Welt endgültiger ruinieren könnten als Pest und Cholera oder alle bisherigen Kriege. Auf diesen seltsamen Gedanken könnte man kommen, wenn man sich die Ursachen näher ansieht, aus denen es in der Vergangenheit immer wieder zu beträchtlichen Schwankungen der Bevölkerungszahlen gekommen ist. Hungersnöte, Seuchen und Kriege oder, umgekehrt, Zeiten relativer Sicherheit in politisch über längere Epochen hinweg stabilen Gemeinschaften waren es, die in der bisherigen Geschichte über Wachstum oder Abnahme der Menschenzahlen in einer bestimmten Weltregion entschieden. Im gegenwärtigen Augenblick läßt sich, rückblickend, die Vermutung äußern, daß die Folgen aller dieser Faktoren in den Schatten gestellt werden von der »Erfindung« simpler hygienischer Vorsichtsmaßnahmen: der noch vor 150 Jahren keineswegs selbstverständlichen Anwendung von Wasser und Seife auch »in der kleinsten Hütte«.
Über Jahrtausende hinweg blieb die Zahl der Menschen auf dem Globus unter allen praktischen Gesichtspunkten so gut wie konstant. Es gab, langfristig gesehen, zwar Wachstum, aber so langsam, daß es für die Zeitgenossen unmerklich blieb. Diese Stabilität war natürlich zu keiner Zeit statisch. Sie war vielmehr das Resultat eines »Fließgleichgewichts«: Menschen wurden geboren und starben, und beide Prozesse, Geburten sowie Sterbefälle, hielten sich im großen und ganzen die Waage. Die Fließgeschwindigkeit war, wie die Demographen mit eindeutigen Zahlen belegen, sehr hoch. Das äußere Gleichgewicht war das Produkt einer – für unsere heutigen Maßstäbe – sehr hohen Sterblichkeit, die durch eine entsprechend hohe Geburtenrate ausgeglichen wurde.[107]

In der Einteilung der Bevölkerungsstatistiker war das die »Phase I« der Entwicklung der Weltbevölkerung, die Epoche des »agrarischen Bevölkerungsprozesses«. Sie währte Jahrtausende. Viele Kinder zu haben bedeutete während dieser langen Zeit »viel Segen«, und das allein deshalb, weil die meisten von ihnen schon vor Erreichen des Erwachsenenalters starben. (In Indien, das noch heute in dieser »Phase I« verharrt, muß eine Familie im statistischen Durchschnitt mindestens sechs bis sieben Kinder haben, damit gewährleistet ist, daß der Vater nach seinem 65. Lebensjahr von wenigstens einem Sohn überlebt wird.)

Die bis dahin stabilen Verhältnisse änderten sich bei uns in Westeuropa etwa Anfang des vorigen Jahrhunderts, zunächst langsam, dann immer rascher, als in dieser Weltregion die frühindustrielle »Phase II« einsetzte. Mit dem Aufkommen industrieller Produktionsmethoden hob sich der allgemeine Wissens- und Informationsstand. Die ersten Ahnungen von einem Zusammenhang zwischen Verschmutzung und bestimmten Massenerkrankungen – etwa von dem Zusammenhang zwischen verunreinigtem Flußwasser und dem Auftreten von Choleraepidemien – erweckten bei Magistraten wie in privaten Haushalten Interesse an öffentlicher und persönlicher Sauberkeit. Als Louis Pasteur und Robert Koch bald darauf die Existenz unsichtbarer kleiner Krankheitserreger entdeckten, war das Anlaß zur Entwicklung konkreter hygienischer Empfehlungen, nach denen sich immer mehr Menschen richteten. Das Ergebnis war, lange vor der Erfindung von Sulfonamiden und Antibiotika, vor allem ein drastischer Rückgang der Kindersterblichkeit.

Damit aber geriet das bisherige Bevölkerungsgleichgewicht innerhalb weniger Jahrzehnte nachhaltig aus den Fugen. Die zivilisatorischen »Manipulationen«, vor allem eben die Einhaltung bestimmter Hygieneratschläge, mit denen die Menschen dieser frühindustriellen Epoche in das natürliche, sich bisher quasi selbsttätig ausregulierende Gleichgewicht eingriffen, ließen rasch eine kritische Situation entstehen. Man hatte sozusagen den »Abfluß« verstopft – die bisherige hohe Sterberate

drastisch gesenkt –, während der »Zufluß« – die hohe Geburtenrate – zunächst unverändert blieb. Die Konsequenz bestand in einem entsprechend rapiden Anstieg der Bevölkerungszahlen: dem Beginn jener Entwicklung, die wir »Bevölkerungsexplosion« zu nennen uns gewöhnt haben.
1850 gab es – vom Atlantik bis zum Ural – erst 260 Millionen Europäer. Im Jahre 1900 waren es schon mehr als 400 Millionen. Beim Ausbruch des Ersten Weltkrieges lebten schon 470 Millionen Menschen in demselben Gebiet, und heute sind es 623 Millionen. Im damaligen Deutschen Reich schnellte die Einwohnerzahl zwischen den Jahren 1871 und 1913 von 41 auf 67 Millionen nach oben.
Glücklicherweise hielt diese zweite Phase nur kurze Zeit an. Bevor ihr charakteristisches Ungleichgewicht zwischen niedriger Sterberate und anhaltend hoher Geburtenrate die europäische Gesellschaft in ernste Probleme stürzen konnte, ging sie im Verlaufe von etwa fünfzig bis achtzig Jahren in eine neue Phase (die »Phase III« der Demographen) über, in der jetzt auch die Geburtenraten rasch fielen. Dies geschah ohne jeden bewußten Eingriff, ohne alle Manipulation von außen, ganz von allein aus Gründen, die angesichts der heutigen globalen Situation ebenso interessant wie wichtig sind.
Viele Faktoren kamen zusammen. Die fortschreitende Industrialisierung verlängerte die durchschnittlichen Ausbildungszeiten. Die Entstehung industrieller Ballungsräume erzwang durch den unausbleiblichen Zuzug auswärtiger Arbeitskräfte eine erhöhte Mobilität der Bevölkerung. Beide Faktoren führten ganz automatisch zum Ansteigen des durchschnittlichen Heiratsalters. Von diesem aber hängt, wie die Bevölkerungsstatistiker festgestellt haben, die Kinderzahl in einer Ehe ganz entscheidend ab: je höher das Heiratsalter, um so geringer die Kinderzahl und umgekehrt. Noch etwas kommt dazu. Wenn, wie es in Indien oder Bangladesh noch heute traurige Regel ist, die Mädchen bereits mit zwölf oder spätestens mit fünfzehn Jahren verheiratet werden (und deren Töchter dann wiederum im gleichen Alter), kommt es in einem Jahrhundert zu sechs bis sieben Generationen. Wenn das Heiratsalter dagegen durch-

schnittlich 25 Jahre beträgt – wie China das bei seinen Töchtern inzwischen mit drakonischen Maßnahmen (s. S. 255) durchgesetzt hat –, sind es pro Jahrhundert nur noch vier Generationen, und das Bevölkerungswachstum verlangsamt sich entsprechend.
Im Verlaufe dieses fünfzig bis achtzig Jahre währenden Übergangs von Phase II zu Phase III »lernten« die Menschen offensichtlich aber auch, daß es nicht mehr notwendig war, so viele Kinder wie bisher in die Welt zu setzen. Denn von den Kindern, die sie bekamen, blieben die meisten jetzt auch am Leben. (Dieser Zusammenhang ist der Grund für die im ersten Augenblick paradox wirkende Behauptung der Bevölkerungspolitiker, daß man, um das weitere Ansteigen einer Population zu verlangsamen, unbedingt auch die Säuglingssterblichkeit senken müsse.) Von da ab aber war es nur noch ein Schritt bis zu der Einsicht, daß eine kleinere Kinderzahl die Chancen des einzelnen Kindes vergrößerte: Jedem von ihnen konnte man jetzt eine bessere, und das heißt in der Regel kostspieligere, Ausbildung und auch sonst in jeder Hinsicht eine intensivere Zuwendung zuteil werden lassen.
Damit waren die Voraussetzungen zum Eintreten einer neuen Phase der Stabilität entstanden: der »Phase IV«, in der, auf einem höheren, aber immer noch vorkritischen Plateau die Bevölkerungszahl wieder ins Gleichgewicht kommen konnte. Sie blieb jetzt – annähernd – konstant, weil nicht nur die Sterbeziffern, sondern auch die Geburtenzahlen abgesunken waren und beide einander daher wiederum die Waage hielten. Die Welt schien wieder in Ordnung.
Wenn das schon das Ende der Geschichte wäre, brauchten wir uns in der Tat keine Sorgen zu machen. Dann hätte der selbstregulatorische Zusammenhang zwischen den sozialen Folgen der Industrialisierung einer Gesellschaft und dem Wachstum ihrer Bevölkerung alle Probleme auf denkbar befriedigende Weise gelöst. Aber leider galt das nur für den kleineren Teil der Welt, für den von den entwickelten Industrienationen besiedelten Teil. Der übrige Teil des Globus wurde dagegen in eine Katastrophe mit noch unabsehbaren Folgen gestürzt. Wir

haben, wie nachträglich feststeht, den Fehler begangen – wie aber hätte er sich denn vermeiden lassen? –, in die Entwicklungsländer »einen Industrialisierungseffekt ohne die Industrialisierung« zu exportieren (Hermann Schubnell, s. Anm. 109). Man darf diesen Fehler tragisch nennen, ohne sich dem Verdacht auszusetzen, man wolle mit dem Wort nur von unserer Verantwortung ablenken. Denn letztlich folgte man, indem man ihn beging, lediglich dem Gebot »christlicher Barmherzigkeit« (wie man das damals mit noch ganz ungebrochener Selbstgerechtigkeit nannte).

Die »armen Heiden«, auf die man in den von unserer Zivilisation im letzten Jahrhundert überschwemmten Ländern der farbigen Welt stieß, hatten sichtlich Anspruch auf Barmherzigkeit. Als Angehörige einer der unseren offenkundig unterlegenen Art von »Menschen« waren sie der Obhut unserer, der »weißen« Rasse anvertraut – jedenfalls hielt die westliche Welt das für selbstverständlich. Diese Überzeugung schloß das Recht der »Herren« ein, sie als Kulis, als »Boys«, als Sklaven oder unter welchen anderen Bezeichnungen auch immer in ihren Dienst zu nehmen. Daraus leitete man ohne Skrupel, sozusagen naturrechtlich, auch die Pflicht zu bedingungsloser Unterwürfigkeit, ja Loyalität dem weißen Mann gegenüber ab. Wahrhaftig: In Fällen mangelnden Gehorsams oder gar offener Unbotmäßigkeit machten die Herrschenden ungeachtet ihres christlichen Selbstverständnisses nicht viel Federlesen.[108]

Andererseits aber ergaben sich aus diesem Selbstverständnis auch bestimmte Fürsorgepflichten. Den Kolonisatoren folgten Missionare auf dem Fuße. Ihre Aufgabe war es, die »armen Heiden« von dem ihre Köpfe verwirrenden Aberglauben ihrer überlieferten Religionen zu befreien und sie durch Bekehrung zum christlichen Glauben vor der ewigen Verdammnis zu bewahren. Die christlichen Missionare kümmerten sich jedoch nicht allein um das geistliche, sondern in ganz natürlicher Weise auch um das leibliche Wohl ihrer Schutzbefohlenen. Sie waren die ersten, die bestimmte, kostenlos transferierbare Errungenschaften der westlichen Zivilisation in das letzte afrikanische Dorf, bis in die Einsamkeit des Hindukusch exportierten: die ebenso einfachen wie lebensrettenden Grundregeln der Hygiene – von der Wochenpflege bis zu den uns längst selbstverständlich erscheinenden Vorsichtsmaßnahmen (Verwendung abgekochten Wassers) bei der Zubereitung von Säuglingsnahrung. Wenn man weiß, daß einfache Durchfallerkrankungen in den Entwicklungsländern bis auf den heutigen Tag die häufigste Ursache aller Todesfälle im Säuglings- und Kleinkindalter bilden (H. J. Diesfeld, s. Anm. 107/1, S. 179), ist es leicht, sich die Folgen auszumalen: Das Auftreten des weißen Mannes hatte neben weniger unumstrittenen Begleiterscheinungen auch einen deutlichen Rückgang der Sterbefälle unter der kolonial betreuten Bevölkerung zur Folge.

Diese Tendenz hat sich in den letzten Jahrzehnten noch potenziert. Von der Weltgesundheitsorganisation zentral gesteuerte Programme zur Malariabekämpfung, mit Entwicklungshilfe aufgebaute nationale Gesundheitsorganisationen, lokale Mütterberatungsstellen, Impfaktionen und ein ständig dichter werdendes Netz von Polikliniken sorgen heute in fast allen Entwicklungsländern für einen Standard der medizinischen Versorgung und Vorbeugung, der den der frühindustriellen Gesellschaft Europas im vorigen Jahrhundert weit übertrifft. Damit katapultierte der weltweite Export unserer medizinischen Errungenschaften die Länder der farbigen Welt in jene »Phase II« der Bevölkerungsentwicklung, in die wir seinerzeit sehr viel allmählicher hineingerieten (und aus der wir im Verlaufe von zwei bis drei Generationen alsbald auch wieder herausgefunden haben).

Die Folgen der westlichen Fürsorglichkeit sind furchteinflößend. Die Sterblichkeit ist in allen von dieser Entwicklung betroffenen Ländern noch sehr viel rascher gesunken als damals bei uns. Tragisch daran ist, daß man das nur als Zyniker beklagen dürfte, obwohl sich nicht übersehen läßt, daß die daraus erwachsenden Probleme wiederum tödlich sein könnten. Denn die Faktoren, die uns in der westlichen Welt aus dieser Phase II – »explosionsartiges Bevölkerungswachstum infolge Absinkens der Sterbeziffern bei unverändert hohen Geburtenzahlen« – nach relativ kurzer Zeit, bevor die Folgen

bedrohliche Ausmaße annahmen, wieder herausgeholfen haben, sie lassen sich nicht, oder jedenfalls nicht mit der gleichen Leichtigkeit und Schnelligkeit, ebenfalls exportieren.
Wer würde bestreiten, daß es unsere moralische Pflicht gewesen ist, durch die Vermittlung der uns zugefallenen medizinischen und hygienischen Kenntnisse das Sterben von Menschen, vor allem das Massensterben der Kinder in der Dritten Welt wirksam zu bekämpfen? Wer brächte den traurigen Mut zu dem Ratschlag auf, wir hätten sie, im Besitz der Mittel, ihnen zu helfen, sich selbst überlassen und ihrem Sterben untätig zusehen sollen? Dabei ist der Beweis leicht zu führen, daß die Folgen unserer Hilfeleistung auf lange Sicht ein Vielfaches der Opfer fordern könnten, die wir gerettet haben.
Zu Hilfe kam uns in Europa in unserer »Phase II« seinerzeit auch die Möglichkeit der Auswanderung. Allein die USA nahmen zwischen 1800 und 1930 vierzig Millionen Einwanderer auf. Leere Räume dieser Größenordnung gibt es heute nicht mehr. Wir sind einer Katastrophe damals vor allem aber deshalb entgangen, weil der Anstieg unserer Bevölkerung begleitet wurde von einer ebenso rasch ablaufenden industriellen Entwicklung und einer diese begleitenden allgemeinen Anhebung des Lebensstandards. Damit aber kamen die schon beschriebenen Faktoren zum Zuge, welche quasi selbstregulatorisch auch die Geburtenziffern sinken ließen und dadurch den Übergang zu erneuter Stabilität ermöglichten.
Alle diese Chancen sind den Ländern der Dritten Welt versagt. Wohin sollten ihre Einwohner auswandern? Woher sollen sie die Kraft nehmen zu einem dem unsrigen vergleichbaren industriellen Aufschwung in einer inzwischen »geschlossen« organisierten Welt, die beherrscht wird von einer Wirtschaftsordnung, in der nur profitieren kann, wer ohnehin schon stark ist? Woher soll dann aber jene Anhebung des Lebensstandards kommen, jene Zunahme des Wohlstands, die nach der begründeten Auffassung der Bevölkerungsexperten die Vorbedingung ist für ein »selbsttätig« erfolgendes Absinken auch der Geburtenziffern? Wie soll diesen Ländern, in denen heute schon drei Viertel aller Erdbewohner leben, unter diesen Umständen ohne

kritische Erschütterungen der Übergang in eine neue Phase der Stabilität gelingen?
Immerhin, die hier auf uns alle lauernde Gefahr hat sich seit einiger Zeit weltweit herumgesprochen. Die Einsicht ist allerdings erstaunlich jungen Datums. Noch Mao Tse-tung, der Große Vorsitzende, lehrte selbstbewußt, daß der Geburtenüberschuß eines Volkes »sein Ellenbogen« sei. Die heutigen Herrscher Chinas wissen es besser. Sie haben erkannt, wie töricht die kernige Phrase ist, wie grundverkehrt. Sie formuliert nichts als ein von jahrhundertelanger Gewöhnung tabuisiertes Mißverständnis, das überholte Relikt vergangener geschichtlicher Epochen. In der heutigen Welt entscheidet nicht mehr die schiere Zahl seiner Bewohner über die Kraft eines Staates. Nicht mehr die Zahl der Arme, die ein Schwert führen können, so daß ein Zuwachs unter allen Umständen gleichbedeutend sein muß mit einer Zunahme an politischem Gewicht. Heute entscheidet das Bildungsniveau, die Einsicht in die Bedingungen einer komplexen Zivilisation, die Zahl der Gehirne, in denen das Wissen darüber gespeichert ist, wann welcher Schalter zu bedienen ist.
In China hat man das gelernt, und man hat mit einer Rigorosität und Schnelligkeit, wie sie nur ein diktatorisch gelenktes Gemeinwesen an den Tag legen kann, das Ruder auf Gegenkurs herumgeworfen. Das Riesenreich hat es, wie jeder Zeitungsleser weiß, mit drakonischen sozialen Strafandrohungen (Wohnungs- und Arbeitsplatzverlust, Steuerstrafen, gesellschaftlicher Ächtung, Entzug von Privilegien) fertiggebracht, den Geburtenüberschuß seiner Bevölkerung so drastisch zu reduzieren, daß deren Konstanz (»Nullwachstum«) zeitlich in greifbare Nähe gerückt ist.
Bei einer Milliarde Chinesen wirkt sich das auf die globale Statistik bereits spürbar aus. Die frohlockenden Meldungen darüber, daß der Anstieg der Weltbevölkerung in den letzten Jahren hinter den ursprünglichen Prognosen zurückgeblieben ist (anstatt 7,5 Milliarden, wie ursprünglich befürchtet, werden es im Jahre 2000 »nur« 6,1 Milliarden sein), gehen daher weitgehend auf das Konto der Chinesen. In den meisten übri-

gen Entwicklungsländern sind die Zahlen allen optimistisch getönten »Erfolgsmeldungen« unserer Medien zum Trotz nach wie vor furchteinflößend.

Die Schätzungen und Prognosen, wie es weitergehen wird, differieren naturgemäß. Es gibt, wie stets, auch in diesem Falle optimistische und pessimistische Propheten. Lassen wir die Pessimisten einmal beiseite und betrachten wir nur das, was die »Optimisten« uns über das voraussehbare weitere Wachstum der Weltbevölkerung zu sagen haben. Ihre Zahlen – die jeweils auf den günstigsten noch als realistisch vertretbaren Annahmen beruhen – sind schlimm genug.

Sie gehen bei ihren Schätzungen zum Beispiel davon aus, daß die im letzten Jahrzehnt registrierte Wachstumsverlangsamung anhält. Das aber ist insofern höchst optimistisch, als damit der hauptsächlich auf die chinesischen Repressionsmaßnahmen zurückzuführende Trend als auch in Zukunft weltweit anhaltende Tendenz zugrunde gelegt wird, eine Annahme, die manchem Beobachter eher unwahrscheinlich vorkommen dürfte. Sie gehen weiter davon aus, daß die in vielen Ländern inzwischen mühsam angelaufenen Programme zur Familienplanung (»Geburtenkontrolle«) energisch vorangetrieben und in immer mehr Ländern greifen werden. Auch diese Annahme muß angesichts der Widerstände, mit denen diese Programme fast überall zu kämpfen haben, als äußerst optimistisch gelten.

Bei dieser Ausgangslage kommen die Statistiker zu der Voraussage, daß sich das weitere Wachstum der Erdbevölkerung im günstigsten Falle innerhalb der nächsten hundert Jahre auf den Wert »Null« abbremsen läßt. Die demographische »Phase IV«, das Eintreten erneuter Stabilität in globalem Rahmen, ist mit anderen Worten vor dem Jahre 2080 unter den augenblicklichen Bedingungen nicht zu erreichen. Und auch dieser ferne Termin wird nur dann eingehalten werden können, wenn es gelingt, den Lebensstandard in den betroffenen Erdregionen wirklich spürbar zu heben. Nur dann besteht überhaupt eine Aussicht darauf, daß es gelingen könnte, die Einsicht in die Notwendigkeit einer Verringerung der Kinderzahl und die zu diesem

Zweck verfügbaren Verhütungsmethoden weltweit zu verbreiten.[109]

Warum ist der Bremsweg so lang? Einer der Gründe: Vierzig Prozent der in den Entwicklungsländern lebenden Menschen – und bei ihnen handelt es sich, wie wir uns erinnern, um nicht weniger als drei Viertel der Weltbevölkerung – sind heute erst 14 Jahre alt oder jünger. Die Eltern des nächsten Generationensprungs wachsen also bereits heran. Der einzige Punkt, der unter diesen Umständen heute noch zur Diskussion steht, ist daher die Frage, ob der Bremsweg ausreicht. Im Jahr 2080 wird es mindestens elf Milliarden Menschen geben, möglicherweise sogar 15 Milliarden. Das sind mehr als doppelt, vielleicht sogar mehr als dreimal so viele Menschen wie es heute auf der Erde gibt.

Was bedeutet das?

Wieviel kann die Erde tragen?

Auf keinem Felde der Diskussion tummeln sich die »Abwiegler« froheren Mutes als auf diesem. Ihre Zuversicht hinsichtlich der Fassungskraft unseres Planeten scheint grenzenlos. Daß heute schon 600 Millionen Menschen an bleibenden Mangelschäden durch Unterernährung leiden und vierzig Millionen in jedem einzelnen Jahr am Hunger und seinen Folgen sterben – zum Vergleich: Der Zweite Weltkrieg forderte in sechs Jahren 55 Millionen Tote –, ist für sie ausschließlich eine vermeidbare Konsequenz der ungerechten Weltwirtschaftsordnung und damit letztlich ein Verteilungsproblem. Aber auch die in den kommenden hundert Jahren bevorstehende, auf keine Weise mehr abwendbare Verdoppelung oder gar Verdreifachung der heutigen Weltbevölkerung vermag sie nicht zu schrecken. »Grüne Revolution«, das heißt: Die wissenschaftliche Züchtung ertragreicherer und anspruchsloserer Getreidesorten, ganz allgemein eine weitere Intensivierung der Landwirtschaft und die Vergrößerung der Anbauflächen würden, so versichern sie uns, die ausreichende Ernährung auch einer auf 15 oder mehr Milliarden Mitglieder angewachsenen Weltbevölkerung gewährleisten.

Auf wie festem Boden steht solche Zuversicht? Was ist von den Gründen zu halten, die ihre Vertreter ins Feld führen? Versuchen wir, uns darüber ein Urteil zu verschaffen, indem wir die wichtigsten Argumente genauer unter die Lupe nehmen.

Die Zahl der Hungertoten, die unsere gegenwärtige Gesellschaft tagtäglich »produziert« – man kann es nicht anders als in dieser Härte formulieren –, ist in der Tat ein monströser Skandal. Die Schuld, die wir dadurch auf uns laden, daß wir die sich außerhalb unserer Sattheitsinsel abspielende Katastrophe verdrängen und tatenlos geschehen lassen, dürfte vielleicht den wenigsten Zeitgenossen bisher in vollem Umfange bewußt geworden sein. Das aber kann ihnen sowenig als Entschuldigung dienen wie uns allen etwa unser Schweigen angesichts der Verfolgung unserer jüdischen Mitbürger in der Zeit der Naziherrschaft. Das Ausmaß der Verdrängung zwingt dazu, mit einigen Stichworten den Zusammenhang abermals ins Bewußtsein zu rufen:

Ungerecht ist die Wirtschaftsordnung in weiten Teilen der Welt auch in der Form, daß eine kleine, westlich orientierte (und nicht selten im Westen auch ausgebildete) Oberschicht die Ressourcen des eigenen Landes für sich monopolisiert. Bei einer Untersuchung, welche die Weltbank 1975 in 83 Entwicklungsländern durchführte, kam heraus, daß drei Prozent der Grundbesitzer dort über fast achtzig Prozent der landwirtschaftlichen Anbauflächen verfügen. In Brasilien zum Beispiel muß sich, umgekehrt, die Hälfte aller Bauern mit nur drei Prozent der landwirtschaftlichen Nutzfläche begnügen. Die Mehrzahl der Bauern in den untersuchten Ländern ist dementsprechend auf »marginale«, für den Lebensunterhalt kaum ausreichende Böden abgedrängt oder als Tagelöhner entwurzelt. Der Anteil der Landbevölkerung, die ihr Leben als landlose Kleinpächter, als Tagelöhner oder Wanderarbeiter fristen müssen, beträgt in einigen der untersuchten Länder bis zu neunzig Prozent. Wir tragen für diese mit dem Wort »ungerecht« noch allzu milde bezeichneten Zustände eine konkrete Mitverantwortung deshalb, weil wir es mehrheitlich schweigend hinnehmen, wenn nicht gar billigen, daß jeder regionale Protest oder Aufstand gegen diese Zustände als »kommunistischer Umsturzversuch« verleumdet und mit Waffengewalt unterdrückt wird.

Noch unmittelbarer offenbart sich der Skandal in den nicht seltenen Fällen, in denen wir uns ungeniert direkt von hungernden Populationen ernähren.[110] Im Senegal ist die Produktion von Trockengemüse und Hirse in den letzten Jahren weit unter die Hälfte des Inlandbedarfs gefallen – zugunsten des Anbaus von Erdnüssen für den Export in die Industrieländer. In der Karibik – in der nach offizieller Schätzung achtzig Prozent aller Kinder unterernährt sind – dient die Hälfte der landwirtschaftlichen Nutzfläche dem Anbau von nur vier Exportprodukten. In Mexiko wird inzwischen mehr Getreide an zum Export bestimmtes Mastvieh verfüttert, als die dortige Landbevölkerung konsumiert.

Ein anderes Beispiel, das ganz unmittelbar uns selbst betrifft: 1976 lieferte die EG 5000 Tonnen Milchpulver als Teil ihrer Entwicklungshilfe an die Philippinen. Recht ordentlich, könnte man meinen. Aber bevor wir uns der Befriedigung über unsere Hilfsbereitschaft hingeben, sollten wir zur Kenntnis nehmen, daß allein die Bundesrepublik im selben Jahr aus den Philippinen 330 000 Tonnen Ölkuchen und Getreideschrot importierte, eine Menge, deren Nahrungswert umgerechnet etwa 65 000 Tonnen Milchpulver entspricht.

Kein Zweifel, die Hekatomben von Hungerleichen in den Entwicklungsländern – allein 40 000 verhungerte Kinder jeden Tag! – ließen sich drastisch reduzieren, wenn diese Ungeheuerlichkeiten abgestellt würden. Die Frage ist, ob die von der Oberfläche unseres Planeten produzierte Nahrung dann ausreichen würde, um wirklich *alle* hungrigen Münder zu stopfen. Jene, die sich weigern, eine von der Zahl der Erdbevölkerung ausgehende Gefahr anzuerkennen, bejahen die Frage ohne Zögern. Pessimisten jedoch stellen die besorgte Gegenfrage, ob die Biosphäre die Belastung wohl noch ertragen würde, die wir

ihr zusätzlich aufbürden müßten, wenn es uns gelänge – was ja unsere moralische Pflicht wäre –, auch jenem Viertel der Menschheit zu einem menschenwürdigen Leben zu verhelfen, das heute am Rande des Existenzminimums dahinvegetiert.
Wir können diese Fragen aber getrost auf sich beruhen lassen. Ihre Beantwortung spielt bereits keine Rolle mehr. Die Entwicklung hat sie überholt und das Problem weiter zugespitzt. Selbst wenn wir sicher sein könnten, daß sich die heutige Menschheit mit den vorhandenen Mitteln ausreichend würde versorgen lassen (was rein rechnerisch, »auf dem Papier«, möglich ist, wobei man die Praxis aus mancherlei Gründen allerdings mit mehreren Fragezeichen zu versehen hätte), auch dann wären wir nicht aller Sorgen ledig. Denn die Frage lautet eben schon nicht mehr, wie sich 4,1 Milliarden Menschen ausreichend ernähren und mit allen sonstigen Subsistenzmitteln für eine menschenwürdige Existenz (Wohnraum, Kleidung, Arbeitsmöglichkeiten) ausstatten ließen. Sie lautet inzwischen vielmehr, ob es dafür auch noch bei 6,1 Milliarden Menschen im Jahre 2000 – in nur 15 Jahren also – eine Chance gibt. Ob die beruhigende Versicherung der Optimisten auch noch für den Fall der Existenz von elf Milliarden Erdbewohnern gilt, der Mindestzahl, mit der wir in absehbarer Zeit, innerhalb der nächsten zwei bis drei Generationen, unwiderruflich konfrontiert sein werden.
Werden wir unser eigenes Wachstum bis zu diesen Größenordnungen heil hinter uns bringen, unter welchen Mühen und Belastungen auch immer, oder haben wir auf dem Wege dorthin eine Katastrophe zu gewärtigen? So ist die Frage heute realistisch zu formulieren. Und was die Antwort betrifft, so haben wir auch nicht mehr die Wahl zwischen pessimistischen und optimistischen Prognosen, für die sich vergleichbar plausible Argumente pro und contra ins Feld führen ließen (was eine Mehrheit selbst derer, die das Problem überhaupt einer Diskussion für Wert erachten, noch immer nicht wahrhaben will). Denn wenn man sich die Argumente der Experten unvoreingenommen und von Wunschvorstellungen unbeeinflußt ansieht, ist die Antwort ebenso eindeutig wie furchtbar: »Es unterliegt

keinem Zweifel mehr, daß wir weltweit vor einer Bevölkerungslawine stehen, deren apokalyptische Ausmaße und Auswirkungen, global gesehen, unvorstellbar sind.«[111]
Hans Jochen Diesfeld, von dem diese Aussage stammt, ist weder ein »ökologischer Traumtänzer« noch ein auf die Untergrabung der Zukunftshoffnungen unserer Gesellschaft erpichter »linker Chaot«. Er ist Direktor des Instituts für Tropenhygiene und öffentliches Gesundheitswesen des Südasien-Instituts der Universität Heidelberg. Welche Fakten liegen seiner niederschmetternden Prognose zugrunde?
Wenn die Katastrophe aufgehalten werden soll, müßte die Welt-Nahrungsproduktion bis zum Jahre 2040 mindestens verdoppelt werden. Dieser Notwendigkeit steht als erstes die Tatsache im Wege, daß sich die Anbauflächen in Zukunft nicht mehr, wie so mancher in naiver Zuversicht voraussetzt, wesentlich ausdehnen lassen. Die landwirtschaftlich geeigneten Teile der Erdoberfläche sind längst weitgehend genutzt. Bis zum Jahre 2000 muß ganz im Gegenteil global sogar mit einem Verlust von rund 200 Millionen Hektar Kulturfläche gerechnet werden (s. Anm. 107/1, S. 129): Die Folgen von Wüstenbildung (vor allem durch Überweidung und Rodung), Versalzung (durch aus Not geborene Überdüngung) und Siedlungstätigkeit summieren sich zu dieser Zahl.
Das alles sind, notabene, schon heute zu verzeichnende unmittelbare oder mittelbare Folgen des rapiden Bevölkerungswachstums. Hinzu kommen die ausgedehnten Waldzerstörungen. Sie sind nicht nur die Folge der grassierenden Brandrodungslandwirtschaft und einer ins Gigantische gesteigerten Wanderweidewirtschaft (s. Anm. 107/2, S. 286), sondern auch des zunehmenden Energiebedarfs einer Bevölkerung, die sich den für uns selbstverständlichen Luxus der Verwendung von Heizöl oder anderen fossilen Energieträgern nicht leisten kann. Vierzig Prozent der Weltbevölkerung sind auf Holz oder tierischen Dung als Energiequelle angewiesen. Die FAO (Food and Agriculture Organization) sagt schon für 1990 ein Brennholzdefizit von 650 Millionen Kubikmetern jährlich voraus. (Zur Kompensation der laufenden Entnahmen müßten zum Beispiel allein im

Bereich der afrikanischen Sahel jährlich 150 000 Hektar neu aufgeforstet werden – tatsächlich sind es nur 3000 Hektar.) Wie also stehen die Aussichten für eine Verdoppelung der Nahrungsproduktion bis zum Jahre 2040? Da diese sich auf dem Wege einer Vergrößerung der Anbauflächen offensichtlich nicht erreichen läßt, bleibt als einzige Alternative die weitere Intensivierung der Anbaumethoden, Stichwort »Grüne Revolution«. Der Einsatz neu gezüchteter Hochertragssorten, noch stärkere Düngung als bisher, eine Steigerung der Bewässerung und ähnliche Maßnahmen sollen die Lösung bringen. Unbestreitbar haben sich mit diesen agrartechnischen Gewaltmethoden den geplagten Böden regional tatsächlich höhere Ernten abringen lassen. Desungeachtet sind die Meinungen der Experten auch in dieser Hinsicht alles andere als ermutigend.

Klimaänderungen und Grundwassermangel, mit denen infolge der Waldzerstörungen in vielen Entwicklungsländern zu rechnen ist, werden die Bemühungen um eine großräumig spürbare Ertragssteigerung vielerorts zunichte machen. Die notwendigen Bewässerungsmaßnahmen erscheinen angesichts des erforderlichen Kapitalaufwandes unrealistisch. Das gleiche gilt für den Düngemitteleinsatz. Die angepeilte Verdoppelung der Erträge würde eine Steigerung des Kunstdüngereinsatzes um 180 Prozent erfordern. (107/1, S. 114) Diese Vorbedingung aber ist nicht nur aus Kostengründen schwer erfüllbar. Dem Boden läßt sich Nahrung mit noch so viel Gewalt nicht in beliebigen Mengen abpressen.

Ein Kunstdüngereinsatz der hier theoretisch hochgerechneten Größenordnung würde den Boden mit hoher Wahrscheinlichkeit endgültig umbringen. Übrig bliebe tote Erde, ohne den Mikrokosmos der Myriaden von Kleinorganismen, die sie bis dahin zur Hervorbringung pflanzlichen Lebens befähigten. Toter Sand oder Lehm, seines Salzgehalts wegen eine Gefahr für das Grundwasser. Vor Wind und Wetter ungeschützt und damit der Erosion ausgeliefert. Ein weiterer Ausgangspunkt zur Entstehung einer neuen Wüste. Beispiele gibt es schon heute genug.

In Wirklichkeit wird man sich in Zukunft immer häufiger

gezwungen sehen, nutzbaren Ackerboden vorübergehend brachliegen zu lassen, um ihm die Möglichkeit zur Erholung zu geben – ein Rezept aus dem Erfahrungsrepertoire jener »sanften« Landwirtschaft, wie sie noch vor hundert Jahren selbstverständlich war. In den Köpfen derer, die sich von einer »Grünen Revolution« die Lösung aller Probleme versprechen, geistern noch immer die von unserer wissenschaftlich perfektionierten Agrartechnik erwirtschafteten Rekorderträge als – grundsätzlich womöglich noch überbietbare – Zielvorstellung herum. Wer davon träumt, sollte schleunigst aufwachen. Es läßt sich nicht länger verheimlichen, daß die Landwirtschaft der entwickelten Industrieländer das Optimum der möglichen Intensivierung längst überschritten hat.

Es genügen zwei Feststellungen, diese Behauptung zu belegen. Es spricht für sich, daß die – in Umweltfragen über jeden Verdacht eines übereilten Aktionismus erhabene – deutsche Bundesregierung sich veranlaßt sah, Anfang Februar 1985 ein amtliches »Bodenschutz-Konzept« vorzulegen. Hintergrund der Initiative war die nicht länger zu verdrängende Einsicht, daß eine Beibehaltung der bisherigen Methoden der Ertragssteigerung den fruchtbaren Boden unseres Landes ruinieren müßte.

Daß der Grad der Intensivierung unserer Landwirtschaft aus Sinn Unsinn zu machen beginnt, zeigt sich auch noch an einem anderen Symptom. Für die meisten Zeitgenossen dürfte die von unseren Feldern gelieferte Nahrung wahrscheinlich wie von alters her noch immer den Inbegriff einer »natürlichen Energiequelle« darstellen. Auch diese Vorstellung aber ist in der Realität längst überholt. Die Bilanz ist seit Jahrzehnten negativ und verschlechtert sich mit jedem neuen »Ertragsrekord«.

Die Erzeugung einer »Nahrungskalorie« erfordert heute schon – in Gestalt von Maschinen, Kunstdüngerproduktion und so weiter – den Aufwand von zwei (nach manchen Schätzungen sogar drei bis vier) »Energiekalorien«. Daß eine landwirtschaftliche Technik, deren Erträge auf einer negativen Energiebilanz dieser Größenordnung beruhen, nicht als »Modell« zur Lösung des Welternährungsproblems taugt, bedarf keines weiteren Beweises.

Das alles ist kaum noch zu verstehen: Jedem Bauern ist es doch selbstverständlich, daß er auf einer Weide bestimmter Größe nur eine begrenzte Zahl von Rindern erfolgreich aufziehen kann. Selbst wenn er zufüttert, ist die Grenze der Tragfähigkeit spätestens dann erreicht, wenn die Menge des »Abfalls« – der Ausscheidungen –, in dem die zusammengepferchten Tiere herumzulaufen gezwungen sind, Krankheiten ausbrechen läßt. Jedem Aquarienfreund ist mit Leichtigkeit verständlich zu machen, daß und warum das »biologische System«, das er in seinem Becken eingeschlossen hütet, zusammenbrechen müßte, wenn er jemals auf den Gedanken verfiele, es mit einer zu großen Zahl von Vertretern einer einzigen Spezies zu besetzen. Nur den Gedanken, daß dieselben biologischen Lebensgesetze auch für den Menschen auf einer begrenzten Planetenoberfläche gelten könnten, den will niemand wahrhaben.

Daher noch einmal: Alle in diesem Zusammenhang heute verfügbaren Daten stützen den dringenden Verdacht, daß die Erde heute schon übervölkert ist. (Was die Diskussion um die Ernährbarkeit einer dreifach größeren Menschenzahl zur fahrlässigen Spiegelfechterei werden läßt.) Schon die bis zum Jahre 2000 aus dem bis dahin zu erwartenden Bevölkerungswachstum entstehenden Probleme würden sich nur dann vielleicht gerade noch bewältigen lassen, wenn sich die Industrienationen rechtzeitig, und das heißt *jetzt*, dazu aufrafften, das bestehende Weltwirtschaftssystem den Notwendigkeiten jener drei Viertel der Weltbevölkerung anzupassen, die in den sogenannten Entwicklungsländern leben.

Seit Jahren sinkt die Ackernutzfläche pro Kopf in allen Entwicklungsländern. (107/1, S. 74) Die Vermehrung der Kopfzahl läuft allen Anstrengungen davon. 1965 standen jedem Erdbewohner statistisch noch 0,45 Hektar landwirtschaftlicher Fläche für seine Versorgung zur Verfügung. In diesem Jahr sind es nur noch 0,32 Hektar. Bis zum Jahre 2000 wird das Areal auf 0,25 Hektar geschrumpft sein. (107/1, S. 112) Der Gipfel der Pro-Kopf-Produktion an Fleisch, Fisch und Holz wurde, rückblickend betrachtet, überschritten, noch bevor die Weltbevölkerung die Vier-Milliarden-Grenze erreichte.[112] Warum wohl? Selbst dann, wenn es uns bereits bis zum Jahre 2000 gelänge, die Nahrungsproduktion auf der Erde zu verdoppeln – muß noch erklärt werden, warum die Annahme illusorisch ist? –, würde die Zahl der Hungernden (die mit weniger als zwei Drittel des biologischen Eiweißbedarfs auszukommen hätten) sich bis dahin von heute rund 400 auf 740 Millionen fast verdoppeln. (107/1, S. 116)

Für unverantwortliche »Traumtänzerei« halte ich es, wenn Politiker, die Vertreter mancher Kirchen und allzuviele der sich zu den gebildeten Mitbürgern rechnenden Zeitgenossen unbeirrt verkünden, die Erde werde auch ein Vielfaches der heutigen Menschenzahl tragen können, während es weit und breit niemanden gibt, der überzeugend erklären könnte, wie wir eigentlich mit den eben angedeuteten Problemen fertig werden sollen, die wir schon in den nächsten 15 Jahren zu lösen haben werden.

Demnach wäre die Katastrophe also unabwendbar? Im Gegenteil! Die Lösung liegt offen auf der Hand: Wenn sich die Oberfläche der Erde und mit ihr die Ausdehnung der notwendigen Anbauflächen nicht vergrößern läßt, dann bleibt immer noch der umgekehrte Weg: die Zahl der hungrigen Münder zu reduzieren. Auch auf diese Weise läßt sich das bedrohlich gewordene Mißverhältnis zwischen Hunger und Brot aus der Welt schaffen. Ja, auf diese Weise wird es sogar mit absoluter Gewißheit aus der Welt geschafft werden. Denn die katastrophenträchtige Überzahl der Menschen wird in jedem Falle mit naturgesetzlicher Notwendigkeit auf das für die Erde erträgliche Maß absinken. Wenn wir nicht mit humanen Mitteln beizeiten dafür sorgen, dann werden globale Hungerkatastrophen das Mißverhältnis auf ihre Art korrigieren.

Wen die Götter vernichten wollen...

Man muß es sich einmal bewußt klarmachen, wie einfach alle Sorgen und Befürchtungen grundsätzlich zu zerstreuen wären. Sämtliche Gefahren würden sich ohne ein einziges zusätzliches Menschenopfer beheben lassen, wenn verhindert würde, daß die Zahl der Menschen bis zu einer kritischen Größenordnung weiter ansteigt. Uns bliebe, wenn das gelänge, nicht nur die Katastrophe »apokalyptischen Ausmaßes« erspart, die sonst unweigerlich über uns hereinbräche. Auch alle ökologischen Krankheitserscheinungen, sämtlich und ausnahmslos Folgen der schon seit längerem eingetretenen Überlastung der irdischen Lebenssphäre, würden wieder verschwinden. Die Atemluft würde wieder atembar, die Wasserquellen würden ihre Frische wiedererlangen und der Boden seine natürliche Fruchtbarkeit.

Auch das lautlose Massensterben würde aufhören, das wir unter den anderen Lebewesen, Tieren und Pflanzen, durch die bloße Maßlosigkeit unseres Auftretens anrichten. Ein Ausrottungsprozeß käme zum Stillstand, dessen Dimension ohne Beispiel ist in der ganzen Geschichte der Erde (was uns Menschen zur verheerendsten Aussterbe-Ursache in dieser Geschichte werden läßt). Aber nicht nur moralisch wären wir entlastet. Da der von uns zu verantwortende Faunenschnitt früher oder später unweigerlich auch uns selbst einbeziehen würde, würden wir sogar uns selbst helfen.

Alles, was notwendig wäre, ist der aus der Einsicht in unsere gegenwärtige Lage geborene Entschluß, zu verhindern, daß weiterhin Menschen in großer Zahl geboren werden, denen, wenn sie erst einmal auf diese Welt gekommen sind, kein anderes Schicksal beschieden wäre als ein qualvoller Hungertod oder das gewaltsame Ende in den Schrecken der dann bevorstehenden Verteilungskämpfe. Die Mittel stehen zur Verfügung. Sein angesichts von Notlagen so oft voller Zuversicht beschworener Einfallsreichtum hat den Menschen auch in diesem Falle keineswegs im Stich gelassen. Geburtenkontrolle durch Empfängnisverhütung – allein von ihr ist hier die Rede und nicht von Abtreibung – ist heute billig, ungefährlich (alle bestehenden oder behaupteten Risiken liegen unter denen einer »normalen« Schwangerschaft) und ohne Lästigkeiten praktikabel. Alle Gefahren ließen sich durch ihre weltweit koordinierte Anwendung innerhalb weniger Jahrzehnte aus der Welt schaffen. Niemand brauchte durch Hunger oder Gewalt umzukommen. Die potentiellen zukünftigen Opfer würden gar nicht erst geboren werden.

Dies ist der offenkundige und der einzige Ausweg. Beschrieben aber ist mit ihm wiederum nur ein lediglich in der Theorie, »auf dem Papier«, funktionierendes Rezept. Eine weltweit koordinierte Familienplanung mit dem Ziel der Durchsetzung der Zwei-Kinder-Familie im statistischen Durchscnitt würde uns noch retten können – wenn alle mitmachten.[113] Es werden aber nicht alle mitmachen. Es werden sogar nur die wenigsten mitmachen. Mit einer über jeden vernünftigen Zweifel erhabenen Sicherheit steht fest, daß die Menschheit von diesem Ausweg – dem einzigen, der sie vor der Katastrophe noch bewahren könnte – keinen Gebrauch machen wird. Sehen wir uns die Gründe einmal an, die zu dieser resignierenden Voraussage Anlaß geben.

Tabus sind es, die den Ausweg verlegen. Es existiert kein Naturgesetz, es gibt keinen unsere Initiative real blockierenden Sachverhalt, keine etwa zu gewärtigende bedrohliche Konsequenz und auch sonst keine mit Händen zu greifende konkrete Barriere, die ihn versperrten. Dennoch ist es so, als sei das alles der Fall. Der rettende Ausgang ist für uns so undurchschreitbar, als ob er zugemauert wäre. Denn auch kulturelle Prägungen und aus ihnen erwachsende Vorurteile, archaische Verhaltensprogramme und aus ihrem Boden sprießende pseudorationale Beweggründe können Hindernisse aufrichten, die so undurchdringlich sind wie eine massive Wand.

Fruchtbarkeitskulte gehörten zu den ältesten Riten der Menschheit. Auch seine eigene Fähigkeit zur Vermehrung schien dem Menschen von Beginn an von so unüberschätzbar hoher Bedeutung, daß er sie Göttern zu verdanken glaubte.

Wenn man die Bedingungen im Kopf hat, unter denen unser Geschlecht während des weitaus größten Teils seiner Geschichte sein Überleben zu sichern hatte, nimmt das nicht wunder. Angesichts der Länge dieser Zeit und der Unerbittlichkeit, mit der diese Bedingungen herrschten, bedarf es auch keiner Erklärung dafür, daß individuelles und gesellschaftliches Verhalten tiefgreifend von ihnen geprägt worden sind.

Der Wert und die besondere Bedeutung der menschlichen Fruchtbarkeit stehen für das naive Urteil jedes einzelnen von uns gleichsam a priori fest. Sie sind für das »natürliche Empfinden« des Menschen so etwas wie Axiome, nicht Urteile, zu denen man erst durch vorangehende Argumentation gelangte. Wie tief verankert das Werturteil ist, kann auch ein Nichtpsychologe unschwer an der Hartnäckigkeit ablesen, mit der die Menschen es verteidigen, wenn äußere Umstände auftreten, die geeignet sind, es ins Zwielicht zu rücken. Die Behauptung, der menschlichen Fruchtbarkeit komme ein *absoluter* Wert zu, wird dann mit einer Fülle »sekundärer Rationalisierungen«, wie ein Psychologe das nennt, »begründet«: mit einer Vielzahl scheinbar rationaler Argumente, deren Pseudocharakter sich daraus ergibt, daß sie die Wertaussage in Wirklichkeit nicht logisch begründen, sondern lediglich verteidigen. Es handelt sich um eine »vorgefaßte Meinung«, nicht wirklich um das aus den vorgegebenen Gründen zwingend oder auch nur überzeugend sich ergebende Urteil.

Man bedenke nur, welche umfängliche Bedeutungs- und Wertungsskala ins Spiel kommt, sobald von »männlicher Potenz« die Rede ist. Keine menschliche Kultur, in der Zweifel an ihrem uneingeschränkten Vorhandensein nicht als verletzender, ehrabschneidender empfunden würden als der Verdacht auf ein Versagen in jedem beliebigen anderen Bereich – als der Verdacht auf einen Mangel an Fleiß, Intelligenz oder selbst an Mut. Ähnlich geht es der kinderlosen Frau, die sich dem kaum weniger gravierenden Verdacht der »Unfruchtbarkeit« ausgesetzt sieht. Auch in einer sozialen Umwelt, in der diese Form weiblichen »Versagens« heute nicht mehr zu konkreten sozialen Strafen führt – zu Verstoßung oder Scheidung –, erlebt man

es, daß einem kinderlose Frauen bei Gelegenheit ungefragt versichern, sie hätten keine Kinder *gewollt,* womit sie das tiefwurzelnde Bedürfnis befriedigen, klarzustellen, daß sie anderenfalls schon welche hätten bekommen *können.*
Im Umfeld menschlicher Fruchtbarkeit ist die Werteskala zumindest durch äonenlange kulturelle Überlieferung nahezu unverrückbar festgelegt. Man kann freilich – ohne daß sich etwas beweisen ließe – darüber hinaus noch den Verdacht hegen, daß eine in diesem speziellen Falle ganz unmittelbar wirksam werdende natürliche Auslese die Einschätzung einer möglichst großen individuellen Fruchtbarkeit als eines absoluten Wertes im Laufe der Zeit sogar im menschlichen Erbgut ihren Niederschlag finden ließ. Jedenfalls ist der Mensch, wie sich in seiner heutigen Lage mit beklemmender Deutlichkeit zeigt, praktisch nicht dazu fähig, an der Eichung dieser Skala wirksame Korrekturen vorzunehmen. Auch an diesem äußerst kritischen Punkt stoßen wir damit erneut auf das besorgniserregende Phänomen mangelhafter Fähigkeit zum Umlernen angesichts einer grundlegenden Änderung der Überlebensbedingungen.
Konkret dokumentiert sich diese Unfähigkeit in den mannigfaltigen Formen, in denen der Widerstand gegen die Propagierung wirksamer Methoden der Familienplanung auftritt. Am ehesten läßt er sich noch in den »traditionellen« Gesellschaften der Entwicklungsländer rational begreifen. In vielen dieser Regionen – etwa in Asien und Afrika – existiert als soziales Grundelement noch immer die Großfamilie. Sie »funktioniert« dort heute weitgehend auch noch bei räumlicher Trennung ihrer Mitglieder, dann also, wenn die Angehörigen zum Teil noch auf dem Lande, zum anderen Teil aber schon in der Stadt leben. Unter diesen sozialen Bedingungen aber ist die gesellschaftliche, wirtschaftliche und nicht zuletzt die politische Macht einer Familie, wie die Entwicklungsexpertin Gabriele Wülker betont, in der Tat noch entscheidend abhängig von der Zahl ihrer Mitglieder. (107/1, S. 83) Hier ist Fruchtbarkeit auch objektiv noch »ein Wert an sich«.
Aber auch in diesen Ländern, in deren Interesse es vor allem läge, das ungebremste Wachstum ihrer Bevölkerung in den

Griff zu bekommen, überwiegen alles in allem die pseudorationalen, dem archaischen Vorurteil entspringenden Formen des Widerstands. Da heißt es dann etwa, daß viele Kinder den Segen der Gottheit und der Ahnen herbeizögen oder daß viele Söhne dem Willen Allahs entsprächen. Auch in diesen Ländern aber gilt eine kleine Kinderzahl, und erst recht gar Kinderlosigkeit, eben einfach als »Unglück« und darüber hinaus fast immer auch als Anzeichen einer Minderwertigkeit der Ehepartner. Auch die so oft zitierte Begründung, daß viele Kinder die sicherste Form der Altersversorgung darstellten, verliert ihre Rationalität in Ländern, deren Bevölkerungswachstum jede Chance auf einen Anstieg des Sozialprodukts und damit des Lebensstandards hinfällig werden läßt.

Als deutlicher Hinweis auf die nichtrationale, unbewußte Quelle des Widerstands kann ferner eine Beobachtung gelten, die westliche Entwicklungshelfer bei wissenschaftlich überwachten Geburtenkontroll-Programmen wiederholt machten: Die Frauen, welche die empfängnisverhütenden Medikamente einnahmen, klagten ungewöhnlich häufig über Nebenwirkungen in Form von Kopfschmerzen, Übelkeit und anderen Beschwerden, und zwar auch dann, wenn die betreuenden Ärzte ihnen anstelle des wirksamen Medikaments zur Kontrolle »Placebos« aushändigten, unwirksame Scheinpräparate.[114] Übel wurde diesen Frauen also nicht durch die Unverträglichkeit eines medikamentösen Wirkstoffs (sie bekamen in Wirklichkeit gar keinen). Übel wurde ihnen vielmehr, so kann man hier sagen, bei dem Gedanken an die Folgen, die der Zustand der Unfruchtbarkeit, in den sie sich (vermeintlich) versetzten, für ihr soziales Ansehen und für ihr weibliches Selbstgefühl haben würde.

Es besteht kein Anlaß, uns über das alles erhaben zu dünken. Unsere Gesellschaft reagiert nicht anders. Tradition und – wahrscheinlich – äonenlange natürliche Selektion haben in den unbewußten Tiefen der Psyche aller Menschen die gleichen Spuren hinterlassen. Deren Auswirkungen ließen sich in den letzten Jahren auch bei uns geradezu beispielhaft studieren.

In der Bundesrepublik – wie auch in den anderen westlichen

Industrienationen einschließlich Japan – sind die Geburtenzahlen in den vergangenen beiden Jahrzehnten bekanntlich deutlich zurückgegangen. Mit der Ausnahme von Irland und Griechenland genügen die »Gebärleistungen der Frauen« (wie es in dem Vokabular der Kritiker des Phänomens heißt) in keinem dieser Länder mehr zur »Bestandserhaltung der Bevölkerung«. Die Zahl der Einwohner der Bundesrepublik hat zu schrumpfen begonnen. Die Hochrechnung ergibt, daß es im Jahre 2000 nur noch 52 Millionen Westdeutsche geben dürfte. Hielte der Trend danach unverändert an, würden es im Jahre 2050 gar nur noch 25 Millionen sein.

Die Bekanntgabe dieser Daten löste in der bundesrepublikanischen Öffentlichkeit erschrockene, in manchen Fällen regelrecht panisch anmutende Reaktionen aus. Der Gedanke, daß eine – vorübergehende – Schrumpfung der Bevölkerung in unserem Lande (mit fast 250 Einwohnern pro Quadratkilometer eines der am dichtesten besiedelten Länder der Erde) auch positive Aspekte haben könnte, tauchte in der öffentlichen Diskussion allenfalls am Rande auf. Kaum ein Gedanke daran, daß Energie- und Abfallprobleme abnehmen könnten. Daß die Lebensqualität zunehmen könnte, wenn die Menschen mehr individuellen Lebensraum zur Verfügung hätten. Daß auch das bedrückende Problem der Massenarbeitslosigkeit – nicht Folge ungenügenden und ohnehin nicht beliebig fortsetzbaren Wachstums, sondern in erster Linie einer Abnahme der Arbeitsmenge infolge zunehmender Automatisierung aller Produktionsvorgänge – sich langfristig auflösen könnte. Daß die Straßen leerer, die Zubetonierung der natürlichen Restflächen unserer Heimat seltener und die Luft atembarer werden könnten.

Kaum jemand sah die Nachricht aus dieser Perspektive. Der Gedanke, daß es sich bei dem in unserem und so vielen anderen Industrieländern anhebenden Schrumpfungsprozeß um eine Art »Gesundschrumpfung« handeln könnte, wurde nicht ernstlich in Erwägung gezogen. Dabei hätte es doch nahegelegen, die Entwicklung unter dem Aspekt einer biologisch zweckmäßigen, da im Dienste einer Verbesserung der Überlebenschancen stehenden instinktiven Reaktion eines »Volkskörpers« auf eine in Wahrheit längst prekär gewordene Populationsdichte zu betrachten. Niemand auch erinnerte daran, daß auf der Restfläche der Bundesrepublik heute alles in allem die gleiche Zahl an Menschen hausen muß, die es seinerzeit innerhalb der Grenzen des Deutschen Reiches der Weimarer Zeit gegeben hatte, in einer Zeit also, in der viele Deutsche die Sorge bedrückte, ein »Volk ohne Raum« zu sein.

Nein, jenes tiefsitzende, unbewußte Vorurteil, das jede Zunahme der eigenen Population als einen Zuwachs an Sicherheit erleben läßt und das bei einer Abnahme dieser Zahl archetypische Ängste mobilisiert, gab den Blick nur auf eine einzige Möglichkeit frei: auf die angsteinflößende Möglichkeit, daß der Schrumpfungsprozeß unaufhaltsam bis zum bitteren Ende fortschreiten könnte. Das aber bedeutete – und einige Bevölkerungswissenschaftler präsentierten die Hochrechnung einer verschreckten Öffentlichkeit in vollem Ernst –, daß es in hundert Jahren auf dem Gebiet der heutigen Bundesrepublik keine Deutschen mehr geben würde – nur noch Türken und die Angehörigen anderer »fremder Kulturen«.

Ein namhafter, »völkisch« orientierter deutscher Naturwissenschaftler erhielt gar Beifall für die Behauptung, daß man es mit dem Phänomen einer modernen Völkerwanderung zu tun habe, ausgelöst durch den Niedergang des »nationalen Selbstbehauptungswillens« unseres Volkes. Selbstsucht, egoistisches Genußstreben und die mit ihnen einhergehende Weigerung, für das Aufziehen von Kindern noch persönliche Opfer zu bringen, seien dabei, eine Art »nationalen Selbstmords« herbeizuführen. Die steigende Asylantenzahlen bewiesen, daß »fremde Völkerschaften in den freiwerdenden Raum nachdrängen«[115]. Konservative Politiker pflichteten der These bei. Er sehe dem »Verfall der biologischen Leistungsgemeinschaft« mit wachsender Sorge entgegen, ließ Franz Josef Strauß sich vernehmen. »Es hat keinen Sinn, einem sterbenden Volk gesunde Haushalte zu hinterlassen.«[116]

Nun werden sich im Verlaufe des in Gang gekommenen Schrumpfungsprozesses und der mit ihm einhergehenden Verschiebung der sogenannten »Alterspyramide« (relative Zunahme der älteren Jahrgänge) unbestreitbar Probleme, auch gravierende Probleme ergeben. Mit ihnen ist aber, einschließlich des in diesem Zusammenhang verständlicherweise regelmäßig beschworenen Rentenproblems (»Generationenvertrag«), nachweislich fertig zu werden.[117] Und alle diese Probleme zusammengenommen sind immer noch leichter zu bewältigen als die Gefahren, denen wir uns in sehr kurzer Zeit gegenübersehen würden, wenn unsere Bevölkerung weiter zugenommen hätte.

Von rational nicht mehr zu erklärender Einseitigkeit ist auch der – nach Ansicht derer, die ihn vorbringen, offenbar über jegliche Begründung erhabene – Vorwurf an die Generation der Jüngeren, daß es ihr »hedonistisches (sprich: egoistisch auf den eigenen Lebensgenuß erpichtes) Handlungsmuster« sei, ihre Abneigung, sich für Kinder Einschränkungen aufzuerlegen, etwa auf Urlaubsreisen, Auto und anderen Luxus zu verzichten, die hinter dem Geburtenrückgang ständen. Spricht nicht vieles dafür, daß es ganz andere Motive sind, die junge Menschen davon abhalten, Kinder in diese Welt zu setzen? Das Bewußtsein unserer erdrückenden ungelösten Gegenwartsprobleme: die Angst vor der Möglichkeit eines Krieges und »das tägliche Erlebnis von Dichte, Enge, fehlendem Raum, nicht nur Wohnraum, die fortschreitende Zerstörung unserer Umwelt, Lärm, Angst vor der Kernenergie und ihren unabsehbaren Folgen« (Hermann Schubnell, in: s. Anm. 117, S. 120). Vielleicht ist es, so möchte ich dem hinzufügen, die Ahnung von einer grundsätzlichen Gefährdung der menschlichen Welt, einer Gefährdung, die größer ist, als wir es uns bewußt einzugestehen wagen.

Irrational ist schließlich auch die Einseitigkeit, mit der alle diese panischen Reaktionen (»nationaler Selbstmord«, »sterbendes Volk«) ohne weitere Begründung unterstellen, daß der Bevölkerungsrückgang ein beliebig weit extrapolierbarer, unaufhaltsam dem Wert »Null« zustrebender Prozeß sein müsse. Ist die Annahme nicht viel wahrscheinlicher, daß es sich um einen vorübergehenden Anpassungsprozeß handeln dürfte, der selbsttätig zum Stillstand kommen wird, wenn er sein Ziel, die

Wiederherstellung einer erträglichen, mit dem Erhalt der Umwelt und einer menschenwürdigen Lebensqualität vereinbaren Bevölkerungsdichte, erreicht hat? Läßt sich etwa nicht vorstellen, daß junge Leute wieder auf die Idee kommen könnten, mehr Kinder in die Welt zu setzen, wenn sie feststellen, daß diese Kinder wieder mehr Raum zum Spielen, weniger Gift in ihrer Umwelt und eine weniger bedrohte Zukunft zu erwarten hätten?

Die schrillen Töne, mit der unsere Öffentlichkeit auf die Mitteilung von einem Rückgang der eigenen Bevölkerung reagierte, sind rational nicht mehr zu verstehen. Sie sind charakteristische Symptome dafür, daß hier ein tief im Unbewußten verwurzeltes Wertempfinden verletzt wurde. Ein Wertempfinden, das unbeirrt daran festhält, daß die archaische Anweisung »Seid fruchtbar und mehret euch« unverändert für alle Zeiten gültig ist, auch dann noch, wenn die Bedingungen, unter denen sie erging, die einer längst überholten Vergangenheit sind.[118]

Auch die Vertreter der Kirchen haben sich dieser Strömung so wenig entziehen können wie die Sprecher der profanen gesellschaftlichen Institutionen. Von einem »alarmierenden Geburtenrückgang« sprach der stellvertretende Leiter des »Kommissariats der [katholischen] deutschen Bischöfe« im März 1983. Er fügte hinzu, daß es sich hier um einen »gesellschaftlichen Schwerpunkt« handele, an dessen Bewältigung die Einlösung des Versprechens von einer geistigen Wende im politischen Raum in den kommenden Jahren konkret gemessen werden müsse.[119]

Die Besinnung auf diese ganze Episode kann dazu beitragen, uns vor Hochmut gegenüber den »traditionellen Gesellschaften« der Entwicklungsländer zu bewahren. Es ist eben nicht die Ignoranz einer noch unaufgeklärten, mangelhaft gebildeten und von abergläubischen Vorurteilen beherrschten Bevölkerung, die der erfolgreichen Einführung wirksamer Familienplanung im Wege steht. Es sind die aus den geschilderten Gründen kaum ausrottbaren und nur unter Mühen überhaupt bewußt zu machenden Vorurteile und Wertmaßstäbe, die wir alle als Erbe der bisherigen Menschheitsgeschichte mit uns herumschleppen.

Es ist auch nicht unser Verdienst, daß wir an ihren Folgen bisher weniger schwer zu tragen hatten als die Völker der Dritten Welt. Es war nicht bessere Einsicht, sondern nur unser Lebensstandard, der das vorübergehend auch bei uns rasante Bevölkerungswachstum rechtzeitig zum Stillstand kommen ließ. Auf die Dauer aber werden auch wir den Folgen nicht entgehen. Da es nur eine Erde gibt, werden auch wir betroffen sein, wenn das alle Vorstellungen übersteigende Wachstum der Bevölkerung global ungebremst anhält.

Zwei Voraussetzungen müßten erfüllt werden, um diesem Wachstum Einhalt zu gebieten. Keine von beiden würde für sich allein ausreichen. Es müßte, erstens, der Lebensstandard verbessert werden, damit, unter anderem, der durchschnittliche Ausbildungsstand gehoben und den Frauen dieser Länder eine soziale Stellung verschafft werden kann, die ihnen die Chance einräumt, über die Zahl der von ihnen geborenen Kinder verantwortlich mitzuentscheiden. Das bleibt aber unerreichbare Utopie, solange die Zahl der Menschen schneller zunimmt als Nahrungsversorgung und Sozialprodukt. Also bedarf es als zweiter Voraussetzung zugleich einer den Geburtenüberschuß spürbar verringernden Familienplanung. Deren Wirksamkeit aber hat, wie im einzelnen bereits erläutert, wiederum eine Steigerung des Lebensstandards zur Vorbedingung. So schließt sich der Kreis in fataler Lückenlosigkeit. Geburtenkontrolle ist, darin sind sich alle Entwicklungsexperten einig, mit Sicherheit kein ausreichender »Ersatz« für Entwicklungshilfe. Ohne einen spürbaren Rückgang des Geburtenüberschusses aber, ohne eine erfolgreiche Geburtenkontrolle also, können andererseits noch so sinnvolle Entwicklungsprojekte nicht auf Dauer wirklich greifen.

So, wie die Dinge liegen, sind die Zukunftsaussichten für die Bewohner der Erde daher wenig rosig. Eine Steigerung des Lebensstandards der Menschen in der Dritten Welt hätte eine grundlegende Änderung der bestehenden Weltwirtschaftsordnung zur Voraussetzung, also unseren Verzicht auf die einseitigen Privilegien, auf das Monopol an Vorteilen, die uns die geltende Ordnung zuschanzt. Das ist der Teil des Lösungsweges, den wir allem Anschein nach nicht gehen *wollen*. Und zur Abbremsung des Bevölkerungswachstums bedürfte es außerdem auch noch der entschiedenen, von Engagement und Überzeugung getragenen Propagierung einer wirksamen Familienplanung in den Entwicklungsländern. Das ist der Abschnitt des rettenden Weges, den wir offensichtlich nicht gehen *können*. Denn woher sollen wir das Engagement nehmen für eine Initiative, von deren Legitimität und moralischer Zulässigkeit wir in der Tiefe unseres Herzens keineswegs überzeugt sind, der auch unsere eigene Gesellschaft vielmehr grundsätzlich ambivalent, von Zweifel und Skrupeln gespalten, gegenübersteht?

Westliche Entwicklungshilfe finanziert Projekte der Familienplanung in fast allen Ländern der Dritten Welt, das ist richtig. Auch die Kirchen sind auf diesem Felde aktiv. Selbst die katholische Kirche legt Wert auf die Feststellung, daß ihre Mitarbeiter weit über hundert derartige Programme »vor Ort« durchführen.[120] Aber ist der absolut unzureichende Erfolg aller dieser Bemühungen nicht mit erdrückender Wahrscheinlichkeit auch darauf zurückzuführen, daß unsere Anstrengungen auf diesem Terrain notwendigerweise halbherzig bleiben? Deshalb halbherzig, weil wir die Zweckmäßigkeit dieses Auswegs aus der Misere rational zwar begriffen haben, weil wir gleichzeitig aber tief in unserem Inneren die Vorurteile selbst teilen, die wir bei den Angesprochenen ausräumen müßten, wenn unsere Initiative Aussicht auf Erfolg haben soll?

Ist es denkbar, daß unsere Überzeugungskraft unbeeinflußt bleiben könnte von dem Wissen, einer Gesellschaft anzugehören, deren katholische Hälfte von ihren kirchlichen Oberen zu hören bekommt, Empfängnisverhütung (nicht Abtreibung wohlgemerkt!) sei als ein »verdammenswertes Laster«, als »vorweggenommener Mord, schwere und unnatürliche Sünde und wegen alles dessen [als] bösartig« anzusehen?[121]

Die Verdammung liegt fast zwei Jahrzehnte zurück. Die Enzyklika »Humanae Vitae«, in deren Vorfeld sie erging, wurde 1968 veröffentlicht. Wer jedoch darauf gehofft hatte, daß zunehmende Einsicht in die irdische Realität das harte Urteil im

Laufe der Zeit mildern könnte, sah sich bitter enttäuscht. Die Haltung des Vatikans in diesem Punkt scheint eher noch rigider geworden. Während seiner häufigen Reisen in zahlreiche Entwicklungsländer hat Papst Johannes Paul II. keine Gelegenheit versäumt, die absolute Unzulässigkeit und Sündhaftigkeit jeder Form einer »künstlichen« Geburtenkontrolle öffentlich zu betonen.[122] Wobei der Pontifex Maximus bedauerlicherweise fast regelmäßig Empfängnisverhütung, Abtreibung und manches Mal sogar auch noch Euthanasie in denselben Topf warf, was die Diskussion über das Thema unnötig erschwert.

Es muß auch einen Gutwilligen irritieren, wenn er Zeuge wird, wie der Papst die »hohe Verantwortung der Entscheidung, wie viele Kinder sie haben wollen«, ausdrücklich und immer wieder den Ehepaaren selbst zuspricht (so wieder Ende Januar 1985 vor mehreren hunderttausend Gläubigen in Caracas), die Träger dieser Verantwortung gleichzeitig aber auf »natürliche« Methoden der Geburtenregelung festlegt. Denn was von deren »Wirksamkeit« zu halten ist (erst recht unter den Bedingungen eines Entwicklungslandes), das pfeifen die Spatzen von den Dächern.[123] Totale Ratlosigkeit löst es vollends aus, wenn derselbe Oberhirte neuerdings sogar dazu übergeht, auch die »natürlichen« Methoden mehr oder weniger unverhüllt in den kirchlichen Bann einzubeziehen.

Am 5. September 1984 rief Papst Johannes Paul II. anläßlich einer Generalaudienz die Katholiken auf, die von der Kirche gebilligten »natürlichen« Methoden nicht dazu auszunutzen, die Zahl ihrer Kinder zu reduzieren. Es sei ein Mißbrauch, wenn Eheleute diese Möglichkeit dazu benutzen sollten, die Zahl ihrer Kinder unterhalb der »für ihre Familie moralisch richtigen [?] Geburtenrate« zu halten oder gar dazu, die Fortpflanzung ganz zu verhindern. Der in der Enzyklika »Humanae Vitae« enthaltene Verweis auf diese natürlichen Methoden dürfe nicht als Hinweis auf eine zulässige Möglichkeit zur Begrenzung oder gar Verhinderung von Nachwuchs mißverstanden werden. Er versinnbildliche vielmehr gerade »den Wunsch nach einer noch zahlreicheren Nachkommenschaft«. Angesichts von Verlautbarungen wie dieser bleibt der rationalen Verständnisbereitschaft nur die totale Kapitulation. Man kann nur den einen Schluß ziehen, daß selbst die im Vatikan versammelte Auslese an menschlicher Intelligenz nicht genügt, um das als Erbe der bisherigen Menschheitsgeschichte auf uns überkommene Vorurteil abzuschütteln. Der Verdacht ist zulässig, daß wir in der ganzen, rational nicht mehr zugänglichen Diskussion auch nur wieder einer, diesmal in die Verkleidung einer klerikalen Sprache gehüllten Variante des unbelehrbaren, möglicherweise sogar angeborenen Urteils begegnen, demzufolge jegliche Vermehrung einer menschlichen Population per se als »gut« anzusehen ist und jegliche Abnahme, ohne Rücksicht auf die Umstände, unter denen sie erfolgt, als »schlecht«.[124]

Ererbte Vorurteile entfalten ihre Kraft gegen alle Vernunft. Individuelle Einsicht vermag sie aufzuspüren, mitunter sogar zu durchschauen. Aus dem Wege räumen kann sie die psychischen Fossilien nicht. Darum wird alles bessere Wissen an ihnen zuschanden. So sehr wir die Notwendigkeit auch immer einsehen mögen, unsere Fruchtbarkeit global zu verringern, es hilft uns nichts. Denn in den archaischen Tiefen der menschlichen Psyche sitzt eine Instanz, die immer neue Einwände erfindet, um uns daran zu hindern, das Notwendige auch zu tun. Daher werden wir den rettenden Ausweg, so offen er auch vor unseren Augen liegt, nicht benutzen. Wir werden, angesichts der Gefahr, die wir sehr wohl erkannt haben, untätig bleiben und warten, bis die Katastrophe uns ereilt.

Glaube doch niemand, daß wir uns in isolierten »Wohlfahrtsinseln« abschotten können, wenn vier Fünftel der Menschheit aus akuter existentieller Not in Panik und Verzweiflung geraten werden. Anfang des kommenden Jahrhunderts wird es auf der Erde mindestens ein Dutzend, vielleicht sogar zwei oder drei Dutzend Länder geben, die im Besitz von Kernwaffen sind. Den Verzweifelten werden dann auch die Waffen der Verzweiflung zur Verfügung stehen. Die Armen dieser Erde werden die Reichen mit ins Jenseits nehmen können.[125] Wir dürften es daher, von allen moralischen Gründen ganz abgesehen, schon aus eigenem Überlebensinteresse nicht darauf ankommen las-

sen, andere Völker der Verzweiflung anheimzugeben. Genau das ist es aber, was zu tun wir im Begriff sind.
Wer vermag sich auszumalen, wie die Folgen aussehen werden? Hans Jonas hilft unserer Phantasie auf die Sprünge:
»Die Bevölkerungsexplosion, als planetarisches Stoffwechselproblem gesehen, nimmt dem Wohlfahrtsstreben das Heft aus der Hand und wird eine verarmende Menschheit um des nackten Überlebens willen zu dem zwingen, was sie um des Glückes willen tun oder lassen konnte: zur immer rücksichtsloseren Plünderung des Planeten, bis dieser sein Machtwort spricht und sich der Überforderung versagt. Welches Massensterben und Massenmorden eine solche Situation des ›Rette sich, wer kann‹ begleiten werden, spottet der Vorstellung. Die so lange durch Kunst hintangehaltenen Gleichgewichtsgesetze der Ökologie, die im Naturzustand das Überhandnehmen jeder einzelnen Art verhindern, werden ihr um so schrecklicheres Recht fordern, gerade wenn man ihnen das Extrem ihrer Toleranz abgetrotzt hat. Wie danach ein Menschheitsrest auf verödeter Erde neu beginnen mag, entzieht sich aller Spekulation.«[126]

Zwischenbilanz und Überleitung

Die Menschheit hat sowenig eine Überlebensgarantie wie jede andere biologische Art.
Ein zum Optimismus entschlossener Artgenosse könnte hier einhaken. Die Feststellung gelte, so etwa könnte er einwenden, eben allein für biologische Arten. Auch wenn er nicht bestritte, daß der Mensch immer noch auch ein biologisches Wesen sei, so setze er doch auf den Teil unseres Wesens, der den biologischen Rahmen »transzendiere«, wie man zu sagen pflegt. Könnte uns dieser, der geistige Teil unserer Konstitution, nicht auch in der Frage der Lebensdauer womöglich zu einer Ausnahmestellung verhelfen? Indem er uns etwa die Erkenntnis beschert, wie deren Begrenztheit sich durch die

wissenschaftlich gezielte Manipulation ihrer physischen Voraussetzungen aufheben ließe?
Der oft gehörte Einwand trägt nicht weit. Selbst wenn es jemals gelänge – eine auch vom obersten Gipfel unseres heutigen Wissens aus betrachtet utopische Perspektive –, in die molekularen Strukturen planmäßig einzugreifen, von denen die Dauer unserer individuellen Existenz oder gar unsere Lebensdauer als Art abhängt, wären wir dem »Ziel« – wenn es denn eines ist – um keinen Millimeter näher gekommen. Auch mit dem geeigneten Werkzeug in der Hand müßten wir vor der Aufgabe kapitulieren.
Voraussetzung eines »gezielten« Eingriffs in diese in den Kernen unserer Zellen existierenden molekularen Muster wäre nämlich nichts weniger als die Kenntnis aller für die Dauer unserer leiblichen Existenz bedeutsamen Faktoren. Nicht eine »sehr weitgehende« Kenntnis, sondern wirklich das lückenlos vollständige Wissen über alle Faktoren, die hier ins Spiel kommen, und das ebenfalls lückenlose Wissen über die zwischen ihnen allen bestehenden Zusammenhänge in Gestalt der sie alle auf vielfältig rückgekoppelte Weise verbindenden Wirkungen. Fehlte in unserer Kenntnis auch nur ein einziges Detail des Gesamtgefüges, dann würde jeder Eingriff nur Schaden stiften. Die ruinösen Konsequenzen in bester Absicht geplanter Entwicklungsprojekte – zurückzuführen auf die prinzipielle Unvollständigkeit unseres Wissens über die von ihnen ausgelösten ökologischen Ursachenketten – belegen das Argument mit einem noch vergleichsweise simplen Beispiel.
Angesichts der von einer äonenlangen Entwicklung perfektionierten Anpassung unserer leiblichen Verfassung an die Eigenschaften und Eigengesetzlichkeiten der Natur, die unsere Existenz trägt, muß diese unerläßliche Vorbedingung als unerfüllbar gelten. Sie hätte ein Totalwissen über die Natur zur Voraussetzung, das uns unerreichbar ist.
Wir wissen einfach nicht – und werden auch in Zukunft nicht mit hinreichender Genauigkeit wissen können –, welche unserer psychischen und körperlichen Eigenschaften die Dau-

er unserer Lebensfähigkeit auf welche Weise beeinflussen. Und wenn es uns klar wäre, würde auch das noch nicht genügen. Denn dann müßten wir außerdem noch wissen, welche Folgen dieser oder jener Eingriff in eines der molekularen Details für den riesigen Rest des in anderen Teilen des Erbmoleküls gespeicherten Bauplans hätte und welche äußerlich wirksame Eigenschaftsänderung aus der Änderung des Gesamtmusters resultierte. Aber selbst wenn wir, äußerstes Zugeständnis, den utopischen Fall zugrunde legten, daß der Tag kommen wird, an dem wir alle mit diesen Hinweisen knapp angedeuteten Probleme gelöst haben, steht fest, daß dieser Tag in einer so fernen Zukunft liegt, daß wir von ihm in unserer heutigen Lage keine Hilfe erhoffen können.
Es bleibt folglich dabei: Wir besitzen keine Überlebensgarantie mit unbeschränkter Geltungsdauer, als Individuen ohnehin nicht, aber auch nicht als Art. Auch die Menschheit wird deshalb eines Tages von der Erdoberfläche wieder verschwinden, wie das ausnahmslos Schicksal aller von der Evolution hervorgebrachten Arten ist. Auch sie muß »aussterben«. Die Frage ist allein, wann dieser Tag kommen wird.
In den bisherigen Kapiteln dieses Buchs wurden die Argumente für die These zusammengetragen, daß dieser Tag bereits angebrochen ist. Dies ist eine Schlußfolgerung, die niemanden erfreuen kann. Die meisten, denen man sie vorträgt, reagieren denn auch ungläubig oder mit Entrüstung. Es sind dies, wie psychologische Selbsterfahrung und kritische Beobachtung belegen, die typischen ersten Reaktionen auf die sich anbahnende Erkenntnis, daß es »soweit ist«. Daß die bis dahin von der gesunden Vitalität des normalen Menschen verdrängte, in eine vage Zukunft hinausgeschobene einzig gewisse Konstante eines jeden Lebenslaufs, nämlich sein Ende, konkrete Gestalt anzunehmen beginnt.
Die psychische Verfassung, in der wir uns vor der Gefahr einer kriegerischen Selbstausrottung zu schützen versuchen (der wir eben der Besonderheiten dieser Verfassung wegen auf die Dauer erliegen müssen), und die unbelehrbare, ego-

zentrische Verblendung, in der wir nicht davon ablassen können, uns durch die rücksichtslose Unterwerfung aller irdischen Natur die unverzichtbaren Lebensgrundlagen selbst unter den Füßen wegzuziehen, sind aus objektiver Perspektive markante Symptome nachlassender Anpassungsfähigkeit an sich rasch ändernde Umweltbedingungen. Mit dieser Feststellung ist das klassische Versagen beschrieben, das in allen bisherigen Fällen dem Aussterben ganzer Arten ursächlich zugrunde lag.

Es ist also soweit. Ich brauche sicher nicht zu betonen, daß es mir sehr recht wäre, wenn jemand mich davon überzeugen würde, daß die Argumentationskette fehlerhaft ist, die zu dieser Folgerung führt. Bisher sehe ich jedoch nicht, wie der Diagnose widersprochen werden könnte, daß unser die ökologischen Krankheitserscheinungen verursachendes zivilisatorisches Verhalten und die wahnähnliche, phobische Entartung der global praktizierten »Sicherheits«-Politik als Symptome des beginnenden Aussterbens unserer Art anzusehen sind. Daß es möglich ist, diese Einsicht durch Wunschdenken und andere Formen der Verdrängung zu vernebeln, wird dabei nicht bestritten.

In unserer Wirklichkeit schälen sich bei nüchterner Betrachtung jedoch diese beiden Todesursachen heraus, die in einer Art »Idealkonkurrenz« nebeneinanderstehen. Ihr Wirksamwerden ist eine reine Frage der Zeit. Wenn wir der einen Ursache entgehen sollten, dann nur, weil die andere ihr zuvorgekommen wäre. Da sie aber keineswegs unabhängig voneinander existieren – ein Beleg mehr dafür, daß sie Ausdruck derselben »Krankheit« sind –, ist es auch denkbar, daß sie unseren erdgeschichtlichen Abgang sozusagen mit vereinten Kräften bewerkstelligen werden. Etwa in der Form, daß die durch einen weltweiten ökologischen Zusammenbruch ausgelöste Verzweiflung in einer finalen Orgie atomarer Selbstausrottung kulminiert.

Mit der bloßen Feststellung der Ausweglosigkeit unserer Lage kann es aber nicht sein Bewenden haben. Wer eine so radikale Diagnose stellen zu müssen glaubt, darf der Frage

nicht ausweichen, wie es sich mit dieser Einsicht denn leben läßt. Er ist verpflichtet zur Auskunft darüber, ob es angesichts des unabweislich scheinenden Endes möglich ist, ein Leben zu führen, das frei bleibt von Angst und Resignation. Und schließlich auch darüber, ob sich dem bevorstehenden Ende vielleicht sogar ein Sinn abgewinnen läßt, der über die bloße Aussage hinausreicht, daß es die Menschheit in absehbarer Zeit nicht mehr geben wird.
Diesen Fragen gilt der letzte Teil des Buchs. Beginnen müssen wir mit einer näheren Untersuchung unserer Verantwortung an der Entwicklung. Daß wir ihre Ursache sind, ist eingehend begründet worden. Das läßt jedoch vorerst noch die Frage offen, ob diese Rolle vermeidbarem Versagen entspringt oder ob wir vielleicht unter Zwängen handeln, die stärker sind als wir. Wir müssen uns, mit anderen Worten, mit den Grenzen beschäftigen, die unsere menschliche Konstitution unserem vermeintlich freien Verhalten setzt. Dabei wird sich zeigen, daß diese Konstitution einer Situation entspricht, auf die wir uns zu unserer Entlastung berufen dürfen. Aus dieser spezifischen Situation aber, aus der »Conditio humana«, läßt sich schließlich auch ein Sinn ableiten, der angesichts des Bevorstehenden vor Resignation und Verzweiflung bewahrt.

Dritter Teil
Conditio humana

Freiheit und Verantwortung

Daß wir die Ursache des herannahenden Endes der menschlichen Geschichte sind, läßt sich nicht wegdisputieren. Der Tod unserer Art, dessen unübersehbare Vorzeichen in den vorangegangenen Kapiteln beschrieben wurden, muß daher genauer eigentlich Artenselbstmord genannt werden. Aber wenn wir uns die Verursachung auch anzukreiden haben, wie steht es mit unserer Verantwortung? Ist unsere Unfähigkeit, das eigene Verhalten zu ändern, obwohl seine ruinösen Konsequenzen deutlich erkennbar geworden sind, schon identisch mit unserer Schuld? Könnten wir, darauf läuft die Frage hinaus, der besseren Einsicht folgen und auch anders handeln, als wir es zu unserem eigenen Schaden tun?
Das heißt: Haben wir für unsere geistige Verstocktheit auch die moralische Verantwortung zu übernehmen? Hätten wir die Freiheit der Wahl? Sie ist letztlich der Angelpunkt, die unerläßliche Voraussetzung der Möglichkeit einer moralischen Beurteilung der Situation. Ein moralisches Urteil, das mehr ist als Heuchelei, hat die begründete Überzeugung zur Voraussetzung, daß der Beurteilte auch anders hätte entscheiden können, als er es getan hat. Daß ihm die freie Wahl zwischen verschiedenen Alternativen offenstand.
Wie überzeugend läßt sich diese Voraussetzung im Falle des Menschen begründen? Wenn wir unsere psychische Selbsterfahrung heranziehen, scheint der Fall klar: Wir alle fühlen uns subjektiv in unseren Entscheidungen frei, in aller Regel jedenfalls, solange wir nicht unter dem Druck übermächtiger Emotionen oder äußerer Zwänge stehen. Welche Beweiskraft aber kommt dieser psychischen Selbsterfahrung zu?
»Läßt die Freiheit des menschlichen Willens sich aus dem Selbstbewußtsein beweisen?« Diese Frage stellte die »Königlich Norwegische Societät der Wissenschaften« Anfang der dreißiger Jahre des vorigen Jahrhunderts den Gelehrten und Philosophen der damaligen Zeit. Sie alle wurden eingeladen, zur Beantwortung der Frage Arbeiten einzureichen, deren beste

mit einem Preis ausgezeichnet werden sollte. Am 26. Januar 1839 wurde Arthur Schopenhauer als Gewinner bekanntgegeben. Er hatte in seiner Arbeit »Über die Freiheit des Willens« eingehend begründet, warum die von der Wissenschaftlichen Gesellschaft formulierte Frage zu verneinen sei. Eines seiner zentralen Argumente hatte er in die Form einer Parabel gefaßt, in welcher er die Möglichkeit eines beweisenden Charakters des subjektiven Freiheitsgefühls ad absurdum führte. Hier die entscheidenden Passagen:
»Um die Entstehung dieses für unser Thema so wichtigen Irrtums speziell und aufs Deutlichste zu erläutern... wollen wir uns einen Menschen denken, der, etwa auf der Gasse stehend, zu sich sagte: ›Es ist 6 Uhr abends, die Tagesarbeit ist beendigt. Ich kann jetzt einen Spaziergang machen; oder ich kann in den Klub gehn; ich kann auch auf den Turm steigen, die Sonne untergehen zu sehen; ich kann auch ins Theater gehen; ich kann auch diesen, oder aber jenen Freund besuchen; ja, ich kann auch zum Tor hinauslaufen, in die weite Welt, und nie wiederkommen. Das alles steht allein bei mir, ich habe völlige Freiheit dazu; tue jedoch davon jetzt nichts, sondern gehe ebenso freiwillig nach Hause, zu meiner Frau.‹ Das ist gerade so, als wenn das Wasser spräche: ›Ich kann hohe Wellen schlagen (ja! nämlich im Meer und Sturm), ich kann reißend hinabeilen (ja! nämlich im Bette des Stroms), ich kann schäumend und sprudelnd hinunterstürzen (ja! nämlich im Wasserfall), ich kann frei als Strahl in die Luft steigen (ja! nämlich im Springbrunnen), ich kann endlich gar verkochen und verschwinden (ja! bei 80° Wärme*); tue jedoch von dem allen jetzt nichts, sondern bleibe freiwillig, ruhig und klar im spiegelnden Teiche.‹«[127]
»Wenn ein geworfener Stein denken könnte«, so soll Baruch de Spinoza das gleiche Argument formuliert haben, »dann würde er, am höchsten Punkt seiner Bahn angekommen, zweifellos denken: ›Und jetzt will ich wieder hinunterfallen.‹« Ist also,

---

* Schopenhauer benutzt hier die heute veraltete Temperaturskala von Réaumur, bei der 80° der Temperatur kochenden Wassers entsprach.

wie diese Gleichnisse es unterstellen, die subjektiv erlebte Freiheit unserer »bewußt getroffenen« Entscheidungen bloße Illusion? Eine Vorspiegelung, die dadurch zustande kommt, daß wir uns, ohne das zu empfinden, widerstandslos mit Entscheidungen identifizieren, die wir in Wirklichkeit, gelenkt von unserem unmittelbaren Einfluß entzogenen seelischen Motiven, ohne jegliche Wahlmöglichkeit zu treffen gezwungen sind?

Dazu noch einmal Schopenhauer: »Ich kann tun, was ich will: ich kann, wenn ich will, alles was ich habe den Armen geben und dadurch selbst einer werden – wenn ich *will*! –, aber ich vermag nicht, es zu wollen; weil die entgegenstehenden Motive viel zuviel Gewalt über mich haben, als daß ich es könnte. Hingegen, wenn ich einen anderen Charakter hätte, und zwar in dem Maße, daß ich ein Heiliger wäre, dann würde ich es wollen können; dann aber würde ich auch nicht umhinkönnen, es zu wollen, würde es also tun müssen. Dies alles besteht vollkommen wohl mit dem ›ich kann tun was ich will‹ des Selbstbewußtseins, worin noch heutzutage einige gedankenlose Philosophaster die Freiheit des Willens zu sehen vermeinen, und sie demnach als eine gegebene Tatsache des Bewußtseins geltend machen.«

Die Diskussion über diese unser Selbstverständnis und das Problem menschlicher Verantwortlichkeit zentral berührende Frage ist seit Jahrtausenden unentschieden im Gange. Desungeachtet ist sie aber nicht ohne jedes Ergebnis geblieben. In der hier unvermeidlichen Verkürzung – die Geschichte des Streitfalls füllt ganze philosophische Bibliotheken – kann man das wichtigste mit der Feststellung wiedergeben, daß die anfängliche Suche nach einer die Frage ein für allemal entscheidenden Antwort zunehmender Kompromißbereitschaft gewichen ist. Nicht als Folge geistiger Erschöpfung angesichts der offenbaren Unabschließbarkeit des Streits. Sondern aufgrund der sich Bahn brechenden Einsicht, daß die Wahrheit irgendwo zwischen den beiden in Frage kommenden Alternativen liegen muß.

Daß wir in unseren Handlungen und Entscheidungen absolut

unfrei wären, ist eine Auffassung, die heute, soweit ich sehe, nur von einigen »Spinozisten« strengster Observanz noch ernstlich vertreten wird (Albert Einstein übrigens rechnete sich selbst zu ihnen, wie überhaupt, was niemanden wundern wird, die Physiker in diesem Lager überrepräsentiert sein dürften). Und daß unser Wille gänzlich frei sei, durch keinerlei Grenzen oder Bedingungen eingeschränkt, kann heute nur noch behaupten, wer die Ergebnisse physiologischer und biologisch-anthropologischer Forschung konsequent ignoriert.

Darüber freilich, wo die Grenze zwischen den beiden Extremen nun zu ziehen wäre, ist ein Konsens sowenig in greifbarer Sicht wie seit eh und je. Neuere Untersuchungen scheinen jedoch den von naturwissenschaftlicher Seite lange gehegten Verdacht zu bestätigen, daß wir unter dem Einfluß des schon erwähnten – von Schopenhauer wie von Spinoza ironisch kommentierten – subjektiven Freiheitsgefühls den Grad an Freiheit gewaltig überschätzen, der unseren Entscheidungen objektiv zur Verfügung steht.

Erfahrungen mit dem Doppelgänger

Ende 1979 trafen auf dem Flughafen von Minneapolis, USA, im Abstand von wenigen Stunden zwei Männer ein, die sich zum Verwechseln ähnlich sahen: Beide waren korpulent und hatten eine beginnende Stirnglatze, die gleiche Art, sich zu bewegen, die gleiche Stimme, und beide hatten bis in mimische Einzelheiten hinein das gleiche Gesicht. Die Erklärung liegt auf der Hand: Es handelte sich um eineiige Zwillinge.

Beide trugen aber auch den gleichen Schnauzbart, fast die gleiche Brille (Nickelbrillen mit bläulich getönten Gläsern), blaue Sporthemden mit aufgenähten Brusttaschen und Schulterklappen, und beide hatten sich rote Gummibänder über das linke Handgelenk gestreift.[128] Das war nun schon weniger leicht zu erklären. Denn die beiden Zwillingsbrüder waren nicht nur aus verschiedenen Himmelsrichtungen angereist – der eine aus dem Ruhrgebiet, der andere aus Kalifornien. Sie hatten sich auch, seitdem man sie wenige Monate nach ihrer Geburt voneinander getrennt hatte, zuvor nur ein einziges Mal in ihrem Leben getroffen – anläßlich eines mißlungenen Versuchs des »amerikanischen« Zwillings Jack, mit seinem deutschen Bruder Oskar Kontakt aufzunehmen – und sonst keinerlei Verbindung zueinander gehabt. Sie konnten nicht einmal miteinander reden, weil der eine nur deutsch sprach und der andere nur englisch.

Wie waren die eigentümlichen Übereinstimmungen von Barttracht und modischen Vorlieben unter diesen Umständen zu erklären? Ganz zu schweigen von der ausgefallenen Marotte, Gummibänder am Handgelenk zu tragen (»Kann man doch immer einmal gebrauchen«, kommentierten die Brüder diese Angewohnheit fast gleichlautend, als sie getrennt danach gefragt wurden).

Als die beiden im psychologischen Institut der Staatsuniversität von Minnesota, wohin man sie zu vergleichenden Untersuchungen eingeladen hatte, von Thomas Bouchard und seinen wissenschaftlichen Mitarbeitern im einzelnen befragt wurden, stellten sich noch weitere verblüffende Parallelen heraus: Beide Brüder pflegen sich einen Spaß daraus zu machen, in überfüllten Fahrstühlen oder vergleichbaren Situationen laut prustend zu niesen, um sich anschließend an der Betretenheit der Umstehenden zu weiden. Beide spülen die Toilette schon vor der Benutzung, und beide lesen Zeitschriften grundsätzlich von hinten nach vorn.

Thomas Bouchard, der seit Jahren weltweit nach getrennt aufgewachsenen eineiigen Zwillingen fahndet (zur Kontrolle untersucht er mit der gleichen Konsequenz auch getrennt aufgewachsene zweieiige Zwillingspaare), hat sich an derartige Kuriosa – die notabene nur bei den eineiigen, also absolut erbgleichen, Paaren gefunden worden sind – fast schon gewöhnt. Sie interessieren ihn auch gar nicht sonderlich. Sein aufwendiges Forschungsprojekt gilt dem Versuch, einer Entscheidung in dem uralten Streit darüber näher zu kommen, in welchem Grade es die erbliche Veranlagung ist oder aber die soziale Umwelt, die den Menschen vor allem prägt und die damit über seine Persönlichkeitsmerkmale, seine Intelligenz und andere Eigenschaften entscheidet. Dieser Frage gehen er und sein Stab mit unüberbietbarer Gründlichkeit nach: mit Blut- und Stoffwechseluntersuchungen, mit vergleichenden Analysen der elektrischen Hirnaktivität (EEG), der Farbtüchtigkeit, mit psychologischen Persönlichkeits-Fragebogen und Batterien von Intelligenztests.[129]

Vorläufiges Ergebnis nach fünf Jahren und der Untersuchung von mehr als vierzig getrennt aufgewachsenen erbgleichen Paaren: Die Weltanschauung des »eingeschworenen Environmentalisten« Thomas Bouchard ist entgegen seinen festen ursprünglichen Erwartungen in ihren Fundamenten erschüttert worden.[130] Ausnahmslos bei allen bisher untersuchten eineiigen Paaren waren die Übereinstimmungen in sämtlichen, insbesondere auch den psychischen, Merkmalen so groß, wie es bei eineiigen Zwillingen sprichwörtlich der Fall zu sein pflegt. Und dies, obwohl die Paarlinge meist wenige Wochen, höchstens Monate, in jedem Falle aber vor Ablauf eines Jahres nach ihrer Geburt durch Adoption von verschiedenen Familien voneinander getrennt worden waren. In den meisten Fällen bestand danach jahrzehntelang keinerlei Kontakt zwischen ihnen, in vielen Fällen wußten sie nicht einmal etwas von der Existenz eines Zwillingsgeschwisters. In ausnahmslos allen Fällen ähnelte ihr Persönlichkeitsprofil übrigens auch dem ihrer leiblichen Eltern (soweit diese sich noch aufspüren und die Befunde sich vergleichen ließen), die sie nie bewußt erlebt hatten, und nicht etwa dem ihrer Adoptiveltern, die sie von Kindesbeinen an aufgezogen hatten.

Aber der alte Streit um das klassische »Nature-versus-Nurture-Problem«, um die Frage nach den anteiligen Rollen von Anlage und Umwelt bei der Ausprägung der menschlichen Persönlichkeit, liegt, so interessant er auch ist, außerhalb unseres eigentlichen Themas.[131] Was uns hier interessiert, das sind die seltsamen »Kuriosa« der Übereinstimmungen, die bei Bouchards Untersuchungen gleichsam nebenbei anfallen.

Die Liste ist umfänglich und in gewisser Hinsicht »spooky«, unheimlich, wie nicht nur Thomas Bouchard meint. Im September 1981 untersuchte er ein erbgleiches Brüderpaar, das er bei seiner systematischen Suche mit der Hilfe einer Fernsehanstalt in England aufgespürt hatte. Tommy Marriott und Eric Boocock wurden als eineiige Zwillinge 1943 in Yorkshire geboren und vier Monate später getrennt: Eric blieb bei seiner Mutter, Tommy wurde in eine Adoptivfamilie gegeben. Beide wuchsen getrennt auf, ohne jeden Kontakt miteinander, und fanden sich erst 1981 nach mühsamer Suche – die durch einen Zufall ausgelöst worden war – wieder.
Daß die beiden inzwischen 38jährigen Männer einander zum Verwechseln ähnlich sahen, läßt sich, so bemerkenswert auch das ist, noch am leichtesten verdauen. Aber sie trugen, als sie unvorbereitet zusammentrafen, auch die gleiche ausgefallene Frisur: halblange Haare, tief in die Stirn hineingekämmt. Sie trugen die gleiche Brille mit fünfeckiger Silberdrahtfassung. Und beide hatten den gleichen Kinnbart, mit dem einzigen Unterschied, daß Eric sich dazu noch einen spärlichen Backenbart hatte sprießen lassen. Ihre Stimmen und ihre Sprechweise – Betonung, Pausen, Artikulation – waren so ähnlich, daß sie beim Abspielen des Tonbands einer gemeinsam geführten Unterhaltung selbst nicht imstande waren, herauszufinden, ob gerade der eine oder der andere redete. Aber auch darüber hinaus reichten die Parallelen, bis hinein in biographische Details und ausgefallene »Angewohnheiten«: Beide tranken schwarzen Kaffee in großen Mengen. Beide hatten eine Vorliebe für Wetten und angelten gern in ihrer Freizeit. Und bei beiden bestand eine ausgeprägte Spinnenphobie.
Zwei englische Zwillingsschwestern – die sich im Alter von 37 Jahren kennenlernten – stellten verblüfft fest, daß sie beide das gleiche Parfum benutzen, gern Schlittschuh laufen, passioniert nähen und häkeln und eine Scheu vor Wasser haben, die sie beide dieselbe, ausgefallene »Angewohnheit« entwickeln ließ: Wenn überhaupt, dann gehen beide im Sommer nur bis zu den Knien ins Wasser – und das grundsätzlich rückwärts!
Ich selbst habe in den USA zwei Zwillingsschwestern besucht,

die eine in Tampa, Florida, die andere in Marietta, Georgia, die sich, 42 Jahre alt, erst wenige Monate zuvor zum erstenmal getroffen hatten, nachdem man sie vier Tage nach der Geburt voneinander getrennt hatte. Noch wenige Jahre zuvor hatte die eine von ihnen nicht einmal von der Existenz einer Zwillingsschwester gewußt. Wenn ich es nicht an Ort und Stelle nachgeprüft hätte, würde ich zögern, wiederzugeben, was die Untersuchung der beiden Schwestern in Minneapolis kurz vor meinem Besuch an biographischen Gemeinsamkeiten zutage gefördert hatte:

Beide wurden als Kleinkinder wegen Schielens behandelt und leiden zeitlebens unter Rückenschmerzen. Beide lieben Hunde – *große* Hunde müssen es sein –, die eine hat die Tiere vorübergehend professionell trainiert, die andere macht das »aus Liebhaberei« nebenbei für Freunde. Beide sind zum zweitenmal verheiratet. Beide arbeiten neben dem Haushalt als Sekretärinnen. Und schließlich: Beide haben Kegeln (»Bowling«) als Wettkampfsport betrieben, bis sie – im selben Jahr! – wegen Gelenkbeschwerden aufhören mußten, beide mit der identischen »Leistungszahl«, einem »155 bowling average«.

Da gibt es die »Jim-Twins« (beide bekamen von ihren Adoptiveltern zufällig auch noch denselben Vornamen), die beide vorübergehend als Tankstellenwärter arbeiteten, danach als Hilfssheriffs, die – ohne voneinander zu wissen – mehrere Jahre lang im Urlaub mit ihren Familien dasselbe, von ihren Wohnsitzen weit entfernte Seebad aufsuchten. Beide sind zwanghafte Nägelkauer und Kettenraucher (derselben Zigarettenmarke), beide basteln passioniert mit Holz und haben sich in den Kellern ihrer Häuser nahezu professionelle Tischlerwerkstätten eingerichtet. Das alles, ohne das geringste voneinander zu wissen. Schließlich stellte sich auch noch heraus, daß beide sich um einen Baum in ihrem Vorgarten eine runde, direkt am Stamm montierte Bank gebaut hatten.

Eine weitere Reihe von Gemeinsamkeiten getraut man sich kaum zu nennen, weil sie die Glaubwürdigkeit unbestreitbar bis auf das äußerste strapazieren. Es handelt sich um Parallelen der in beider Umfeld vorkommenden Namen. Beide hatten als

Jungen einen Hund, den sie Toy tauften (ein in den USA verbreiteter Hundename). Beide sind zum zweitenmal verheiratet. Beider erste Frauen hießen Linda. Danach heirateten beide Frauen mit dem Namen Betty. Der eine taufte seinen ältesten Sohn James Alan, der andere den seinen James Allan. Wenn ich die Familienpapiere nicht selbst überprüft hätte, würde ich nicht wagen, es hinzuschreiben. Hier ist der Punkt erreicht, an dem auch Thomas Bouchard es rundheraus ablehnt, eine erklärende Hypothese auch nur versuchsweise zu formulieren. Auf die naheliegende Frage, ob es sich nicht einfach um Zufälle handeln könne, antwortet er mit »Ich weiß es nicht«. Er fügt aber hinzu, daß es unter seinen eineiigen Paaren eine ganze Zahl derartiger »Zufälle« gebe, nicht dagegen unter den zur Kontrolle mit der gleichen Gründlichkeit untersuchten zweieiigen Paaren.

Während ich die Protokolle im psychologischen Institut der Universität von Minnesota durchsah, stieß ich wieder und wieder auf getrennt aufgewachsene eineiige Zwillinge, die das gleiche Rasierwasser benutzten, die gleiche Zahnpasta oder das gleiche Parfum, die die gleichen Frisuren hatten, Zigaretten derselben Marke rauchten, dieselben Lieblingsschriftsteller lasen, sich im selben Alter freiwillig zum Militär meldeten, dieselben Sportarten schätzten (oder ablehnten), die in ihrer Freizeit dieselben Steckenpferde pflegten (darunter so ausgefallene wie das Basteln von Schußwaffen), die ihre Kinder auf ähnliche oder sogar dieselben Namen getauft und ähnliche Berufswege hinter sich gebracht hatten.

Sind das alles womöglich nur »Geschichtchen«? Als solche hat der namhafte Heidelberger Anthropologe Friedrich Vogel diesen Teil der Befunde Bouchards abzutun versucht (dessen Untersuchung er gleichzeitig aber immerhin bescheinigte: »Ja, sie scheint sorgfältig geplant zu sein und sachgemäß durchgeführt zu werden, soweit die bisher unvollständigen Angaben das erkennen lassen«).[131]

Vogel weiter: »Zwillingsschwestern tragen gern viele Ringe an den Fingern, zwei Brüder bauen die gleiche runde Bank um einen Baum, sie verwenden die gleiche Zahnpasta und das

gleiche Rasierwasser. Ich finde, das alles sollte man nicht so ernst nehmen. Wer hat nicht schon merkwürdige Koinzidenzen erlebt? Nun ja, man weiß, daß Zwillinge oft gleiches Geruchsvermögen haben. Vielleicht ist das der Grund, daß sie das gleiche Gesichtswasser mögen. Aber ist das wichtig?«
Das allerdings ist die Frage, an der die Geister sich scheiden. Es mag verständlich sein, wenn ein Wissenschaftler angesichts derartiger »Geschichtchen« aus professionell anerzogener Zurückhaltung unverhohlen mit Ablehnung reagiert. Es ist ihm sogar zuzugestehen, daß es legitim ist, wenn er diesen Teil der Befunde durch seine rhetorisch gemeinte Frage für unwichtig erklärt. Denn was soll er – und das geht dem Gespann Bouchard/Lykken um keinen Deut anders – schon mit Phänomenen anfangen, zu deren Erklärung – wenn es sich nicht um Zufälle handeln sollte – nicht einmal eine sinnvolle Fragestellung ausgedacht werden kann?
Ich finde trotzdem, man sollte »das alles« ernst nehmen. Es handelt sich um Befunde, die nur so lange als »merkwürdige Koinzidenzen« (die es weiß Gott gibt) vom Tisch gewischt werden können, wie man hartnäckig verdrängt, daß Bouchards Team sie ausschließlich bei den eineiigen Zwillingen, nicht jedoch bei den genauso gründlich untersuchten zweieiigen Paaren gefunden hat.
Etwa 50 000 »Struktur-Gene« – fadenförmige Riesenmoleküle in den Chromosomen unserer Zellkerne – enthalten die »Bauanleitung« für die Gesamtheit unserer körperlichen Strukturen. In ihnen ist auf eine von uns noch immer erst höchst unvollständig verstandene Weise der komplizierte Plan zum Bau einer Niere ebenso »gespeichert« wie die spezifische »Verdrahtung«, die unentwirrbar komplizierte Vernetzung der zehn oder mehr Milliarden Nervenzellen unserer Großhirnrinde, die den »körperlichen Ermöglichungsgrund« der Freiheit unseres Verhaltens bilden, die dieser Freiheit aber auch artspezifische und individuelle Grenzen setzen. Dazu kommt nach heutiger Schätzung noch einmal das Zehnfache (vielleicht sogar das Zwanzigfache) an Regulator-Genen, die nicht direkt über irgendeines unserer körperlichen Details bestimmen, sondern die Bezie-

hungen der Struktur-Gene untereinander regeln. Unter ihrem Einfluß entsteht im Zellkern ein in undurchschaubaren »Super-Ordnungen« strukturiertes Raummuster, und dieses erst bildet den eigentlichen Bauplan, der also nicht etwa so simpel wie eine Schriftzeile längs des DNS-Fadens »linear« abgelesen werden kann.[132]

Das konkrete Gen-Muster eines bestimmten Individuums entsteht im Augenblick der Empfängnis durch die Verschmelzung der aus Samen- und Eizelle stammenden Anteile des väterlichen und mütterlichen Genoms. Diese Anteile sind ihrerseits das Produkt einer ganzen Reihe aufeinanderfolgender, Zufallsereignissen unterliegender Teilungs- und Auswahlvorgänge. Da das molekulare Gesamtmuster des Genoms über die rückkoppelnde Wirkung der Regulator-Gene zudem in vielen Teilbereichen von der kleinsten seiner Einheiten, also von einzelnen Genen, mitbestimmt wird, ist jedes dieser zufällig entstehenden Muster von individueller Einmaligkeit. Es ist aus rein statistischen Gründen von »überastronomischer« Unwahrscheinlichkeit, daß sich in der Aufeinanderfolge der Generationen einer Art auch nur ein einziges dieser Muster jemals identisch wiederholen könnte.

Hierauf beruht die Einmaligkeit jedes Menschen. Hierauf beruht es, daß die absolute, unwiederholbare individuelle Einzigartigkeit jedes einzelnen von uns nicht nur eine philosophische Behauptung ist, sondern objektive, mathematisch beweisbare Realität. Hierauf auch beruht die Unwiderleglichkeit der Feststellung, daß die Menschen nicht gleich, sondern daß sie unaufhebbar verschieden sind voneinander, nicht nur in ihren körperlichen, sondern auch in ihren seelischen Anlagen und Merkmalen. Hier liegt die Wurzel für den endlosen Streit über die Verteilung der Rollen zwischen Anlage und Umwelt bei der Ausprägung der menschlichen Persönlichkeit (denn selbstverständlich legen die Gene den Spielraum dieser Anlagen nicht etwa unverrückbar fest, wie es, um nur die einfachsten Fälle zu nennen, die Trainierbarkeit körperlicher Anlagen und die normale menschliche Lernfähigkeit belegen).

Dieser Streit aber ist es nicht, der uns hier interessiert. Wichtig für unseren Gedankengang ist vielmehr die Tatsache, daß es von der Regel der genetisch begründeten Einzigartigkeit jedes einzelnen Menschen eine (einzige) Ausnahme gibt: die eineiigen Mehrlinge. Sie sind die Folge des Ausnahmefalls, bei dem sich nach der ersten Teilung einer bereits befruchteten Eizelle aus den beiden genetisch identischen Teilungsprodukten zwei neue Individuen entwickeln, die auch ihrerseits dann selbstverständlich genetisch identisch sind. Das ist das »Geheimnis« der »eineiigen« Zwillinge (während »zweieiige« Zwillinge aus zwei verschiedenen [und eben auch genetisch verschiedenen], nur zufällig zur selben Zeit befruchteten Eizellen hervorgegangen sind, weshalb sie einander auch nicht mehr ähneln als andere von denselben Eltern stammende Geschwister).

Wie gesagt, aus den als Beispiele (keineswegs auch nur annähernd vollständig) aufgezählten Übereinstimmungen läßt sich heute (noch) keine sinnvolle wissenschaftliche Fragestellung ableiten. Wie es zu erklären sein könnte, daß etwa die englischen Zwillingsschwestern Dorothy und Bridget ihren Kindern die Namen Richard Andrew und Catherine Louise (so Dorothy) beziehungsweise Andrew Richard und Karen Louise (so Bridget) gegeben haben – viele Jahre, bevor sie in Verbindung kamen –, ist unausdenkbar. Vor dem Hintergrund unseres heutigen Wissens führt kein auch nur als hypothetische Vermutung annehmbarer Weg von der Erbausstattung zur Bevorzugung bestimmter Vornamen.[133] Deshalb muß die konkrete Forschung Phänomene wie dieses wohl oder übel ausklammern. Das geschieht dann eben auch in der Form, daß sie als »Geschichtchen« abgetan oder zu bloßen »Koinzidenzen« herabgestuft werden.[134]

Anders nehmen sie sich in unserem Zusammenhang aus. Ohne daß wir sie zu erklären brauchten, können sie uns als Erklärung dienen. So scheinen sie mir nicht zuletzt eine erstaunlich präzise Bestätigung der von Schopenhauer formulierten Vermutung zu liefern. Fürwahr, unser aller Bewußtsein von subjektiver Freiheit beweist die »Freiheit unseres Willens« mitnichten. Wer von uns würde bezweifeln, daß Jim Springer fest davon überzeugt war, einem völlig freien Entschluß zu folgen, als er daran ging, sich in seinem Keller eine komplette Tischlerwerkstatt einzurichten? Und daß es ebenso war, als er beschloß, den Baum in seinem Garten mit einer Rundbank zu versehen? Und wer könnte, nachdem er erfahren hat, daß der damals noch unbekannte Zwillingsbruder in einer fernen Stadt fast zur selben Zeit just das gleiche tat, noch daran zweifeln, daß beide mit diesen von ihnen als »frei« erlebten Entschlüssen in Wahrheit einen Teil des in ihren Genen niedergelegten Programms realisierten?

Die Natur muß uns mittels ihres eigentümlichen Experiments des »eineiigen Zwillings« erst mit der Nase darauf stoßen, ehe wir anfangen, den Fall wirklich ernst zu nehmen. Denn selbstverständlich sind wir alle grundsätzlich in der gleichen Lage wie Jim Springer. Wir können die Illusion vom Ausmaß unserer Freiheit nur leichter aufrechterhalten als er, weil uns im Unterschied zu ihm die Begegnung mit einem erbgleichen Doppelgänger in aller Regel eben erspart bleibt.

»Wir sind nicht die Sklaven unserer Gene.«[131/3] Natürlich nicht. Niemand hat das je behauptet. Auch in der Biographie der »Jim-Twins« und aller anderen getrennt aufgewachsenen eineiigen Paare gibt es Unterschiede, welche die Freiheit der Betroffenen beweisen, in großer Zahl. Nur: Alles spricht dafür, daß wir das Ausmaß der Freiheit, über die wir im Unterschied zu den Tieren fraglos verfügen, unter dem irreführenden Eindruck unseres subjektiven Freiheitsgefühls gewaltig überschätzen. Wie groß die Täuschung ist, der wir uns damit tagtäglich hingeben, das können uns die in Minneapolis erhobenen Befunde lehren. Darin liegt, wie mir scheint, ihre eigentliche Bedeutung.

Scheuklappen unserer Welterkenntnis

Man braucht in einer mondlosen sternklaren Nacht, fernab von den Lichtern unserer Städte, nur den Kopf zu heben, um das Unmögliche leibhaftig vor Augen zu haben: einen Raum – den

Raum der »Welt« –, dessen Unendlichkeit ebensowenig vorstellbar ist wie seine endliche Abgeschlossenheit. »Wir ahnen die Unermeßlichkeit unserer Unwissenheit, wenn wir die Unermeßlichkeit des Sternhimmels betrachten.«[135] Es ist typisch für uns: Während wir, aufrecht gehend, den Kopf hineinrekken in diesen Raum, dessen Natur uns ein Geheimnis bleibt, hegen wir in demselben Kopf die unausrottbare Gewißheit, daß es für alle unsere Probleme eine mit menschlicher Vernunft erreichbare Lösung geben müsse. Wir täuschen uns nicht nur über den Spielraum unserer Freiheit. Mindestens in dem gleichen Maße sind wir auch das Opfer der Illusion, die Wirklichkeit, in der wir leben, sei unserer Vernunft uneingeschränkt zugänglich.

Theoretisch ist das Problem uns seit mehr als 2000 Jahren bekannt. Plato hat es in seinem berühmten »Höhlengleichnis« ein für allemal gültig beschrieben. Wir gleichen Gefangenen, die, mit dem Rücken zum Eingang, an die Wand einer Höhle gekettet sind. Von allem, was sich »in der Wirklichkeit« vor dem Höhleneingang abspielt, bekommen wir nur das Spiel der Schatten zu Gesicht, die sich auf die vor uns liegende Wand projizieren. Diese Schatten aber halten wir, solange wir uns nicht der geistigen Mühe einer kritischen Untersuchung unserer Erkenntnisfähigkeit unterzogen haben, für die Wirklichkeit selbst.

Wie begründet die erkenntnistheoretische Skepsis ist, die aus Platos Gleichnis spricht, dafür legt die jahrhundertelange Geschichte des naturwissenschaftlichen Erkenntnisfortschritts beredtes Zeugnis ab. Man kann das eigentliche Wesen aller naturwissenschaftlichen Forschung sogar am treffendsten charakterisieren, indem man sie als jene Anstrengung beschreibt, mit deren Hilfe der Mensch versucht, den Augenschein, in dem die Dinge sich uns darbieten, zu überwinden. Erst dieser Vorstoß kann wenigstens ein Stück ihrer wahren, eigentlichen Natur freilegen, die der Augenschein, der sich uns als so irreführend »real« aufdrängt, in Wahrheit verhüllt. »Wären überhaupt die Dinge das, was man ihnen sofort ansieht, so müßten jede Untersuchung und Wissenschaft sich erübrigen.«[136] Sie sind es

in keinem Falle, und daher rührt das »detektivische Verhältnis« zwischen der Wissenschaft und der von uns erlebten Wirklichkeit.
Einige Stichworte genügen, den Fall in Erinnerung zu rufen.[137] Beispiel: Für unser Erleben besteht die Welt aus Farben. Die Erkenntnistheorie hat dieser Variante des Augenscheins seit je entgegengehalten, daß Farben zu den Eigenschaften zu rechnen seien, die den Dingen nicht selbst, nicht »an sich« zugehörten. Naturwissenschaftliche Forschung hat ganz konkret in einer Jahrhunderte währenden Anstrengung herausgefunden, daß es in der objektiven Realität nur elektromagnetische Wellen gibt, deren unterschiedliche Frequenzen erst in den Sehzentren unseres Gehirns in die uns geläufigen Farben des Spektrums (und deren vielfältige Mischungen) »übersetzt« werden. Wohlgemerkt: Auch im Gehirn bleibt es bei diesem Prozeß bis zuletzt »dunkel«. Farben und Helligkeiten existieren lediglich in unserer Psyche, jenseits der Grenze also, die auf eine uns rätselhaft bleibende Weise körperliche (Gehirn-)Prozesse und bewußtes Erleben voneinander scheidet.
Vergleichbar steht es um die meisten anderen Attribute, die wir als scheinbar reale Bestandteile der Welt in der von uns erlebten Wirklichkeit entdecken. Auch ihr von unseren Augen oder anderen Sinnesorganen in unser Bewußtsein projizierter »Schein« erweist sich bei näherer Betrachtung nicht als objektiv vorhandene Eigenschaft »der Wirklichkeit«, sondern lediglich als ein Teil des Bildes, das unser Wahrnehmungsapparat (Sinnesorgane plus Gehirn) uns von dieser Wirklichkeit liefert. Wie beide – Bild und objektive Realität – sich dabei zueinander verhalten, bleibt grundsätzlich offen.
Eine interessante Ausnahme bildet die Beziehung zwischen allen Formen von Ordnung und Gesetzlichkeit in der objektiven Welt und ihrer Abbildung in unserem Kopf. Zwar wird auch hier – wie noch deutlich werden wird – die Kluft zwischen objektiver Welt und subjektiver Wirklichkeit keineswegs etwa überbrückt. Immer dann jedoch, wenn es um Ordnung geht und Gesetz, gibt es zwischen den beiden Polen wenigstens eine einsichtige Beziehung.

Zwischen der Farbe Rot und einer elektromagnetischen Welle bestimmter Frequenz besteht diese nicht. Beide haben keinerlei Ähnlichkeit miteinander. Sie haben »nichts miteinander zu tun« – abgesehen einzig von der Tatsache, daß das eine zur Ursache des anderen werden kann, sobald Augen und Gehirn ins Spiel kommen. Zwischen der Gesetzlichkeit und Ordnung in der Welt jedoch und unserem Abbild von ihr besteht eine über diesen rein kausalen Zusammenhang hinausgehende strukturelle Beziehung: Die objektive Ordnung bildet sich in der von uns erlebten Wirklichkeit ab. Oder sagen wir, vorsichtiger, lieber: Bestimmten in der objektiven Realität vorliegenden Ordnungsstrukturen entsprechen vergleichbare Ordnungsstrukturen in unserer menschlichen, subjektiv erlebten Wirklichkeit.

Daß die Kluft zwischen der Welt und ihrem Abbild in unseren Köpfen in diesem Falle nicht absolut ist, hat einen sehr einleuchtenden Grund. Um in der Welt überleben zu können, ist es offensichtlich nicht unbedingt notwendig, daß wir alle ihre Eigenschaften objektiv wahrnehmen können. Um noch einmal auf das Beispiel der elektromagnetischen Wellen zurückzukommen: Es ist für die das Überleben sichernde Orientierung eines Organismus nicht unerläßlich, elektromagnetische Wellen und ihre verschiedenen Frequenzen auf irgendeine Weise unmittelbar, objektiv wahrzunehmen. Es ist unter biologischem Aspekt sogar von Vorteil, wenn der Gesichtssinn objektiv minimale Frequenzunterschiede zu den psychisch so stark kontrastierenden Farben des Spektrums – den objektiven Sachverhalt grotesk übertreibend – quasi auseinanderzieht.

Anders jedoch im Falle von Gesetzlichkeit. Biologische Anpassung an die Welt – Grunderfordernis aller Lebensfähigkeit – ist nur möglich, weil diese Welt gesetzlich geordnete Strukturen enthält, nämlich festen Regeln gehorchende Zusammenhänge und periodisch sich wiederholende Abläufe, auf deren Konstanz langfristig Verlaß ist. Das Chaos kann kein Leben tragen, kann Leben gar nicht erst hervorbringen. Mit diesen Ordnungsstrukturen aber läßt sich nun nicht so unbekümmert umspringen, wie es im Falle von Wellenfrequenzen und anderen sekundären Eigenschaften der Welt erlaubt ist. Eine auf jegliche Wiedergabetreue großzügig verzichtende, die objektive Qualität etwa im Dienste biologischer Orientierungshilfen vergewaltigende Abbildung ist, was sie betrifft, nicht ungestraft möglich. Wer in einer Welt mit gesetzmäßig festliegenden Strukturen überleben will, in dessen subjektiver Wirklichkeit müssen diese Strukturen in irgendeiner Form ihren Niederschlag finden.

Das gilt nun, eine Selbstverständlichkeit, die wir nicht übersehen dürfen, nicht etwa erst für uns. Es gilt für alle Kreatur, die überleben will. Es gilt daher auch für die sich über die Jahrmilliarden der Erdvergangenheit erstreckende Reihe unserer vormenschlichen Ahnen. Sie alle aber haben überleben müssen, ohne die »Konstanten« der Welt, in der sie das zu tun gezwungen waren, etwa lernen zu können. Abgesehen davon, daß die individuelle Lernfähigkeit in unserer psychischen Entwicklung einen ausgesprochenen Späterwerb darstellt, ist sie auch lediglich als Spezialfall einer schon lange vorher von der Evolution genutzten Form des Informationsgewinns anzusehen. Denn alle biologische Anpassung ist, von allem Anfang an, identisch gewesen mit dem Gewinn von Erkenntnis über die Gesetzlichkeiten in der die Anpassung verlangenden Umwelt. Konrad Lorenz war bekanntlich der erste, der das klar erkannt und ausgesprochen hat: »Das Leben selbst ist ein erkenntnisgewinnender Prozeß.«

»Auch in der Entwicklung des Körperbaus, in der Morphogenese, entstehen *Bilder* der Außenwelt: Die Flossen- und Bewegungsform der Fische bildet die hydrodynamischen Eigenschaften des Wassers ab, die dieses unabhängig davon besitzt, ob Flossen in ihm rudern oder nicht. Das Auge ist, wie Goethe richtig erschaute, ein Abbild der Sonne und der physikalischen Eigenschaften, die dem Licht zukommen, unabhängig davon, ob Augen da sind, es zu sehen. Auch das *Verhalten* von Tier und Mensch ist, soweit es an die Umwelt angepaßt ist, ein Bild von ihr.«[138]

Mit anderen Worten: Diese Teile des Bildes der Welt sind uns angeboren. Wir erwerben sie nicht erst in der Begegnung mit

der Welt, wie es die philosophische Tradition des erkenntnistheoretischen Empirismus (im Sinne von John Locke) irrigerweise angenommen hatte. Sie stecken vielmehr von Geburt an in unseren Köpfen als angeborene Denkstrukturen und angeborene Verhaltensprogramme. Wie wörtlich das zu verstehen ist, hat der relativ junge Wissenschaftszweig der Verhaltensphysiologie überzeugend demonstriert. Erinnert sei – neben zahlreichen anderen Methoden – insbesondere an den unmittelbarsten aller denkbaren Beweise, nämlich den direkten Abruf spezifischer, szenisch ablaufender Verhaltensabfolgen (je nach Lokalisation des Reizortes im Gehirn Balzverhalten, Feindbekämpfung, Körperpflege oder andere »Programme«) durch die elektrische Reizung bestimmter tiefliegender Hirnzentren.[139]
Karl R. Popper hat Hirnzentren dieser Art treffend »fleischgewordene Hypothesen über die Außenwelt« genannt. Sie stellen im voraus, vor aller Erfahrung, die zweckmäßigsten Reaktionen eines Lebewesens auf die wichtigsten artspezifischen Situationen bereit, mit denen der Organismus es im Verlaufe seiner individuellen Existenz mit größter Wahrscheinlichkeit zu tun bekommen wird. Die Feststellung – die sich aus Gründen, die auf der Hand liegen, nur bei Tieren so konkret experimentell untermauern läßt – gilt auch für uns. Auch in unseren Köpfen stecken derartige »Hypothesen über die Welt« von Geburt an. Schon davor sind sie, wenn man es genau nimmt, materiell und konkret vorhanden: Sie existieren bereits in der befruchteten Eizelle als der Teil des molekularen Musters innerhalb der DNS, welcher die angeboren festliegenden »Schaltpläne« im Gehirn entstehen lassen wird, die ihre körperliche Grundlage darstellen.
Die Entdeckung angeborener Denkstrukturen beim Menschen ist dem direkten biologischen Nachweis der Existenz analoger Programme im Tierversuch bekanntlich um zwei Jahrhunderte vorausgegangen. Ihre präziseste Beschreibung haben wir Immanuel Kant zu verdanken, der sie als »a priori« – von vornherein, vor jeder Erfahrung, angeboren – existierende »Anschauungsformen« und Denkkategorien bezeichnete. Zu ihnen gehören etwa die Anschauungsformen von Raum und Zeit. An-

ders als dreidimensional und dem Ablauf der Zeit unterworfen können wir die Welt nicht denken. Diese Eigenschaften kommen der von uns erlebten Wirklichkeit folglich nicht durch Erfahrung, sondern schon vor aller Erfahrung (eben »a priori«) zu. Sie sind, wie Kant an einer anderen Stelle seiner »Kritik der reinen Vernunft« sinngemäß sagt, nicht das Ergebnis, sondern die Voraussetzung von Erfahrung über die Welt. Deren eigentliches Wesen (die Natur der Dinge »an sich«) bleibt uns auch nach Ansicht von Kant definitiv verborgen.

Wir lernen also nicht in unseren ersten Lebensjahren, daß der Raum, in dem wir unser Leben zubringen, dreidimensional beschaffen ist oder daß unsere Welt und unser Leben durch zeitliche Abläufe charakterisiert sind, die von Ursachenketten kausal gesteuert werden. (Auch »Kausalität« ist uns, wie Kant entdeckte, als »Denk-Kategorie« angeboren.) Im menschlichen Erbgut sind diese und andere »Erkenntnisse über die Welt« bereits enthalten. Schon bevor wir zum erstenmal unsere Augen aufschlagen, steht fest, daß wir die Welt dreidimensional strukturiert, zeitlich geordnet und von Ursachenketten beherrscht erleben werden. Eigentlich, so meinte Kant, erleben wir daher mit jeder Welterfahrung immer wieder nur neue Formen des Abdrucks unserer eigenen Denkstrukturen und nichts, was der Welt selbst (»an sich«) zuzurechnen wäre. Grundsätzlich ist daran in der Tat nicht zu zweifeln.

Wenn das aber so ist, dann erhebt sich sofort ein neues Problem, ein Rätsel, das aufzulösen sich die Erben der Kantschen Erkenntnislehre vergeblich mühten, bis die neueste, revolutionierende Wende in der Geschichte des Problems, das Konzept der »evolutionären Erkenntnistheorie«, die Antwort fand. Das Rätsel lautete: Wie ist es eigentlich zu erklären, daß die uns angeborenen Anschauungsformen auf die Welt »passen«, wenn sie nicht durch Erfahrung aus der Welt abgeleitet sind? Wie ist die offenbare Beziehungslosigkeit zwischen der realen Welt und den uns angeborenen Vorstellungen Raum, Zeit und Kausalität mit der Tatsache in Einklang zu bringen, daß wir uns mit ihrer Hilfe in der Welt dennoch leidlich erfolgreich zu behaupten vermögen?

Die – in allen wesentlichen Grundzügen – auf Konrad Lorenz zurückgehende »evolutionäre Erkenntnistheorie« beantwortet diese Frage bekanntlich mit dem Hinweis darauf, daß auch die von Kant herausgearbeiteten, a priori in unserem Denken verankerten Anschauungen und Strukturen in Wirklichkeit »a posteriori«, nämlich durch konkrete Erfahrung mit der Welt, erworben wurden. Nur: Es handelt sich bei ihnen um Erfahrungen, die nicht das Individuum selbst gemacht hat, sondern seine Art. Diese hat im Ablauf ihres generationenlangen Anpassungsprozesses auch diese sehr wohl der realen Welt zuzurechnenden Gesetzlichkeiten – in dieser Hinsicht war Kants Auffassung also allzu pessimistisch – in ihrem Genom, in ihrer erblichen Konstitution, »abgebildet« (gespeichert). Das überindividuelle Kollektiv unserer biologischen Ahnenreihe hat diese Strukturen folglich sozusagen ganz normal »a posteriori« erworben – darum »passen« sie auch auf die reale Welt – und stellt sie mit jeder Generation von neuem jedem einzelnen ihrer individuellen Mitglieder »a priori« durch Vererbung zur Verfügung. Das Apriori der Philosophen hat sich aus der Perspektive der Evolutionsforscher als ein Aposteriori der Stammesgeschichte erwiesen.

Die Geschichte ist damit noch keineswegs zu Ende. Es fehlt noch ein weiterer Punkt, der Schlußstein, der endlich auch verständlich macht, was dieser erkenntnistheoretische Exkurs im Rahmen unseres Themas zu suchen hat. Er besteht in der einigermaßen verblüffenden Einsicht, daß alle diese angeborenen Hypothesen über die Welt, die während eines Jahrmilliarden umspannenden Anpassungsprozesses erworben und laufend verbessert wurden und die während dieser ganzen langen Zeit das Überleben unserer Art gewährleistet haben, daß sie alle, ohne Ausnahme, falsch sind (wenn man es wirklich genau nimmt).

Damit scheint die Verwirrung zunächst komplett. Es war schwer genug, dahinterzukommen, wie das einzelne Individuum in den Besitz von Informationen über die Welt gelangen kann, ohne sie selbst zu erwerben. Es fiel nicht leicht, zu glauben, daß »passende« Vorstellungen über die Welt angeboren sein können. Was soll man davon halten, wenn dem jetzt noch hinzugefügt werden muß, daß die »Passung« so perfekt nun auch wieder nicht ist, daß die angeborenen Anschauungen die wirkliche Beschaffenheit der Realität vielmehr ausnahmslos verfehlen?

An der Tatsache selbst ist nicht zu zweifeln. Wieder einmal war es die – hinsichtlich ihrer philosophischen Bedeutsamkeit im Umfeld unserer geistesgeschichtlichen Tradition hoffnungslos verkannte – Naturwissenschaft, die zu ihrer Entdeckung führte. Die Relativitätstheorie Albert Einsteins hat uns die Augen geöffnet für die gänzlich unerwartete – und von den meisten Menschen denn bis heute auch nicht wirklich aufgenommene – Erkenntnis, daß von einer dreidimensionalen Struktur des Raumes »in Wirklichkeit« offenbar nicht die Rede sein kann.

Die angesichts des nächtlichen Sternhimmels – und grundsätzlich natürlich ebenso beim Anblick des Tageshimmels – augenscheinlich werdende Paradoxie einer »unbegrenzten Endlichkeit« löst sich, wie Einstein in genialer Abstraktion herausfand, in dem Augenblick auf, in dem man eine ganz andere (der Realität offenbar eher entsprechende) Beschaffenheit des Raumes voraussetzt: einen Raum, der auf eine uns unvorstellbar bleibende Weise »in sich gekrümmt« sein kann, derart, daß er »in sich geschlossen« und folglich – der Oberfläche einer Kugel analog – endlich ist, ohne eine lokalisierbare Grenze zu haben.

Es muß ausdrücklich betont werden, daß diese »Krümmung« des Raums dem menschlichen Vorstellungsvermögen – das genetisch eben auf Dreidimensionalität festgelegt bleibt – absolut unzugänglich ist. Auch Einstein hat sie sich nicht etwa vorstellen können, ebensowenig, wie das ein Mensch der Zukunft jemals können wird, solange er genetisch noch unserer Art zuzurechnen ist. Auch ist das Wort »Krümmung« in diesem Zusammenhang rein metaphorisch zu verstehen, nur als gleichnishafte Formulierung. Denn auch unsere Sprache, die in der Auseinandersetzung mit der von uns erlebten Wirklichkeit entstanden ist – und eben nicht in der Auseinandersetzung mit einer uns unerreichbar bleibenden »objektiven Realität« –, hält für den gemeinten Sachverhalt sowenig einen Begriff bereit wie unser Denken eine Vorstellung. Es handelt sich um einen der Ausnahmefälle, in denen die Kunstsprache der Mathematik ein kleines Stück weit über den uns auferlegten Erkenntnishorizont hinaus vordringen konnte in eine jenseits des Augenscheins gelegene, von ihm verdeckte Wirklichkeit.

Das Reden von einer »Raumkrümmung« ist daher nichts als der notwendig unzulänglich bleibende, letztlich sogar irreführende Versuch, einen nur mathematisch faßbaren Sachverhalt in alltagssprachlicher Formulierung wiederzugeben. Was als gültige Information bleibt, ist andererseits die Tatsache, daß es naturwissenschaftlicher Forschung in diesem Falle gelungen ist, den konkreten Nachweis zu führen, daß die von uns erlebte Welt nicht identisch ist mit der hypothetisch vorauszusetzenden »objektiven Realität«.

Das wird man fürwahr als eine Entdeckung ansehen dürfen, die eine Revolution darstellt in der geistesgeschichtlichen Entwicklung. Der in diesem Zusammenhang gelegentlich verwendete Begriff von der »kopernikanischen Wende« greift nicht zu hoch. Nach Jahrtausenden entdeckt der Mensch handfeste Beweise für den ihn von Anbeginn beschäftigenden Verdacht, daß es sich bei der ihn umgebenden Wirklichkeit keineswegs um »die Welt selbst« handelt, sondern nur um deren höchst unvollkommenes Abbild in seinem Kopf.

Unvollkommen aber ist dieses Abbild, mit dem wir anstelle der Welt selbst vorliebzunehmen haben, gleich in doppelter Hinsicht. Es ist, erstens, unvollständig. Wir sind, so viel steht fest, für die weitaus meisten realen Eigenschaften der Welt blind. Röntgenstrahlen oder Radiowellen sind gewiß nicht mehr als »die Spitze eines Eisbergs«, bezogen auf die uns direkt nicht zugänglichen und dazu noch wer weiß wie vielen uns gänzlich unerahnbaren Attribute der Realität. Aber darüber hinaus ist auch auf das wenige, das wir überhaupt erfahren, nicht wirklich Verlaß.

Auch die Wiedergabetreue des unvollständigen Abbilds läßt in wesentlichen Punkten sehr zu wünschen übrig. Nicht nur über die Beschaffenheit des Raumes informieren uns die »angeborenen Lehrmeister« (Konrad Lorenz), unsere genetisch fixierten

Denk- und Anpassungsformen, unkorrigierbar falsch.[140] Auch die objektiv nachweisbare »Konstanz« der Lichtgeschwindigkeit zum Beispiel – wiederum eine in der Relativitätstheorie enthaltene Teileinsicht – konfrontiert uns mit einem drastischen und unkorrigierbar angeborenen Fehlurteil über die Welt.
Jeder gesunde Mensch hält es für selbstverständlich, daß sich Geschwindigkeiten den arithmetischen Rechenregeln entsprechend beliebig addieren lassen. Daß man sich also, wenn man etwa den Gang eines mit hundert Kilometern in der Stunde fahrenden D-Zugs im durchschnittlichen Fußgängertempo in der Fahrtrichtung entlanggeht, mit hundert plus fünf, im Endergebnis also mit 105 Kilometern pro Stunde in der Landschaft vorwärtsbewegt. Niemand bezweifelt, daß dieses Prinzip grundsätzlich in jedem Falle und in allen Geschwindigkeitsbereichen gültig ist.
Es gilt jedoch nicht. Einstein fand heraus – in komplizierten Berechnungen, die nachträglich experimentell, durch Beobachtung, bestätigt wurden –, daß sich Geschwindigkeiten keineswegs, wie der gesunde »Menschenverstand« es unbelehrbar für selbstverständlich hält, beliebig addieren lassen. Das reale Ergebnis ihrer Addition weicht in jedem Falle von dem unserem Verstande entspringenden Resultat ab. Es fällt kleiner aus, und zwar um so krasser, je größer die Geschwindigkeiten sind, um die es sich handelt.
Im Falle des Gehenden im Gang des D-Zugs ist die relativ zum arithmetischen Ergebnis real zu verzeichnende »Geschwindigkeitseinbuße« noch unmeßbar klein (wenngleich auch hier schon vorhanden und grundsätzlich berechenbar). Im Falle der Lichtgeschwindigkeit erreicht sie das mögliche Höchstmaß. Hier läßt sich die Geschwindigkeit von 300 000 Kilometern pro Sekunde durch keinerlei Addition mehr erhöhen. Wenn ich von einem mit Lichtgeschwindigkeit durch den Weltraum rasenden Raumschiff aus einen Lichtstrahl in »Fahrtrichtung« abstrahlte, so legte auch er »nur« 300 000 Kilometer pro Sekunde zurück (und hätte nicht etwa die doppelte Geschwindigkeit). Das ist der Sachverhalt, der sich hinter dem scheinbar so unverfänglichen Begriff der »Konstanz der Lichtgeschwindigkeit« ver-

birgt. Auch hier ist naturwissenschaftliche Forschung auf eine Eigenschaft der objektiv existierenden Welt gestoßen, die grundlegend von der Art und Weise abweicht, in welcher der gleiche Sachverhalt in dem Abbild auftaucht, das unser Kopf sich von der Welt macht.
Es ist, ganz unbestreitbar, auf keine Weise verständlich oder anschaulich zu machen, warum und in welcher Weise die Summe real sich addierender Geschwindigkeiten hinter dem Resultat zurückbleibt, das unser »gesunder Menschenverstand« uns liefert, und dies um so mehr, je größer die Geschwindigkeiten sind. Aber wir haben wiederum zur Kenntnis zu nehmen, daß »Vorstellbarkeit«, wenn es um die Frage der Beschaffenheit der Welt geht, nicht als Argument angesehen werden darf. »Unvorstellbarkeit« ist in solchen Fällen nichts als ein Symptom der hoffnungslosen Unzulänglichkeit aller Versuche unseres Verstandes, die wahre Natur der Welt zu »erkennen«.[141] Auf die gleiche Unzulänglichkeit stößt man bei einer genaueren Betrachtung der uns ebenfalls als »Denk-Kategorie« angeborenen Vorstellung von »Kausalität« und noch weiteren Fällen »angeborenen Vorwissens« über die Welt.
Zunächst aber ein Wort zu der Frage, wie es eigentlich erklärt werden könnte, daß die Evolution sich zwar einerseits der gewaltigen Aufgabe unterzogen hat, bestimmte Gesetzlichkeiten der Welt in unserer erblichen Konstitution »abzubilden«, daß sie sich dabei andererseits aber mit einer ganz offensichtlich höchst ungenauen Abbildung zufriedengegeben hat. Die Antwort auf diese wichtige Frage ist ebenso bedeutsam wie einfach. Die Evolution verfolgte ohne jeden Zweifel keineswegs etwa das Ziel, ihren Geschöpfen, also auch uns, eine objektive Erkenntnis der Welt zu ermöglichen.[142] Die evolutionäre Optimierung aller lebenden Kreatur ist vielmehr ausschließlich unter dem Gesichtspunkt einer Verbesserung der Überlebensaussichten erfolgt. Das Gehirn ist, so habe ich es schon vor zwanzig Jahren einmal formuliert, kein Organ zur Erkenntnis der Natur, sondern ursprünglich entstanden als ein Organ zur Verbesserung unserer Überlebenschancen. Insofern könnte man seine Verwendung zu Erkenntniszwecken in verdeutli-

chender Zuspitzung sogar als eine Art von »Zweckentfremdung« bezeichnen.[143]
Nun überschneiden sich die Strategien zwar, mit denen sich die Welt erkennen oder aber in ihr überleben läßt. (Biologische Anpassung ist ein erkenntnisgewinnender Prozeß!) Deckungsgleich sind sie jedoch nicht. Daher sind die in unseren Gehirnen steckenden Hypothesen über die Welt bloße Näherungshypothesen geblieben. Es ist Ausdruck der »Sparsamkeit« der Natur, der ihr eigenen Ökonomie, daß sie grundsätzlich nicht mehr tut, als zur Erreichung eines bestimmten Ziels unbedingt notwendig ist. Oder (da es sich in diesem Fall auch ohne »personalisierende« Formulierungen einfach ausdrücken läßt): Die selektierenden (aus dem Angebot der durch fortwährende Mutationen produzierten Varianten auslesenden) Faktoren verloren immer dann ihre Wirksamkeit, wenn das Ziel einer Erhöhung der Überlebenschancen im Rahmen des jeweils Möglichen erreicht war.
Deshalb ist die Anpassung unseres Erkenntnisvermögens auf die Adaption an irdische Verhältnisse beschränkt geblieben. An die Bedingungen also eines von den subatomaren Dimensionen ebensoweit wie von astronomischen Dimensionen entfernten »Mesokosmos«.[143] Ein Gehirn, das seinem Besitzer das Überleben sichern soll, ist unter natürlichen Umständen eben nicht darauf angewiesen, die Abweichungen erfassen zu können, die objektiv zwischen unseren Rechenregeln und dem Resultat der Addition von Geschwindigkeiten auftreten. Denn auf nennenswerte Beträge wachsen diese erst bei Geschwindigkeiten einer Größenordnung an, die für das Überleben ohne Belang sind. Die Schnelligkeit abschätzen zu können, mit der sich ein Raubtier nähert oder ein stürzender Baum, das ist überlebenswichtig. Die Geschwindigkeit des Lichts dagegen – und erst in ihrer Nähe werden »relativistische« Berechnungsweisen unumgänglich – ist unter biologischen Gesichtspunkten bedeutungslos. Daher wäre es aus evolutionärer Perspektive nichts als übertriebener Aufwand gewesen, in unseren Gehirnen zu allem übrigen auch noch die überaus komplizierten Strukturen unterzubringen, die uns das von Einstein entdeckte »Additions-

theorem« unmittelbar einleuchtend und vorstellbar machen würden.
Unser »Weltbildapparat« (Konrad Lorenz) ist folglich so etwas wie ein vereinfachendes Standardmodell, zugeschnitten auf ein Lebewesen, das sein Überleben unter »mesokosmischen« Bedingungen zu bestehen hat. Er ist zugeschnitten also unter anderem auf durchschnittliche Geschwindigkeiten und mittlere Distanzen, unter Verzicht auf alle Extreme innerhalb einer Welt, die sich objektiv von den Verhältnissen auf der subatomaren Ebene – auf der die uns gewohnten Begriffe Raum und Zeit fragwürdig werden – bis zu kosmologischen Distanzen und Geschwindigkeiten erstreckt, für die dasselbe gilt (»Zeitdilatation« bei Annäherung an die Lichtgeschwindigkeit!). Die Naturwissenschaftler haben damit einen uralten Verdacht der Philosophen konkret bestätigt: Wir leben nicht in der Welt, sondern nur in dem Abbild, das unsere Köpfe von ihr entwerfen. In einem winzigen, auf unsere biologischen Bedürfnisse zugeschnittenen Ausschnitt, der überdies den Teil der Welt, über den er uns überhaupt informiert, grob vereinfacht wiedergibt. Die uns angeborenen Anschauungsformen gleichen »plumpen kategorialen Schachteln« (Hans Mohr)[144].

Bis vor (geschichtlich betrachtet) kurzer Zeit war das für unsere Existenz belanglos. Der Mangel mochte die Philosophen irritieren. Einen Politiker konnte er kaltlassen. Neuerdings beginnt sich das allerdings rasch zu ändern. Kulturelle und gesellschaftliche Entwicklung haben uns in eine Situation gebracht, in der die genetische Beschränkung unserer Denkstrukturen zu den Gefahren beizutragen beginnt, die unser Aussterben näherrücken lassen. Unter den natürlichen Bedingungen, unter denen sie in langen Entwicklungszeiträumen entstand, genügte unsere Denkausrüstung zur Sicherung unseres Überlebens. Diese Bedingungen aber haben sich aus mancherlei Gründen inzwischen einschneidend geändert. Außerhalb der ursprünglichen Selektionsbedingungen aber wird aus angeborener Vernunft im Handumdrehen angeborener, womöglich tödlicher Unsinn.[145]

Angeborene Barrieren

Dietrich Dörner, Psychologe an der Universität Bamberg, hat ein Land erfunden, das es gar nicht gibt und das dennoch »funktioniert«. Er hat es Tana-Land getauft. Obwohl man es auf dem Globus vergeblich sucht, werden auch in diesem Land Menschen geboren, während andere an Hunger und Krankheiten sterben, werden auch hier Rinder gezüchtet und geschlachtet, Äcker bestellt und Waren umgeschlagen. Die heutigen Computer machen es möglich: Tana-Land existiert auf dem Magnetband eines elektronischen Rechners.
Das ist aber auch, so ist man versucht zu sagen, der einzige Unterschied zwischen dieser »Kopfgeburt« eines Wissenschaftlers und einem realen Gemeinwesen. »Wie im richtigen Leben« unterliegt auch das nur in der Gestalt elektronischer Impulse existierende Tana-Land mitsamt seinen Bewohnern, seinem Vieh und seiner Landwirtschaft einer fortlaufenden Entwicklung. Wie bei einem »wirklichen« Land ist diese die Folge des Zusammenwirkens der unübersehbar verzweigten und miteinander »vernetzten« Einflüsse, die von der Kopfzahl und den Konsumgewohnheiten seiner Bewohner, der Fruchtbarkeit seiner Äcker, von Marktpreisen, Arbeitsbedingungen, dem Auftreten von Schädlingen und Raubtieren und einer Fülle weiterer Faktoren ausgehen. Zur Veranschaulichung der Detailtreue: Selbst die Zahl der zur Bestäubung der Pflanzen verfügbaren Insekten wurde dem Computer eingegeben.
Alle diese Bedingungen wurden bewußt so gewählt, daß sie etwa denen in einem von westlichen Einflüssen weitgehend noch unberührten »Entwicklungsland« entsprechen. Genau 665 Ackerbau betreibende »Tupis« wohnen in einem kleinen Dorf, das den Namen »Lamu« erhielt, gelegen am Ufer des »Mukwa-Sees«. Sie haben den nur 104 Köpfe zählenden Stamm der »Moros« in ein nahegelegenes Waldgebirge abgedrängt, wo diese ihre 780 Schafe und 377 Rinder hüten. Die Moros ergänzen ihren Nahrungsbedarf durch das Jagen von Pelztieren, vor allem von Leoparden, die reichlich vorkommen und deren

wertvolle Felle für den Stamm eine wichtige Geldquelle bilden. Das alles wurde, bis zu den klimaabhängig schwankenden Ackererträgen und den Ernteverlusten durch Schädlingsbefall, so ausgewogen, daß alle Bewohner von Tana-Land ihr Auskommen haben. Dies allerdings am Rande des Existenzminimums, bei hoher Kindersterblichkeit und allgemein geringer Lebenserwartung, auf niedrigem Lebensstandard und immer an der Grenze des Hungers.

Diese »Welt« übergaben die Wissenschaftler nun – und das war der eigentliche Zweck der komplizierten Veranstaltung – Studenten und Entwicklungshelfern mit der Aufforderung, den Versuch zu machen, das Schicksal der Bewohner von Tana-Land zu verbessern. Die Helfer konnten dazu nach eigenem Gutdünken in die Geschicke des fiktiven Landes eingreifen, wobei ihre Maßnahmen selbstverständlich auf den Rahmen des unter den obwaltenden Bedingungen realistisch Möglichen beschränkt waren. Sie konnten also zum Beispiel beschließen, die Leopardenjagd zu intensivieren, um mit dem Erlös der Felle vermehrt Kunstdünger zur Ertragsteigerung einzukaufen. Sie konnten auch die medizinische Versorgung verbessern, indem sie eine von der nächstgelegenen Stadt aus bediente Ambulanz einführten (deren Dienste selbstverständlich bezahlt werden mußten). Sie konnten den Versuch machen, die »Tupis« und »Moros« zu weitgehendem Verzicht auf den Genuß von Fleisch zu überreden, um mit dessen Verkauf die Anschaffung von landwirtschaftlichen Maschinen zu finanzieren. Es lag in ihrer Hand, die Schädlingsbekämpfung zu forcieren, Bewässerungsprojekte durchzuführen, elektrische Aggregate zu installieren und die Organisation der Arbeitsläufe in »Lamu« zu reformieren, und sie konnten dies alles, im Rahmen ihrer finanziellen Möglichkeiten, sogar gleichzeitig tun.

In der Praxis spielte sich das so ab, daß die Versuchspersonen sich mehrere Stunden mit dem Versuchsleiter zusammensetzten, der ihnen alle gewünschten Daten zur Verfügung stellte und sie als »ortskundiger Experte von Tana-Land« beriet. Am Ende der Sitzung wurden die beschlossenen Maßnahmen in einer Liste zusammengefaßt und in den Computer eingegeben.

Eine Woche später erfuhren die Versuchspersonen, welche Wirkungen ihre Eingriffe in den anschließenden Monaten und Jahren (der Computer macht es möglich!) in Tana-Land gezeitigt hatten. Anhand dieses Zwischenergebnisses wurde dann der nächste Maßnahmenkatalog verabschiedet.
Das Resultat des Versuchs war bei allen Wiederholungen und allen – weit überdurchschnittlich intelligenten – Versuchspersonen regelmäßig deprimierend. Ohne Ausnahme richtete jede von ihnen Tana-Land zugrunde. Dies um so rascher und gründlicher, je energischer sie sich um die Verbesserung der bestehenden Zustände bemühte. Zwar gelang es in den meisten Fällen, für einige Jahre eine augenfällige Verbesserung in bestimmten Teilbereichen zu erzielen. So wurden die landwirtschaftlichen Erträge durch vermehrte Düngung, künstliche Bewässerung und Mechanisierung fast immer auf das Zwei- bis Dreifache gesteigert. Das ging aber regelmäßig zu Lasten der Tierpopulationen. Insbesondere wurden in dieser Phase die Leoparden, deren Felle die benötigten Geldmittel zu liefern hatten, in einem Maße dezimiert, die diese Quelle innerhalb weniger Jahre endgültig versiegen ließ. Die Population erholte sich von dem Aderlaß nicht mehr.
Auch die Nahrungssituation besserte sich zunächst in allen Versuchsreihen. Auch dabei handelte es sich jedoch um eine vorübergehende Scheinblüte. Zusammen mit der Verbesserung der medizinischen Betreuung bewirkte diese Veränderung nämlich ein rapides Ansteigen der Bevölkerungszahl. Die von einigen der Versuchspersonen eingeleiteten Maßnahmen zur Familienplanung – überwacht durch die von ihnen eingerichtete medizinische Ambulanz – kamen regelmäßig zu spät. Eine der Folgen waren rasch entstehende Engpässe in der Futtermittelversorgung, da der menschliche Verbrauch an landwirtschaftlichen Produkten entsprechend zunahm. Das wiederum führte zu einem raschen Rückgang der Viehbestände, was seinerseits, um aus der akuten Klemme herauszukommen, eine Intensivierung der Jagd erzwang, womit die für die Leoparden schon erwähnten Konsequenzen auch bei anderen Tierarten eintraten. So ging es nach anfänglichen Erfolgen trotz der nicht

ausbleibenden Versuche, die Entwicklung durch gezielte Gegenmaßnahmen zum Besseren zu wenden, schließlich in allen Versuchsreihen mit Tana-Land bergab. Spätestens nach sechs »Sitzungen« war die Katastrophe komplett: Tupis und Moros verhungerten in großer Zahl, die Äcker von Tana-Land lagen weitgehend brach, und die Zahl der dort lebenden Tiere war auf einen Bruchteil des Ausgangswertes geschrumpft.

Das Ergebnis dieser ebenso originellen wie aufschlußreichen Untersuchungsreihe ist nicht nur deprimierend, es mutet auf eine unheimliche Weise auch bekannt an. Und in der Tat: Wir alle wohnen in Tana-Land! Was Dietrich Dörner mit seinen Mitarbeitern untersucht und demonstriert hat, ist nicht nur das Schicksal eines fiktiven, lediglich als elektronisches Phantom existierenden Phantasiegebildes, sondern ein Modell der Risiken, denen wir alle uns ausgesetzt sehen. Als Psychologe hat er sich nicht mit der Darstellung des katastrophalen Szenarios begnügt, sondern vor allem seine Ursachen analysiert.[146]

Woran liegt es eigentlich, daß alle Versuchsteilnehmer mit ihren Bemühungen, den Tupis und Moros zu helfen, so gründlich gescheitert sind, daß man wünschen würde, sie hätten die Finger von deren Schicksal gelassen? Dörner stieß bei der Untersuchung dieser Frage auf einige regelmäßig wiederkehrende Fehler. Alle Versuchspersonen hatten ihren Entscheidungen »lineare Maßstäbe« zugrunde gelegt. Sie dachten in linearen Ursachenketten (vom Typ: Aus A folgt B, aus B folgt C; wenn C vorliegt, resultiert daraus D und so weiter), anstatt die vielfältig verzweigten Ursachenketten zu berücksichtigen, die das »System Tana-Land« zu einem Netzwerk rückgekoppelter funktionaler Zusammenhänge machen. Und sie alle gingen bei der Planung ihrer Eingriffe von ebenfalls »linearen« Prognosen aus. Sie »extrapolierten« also zum Beispiel ein lineares Wachstum der menschlichen Bevölkerung und ebenso eine lineare Abnahme der Leopardenzahl, sie »rechneten« mit linearen Veränderungen des Nahrungsangebots und so weiter. Damit aber verschätzten sie sich in allen diesen Fällen gröblich, weil Wachstums-(und Schrumpfungs-)Prozesse in vergleichbaren Systemen in aller Regel eben nicht linear (»arithmetisch«), sondern exponentiell (»geometrisch«) erfolgen.[147]

Damit aber hat der Bamberger Wissenschaftler empirisch bestätigt, was die Vertreter der evolutionären Erkenntnistheorie schon immer behauptet haben: Auch der exponentielle Charakter aller natürlich vorkommenden Wachstumsvorgänge liegt außerhalb des von den uns angeborenen Denkstrukturen definierten Horizonts. Nicht die wenigsten der uns heute bedrohenden Gefahren finden durch diese Tatsache ihre Erklärung.

Wir sind mit dem kognitiven Rüstzeug, mit unserem stammesgeschichtlich erworbenen Erkenntnisvermögen, unter natürlichen Bedingungen unleugbar schlecht und recht über die Runden gekommen. Alle durchaus denkbaren Mängelrügen ändern nichts an der Tatsache, daß die menschliche Ahnenreihe nicht abgerissen ist. Das ist, vergleicht man unser Los mit der Gesamtheit aller von der Evolution im Laufe der Zeit hervorgebrachten Arten, als unbestreitbarer Erfolg zu werten. Mehr wird im großen Überlebensspiel der Natur nicht verlangt. Über diese Fähigkeit hinausgehende Talente entstehen, wie gesagt, schon deshalb in aller Regel nicht, weil sie keinen zusätzlichen Gewinn bringen. Der Erfolg des Überlebens ist, aus dem Blickwinkel der Evolution, nicht mehr zu übertreffen.

Aber die Bedingungen sind heute eben nicht mehr uneingeschränkt »natürlich«. Solange sie es waren, machte es nichts aus, daß wir angeboren-unbelehrbar dazu neigen, auch in Fällen rein zufälliger zeitlicher Aufeinanderfolge einen ursächlichen Zusammenhang anzunehmen. Daß wir uns Zusammenhänge immer nur linear-unverzweigt vorzustellen pflegen. Daß wir Entwicklungen nicht exponentiell vorauszuschätzen imstande sind oder wir bei allen Abläufen von deren grundsätzlicher Kontinuität ausgehen. Auch die Bewohner von Tana-Land haben ihre elektronische Existenz ja schlecht und recht fristen können, solange man sie ihren weitgehend noch natürlichen Verhältnissen ungestört überließ.

Umgebracht hat sie erst der – in allerbester Absicht erfolgte – planende Eingriff von außen. Dieser aber wirkte eben deshalb so verheerend, weil er in einer total illusionären Verkennung seiner Voraussetzungen vorgenommen wurde. Seine Urheber ließen es an der gebotenen selbstkritischen Bescheidung fehlen. Sie hielten es für selbstverständlich, daß die ihnen für ihre Planung zur Verfügung stehende Urteilskraft den Problemen angemessen entsprach, die zu lösen sie sich anschickten. Sie waren blind gewesen für die Tatsache, daß die gleichsam überindividuelle Intelligenz, die sich in – im Falle von Tana-Land geschickt simulierten – natürlich gewachsenen Gleichgewichtszuständen verkörpert, den Horizont unserer evolutionär erworbenen individuellen Intelligenz hoffnungslos übersteigt. Die Versuchspersonen, die Tana-Land ruinierten, weil sie es zur Blüte bringen wollten, haben sich, kurzum, genauso verhalten, wie wir alle es unserer wirklichen Umwelt gegenüber tun. Die Folgen sind nicht mehr zu übersehen.

Aber auch damit ist das Ausmaß unserer genetischen Erblast noch immer nicht vollständig beschrieben. Denn nicht nur unsere kognitiven Fähigkeiten unterliegen den von der evolutionären Erkenntnistheorie herausgearbeiteten, aus den Bedingungen ihrer Entstehung verständlich abzuleitenden Einschränkungen. Auch unser soziales Verhalten, unser Umgang mit den »Mit-Menschen«, ist von genetischen Vorentscheidungen geprägt. Der Freiburger Biologe und Wissenschaftstheoretiker Hans Mohr legt den Finger auf die Wunde, wenn er daran erinnert, daß die uns angeborenen Verhaltenstendenzen und emotionalen Reaktionsweisen ihre bis heute im wesentlichen unverändert gebliebene Ausprägung im späten Pleistozän erhalten haben.[151] Damals, längstens vor etwa 100 000 Jahren und wenigstens vor 50 000 Jahren, war Homo sapiens, der moderne Mensch, in seiner heutigen Form aus archaischeren Frühmenschentypen hervorgegangen. In dieser Epoche muß der erste Mensch auf der Erde gelebt haben, der sich genetisch nicht mehr von uns unterschied. Die erbliche Ausstattung, über die er zum Zeitpunkt »Null« menschlicher Zivilisation und Kultur verfügte, ist bis heute die gleiche geblieben. Auch wir haben mit ihr auszukommen. Diese Ausstattung aber entspricht natürlich einer Anpassung an die Bedingungen, unter denen sie entstand. Sie stellt, versteht sich, nicht etwa das

»Abbild« der heutigen zivilisatorischen und kulturellen Umwelt des Menschen dar. Ihr prägendes Vorbild, an das die Stammesentwicklung sie so eng wie möglich anzupassen sich bemühte, ist die Umwelt unserer pleistozänen Ahnen.

Wir sind folglich genötigt, uns in der heutigen Welt mit einer Konstitution zu behaupten, deren angeborene (ererbte) Anteile in aller Nüchternheit als fossil angesehen werden müssen. Das Faktum ist von Biologen und biologisch orientierten Anthropologen in den letzten Jahrzehnten wiederholt hervorgehoben worden. »In der Hand die Atombombe und im Herzen die Instinkte der steinzeitlichen Ahnen«, so hat Konrad Lorenz diese Besonderheit der Conditio humana in seiner bildkräftigen Sprache prägnant formuliert.

Widersprochen, und dies bisweilen sehr heftig, wurde dieser Auffassung von den Vertretern der sogenannten behavioristischen Psychologie, die, mit dem Schwerpunkt in den USA[148], die Lehre verficht, daß psychische Merkmale (im Unterschied zu körperlichen Eigenschaften) nicht vererbt, sondern daß alle Begabungen und Anlagen, charakterlichen Besonderheiten und Verhaltenstendenzen ausschließlich erlernt beziehungsweise von der jeweiligen sozialen Umgebung »addressiert« würden. Diese extreme Position beherrschte etwa seit den zwanziger Jahren die Sozialwissenschaften und die wissenschaftliche Lehre vom Menschen, verlor in den letzten zwei bis drei Jahrzehnten dann allerdings rasch wieder an Boden. Daß der Mensch erblichen Dispositionen unterworfen ist, und zwar unter Einschluß auch seiner psychischen Eigenschaften und Fähigkeiten, wird heute von keinem naturwissenschaftlich informierten Autor mehr ernstlich in Frage gestellt.[149]

Der Gedanke erscheint somit nicht abwegig, daß es letztlich die genetische Beschränktheit unseres kognitiven Horizonts ist, die unaufhebbare Unzulänglichkeit unseres »die Welt abbildenden Erkenntnisapparats«, die unserem hoffnungslosen, unbelehrbaren Versagen gegenüber allen ökologischen Erfordernissen als zentrale Ursache zugrunde liegt. Das mag, in dieser abgekürzten Formulierung, eine starke Vereinfachung darstellen. Gänzlich falsch ist es aber sicher nicht, wenn man hier einen

Zusammenhang sieht. Eine ähnliche Beziehung dürfte nun auch zwischen den uns angeborenen Verhaltensdispositionen und unserer Unfähigkeit bestehen, bestimmte, prinzipiell mit aller Deutlichkeit von uns erkannte gesellschaftliche Probleme zu lösen.
Der wichtigste aktuelle Fall ist unsere wie es scheint unkurierbare Friedensunfähigkeit. Ich meine damit nicht in erster Linie die innerhalb des eigenen persönlichen Umfeldes alltäglich spürbar werdende Unfriedfertigkeit. Die Rede ist vielmehr von der wohl doch einer anderen Kategorie zuzurechnenden Aggressivität, zu der ein vom Erlebnis der Zusammengehörigkeit seiner Mitglieder zusammengehaltenes menschliches Kollektiv (Stamm, Nation, Bündnisssystem) nach »außen«, in der Berührung mit anderen, »fremden« Kollektiven derselben Art neigt.
Die Ansicht, daß wir es auch hier wieder mit einer genetischen Erblast zu tun haben, ist in den letzten Jahren wiederholt geäußert worden. Am knappsten und sinnfälligsten hat den Zusammenhang wohl C. F. v. Weizsäcker mit seiner bekanntgewordenen Formulierung ausgedrückt, daß wir »die Erben von Siegern« seien.[150] Ähnlich sieht es Hans Mohr, der daran erinnert, daß Kain, der Ackerbauer, seinen Bruder Abel, den Viehzüchter, erschlug, und hinzufügt: »Die Ackerbauern und Viehzüchter wurden in Verteidigung ihres Territoriums und ihres Besitzes vermutlich um einiges aggressiver als die Jäger- und Sammlerhorden des Paläolithikums, bei denen *territoriale Aggression* keine so lebensentscheidende Rolle spielte.« (S. Anm. 144, S. 10)
Unter den Umweltbedingungen des späten Pleistozäns konnte der Mensch sich diese gruppenspezifische Aggressionsneigung gleichwohl noch leisten. Sie brachte überwiegend Vorteile mit sich (und wurde eben deshalb unvermeidlich auch genetisch akquiriert): Sie trug zur Solidarisierung der in dieser frühgeschichtlichen Epoche allmählich seßhaft werdenden Menschengruppen bei, stabilisierte ihre Ortstreue und gewährleistete eine gleichmäßige räumliche Verteilung der entstehenden Ansiedlungen.
In dieser Situation dürfte – und darauf spielen die Äußerungen

von Weizsäcker und Mohr an – die intraspezifische Aggressionsbereitschaft (Mensch gegen Mensch) genetisch beträchtlich an Boden gewonnen haben, in des Wortes doppelter Bedeutung. Je aggressiver eine schon ortsfeste Menschengruppe auf das Auftauchen noch nomadisierender, ein eigenes Revier suchender fremder Gruppen reagierte, um so größer waren ihre Chancen, das einmal erworbene Territorium behalten und darin überleben zu können. Es wird dabei ganz sicher auch zu Fällen von Mord und Totschlag zwischen den Mitgliedern konkurrierender Gruppen gekommen sein. Vermutlich blieb das jedoch auf Einzelfälle beschränkt. (Kriegerisches Massenmorden kam erst sehr viel später auf.)

In der Zeit des Pleistozäns blieb dem unterlegenen Konkurrenten noch Platz in Hülle und Fülle, auf den er ausweichen konnte. In jedem Augenblick des Konflikts stand es ihm somit frei, die Auseinandersetzung durch seinen Rückzug zu beenden. Diese Möglichkeit erlaubte es, die aggressive Reaktion auf eine Gruppe »fremder« Menschen als genetisch fixierte Verhaltenstendenz herauszuzüchten, welche die Populationsdichte innerhalb des zur Verfügung stehenden Raums in zweckmäßiger Weise regulierte und für einen gebührenden Abstand zwischen den verschiedenen Siedlungsgebieten sorgte, der nicht zuletzt auch ökologisch von Bedeutung war.

Gemeinschaften dagegen, bei deren Mitgliedern diese intraspezifische, von der Begegnung mit »fremden« Mitgliedern der eigenen Art ausgelöste Aggressionsneigung nur gering oder gar nicht entwickelt war, konnten dem Druck von außen, der die Behauptung des eigenen Reviers in Frage stellte, nicht hinreichend widerstehen. Sie gehörten nicht zu den Siegern. Wenn es unter pleistozänen Bedingungen aus den schon angedeuteten Gründen auch nicht zum »Kampf auf Leben und Tod« zu kommen brauchte, so war ihr »Vermehrungserfolg« doch durch ein ungewisses, mühseliges Schicksal belastet. Sie mußten ihre Existenz ohne die Gewißheit fristen, die Früchte auch selbst ernten zu können, deren Keime sie Monate zuvor auf einem bestimmten Areal gepflanzt hatten. Die Beschwernisse ihrer ungesicherten Existenz führten ganz von selbst dazu, daß ihre Kinderzahl hinter der ihrer unverträglicheren Konkurrenten zurückzubleiben begann.

Diese Differenz zwischen den »Vermehrungserfolgen« verschiedener Varianten derselben Art ist es aber bekanntlich, die aus auf der Hand liegenden Gründen den Kurs der Evolution steuert. Der damalige Erfolg der durch ihre erhöhte Reizbarkeit, ihre zunehmende Unduldsamkeit allem »Fremden« gegenüber und ihre zunehmende Fähigkeit zum intraspezifischen Totschlag charakterisierten Menschenvariante hat sie, und nicht ihre sanfteren, verträglicheren, zur Friedfertigkeit eher begabten Brüder, die es – vorübergehend! – ebenfalls gegeben haben mag, zu unseren direkten Vorfahren werden lassen. Und wieder gilt, zu unserem Nachteil, daß immer dann aus Sinn Unsinn wird, wenn unter bestimmten Umständen von der Evolution herausgezüchtete Eigenschaften auch unter veränderten Umständen beibehalten werden, auf die sie nicht gemünzt sind. Wenn sie ihre Wirksamkeit entfalten in einer Welt, die von den charakteristischen Besonderheiten der Anpassung, die sie darstellen, sozusagen gar nicht »gemeint« ist.[151]

In diesem konkreten Fall handelt es sich um tödlichen Unsinn. Es bedarf keiner sonderlichen Phantasie, um sich auszumalen, welche Gefahren unvermeidlich heraufbeschworen werden, wenn eine auf alle als »fremd« anzusehenden menschlichen Gemeinschaften mit angeborenem Mißtrauen, instinktiv sich regender Bedrohungsangst und reflexartig wach werdender Aggressionsbereitschaft reagierende menschliche »Natur« in eine Welt verpflanzt wird, die von den Nachfahren des pleistozänen Menschen tausendmal dichter besetzt ist, als es zu der Zeit der Fall war, in der diese »Natur« sich herausbildete. Unserer Art sind, so kann man es kurz zusammenfassen, während unserer Vorgeschichte Eigenschaften angezüchtet worden, die uns in der Welt, mit der wir uns heute auseinanderzusetzen haben, nichts mehr helfen können, die uns heute im Gegenteil in Lebensgefahr zu bringen drohen. Wir sind aus der Kleiderkammer der Evolution gewissermaßen mit der falschen Ausrüstung in die moderne Gegenwart entlassen worden.[152]

Von dieser Vorgeschichte aber, die unsere augenblickliche Lage erklärt, haben nun jene in aller Regel noch nie etwas gehört, denen wir die Aufgabe übertragen haben, uns vor ihren Konsequenzen zu schützen. Die entmutigende, nahezu unbegreiflich scheinende Fruchtlosigkeit aller offiziellen Bemühungen zur Kriegsvermeidung findet ihre Erklärung nicht zuletzt auch in dem besorgniserregenden Umstand, daß keiner der zahlreichen Sicherheitsstrategen und Rüstungskontroll-Experten das Übel wirklich kennt, mit dem er es zu tun hat. Das klingt nicht nur grotesk, das ist es auch. Solange sich daran aber nichts ändert, werden die Bemühungen auch der gutwilligsten Friedenspolitiker, von ihren Urhebern unbemerkt, ebenfalls von den archaischen, irrationalen Ängsten vergiftet, die wir als Erbe unserer steinzeitlichen Vorfahren mit uns herumschleppen.

Wir haben mit all dem, so besorgniserregend es sich immer ausnimmt, ganz gewiß nur »die Spitze des Eisberges« erfaßt. Der Versuch, einen Blick über die eigene Schulter zu werfen, krankt stets an unvermeidlichen Beschränkungen des Gesichtsfeldes. Daher ist das Ausmaß und sind die Verkleidungen, in denen der »angeborene Unsinn« uns beherrscht – während wir uns immer noch der schmeichelhaften Illusion hingeben, wir seien »rationale Wesen« –, ohne jeden Zweifel noch keineswegs vollständig oder auch nur angemessen beschrieben. Der Teil des angeborenen Übels aber, der klar erkennbar geworden ist, genügt für sich allein vollauf, die Misere unserer Lage zu erklären.

Die seit dem Pleistozän zu verzeichnende Veränderung der Welt geht auf unser eigenes Konto. Müßig die Frage, ob es anders hätte kommen können. Müßig auch die Frage, ob wir damit allein schon gegen unser Verhältnis zur übrigen Natur so sehr verstoßen haben, daß sich der Schaden im weiteren Verlauf nicht mehr heilen ließ. Die mythische Überlieferung geht bekanntlich von dieser Annahme aus. Ihr zufolge ist es die von dem Streben nach höherer (»gottähnlicher«) Erkenntnis über die Welt bewirkte Vertreibung aus einer – rückblickend als »paradiesisch« bewerteten – noch durch keinerlei Reflexion gebrochenen wahrhaft »natürlichen« Existenzweise gewesen,

die uns dem Elend und den Schrecken unserer spezifisch menschlichen Historie ausgeliefert hat.
Wer wäre imstande, die Vermutung zu widerlegen? Die These, daß unsere Existenz seit diesem Augenblick unheilbar beschädigt ist, hat ganz im Gegenteil während dieser ganzen Geschichte immer wieder Zustimmung auch im Lager der Philosophen gefunden. Am ergreifendsten beschrieb Arthur Schopenhauer das angeborene Verhängnis unserer Existenz mit der von ihm immer erneut wiederholten und begründeten Formel, daß »als Zweck unseres Daseins... nichts anderes anzugeben [sei] als die Erkenntnis, daß wir besser nicht da wären«[153]. Er wird damit zum wichtigsten Kronzeugen der bis zur erschütternden äußersten Konsequenz zu Ende gedachten Geschichtsphilosophie, die der Münsteraner Philosoph Ulrich Horstmann von dieser Position ausgehend entwickelt und kürzlich vorgelegt hat.[154]
Horstmann interpretiert die ganze menschliche Historie »anthropofugal«, als eine einzige Kette ständig sich wiederholender Versuche des Menschengeschlechts, die eigene Existenz wieder zurückzunehmen. Das diese Geschichte fast von Anfang an bestimmende, nur von kurzen Erschöpfungspausen unterbrochene kriegerische Massenmorden sei allein zu verstehen als Ausdruck der tiefen menschlichen Sehnsucht nach Selbstauslöschung. Alle bisherigen Kriege hätten dem – infolge unzulänglicher Mittel bisher vergeblich gebliebenen – Versuch gegolten, diesen Wunsch endlich in Erfüllung gehen zu lassen. Wir Heutigen erst genössen das Privileg, das wahre Ziel aller Geschichte endlich konkret vor Augen haben zu können: die Aufhebung der eigenen Existenz.
»Umgeben von den wohlgefüllten, wohlgewarteten Arsenalen der Endlösung, im begründeten Vertrauen auf die angesparten Overkill-Kapazitäten und die schon in Greifweite liegenden Technologien zur Pasteurisierung der gesamten Biosphäre, ausgestattet mit den Erfahrungen des Ersten und Zweiten Vorbereitungskrieges«, sollten wir uns als Bevorzugte betrachten und frei von Hochmut frühere Denker nachsichtig kritisieren, die, wie Arthur Schopenhauer, bei aller Brillanz die Aufgabe

lediglich hätten definieren können, ohne über die geeigneten Mittel zu ihrer Bewältigung schon zu verfügen.
Wir Heutigen jedoch »haben zu guter Letzt erkannt, daß wir selbst der auserwählten Generation angehören, die die apokalyptischen Visionen des Mythos in die Wirklichkeit übersetzen wird und damit die uralte Sehnsucht der Gattung, nicht mehr sein zu müssen, in Erfüllung gehen läßt« (s. Anm. 154, S. 57). Die Horstmannsche Geschichtsauslegung schließt mit dem Satz: »Denn nicht bevor sich die Sichel des Trabanten hinieden in tausend Kraterseen spiegelt, nicht bevor Vor- und Nachbild, Mond und Welt, ununterscheidbar geworden sind und Quarzkristalle über den Abgrund einander zublinzeln im Sternenlicht, nicht bevor die letzte Oase verödet, der letzte Seufzer verklungen, der letzte Keim verdorrt ist, wird wieder Eden sein auf Erden.«[155]
Der Autor stellt mit seiner »anthropofugalen« Geschichtsmetaphysik alle geläufigen Bewertungsmaßstäbe konsequent auf den Kopf. Angesichts des Ziels, der »Selbstaufhebung der eigenen Existenz«, kann als Fortschritt allein die Perfektionierung der Mittel zu deren Auslöschung gelten. »Wenn das Untier [gemeint ist Homo sapiens] auch nur den geringsten Grund zum Stolz hätte, dann knüpfte er sich nicht an die Aufbauleistungen von Zivilisationen, sondern an den sprühenden Erfindungsreichtum bei der Entwicklung von Mitteln und Wegen zu ihrer nachhaltigen Beseitigung.« Aus diesem Blickwinkel wird, mit unwiderleglicher Logik, Friedensforschung zu »Sabotage«, da sie den Einzug in das »Neue Jerusalem der Nichtexistenz« hinauszuschieben trachtet. Das Furchtbarste an diesem nur bei oberflächlicher Lektüre mißdeutbaren Verzweiflungsausbruch ist die Tatsache, daß eine derart konsequente Umkehrung aller moralischen Vorzeichen vor der Realität unserer Geschichte beklemmend Sinn macht. Gnadenloser ist diese Geschichte – als die von »Entarteten der Evolution« – noch nicht verflucht worden.[156]
Man braucht sich den Bewertungsmaßstab Horstmanns nicht zu eigen zu machen, um seiner zentralen Feststellung beipflichten zu können. Die aber lautet: Wir Heutigen sind die Genera-

tion, die den Untergang der Art erleben und herbeiführen wird. Als schuldig-schuldlose Täter und Opfer zugleich werden wir umkommen von eigener Hand.
Wir werden also sterben. Was ist dazu weiter noch zu sagen?

Ein asketischer Aspekt unserer Todesangst

Vor etwa zwanzig Jahren entdeckte Leonard Hayflick, ein an der renommierten Stanton-Universität in Kalifornien arbeitender Mikrobiologe, an embryonalen menschlichen Lungengewebszellen (»Fibroblasten«) ein Phänomen, dem die Wissenschaft bis dahin lediglich eine metaphorische Scheinexistenz in den Texten von Poeten und Theologen zugestanden hatte. In den Petrischalen und Reagenzgläsern des Amerikaners gab sich die Wirksamkeit einer »Lebensuhr« zu erkennen, deren Ablauf den von ihm gezüchteten Zellen ihre Lebensdauer in objektiv ablesbaren Einheiten zumaß. Die nach Fehlgeburten den Lungen menschlicher Föten entnommenen Zellen teilten sich, wenn Hayflick sie in der üblichen Weise auf geeigneten Nährböden als Kulturen weiterzüchtete, etwa fünfzigmal. Sobald diese Zahl von Teilungen (oder, was auf dasselbe herauskommt, Generationenzahl) erreicht war, starben sie ab. Auch wenn der Experimentator sie noch so sorgfältig betreute und immer von neuem auf frische Nährböden verpflanzte – nach fünfzig Teilungen schien die Lebenskraft seiner Kulturen erloschen zu sein.[157]
Daß er es hier wirklich mit einem in den Zellen steckenden »Programm« zu tun hatte, das die Lebensdauer mit Hilfe des »Uhrwerks« einer bestimmten Zahl aufeinanderfolgender Teilungsschritte begrenzte, konnte Hayflick mit einer Reihe naheliegender Kontrolluntersuchungen überzeugend nachweisen. Als erstes verglich er das an menschlichen Zellen festgestellte und deren Lebensdauer anscheinend begrenzende Maß (»50 Teilungsschritte«) mit dem anderer Organismenarten abwei-

chender durchschnittlicher Lebenserwartung. Bei Ratten, Meerschweinchen, Hühnern und Hamstern (Lebensspanne zwischen drei und zehn Jahren) fand er deutlich niedrigere Werte. In keinem Fall überlebten die von diesen Tieren stammenden Kulturen mehr als fünfzehn, höchstens zwanzig Teilungsschritte. Zellen, die aus den Körpern von Galapagos-Schildkröten stammten – die eine Lebenserwartung von gut 150 Jahren haben –, brachten es dagegen auf mehr als hundert Teilungen. In allen untersuchten Fällen entsprach das Resultat befriedigend den zwischen den Lebensspannen der verglichenen Arten bestehenden Unterschieden.

Wenn Hayflick die Teilungen unterbrach, indem er die Zellen tiefkühlte und die Kulturen erst nach längerer Zeit wieder auftaute, erfolgten anschließend genauso viele Teilungen, wie der betreffenden Art im Augenblick des Einfrierens noch »unverbraucht zugestanden« hatten. Es war, als ob die Zellen sich »erinnerten«, schreibt der Autor wörtlich, wie viele Teilungen schon hinter ihnen lagen. Selbst nach mehrjährigem Einfrieren wurde diese Regel strikt eingehalten: Die Zellen teilten sich auch dann nach dem Auftauen nur noch genauso oft, daß insgesamt die Generationenzahl zusammenkam, die der Lebensdauer der Art entsprach, von der sie stammten.

Den endgültigen Beweis lieferte schließlich das Ergebnis der Untersuchung bei Menschen unterschiedlichen Alters. Auf fünfzig Teilungen brachten es nur die Zellen von Embryos oder Neugeborenen. Schon die Zellen von Zwanzigjährigen teilten sich nur noch etwa dreißigmal, und bei älteren Menschen ging die Zahl noch weiter zurück auf zwanzig oder nur noch zehn weitere Teilungsschritte. Unsere Lebensdauer wird also offenbar ganz konkret von einer Art Uhrwerk bestimmt, mit dessen Ablauf auch »unsere Zeit« vergeht. Die alte Vermutung war mehr als bloß ein dichterisches Gleichnis.

Die wichtigste Schlußfolgerung aus der Existenz dieses nach seinem Entdecker »Hayflick-Phänomen« getauften zellulären Prozesses besteht nun in der Einsicht, daß der Tod aus biologischer Perspektive offensichtlich eine aktive Leistung darstellt. »Tod« ist also nicht die Folge von »Erschöpfung« – etwa des

Verbrauchs eines im Augenblick der Geburt vorhandenen endlichen Quantums an »Lebensenergie«, wie frühere Forschergenerationen spekulierten. Auch nicht allein die Folge einer zunehmenden Abnützung – von Zellen, Organen oder körperlichen Funktionen. Überhaupt in keinem Sinne ein rein passives Versagen und so auch nicht ein bloßes Aufhören der Lebendigkeit infolge der Unmöglichkeit, die unübersehbare Vielfalt der zum Betreiben eines lebenden Organismus unerläßlichen Körperfunktionen über einen beliebig langen Zeitraum hinweg aufrechtzuerhalten.

Das alles mag zu den konkreten Ursachen beitragen, die den Tod schließlich herbeiführen.[158] Sein zentraler Grund sind sie nicht. Als zentraler Grund aller natürlichen Sterblichkeit muß vielmehr die Tatsache gelten, daß die Evolution den Tod gewollt hat. So sehr, daß ihr die naturgesetzlich, nämlich thermodynamisch ohnehin feststehende Unmöglichkeit, Prozesse von einer physiologischen Abläufen entsprechenden Komplexität zeitlich unbegrenzt störungsfrei ablaufen zu lassen, allein ganz offensichtlich nicht genügte. Wie sehr ihr daran gelegen gewesen sein muß, daß keine der von ihr hervorgebrachten Kreaturen das Maß einer bestimmten, grundsätzlich schon im Augenblick der Geburt festliegenden Lebensspanne zu überschreiten imstande sein würde, das läßt sich an dem Aufwand ablesen, den sie getrieben hat, um diese Möglichkeit auszuschließen. Man braucht sich nur an das Prinzip der »Ökonomie« der Evolution zu erinnern, um ermessen zu können, welcher Rang diesem Verbot unter den übrigen Selektionsfaktoren zukommen muß: Ein in der molekularen Struktur des Zellkerns neben allem übrigen untergebrachtes Zeitwerk zur Überwachung der Lebensdauer ist keine Kleinigkeit.

Damit aber stehen wir vor einer sehr eigentümlichen Situation. Mit dem Vollzug der in uns verkörperten biologischen Programme identifizieren wir uns in aller Regel vorbehaltlos und so weitgehend, daß wir ihn nicht einmal als den Freiheitsverlust zu erleben pflegen, den er objektiv ausnahmslos darstellt. Dies gilt, wenn wir unseren Hunger stillen oder unseren Durst. Es gilt ebenso, wenn wir uns von Müdigkeit »übermannt« dennoch willig dem Schlaf überlassen oder bei der Befriedigung geschlechtlicher Bedürfnisse. Als belastend empfinden wir in diesen Fällen allenfalls das Aufschieben des Vollzugs oder, wie etwa bei Schlaflosigkeit, sein unserem Einfluß entzogenes Ausbleiben. Anders, wenn es sich um unsere Sterblichkeit handelt. Objektiv, unter naturwissenschaftlichem Aspekt, zwingt die Entdeckung Hayflicks uns, auch die Unabwendbarkeit unseres natürlichen Endes den uns angeborenen Programmen zuzurechnen, die unsere biologische Existenz gewährleisten, indem sie unserer Freiheit Grenzen auferlegen.

Meine Natur läßt es nicht zu, daß ich beliebig lange hungere. Meine angeborene Natur untersagt es mir auch, beliebig lange wach zu bleiben. In beiden Fällen respektiere ich das Verbot nicht nur. Ich erlebe seine Durchsetzung vielmehr mit Befriedigung und uneingeschränkter Zustimmung. Meine angeborene Natur verbietet mir nun aber auch, beliebig lange am Leben zu bleiben. Und in diesem einen Falle ist es aus mit meiner Zustimmung. In diesem besonderen Falle ist meine Reaktion weder Einsicht noch gar zustimmende Identifikation, sondern bekanntlich unüberwindliche Angst und heftiges Widerstreben.

Diese seltsame Sonderstellung, welche unsere programmierte Sterblichkeit unter allen anderen angeborenen biologischen Determinanten in unserem Erleben einnimmt, ist bemerkenswert und wird uns noch genauer beschäftigen. Zuvor muß jedoch mit einigen Bemerkungen daran erinnert werden, in welcher Weise die Notwendigkeit der Sterblichkeit des Menschen schon von jeher begründet worden ist. Hayflick hat sie ja nicht etwa entdeckt. Er hat lediglich den physischen Mechanismus ihrer Realisierung aufgespürt und den individuellen Tod damit als aktive biologische Leistung erkennbar werden lassen.

Am einfachsten und handgreiflichsten ist der Beweis für die Unentbehrlichkeit des Todes biologisch zu führen: Es gäbe uns nicht ohne ihn. (Insofern ist es auch berechtigt, ihn den biologischen Programmen zuzurechnen, die unsere Existenz »gewährleisten«, eine Behauptung, die einige Sätze zuvor ohne Erläuterung manchem noch paradox geklungen haben mag.)

Ohne Tod gäbe es keine Evolution. Keine Entwicklung also, die von den ersten, rund vier Milliarden Jahre zurückliegenden Lebensansätzen in einem kontinuierlichen Prozeß immer neue Stufen erklomm, indem sie Lebewesen zunehmend höherer Organisation hervorbrachte, deren Möglichkeiten, sich zur Welt zu verhalten, immer differenzierter wurden bis hin zu der durch unsere eigene Art verwirklichten Möglichkeit der Selbstreflexion.

Das alles hätte sich nicht ereignen können, wenn es den Tod nicht gäbe. Denn die Evolution ist außerstande, auch nur ein einziges Lebewesen zu verändern. Jedes von ihnen stirbt mit derselben genetischen Ausstattung, mit der es auf die Welt kam. Evolution kann nur in der Abfolge einander ablösender Generationen stattfinden. Dergestalt, daß die Nachfolgegeneration jeweils aus Mitgliedern zusammengesetzt ist, deren Erbausstattung insgesamt sich statistisch geringfügig von der ihrer Vorgänger-Population unterscheidet. (Weil natürliche Auslese von den genetisch nie ganz identischen Nachkommen nach Maßgabe der jeweils vorliegenden Umweltbedingungen die einen bevorzugt und die anderen ins Hintertreffen geraten läßt.)

Eine Generation kann nun aber nur dann auf die andere folgen, wenn diese andere ihr durch ihr Verschwinden den Platz freimacht.[159] Ohne Tod keine Generationenfolge. Ohne Generationenfolge keine Evolution. Wenn die Natur ihren Kreaturen jemals die Freiheit vom Tode beschert hätte, wegen deren Verweigerung wir sie so oft anklagen, dann wäre der evolutionäre Fortschritt augenblicklich zum Stillstand gekommen. Uns jedenfalls hätte er dann niemals hervorgebracht. Wir existieren folglich unbezweifelbar kraft eben jener Grundeigenschaft allen Lebens, die wir am meisten fürchten und beklagen: kraft seiner Sterblichkeit. So zugespitzt es klingen mag, biologisch ist der Beweis leicht zu führen: Der Tod ist der Preis, ohne den es höheres Leben nicht geben kann.

Unsere Todesfurcht findet objektiv also keine überzeugende Erklärung. Aber auch aus subjektiver Perspektive liegt ihre Begründung nicht so offen zutage, wie mancher glaubt. Die

bloße Angst vor dem Aufhören des Daseins kann der eigentliche Grund nicht sein, so plausibel uns das ohne genaueres Nachdenken auch vorkommen mag. Denn damit würde uns ja nichts anderes zustoßen als das, was während des überwältigend größten Teils der gesamten kosmischen Zeit schon einmal unser Schicksal war, nämlich während der ganzen langen Zeit vor unserer Geburt. Schopenhauer fügt diesem Argument die einleuchtende Vermutung hinzu, daß es bei genauerer Betrachtung eigentlich nur der Übergang sein dürfte, den wir zu fürchten hätten. (S. Anm. 155, S. 291) Dazu allerdings besteht aller Anlaß. Sterben kann entsetzlich sein. Frühere Generationen pflegten denn auch, zumindest in diesem Punkt realistischer als wir, um einen »leichten Tod« zu beten.
Aber ohne alle Zweifel fürchten wir uns ja nicht allein vor dem Sterben, sondern auch vor dem Tode selbst. Er gilt uns, agnostisch und ungläubig wie wir heute zumeist sind, als der Inbegriff spurlosen »Verschwindens« aus der Welt. Als das bloße Negativum des Abbruchs aller Beziehungen zur Welt und zu den Menschen, die uns bis zu diesem letzten unserer Augenblicke nahestanden. Er bedeutet dem, für den diese Welt die einzige glaubhafte Realität darstellt, folglich den absoluten Realitätsverlust schlechthin. Es scheint keiner Begründung zu bedürfen, daß die Aussicht auf ein so totales Ende, auf die Totalität eines derartigen »subjektiven Weltuntergangs« Angst auslöst. Dennoch wäre es voreilig, wenn wir das Phänomen der Todesangst damit schon für hinreichend erklärt hielten. Denn wir dürfen nicht übersehen, daß diese Angst unvermindert auch die Menschen befällt, denen der Tod nicht als das absolute Ende erscheint, sondern als eine Grenze, die unsere Welt von etwas Unbekanntem trennt.
Diese andere Auffassung ist so alt wie der Mensch und weit vor aller religiösen Gläubigkeit auch in der agnostischen Ecke des philosophischen Lagers anzutreffen. Für sie ist die Perspektive einseitig, die uns das Ende unserer Existenz in dieser Welt als absolutes Ende erscheinen läßt. Der Eindruck eines »Verschwindens im absoluten Nichts« ist für sie lediglich die Folge davon, daß wir, als Lebende auf diesen Standort festgelegt, die

Grenze des Todes nur von einer einzigen, der irdischen Seite aus zu erleben (und zu denken) in der Lage sind. Rationale Anstrengung vermag die perspektivische Einseitigkeit dieser Sichtweise vorübergehend zu durchschauen und uns die Nichtigkeit dieses Anlasses zur Angst für einen Augenblick abstrakt begreifbar zu machen.[160] Schon im nächsten Augenblick allerdings fallen wir erschöpft zurück und fürchten uns von neuem.

Deutlicher wird das Argument, dem ich zusteuere, wenn wir bedenken, daß die Todesangst auch der Menschen, die von einem »Weiterleben nach dem Tode« aus religiösen Gründen überzeugt sind, nicht geringer ist als die jedes Atheisten. Auch der gläubige Christ hat es in dieser Hinsicht um kein Quentchen leichter.

Der große katholische Theologe Karl Rahner sagte wenige Wochen vor seinem Tode Ende 1984, daß er an seine Weiterexistenz nach dem Tode nicht nur fest glaube, sondern daß er sich sogar schon auf sie freue. Dennoch ist nicht anzunehmen, daß dieser Mann deshalb etwa frei gewesen wäre von Todesangst. Nicht einmal Jesus Christus selbst ist sie erspart geblieben: »Und es kam, daß er mit dem Tode rang«, berichtet Lukas bei der Beschreibung des Wartens auf die Verhaftung. Und wie um keinen Zweifel daran zu lassen, fügt der Evangelist dieser Behauptung die konkrete Beobachtung hinzu, daß der Schweiß Jesu »wie Blutstropfen« zur Erde gefallen sei.

Die Angst vor dem Tode ist eben nicht identisch mit unserer Angst vor dem Abbruch jeglicher Weltbeziehung und mit ihr allein daher auch nicht hinreichend zu erklären. Gegen diese Möglichkeit spricht schließlich noch die Tatsache, daß selbst Tiere den Tod fürchten. Nicht ihre Sterblichkeit, selbstverständlich, von der sie im Unterschied zu uns nichts wissen. Aber auch sie weichen dem Tod aus – und höhere Tiere »erkennen« ihn womöglich gar –, sobald er ihnen konkret begegnet, und wie wir reagieren auch sie auf diese Begegnung mit Panik und Angst.

Daß unsere Todesangst psychologisch allein nicht ausreichend begründet werden kann, ergibt sich noch aus anderen Beobachtungen. Sosehr wir alle den Tod fürchten, niemand von uns würde sich ernstlich wünschen, »ewig« leben zu können. »Daß wir nicht sterben wollen, ist zwar wahr; unwahr dagegen, daß wir positiv weiter und immer weiter leben, also Abermillionen Jahre alt werden wollen... Warum das so ist, warum unserem fundamentalsten Abwehrwunsch keine positive Vorstellung korrespondiert... dem können wir hier nicht nachgehen.«[161] Die Philosophie, insbesondere die sogenannte Existenzphilosophie, hat die Erklärung für diese scheinbare Ungereimtheit aber wohl längst geliefert.

»Wäre nicht das Verschwinden, so wäre ich als Sein die endlose Dauer und existierte nicht« (Karl Jaspers). Ähnlich Martin Heidegger: »Der Tod als Ende des Daseins ist die eigenste... Möglichkeit der Existenz.«[162] Ohne das Wissen von der Endlichkeit meines Daseins, das ist gemeint, würde ich mich nicht »aufschwingen können zur Eigentlichkeit meiner Existenz«. Erst die unausweichliche Realität des Todes veranlaßt mich – jedenfalls dann, wenn ich mich ihr bewußt stelle, anstatt sie zu verdrängen und mich »zu zerstreuen« –, mein Leben fortwährend auf Verwirklichung des Wesentlichen und die Ausgefülltheit meines Tuns zu überprüfen. Man soll sich, zu dieser Quintessenz läßt sich die Heideggersche Deutung menschlicher Existenz als eines »Daseins zum Tode« zusammenfassen, die Angst vor dem Tode »zumuten«, sich ihr bewußt stellen, das Faktum der eigenen Endlichkeit möglichst während jedes Lebensaugenblicks mitbedenken, »um seiner selbst mächtig zu werden«.

Wem das zu artifiziell oder »elitär« formuliert scheint, der lese das Buch »Alle Menschen sind sterblich« von Simone de Beauvoir. Die Lebensgefährtin des Existentialisten Jean-Paul Sartre hat darin in der Art eines hintergründigen Science-fiction-Romans das Schicksal eines gebildeten Italieners der Renaissance geschildert, dem durch die Einnahme eines geheimnisvollen Elixiers Unsterblichkeit zuteil geworden ist und der bis auf unsere Tage überlebt hat (mit der Aussicht, auch in der fernsten Zukunft der Menschheit noch dabeizusein). Mit meisterhaftem psychologischem Einfühlungsvermögen schildert die Autorin die unendliche Qual und Frustration einer solchen Existenz.

Unerträgliche Langeweile und apathische Gleichgültigkeit sind, wie die Autorin uns überzeugend vor Augen führt, das unabwendbare Schicksal des Romanhelden. Er kann sich noch so sehr bemühen (längst ist er jedoch in tiefe Resignation verfallen), was immer er tut oder unternimmt, es hat weder für ihn selbst noch für seine Mitmenschen noch irgendeine Bedeutung. Es kommt für ihn in Wirklichkeit ja nicht mehr darauf an: Er könnte Jahrhunderte tatenlos verstreichen lassen und dann immer noch der Meinung sein, ihm bliebe unendlich viel Zeit, einen Entschluß zu fassen. Seine Lebenszeit hat alle ihre Kostbarkeit verloren, weil sie ihm unbegrenzt zur Verfügung steht. Sein Einsatz, für was auch immer, ist ohne jeden Wert, denn er hat nichts, was er einzusetzen in der Lage wäre. Jeder Augenblick seines Lebens ist von der gleichen x-beliebigen Qualität wie jeder beliebige andere, denn eine zeitlich unbegrenzte Existenz verliert auch den Charakter der Geschichtlichkeit.

Erst ein festliegender Endpunkt gibt dem Augenblick auf einer Zeitstrecke den Charakter eines bestimmten, biographisch-historisch unaustauschbaren Moments. Erst die Endlichkeit einer Zeitstrecke läßt Begriffe wie den der Einmaligkeit, des Unwiederholbaren, des Dahinschwindens und viele weitere sinnvoll werden, die alle wesentliche Facetten menschlicher Existenz benennen. Die grundsätzlich vorauszusetzende Existenzfähigkeit eines jeden Menschen (verstanden als Fähigkeit zum »Ernstnehmen« des eigenen Daseins im Sinne der Existenzphilosophie) dokumentiert sich nun, wie es scheint, auch in einer vor aller Erfahrung, also gleichsam a priori in unserem Lebensgefühl enthaltenen Ahnung von diesen Zusammenhängen. Diese sind nicht psychologischer, sondern ontologischer Natur. Sie entspringen nicht, heißt das, Besonderheiten unserer Psyche, sie sind vielmehr fundamentale Wesenseigentümlichkeiten menschlicher Existenz.[163] Hier ist die Erklärung zu finden für die von Günther Anders aus psychologischem Blickwinkel zu Recht konstatierte Ungereimtheit, die darin besteht, daß wir, die wir nichts mehr fürchten als den Tod, uns dennoch nicht im Traum wünschen, unsterblich zu sein.

Wieder ist anzumerken, daß die individuelle Intelligenz einzelner Philosophen auch hier in angestrengter Rede nur hat wiederholen können, was die überindividuelle Intelligenz unserer kulturellen Tradition schon seit Jahrtausenden weiß und in eine Sprache gefaßt hat, die jeder mühelos versteht. »Herr, lehre uns bedenken, daß wir sterben müssen«, betete Moses vor mehr als 3000 Jahren, und er begründete seinen Wunsch mit dem bemerkenswerten Zusatz: »... auf daß wir klug werden« (womit er in gewissem Sinne in einem einzigen Satz die ganze Existenzphilosophie vorwegnahm).[164]

Um das bisher Gesagte zusammenzufassen: Weder objektiv noch auf psychologischer Ebene läßt sich ein Grund finden, der die Macht hinreichend erklären könnte, mit der die Angst vor dem Tode uns überfallen kann. Objektiv ist die Begrenztheit der Lebensdauer aller Organismen unerläßliche Vorbedingung jeglicher individuellen Existenz jenseits der ersten primitiven Ursprungszelle. Und auf psychologisch-anthropologischer Ebene entspricht dieser objektiven Notwendigkeit eine Struktur unseres Daseins, in der alle Möglichkeiten, diesem Dasein einen Wert an sich zu verleihen, unmittelbar von seiner Endlichkeit abhängig sind. All diesen Feststellungen und Phänomenen aber korrespondiert (»antwortet«) eine materielle Basis aller Lebensprozesse, die deren zeitliche Begrenztheit mit Hilfe eines nicht unbeträchtlichen funktionellen Aufwands als aktive Leistung sicherstellt.

Hier darf kein Mißverständnis entstehen: Niemand wird bestreiten, daß das alles mit einer Fülle der verschiedensten Ängste im Einklang sein kann. Sie alle lassen sich auch psychologisch zwanglos erklären: als Angst vor dem Sterben, vor der möglichen Qual der letzten Lebensphase, selbstverständlich auch als Angst vor dem absolut Unbekannten und ebenso als Angst vor dem Abbruch aller Beziehungen zur Welt und den in ihr weiterlebenden Nächsten. Das alles gibt es ganz unbestreitbar.

Dennoch: Hinter all diesen Ängsten und Befürchtungen können wir noch eine ganz andere, sehr viel tiefer sitzende und radikalere Angst entdecken, die sich bei dem Gedanken an den Tod in uns rührt. Im Gegensatz zu allen anderen im Umfelde des Todes auftretenden Ängsten erweist sie sich als grundsätzlich unbeeinflußbar von unserer Einstellung zu ihrem Anlaß. Sie bezieht sich auch nicht auf irgendeine angebbare Qualität dieses Anlasses, unseres Todes – wir kennen keine. So bleibt sie auf eigentümliche Weise ohne Inhalt. Sie ist, in jedem Sinne des Wortes, bodenlos. Diese Angst, die wir als die »eigentliche« Todesangst anzusehen haben, ist nicht das Ergebnis irgendeiner psychologischen Reaktion. Sie wurzelt in einer tieferen Schicht.

Sie ist schon deshalb auch nicht mit anthropologischen Kategorien zu fassen (wenn sie ihrerseits selbstverständlich auch bestimmte anthropologische Strukturen, Besonderheiten menschlicher Wesensart also, entstehen läßt und somit auch erklärt), weil sie älter ist als der Mensch. Es ist eine aller lebenden Kreatur eingepflanzte Angst, die sich schon in dem »verzweifelten« Winden eines verletzten Wurms äußert und ebenso in der mit schreckhafter Plötzlichkeit erfolgenden Ausweichreaktion eines Einzellers. Sie ist anzusehen als eine Art »ontologischen Radikals«: eine aller Möglichkeit zum Philosophieren oder Psychologisieren vorangehende fundamentale Besonderheit aller organismischen Existenz. Der pure, allen intellektuellen »Raisonnements« entkleidete Kern unserer eigentlichen Todesangst ist eine Angst, die wir mit den übrigen Lebewesen teilen. Sie ist eine animalische, kreatürliche Angst.

Jetzt endlich sind wir an dem Punkt angelangt, an dem erkennbar wird, welchen Zweck dieser Exkurs verfolgte. Diese Deutung unserer eigentlichen Todesangst konfrontiert uns nämlich mit einem schon kurz erwähnten, paradox erscheinenden Sachverhalt, dessen nähere Betrachtung uns einen wichtigen Schritt weiterhelfen kann. Wenn unsere Todesangst in ihrem eigentlichen Kern weder psychologisch verständliche noch philosophisch überzeugende Gründe hat, wenn sie vielmehr animalischer Natur ist, dann stehen wir nunmehr vor dem seltsamen Faktum, daß hier zwei von der Evolution hervorgebrachte biologische Leistungen offensichtlich einander widersprechen: Hier hat, so scheint es, ein und dieselbe biologische Entwicklung sowohl ein Programm entstehen lassen, mit dessen Hilfe sie die Lebensspannen ihrer Kreaturen aktiv begrenzen kann, als auch, gleichzeitig, ein Programm, das dafür sorgt, daß alle diese Kreaturen sich dem Wirksamwerden dieses – aus objektiver Notwendigkeit unverzichtbaren – »Lebensbegrenzungs-Programms« nach Kräften widersetzen. Das durch den Terminus »Hayflick-Phänomen« bezeichnete Programm und das in der animalischen Form der Todesangst zum Ausdruck kommende Verhaltensprogramm verfolgen nicht lediglich verschiedene Funktionen, sie dienen – unmittelbar – einander genau entgegengesetzten Zwecken.

Dieser Sachverhalt bedarf einer Erklärung. Bisher hatten wir uns gleichsam nur theoretisch gewundert. Aufgefallen war uns, daß es sich beim Tod im Unterschied zu allen anderen uns bekannten »angeborenen Anweisungen« – wie den von uns als Hunger oder Durst bezeichneten Trieben – um den Ausnahmefall eines Programms handelt, auf dessen Realisierung wir nicht mit Zustimmung, sondern im Gegenteil mit heftigem Widerstreben reagieren. Der Sachverhalt hätte noch die Möglichkeit offengelassen, zu seiner Erläuterung die Frage nach der »Vernünftigkeit« unserer abwehrenden Reaktion zu stellen. Inzwischen haben wir uns jedoch davon überzeugt, daß es sich bei ihr um ein Phänomen handelt, dessen Ursachen »vor aller Vernunft« zu suchen sind.

Was der Erklärung bedarf, das ist das konkrete Vorliegen eines in der Gestalt eines molekularen Musters (genetische Codierung des »Hayflick-Phänomens«) sowie eines in archaischen Teilen unseres Gehirns existierenden neuralen Schaltmusters (als körperlicher Grundlage einer angeborenen Reaktionstendenz) materiell realisierten Widerspruchs. Dieser läßt sich weder durch psychologische noch durch existential-philosophische Argumente auflösen. Bei unserem Versuch, sein Zustandekommen zu erklären und seine Zweckmäßigkeit zu verstehen, können uns allein die Prinzipien weiterhelfen, auf die wir auch sonst in allen Teilbereichen der Evolution stoßen und die uns die Gesetze, denen die biologische Entwicklung folgt, zu einem befriedigenden Teil haben erkennen lassen.

Wie also könnte es zu verstehen sein, daß die Evolution einen so diametralen Widerspruch buchstäblich realisiert hat? Jener Entwicklungsprozeß also, von dessen Ökonomie und (im nachhinein) unübersehbarer Zielstrebigkeit schon wiederholt die Rede war? Worin könnte der Zweck einer Strategie zu sehen sein, bei der ein bestimmtes sehr altes (von der evolutionären Auslese also fraglos als besonders wichtig beurteiltes) Verhaltensprogramm (»Angst«) keinem anderen Funktionsziel dienen kann (und offensichtlich auch dienen soll) als dem, ein in dem gleichen Organismus steckendes zweites, nicht minder fundamentales Programm möglichst wirkungsvoll zu blokkieren?

Im ersten Augenblick scheint der Fall aller sonst so überzeugenden Logik biologischer Entwicklung Hohn zu sprechen. Es scheint aber nur so. Der Ansatz einer denkbaren, ja der einzig plausiblen Antwort steckt in der Formulierung von einer »möglichst wirkungsvollen« Blockade. Der Widerspruch ist nicht absolut. Wir dürfen uns nicht überrumpeln lassen: Der Tod wird durch die Angst ja nur hinausgeschoben, nicht etwa aufgehoben. (Und das im Zellkern steckende Begrenzungsprogramm bleibt von dieser Angst ohnehin unberührt.)

Jetzt wird eine erste Antwort sichtbar, wird ein Zweck der scheinbar widersprüchlichen Art und Weise erkennbar, in der wir in diesem Punkt von der Natur programmiert worden sind. Er besteht darin, uns davon abzuhalten, den Tod vorzeitig als »Ausweg« aus dieser Welt zu benutzen. Die Antwort ist, wie bei diesem Themenfeld nicht anders zu erwarten, uralt.[165] Manchem mag sie im ersten Augenblick sogar trivial erscheinen. Neu aber ist immerhin, daß wir einen Fortschritt in ihrer Begründung zu verzeichnen haben. Was bisher Vermutung bleiben mußte, ist durch die Entdeckung Hayflicks in die Nähe des Bewiesenen gerückt. Die Aussage, die sich bisher nur mit psychologischen und philosophischen Indizien plausibel machen ließ, bezieht sich seit dem Nachweis eines sie begründenden biologisch-genetischen Sachverhalts auf eine objektiv zu konstatierende Besonderheit unserer Lebenswirklichkeit. Die Entdeckung des natürlichen Todes als einer »Absicht der Natur« – anstelle bloßen Unvermögens, unbegrenzte Lebensfunk-

tionen zu gewährleisten – oder, präzise und objektiver formuliert: als einer aktiven biologischen Leistung, ermöglicht die Einsicht, daß unsere Todesangst formal ein asketisches Moment enthält. Das ist der entscheidende Punkt, an dem wir anknüpfen können.
Askese bedeutet Triebverzicht. Ein Asket im engeren Sinne ist ein Mensch, der seinen Willen dazu benutzt, die Erfüllung eines ihm von seiner leiblichen Natur oktroyierten Wunsches möglichst lange hinauszuschieben: Er hungert oder durstet oder verzichtet auf sexuelle Befriedigung. (Es gibt darüber hinaus selbstverständlich weitere Möglichkeiten einer asketisch zu nennenden Lebensführung.) Zu allen Zeiten und in allen Kulturen hat die freiwillige, von keiner äußeren Instanz erzwungene Entscheidung zu einer asketischen Haltung hohes Ansehen genossen. Daß unsere gegenwärtige Gesellschaft verständnislos auf sie reagiert, wenn nicht gar mit Spott, stellt ihr kein gutes Zeugnis aus. Sie erweist sich mit dieser negativen Reaktion als blind für die Tatsache, daß eine asketische Einstellung – unbeachtet ihres extremen Charakters, der sie untauglich macht, etwa als allgemein verbindliches Vorbild zu dienen – in einem strengen Sinne als äußerster Erweis einer Verhaltensmöglichkeit zu gelten hat, die spezifisch menschlich ist.
Ein Tier ist seinen Stimmungen, Affekten und Antrieben bedingungslos unterworfen. Es identifiziert sich gleichsam mit ihnen. Oder, wie man genauer eigentlich sagen muß: Seine Triebe machen es unwiderstehlich mit den Verhaltensweisen identisch, die ihre Befriedigung auf dem kürzesten Wege erwarten lassen. Widerstehen kann ihnen – in Grenzen – von allen Lebewesen allein der Mensch. Nur er kann sich »zu ihnen verhalten«. Auch er ist außerstande, seine Triebe oder Affekte aufzuheben, ihrem Kommen und Gehen zu befehlen. Aber er kann ihnen seinen Willen entgegensetzen, indem er sich darum bemüht, sie »zu beherrschen«. Der menschliche Rang einer Persönlichkeit hängt nicht zuletzt davon ab, inwieweit das gelingt. Dafür immerhin gibt es auch in unserer Gesellschaft noch ein gleichsam intuitives Verständnis.
Nun beruht die moralische Qualität dieser Fähigkeit, angebo-

renen Verhaltenstendenzen willentlich Widerstand leisten zu können, in allen Fällen – von dem des Menschen, der seinen Zorn zu beherrschen sucht, bis zu ihrer äußersten Zuspitzung in der Askese – auf der Freiwilligkeit des Triebaufschubs. Davon kann im Falle der Todesangst, welche uns veranlaßt, die Erfüllung der Endlichkeit unseres Daseins möglichst lange hinauszuschieben, ganz gewiß nicht die Rede sein. Sie ist keine Leistung, die wir uns selbst gutschreiben könnten. Sie stellt, obwohl in uns selbst wirksam werdend, dennoch eine äußere – da aus den Tiefen unserer stammesgeschichtlichen Vergangenheit genetisch auf uns überkommene – Instanz dar, womit die Anwendung moralischer Maßstäbe hier entfällt.

Eine formale Analogie aber ist unübersehbar. Auch das Hinausschieben des Todes als eines »angeborenen Programms« folgt in allen anderen Details dem Schema eines Triebaufschubs. Die heuristische Bedeutung dieser Analogie beruht auf der sich aus ihr ergebenden Möglichkeit, aus der Stärke des zum Aufschub notwendigen Widerstands auf die Intensität des aufzuschiebenden Bestrebens zu schließen.

Zum freiwilligen Ertragen von Durst bedarf es einer größeren Willensanstrengung als zum Ertragen von Hunger. Dem Unterschied der willentlichen Anstrengung, die notwendig ist, um die Erfüllung des angeborenen Strebens wirksam aufzuschieben, entsprechen Unterschiede in der Intensität der angeborenen Regung. Durst ist, wie jeder aus eigener Erfahrung weiß (und wofür jedes Lehrbuch der Physiologie die Erklärung bereithält), objektiv und subjektiv von weitaus größerer Dringlichkeit als Hunger. Gewiß ist es nicht unproblematisch, das genetisch in allen unseren Zellen steckende Todesprogramm ohne weiteres den übrigen uns beherrschenden »Trieben« zuzuschlagen. Es scheint ihm zunächst die subjektive Erlebniskomponente zu fehlen, die sich in allen anderen Fällen so aufdringlich bemerkbar macht. Ein Psychoanalytiker allerdings, dem die Existenz eines unter unser aller Bewußtseinsebene wirksamen Todestriebes eine vertraute Vorstellung ist, würde darüber schon anders urteilen.

Wie auch immer. Ich sehe keinen Grund, der uns hindern

könnte, die bodenlose, grundsätzlich durch keinerlei religiöse oder philosophische Einstellung zu beeinflussende, weder objektiv begründete noch psychologisch ausreichend erklärbare Todesangst, die uns von der Evolution angezüchtet worden ist, als Maßstab der Wahrscheinlichkeit anzusehen, mit welcher der Eintritt des Todes in Wahrheit nicht als Katastrophe, sondern als ein Gut zu beurteilen ist. Wir haben den Tod von vornherein und mit solcher Entschiedenheit zum absoluten Bösen erklärt und alles, was mit ihm auch nur mittelbar zusammenhängt, mit solcher Konsequenz aus unserem Gesichtsfeld verbannt, daß es der umständlichen Analyse der uns trotz aller Verdrängungsbemühungen nach wie vor beherrschenden Todesangst bedurfte, um auf diesen Gedanken überhaupt kommen zu können.

Wer von uns denkt schon noch daran, daß er mit einer Einstellung, die dem Tod die Rolle eines absoluten, eines sozusagen unverzeihlichen, durch nichts zu rechtfertigenden Übels zuweist, auch seinem Leben von vornherein jeden denkbaren Sinn abspricht? Denn wie ließe sich ein Leben, das, wie erläutert, nur als ein »Dasein zum Tode« begriffen werden kann, noch angemessen interpretieren, wenn man den Angelpunkt dieser existenzphilosophischen Bestimmung seines eigentlichen Wesens durch seine Verdrängung wie durch den Akt einer geistigen Amputation zuvor entfernt? Schon in dem Augenblick, in dem wir geboren werden, sind wir zum Sterben alt genug. »Auf jeden Menschen wird im Augenblick seiner Geburt ein Pfeil abgeschossen«, hat Jean Paul diesen Sachverhalt dichterisch gekennzeichnet. »Er fliegt und fliegt und erreicht ihn in der Todesminute.«[166] Wie ließe sich der Sinn unserer Lebensspanne denn bei einer Betrachtung entdecken, die blind ist für den Flug dieses Pfeils?

Es könnte manchem als unangemessen handgreifliches Verfahren erscheinen, wenn ich hier die Erinnerung an diesen Pfeil durch den Hinweis auf das molekularbiologisch dingfest zu machende Hayflick-Phänomen herbeizuzwingen versucht habe. Die unbestreitbare Krudität dieser Methode spiegelt aber nur die nicht weniger ungeistigen, nicht weniger handgreifli-

chen Barrikaden wider, hinter denen wir uns vor seinem Anblick versteckt haben. Totaler Machbarkeitsglaube und ein vor allem in der Werbung bis zur Lächerlichkeit forcierter Jugendlichkeitswahn sind verräterische Kehrseiten unserer vorsätzlichen Todesvergessenheit. Gewiß haben wir allen Grund, über die Fortschritte der medizinisch-technischen Behandlungsmöglichkeiten erfreut zu sein. Wer von uns möchte sich schon in eine Epoche ohne Anästhesie oder ohne Pockenimpfung zurückversetzt sehen. Aber haben wir nicht auch allen Grund, uns vor der heute verfügbaren Möglichkeit zu fürchten, einen hirntoten menschlichen Körper beliebig lange, über Monate oder auch Jahre hinweg, in einem Zustand funktionstüchtig zu erhalten, der nach ausschließlich medizinischen Kriterien noch nicht eindeutig als »tot« angesehen werden kann? Und ist diese monströse Offerte der heutigen medizinischen Technik etwa nicht als Antwort zu verstehen auf unser unausgesprochenes Verlangen nach einem Leben ohne Tod?
Zu denken wäre in diesem Zusammenhang ferner an das allseits mit berechtigter Sorge konstatierte Phänomen, daß sich in unserer Gesellschaft, insbesondere unter ihren jüngeren Mitgliedern, das Gefühl der Sinnleere, der Inhaltslosigkeit des eigenen Lebens breitmacht, ungeachtet seiner im globalen Vergleich aus rein diesseitigem Aspekt noch immer unbestreitbaren Annehmlichkeit. Auch mit diesem nihilistischen Unbehagen quittieren wir doch wohl für die Borniertheit, mit der wir uns auf den als einzig rational anerkannten Versuch versteift haben, unser Leben unter möglichst totaler Ausklammerung seines zentralen Wesensmerkmals zu definieren und zu führen.
Ich bin mir durchaus im klaren darüber, wie leicht sich alle diese Aussagen »im Munde herumdrehen« lassen. Wer sie mißverstehen will, den kann ich daran nicht hindern. Selbstverständlich bewahren auch diese Überlegungen nicht etwa vor der uns eingeborenen Todesangst. Und ebenso selbstverständlich ist mit ihnen nicht etwa die Behauptung verbunden, der Tod könne der Schrecken entkleidet werden, die er für uns bereithält. Als Lebende fürchten wir ihn mit Recht. Die Frage ist nur, ob das absolut gilt, abgelöst vom Zustand der »Leben-

digkeit«, also auch dann noch, wenn wir aus diesem Zustand herausfallen. Die Frage ist demnach, ob der Tod als das unausweichlich eintretende Ende unseres Lebens dieses Leben rückwirkend sinnlos werden läßt oder ob er, wie Mythos, Religion und bestimmte philosophische Lehren es seit je überliefern, als eine Grenze, als ein Übergang anzusehen ist, hinter dem uns etwas anderes erwartet als das absolute Nichts.

Dem Trost der bekannten religiösen Verheißung können wir uns heute mehrheitlich nicht mehr vertrauensvoll überlassen, da wir es zu unserem intellektuellen Ehrenstandpunkt gemacht haben, lieber trostlose Verzweiflung zu ertragen als den Verdacht, wir könnten uns womöglich mit bloßem Wunschdenken zufriedengegeben haben. Wir müssen auch in diesem Fall folglich wieder den kruderen Weg einschlagen, so umständlich er ist. Die Auffassung, religiöse Überlieferung könnte auch in diesem Punkt als die Quintessenz einer überindividuellen Einsicht unserer geistigen Geschichte gelten, ist für uns noch nicht wieder ohne Umschweife annehmbar. Wir müssen uns ihr daher abermals auf indirektem Wege zu nähern suchen.

Gehirn, Bewußtsein und Jenseitsperspektive

Zwar halte ich die oft gehörte These grundsätzlich für falsch, daß sich »die Frage, was aus dem Menschen, aus seiner Seele, nach seinem Tod wird... nur auf dem Plateau einer dualistischen Philosophie« stelle[167]. Andererseits ist es auch in meinen Augen der didaktisch einfachste Weg, diese Frage von einer dualistischen Position aus anzugehen. Da ich angesichts des (letztlich aller Wahrscheinlichkeit nach für uns unentscheidbaren) Leib-Seele-Problems aus Gründen, die mit der Frage einer Weiterexistenz nach dem Tode gar nichts zu tun haben, ohnehin der dualistischen Auffassung zuneige[168], ist das legitim. Innerhalb der heutigen Naturwissenschaft nimmt nun aber der »materialistische Monismus« in Gestalt dieser oder jener seiner vielfältigen Auslegungsvarianten praktisch die Stellung einer »offiziellen Lehrmeinung« ein.[169] Als erstes müssen wir daher untersuchen, worauf diese einseitige Bevorzugung zurückzuführen ist, und ihre Gründe kritisch betrachten. Wenn danach, wie ich hoffe, überzeugend, klargeworden ist, wie schlecht es um die Plausibilität der monistischen Position – all ihrer Beliebtheit zum Trotz – in Wirklichkeit steht, können wir uns um so unbeschwerter den Argumenten zuwenden, die sich für die dualistische Auffassung ins Feld führen lassen.

Gemeinsam ist allen (materialistisch) monistischen Auffassungen, daß sie das Bewußtsein (der Begriff »Seele« wird seiner noch schillernderen Bedeutung wegen aus guten Gründen meist vermieden) nicht als selbständige Kategorie gelten lassen. Aus der unbestreitbaren Beobachtung, daß Bewußtsein nur an lebende Gehirne gebunden auftritt, folgt der Monist, daß es sich bei ihm (wie bei allen »psychischen Phänomenen« insgesamt) um ein *Produkt* des Gehirns handele. Darüber, wie das genauer zu verstehen ist, gehen aber auch die monistischen Meinungen dann auseinander.

Der frisch-fröhliche »Klotzmaterialist« (Ernst Bloch) unseligen Angedenkens, der schlicht deklarierte, alles Geistige sei bloße Fiktion und real allein die Materie, dürfte heute endgültig ausgestorben sein. Niemand trauert ihm nach. Nicht allzu fern verwandt mit ihm ist andererseits der noch immer quicklebendige Behaviorist, der, wie zum Beispiel der namhafte amerikanische Philosoph Richard Rorty, alles psychische Erleben nicht gerade rundheraus bestreitet, es aber zur bloßen Illusion erklärt und von einer »Erfindung des Mentalen« spricht. Psychische Phänomene gelten dieser Auffassung als Scheinprodukt sprachlich irreführender Formulierungen, auf die man werde verzichten können, sobald die weitere Forschung ihren eigentlichen, neurophysiologischen Charakter erst einmal aufgeklärt habe.[170]

Angesichts der jedem Menschen alltäglich geläufigen Unmittelbarkeit psychischer Erlebnisse dürfte sich kaum jemand darüber wundern, zu hören, daß diese behavioristische Variante nur noch eine Außenseiterrolle spielt. Viel erstaunlicher wirkt es rückblickend, daß diese gewaltsam anmutende Umdeutung

unmittelbarer menschlicher Erfahrung vorübergehend großen Einfluß hatte.
Vorherrschend im naturwissenschaftlichen Lager sind heute dagegen zwei Spielarten der monistischen Auffassung, die unsere psychische Selbsterfahrung durchaus berücksichtigen. Ihr monistischer Charakter drückt sich bei der einen darin aus, daß sie psychische Phänomene zu bloßen Begleiterscheinungen (»Epiphänomenen«) der in unserem Gehirn ablaufenden neuralen Prozesse erklärt. Diese körperlichen, also materiellen, Vorgänge sind für den »monistischen Epiphänomenalisten« folglich das einzig Wesentliche, und den sie lediglich »begleitenden« psychischen Phänomenen spricht er denn auch jede Möglichkeit ab, ihrerseits auf diese körperlichen Vorgänge einwirken zu können. Die zweite Variante nennt sich »monistische Identitätstheorie« und erklärt »aus systemtheoretischer Perspektive« den Geist »zu einer Eigenschaft des Gehirns« (Franz Wuketits).
Diese, heute am weitesten verbreitete monistische Position muß etwas näher erläutert werden. Die Namen ihrer Vertreter haben Gewicht. Konrad Lorenz gehört dazu, Rupert Riedl und Gerhard Vollmer. Ihre Auffassung läßt sich am kürzesten und einfachsten (und dabei unverfälscht zutreffend) mit der Aussage wiedergeben, daß es ein und dieselben (»identischen«) Hirnprozesse sind, die wir immer dann als »körperliche Vorgänge« wahrnehmen, wenn wir sie an fremden Gehirnen (sozusagen »von außen«) beobachten oder registrieren, und immer dann als »psychische Phänomene«, wenn sie sich in unserem eigenen Gehirn abspielen – wir sie also gleichsam »von innen« erleben. Auf eine noch kürzere Formel gebracht, behauptet die »Identitätstheorie« folglich, daß psychische Erlebnisse nichts anderes seien als quasi die »Innenansicht des eigenen Gehirns«.
Die »systemtheoretische« Natur dieser Auffassung gibt sich zu erkennen, wenn man das Problem der »Entstehung des Geistes« einbezieht, für das sie ebenfalls eine Erklärung zu bieten beansprucht. »Geist« ist im Lichte dieser Auffassung ein Produkt der Evolution. »Die Faktoren der organischen Entwicklung, vor allem Erbänderung (Mutation) und Auswahl (Selek-

tion), haben den menschlichen Geist erschaffen wie alle anderen Lebenserscheinungen auch.«[171] Geist taucht, soll das heißen, im Ablauf der evolutiven Geschichte als neue »Systemeigenschaft« auf, sobald materielle Strukturen hinreichender Komplexität entstanden sind (»Gehirne«), die ihn als ihre spezifische Eigenschaft aufweisen. Ganz so, wie bei einer Zusammenfügung von Magnet und Drahtspule elektrische Ströme als Eigenschaft des durch die Zusammenfügung der Ausgangselemente entstandenen neuen »Systems« neu auftreten (Konrad Lorenz) oder wie aus dem sachgerechten Zusammenbau der Einzelteile eines Autos ein System hervorgeht mit der vorher nicht vorhandenen Fähigkeit zu gezielter, selbsttätiger Fortbewegung (Franz Wuketits).

Beide monistischen Varianten erscheinen nun denkbar unbefriedigend. Der »Epiphänomenalist« erklärt in Wirklichkeit überhaupt nichts. Er beschränkt sich lediglich auf eine (scheinbar) vereinfachende Uminterpretation der erklärungsbedürftigen Situation (die ihn, siehe gleich, nur in neue, noch größere Schwierigkeiten bringt). Er geht der Notwendigkeit einer Erklärung der Art des Zusammenhangs von Gehirn und Bewußtsein (und damit dem eigentlichen Kern des Problems) einfach aus dem Wege, indem er die Rollen (willkürlich) neu verteilt: Die »Führung« hat der körperliche (zerebrale) Sachverhalt, die psychischen Erscheinungen »begleiten« die sich im Hirn abspielenden Prozesse lediglich und bleiben selbst einflußlose Phantome.[172]

Mit Recht stellt Gerhard Vollmer jedoch fest: »Wären Bewußtseinsphänomene nur Epiphänomene physikalischer Prozesse, so wären sie für die Evolution entbehrlich.« (S. Anm. 169, S. 37) Wir hätten sie dann als bloßen Luxus anzusehen, und den produziert die Evolution nicht.[173]

Auch die heute weitverbreitete »Identitätstheorie« entpuppt sich bei näherer Betrachtung jedoch als eine These, die nicht eigentlich eine Erklärung darstellt, sondern ebenfalls nur das Ergebnis eines freilich sehr eleganten Rückzugs bis auf eine Linie, die alle unangenehmen Fragen gleichsam »vor der Tür« läßt. Das klassische Problem liegt doch in der Frage beschlossen, wie der Zusammenhang zwischen zwei grundlegend (»kategorial«) verschiedenen Phänomen-Reihen verstanden werden könne: zwischen materiellen (körperlichen, zerebralen) Prozessen einerseits, für welche die Kriterien der Objektivierbarkeit und räumlichen Lokalisierbarkeit gelten, die strukturiert sind, in Einzelteile zerlegbar sowie intersubjektiv (von Mensch zu Mensch) mitteilbar, und psychischen Zuständen andererseits, für die das alles prinzipiell nicht gilt und die sich nur der unmittelbaren Selbsterfahrung erschließen. Auch die »Identitätstheorie« löst nun diesen Gordischen Knoten des Problems nicht etwa auf. Sie versucht das nicht einmal. (Ein Abweichen von der eigentlichen Aufgabenstellung, das mich schon im Falle des klassischen Originals seit je irritiert hat.) Sie zerschlägt ihn aber auch nicht etwa. Sie versteckt ihn bloß.

Mir will es wie das Schulbeispiel einer Scheinlösung vorkommen, wenn der »Identitätstheoretiker« das offensichtliche Problem des Zusammenhangs zwischen den beiden kategorial so grundlegend verschiedenen Phänomen-Reihen nach Taschenspielerart mit Hilfe der Behauptung hinweg»eskamotiert«, beide seien in Wirklichkeit dasselbe und alle Unterschiede nur eine gleichsam perspektivische Illusion. Bedarf diese Behauptung etwa eines geringeren Erklärungsaufwands als die Frage, auf die sie angeblich die Antwort gibt? Formuliert sie das Problem, auf das eine Antwort zu sein sie beansprucht, in Wahrheit nicht bloß auf andere Weise unverändert von neuem? Welchen Erkenntnisvorteil habe ich eigentlich mit dem Vorschlag gewonnen, mir das Problem des Zusammenhangs zweier verschiedener Phänomene um den Preis des schlichten, durch keine denkbare Begründung erleichterten Glaubens daran vom Hals zu schaffen, daß es sich bei ihnen »in Wirklichkeit« um ein und dieselben Phänomene handele?

Bei näherer Betrachtung entpuppt sich die »Identitätshypothese« als ein geistiger Gewaltakt, für den es positive Argumente überhaupt nicht gibt. Ihre Attraktivität beruht allein darauf, daß sie das Kernproblem der klassischen Frage nach der Art des *Zusammenhangs* von Geist und Materie scheinbar verschwinden läßt (wofür sie einem das nicht weniger geheimnisvolle

Identitätsdogma aufbürdet) und daß sie es mit den noch zu besprechenden Einwänden gegen den dualistischen Standpunkt gar nicht erst zu tun bekommt. Darüber hinaus aber bedarf es nun, wie mir scheint, auch noch einer bis an die Grenzen rabulistischer Argumentation getriebenen Formulierungskunst, um diese Identitätstheorie so eindeutig von der epiphänomenalistischen Interpretation psychischer Zustände zu trennen, wie ihre Vertreter sich das aus verständlichen Gründen wünschen.

Denn auch dann, wenn unsere psychischen Erfahrungen den »Innenaspekt« (Gerhard Vollmer) körperlicher Prozesse darstellen, die sich in bestimmten Zellen unseres Gehirns abspielen, bleiben es doch diese körperlichen Prozesse, die durchaus einseitig das Geschehen bestimmen. Auch der »Identist«, der die Realität seiner psychischen Selbsterfahrung immerhin anerkennt, muß doch insofern zum Beispiel die »Abfolge seiner Gedanken« als einen im Grunde belanglosen Aspekt des psychophysischen Geschehens ansehen. Denn auch für ihn wird dieser Ablauf uneingeschränkt und ausschließlich von den physikalischen und chemischen Gesetzen gesteuert, denen die Funktion seiner Hirnzellen unterworfen ist. Auch der Identist vergewaltigt folglich seine unmittelbare psychische Selbsterfahrung aus Treue gegenüber dem Naturgesetz.[174]

Wenn aber das Bewußtsein dem Gesamtbestand des Wirklichen nur deskriptiv, nicht aber dynamisch etwas hinzufügte – wenn es also als »Innenaspekt« neurophysiologischer Abläufe lediglich da wäre, ohne selbst etwas bewirken zu können –, dann hätten wir es, so Hans Jonas, nicht nur mit dem widernatürlichen Phänomen einer »funktionslosen Funktion« zu tun. Dann hätten wir uns angesichts der ausschließlich naturgesetzlichen Steuerung aller unserer Handlungsentscheidungen und Gedankenabläufe auch als »Puppen der Weltkausalität« zu betrachten. Freiheit und Verantwortung wären dann ebenfalls nur eine »epiphänomenalistische Illusion«.[175]

Hans Mohr hat das Dilemma treffend zusammengefaßt: Als vernunftbegabte Wesen müßten wir an die monistische und dualistische Auffassung in einem gewissen Sinne zugleich glau-

ben, denn wir könnten »die Vorstellung sittlicher Freiheit für die Ethik ebensowenig aufgeben wie die der kausalen Notwendigkeit für die Wissenschaft«. Wir hätten »mit der Überzeugung zu leben, daß die Subjektivität ihrem Wesen nach fiktiv und ihrem Vermögen nach ohnmächtig sei [hier zitiert der Autor Hans Jonas], obwohl wir als moralische Subjektive gleichzeitig an Freiheit, an Verantwortung und Kreativität glauben und damit eine Intervention des Geistes in den Vorgängen der Materie voraussetzen«.
Mit diesen Überlegungen sind die entscheidenden Einwände gegen die dualistische Auffassung implizite bereits angesprochen. Sie allein verdienen im Grunde unser Interesse. Denn für den Monismus spricht kein positives Argument. Monisten sind – zugespitzt formuliert – bloß Leib-Seele-Theoretiker, die sich vor dem Dualismus fürchten. Und zwar deshalb, weil sie glauben, daß die Anerkennung einer selbständigen, gleichberechtigten Rolle psychischer Phänomene, die dem materiellen Gehirn und der psychischen Selbsterfahrung ontologisch gleiche Rechte zugesteht, das mühsam errichtete physikalische Weltbild jählings einstürzen lassen würde. Der Gedanke an diese Konsequenz aber schreckt die meisten Naturwissenschaftler so sehr, daß sie sich in einer Art Nibelungentreue gegenüber dem Naturgesetz verpflichtet fühlen, am Monismus festzuhalten, die unmittelbare psychische Selbsterfahrung der physikalischen Theorie zu opfern und uns das Identitätsdogma als »Erklärung« zuzumuten.
»Der Dualist müßte«, schreibt Wuketits, »... ein gedankliches Durchbrechen von Naturgesetzen tolerieren.« (S. Anm. 167, S. 221) Präziser wäre zu formulieren, daß der Monist dem Dualisten vorhält, er toleriere gedanklich einen *realen* Verstoß gegen das Gesetz. »Getreue der Kausalität« nennt Hans Jonas denn auch die Monisten. Wer aber hat hier eigentlich die Beweislast zu tragen? Mit dieser Frage leitet derselbe Autor seine brillante und vernichtende Abrechnung mit der Position der Loyalisten des Kausalgesetzes ein.
»Ich denke, also bin ich.« Auf dieser Aussage gründete René Descartes, der vom Prinzip des totalen Zweifels ausging, be-

kanntlich sein philosophisches System, weil sie ihm als einzige unbezweifelbar erschien. Die Unmittelbarkeit und Gewißheit des eigenen, bewußten Gedankens – auch als Ursprung der Auslösung physischer, körperlicher Bewegung, der Bewegung meines Arms zum Beispiel – ist in der Tat nicht zu übertreffen. Auch die von uns so selbstverständlich als »real« bezeichneten Objekte der Außenwelt werden uns ja nur indirekt, durch unseren Wahrnehmungsapparat, vermittelt, unter Inkaufnahme all der Unsicherheiten und Unvollkommenheiten, die mit dieser Vermittlung einhergehen und deren Analyse das Thema der Erkenntnistheorie ist. Auf die Unmittelbarkeit aller psychischen Selbsterfahrung als den einzigen festen Punkt in all unserem Erleben beruft sich nun auch der Dualist mit seiner Behauptung, daß man dieser psychischen Dimension keine geringere Realität zuschreiben dürfe als der körperlichen (etwa der Existenz des Gehirns), von der wir erst mit ihrer Hilfe überhaupt erfahren.

Dieser Forderung widerspricht der Monist nun mit dem Hinweis auf das Naturgesetz. Dieses Gesetz, so ermahnt er uns, erlaube zwar die Entstehung von Erregungsmustern einer alle Vorstellungsmöglichkeiten übersteigenden Komplexität in unserem Gehirn. Mit ihm sei auch die Auslösung körperlicher Bewegungen durch das »Feuern« einzelner Hirnzellen mit nachfolgenden Verstärkereffekten in Einklang zu bringen. Gänzlich auszuschließen, da »gesetzlich verboten«, sei dagegen die Annahme, daß psychische Phänomene – also »Gedanken« oder »Entschlüsse« oder wie immer sie subjektiv erlebt würden – auf körperliche Prozesse, also etwa auf den Erregungszustand einer Ganglienzelle im Gehirn, einwirken könnten. Diese Möglichkeit scheide deshalb aus, weil sie den als fundamental anzusehenden »Erhaltungssätzen«, insbesondere dem Gesetz von der Erhaltung der Energie, widerspreche. Eine nichtmaterielle, psychische »Ursache« eines materiellen, körperlichen Geschehens (Beeinflussung des Erregungsablaufs einer Hirnzelle) sei im Rahmen des naturwissenschaftlichen Weltbilds eine unsinnige Vorstellung.

Das Argument hat seine Wirkung nicht verfehlt. Die Zahl der

real existierenden Monisten belegt, daß es imstande ist, den Glauben an die Realität der eigenen Selbsterfahrung zu untergraben. Wie erstaunlich oft übersehen wird, leidet es jedoch an einer inneren Asymmetrie. Wer sich ihm unterwirft, opfert etwas unmittelbar Gewisses einem – noch so ernst zu nehmenden – theoretischen Konstrukt. Der Göttinger Philosoph Hermann Lotze formulierte die Unstimmigkeit schon vor mehr als hundert Jahren mit den Worten: »Unter allen Verirrungen des menschlichen Geistes ist diese mir immer als die seltsamste erschienen, daß er dahin kommen konnte, sein eigenes Wesen, welches er allein unmittelbar erlebt, zu bezweifeln oder es sich als Erzeugnis einer äußeren Natur wieder schenken zu lassen, die wir nur aus zweiter Hand, nur durch das vermittelnde Wissen eben des Geistes kennen, den wir zuvor leugneten.«[176] Das psychophysische Problem in seiner heutigen Fassung ist, woran Hans Jonas erinnert, kein natürliches, sondern ein durchaus künstliches Problem: »Es ist ein Geschöpf der Theorie und nicht der Erfahrung.«
Aber auch dann, wenn man zu »spüren« glaubt, daß diese Hinweise den Kern der Sache treffen, ist man als Dualist – und als solcher bekenne ich mich hier erneut ohne Einschränkungen – selbstverständlich noch nicht der Pflicht enthoben, auf den Kausalitätseinwand mit konkreten Argumenten zu entgegnen. Zwar könnte man sich, einem Vorschlag von Hans Jonas folgend, darauf berufen, daß man, auch intellektuell, immer noch billiger davonkommt, wenn man den psychophysischen Zusammenhang unerklärt stehenläßt, als wenn man bei der Absurdität der epiphänomenalistischen »Lösung« seine Zuflucht sucht oder bei der ohne jedes reale Indiz aufgestellten Identitätsbehauptung. »Wer der Natur das Absurde andichtet, um sich ihrem Rätsel zu entziehen, hat sich und nicht ihr das Urteil gesprochen.« (S. Anm. 172, S. 62) Jonas begnügt sich jedoch nicht mit dieser Feststellung, und ich will es auch nicht tun.[177]
Einschüchternd wirkt der Kausalitätseinwand nur so lange, wie in der äußeren Natur eine Determiniertheit vorausgesetzt wird, die lückenlos ist. Erstaunlicherweise scheint es in diesem Zu-

sammenhang erst Hans Jonas aufgefallen zu sein, daß davon schon seit längerem nicht mehr die Rede sein kann. Das »grimmige Entweder-Oder: entweder eine ausschließlich materiell determinierte oder aber eine regellose Natur, entweder Immunität von psychischer Einmischung oder Abdankung der Naturwissenschaft«, an dem die Leib-Seele-Diskussion chronisch leidet, gilt den Naturwissenschaftlern längst nicht mehr in seiner ursprünglichen, klassischen Schärfe. Daß das »Kausalnetz... weitmaschiger ist, als die Billardkugel-Mechanik es dargestellt hatte, ist seit dem Tiefenabstieg der Physik unter das Billardkugel-Modell bekannt« (s. Anm. 172, S. 70).
Im Weltverständnis der modernen Physik hat »das Naturgesetz« seinen klassisch dogmatischen Charakter längst gewandelt. »Naturgesetzlichkeit« bedeutet für den Physiker heute die statistisch gesicherte Vorhersagbarkeit bestimmter Aspekte des Verhaltens natürlicher Objekte. Die Nuance mag manchem im ersten Augenblick spitzfindig erscheinen. Im makrophysikalischen Bereich (innerhalb »mesokosmischer« Dimensionen) ändert sich mit der »Neufassung« grundsätzlich auch nichts. Hinsichtlich unseres Natur- und Weltverständnisses bedeutet sie allerdings eine grundlegende Neuorientierung. Deren in unserem Zusammenhang wichtigster Bestandteil ist eine definitive Absage an den prinzipiellen Determinismus des klassischen physikalischen Weltbildes. Die einstige Überzeugung von einer lückenlosen, keinerlei Freiheitsräume lassenden naturgesetzlichen Festlegung aller natürlichen Abläufe wird in der heutigen Physik als eine Abstraktion infolge einer allzugroßen »Idealisierung« der Beobachtungsergebnisse angesehen.[178]
Ich will versuchen, den zentralen Punkt dieser Aussage in (zulässiger) Vereinfachung anschaulich zu machen. Ausgangspunkt ist die Erinnerung daran, daß »das Naturgesetz«, dem die Souveränität des Subjekts zu opfern uns vom Monisten zugemutet wird, nicht, wie sein Name es suggeriert, von der Natur uns vorgesetzt worden ist. Wir selbst haben es vielmehr formuliert in dem Bestreben, durch eine möglichst generalisierende Beschreibung vorhersagbarer Phänomene angesichts der verwirrenden Vielfalt der Naturerscheinungen Ordnung in un-

sere Erfahrungen zu bringen. Die Generalisierungstendenz aber, die Voraussetzung der Formulierung eines »Naturgesetzes« ist, hat einen Grad der Abstraktion zur Folge, die lange Zeit beträchtlich unterschätzt wurde.

Konrad Lorenz hat darauf aufmerksam gemacht, daß selbst die triviale Feststellung, 2 mal 2 sei gleich 4, eine Abstraktion darstellt. Die simple Gleichung hat in der Realität keine Entsprechung. Strenggenommen gilt sie nur im Reich der reinen Zahl, wo allein es wirklich identische Einheiten gibt. In der Welt der realen Objekte dagegen vergewaltigt sie in ihrer verallgemeinernden Aussage deren stets vorhandene Individualität.[179]

Ein für uns nützliches Beispiel stellen die Fallgesetze dar. Auch die von Galilei entdeckte mathematische Beschreibbarkeit des Verhaltens von Körpern im freien Fall oder auf der schiefen Ebene verdankt ihre überzeugende Eleganz, pointiert gesagt, letztlich einer abstrahierenden, von der Realität des konkreten Einzelfalls großzügig absehenden Idealisierung: Noch nie ist ein wirklicher Stein exakt so gefallen, wie das Fallgesetz es behauptet. Noch nie eine reale Kugel präzise nach der Regel eine schiefe Ebene hinabgerollt. »Störungen« – durch Reibung, durch den Luftwiderstand, durch minimale Abweichungen von der idealen Kugelgestalt, durch den Einfluß anderer kosmischer Gravitationszentren und so fort – bewirken in jedem konkreten Fall geringfügige Abweichungen des Beobachtungsresultats vom Gesetz. Die Aussage des Physikers, das Fallgesetz beschreibe das Verhalten eines fallenden Körpers, besagt daher eigentlich nur, daß ein fallender Körper sich so verhalten *würde*, wie das Gesetz es befiehlt, *wenn* er unter absolut störungsfreien, idealen Bedingungen fiele. Die aber gibt es im ganzen Weltall nirgendwo. Daher sind die Fallgesetze der klassischen Mechanik genaugenommen von der Realität abstrahierende Idealisierungen.

Welches Argument können wir daraus nun für unsere Diskussion mit dem Monisten ableiten, der uns »verbieten« will, die psychische Auslösung einer Körperbewegung für möglich zu halten, weil das im Widerspruch stehe zu »geltenden Naturgesetzen«? Vielleicht den folgenden Gedankengang: Ein »Naturgesetz« beschreibt in generalisierender Abstraktion das statistische Durchschnittsverhalten einer hinreichend großen Zahl von Einzelfällen, deren grundsätzlich vorhandene individuelle Abweichungen sich gegenseitig »ausmitteln«. Das Gesetz beschreibt die Wirklichkeit daher immer dann befriedigend, wenn die Individualität der in die Aussage einbezogenen Einzelfälle keine Rolle spielt, von allen individuellen Abweichungen als von »Störungen« daher unbeschadet abstrahiert werden kann. Deshalb gilt das Gesetz uneingeschränkt bei Molekülen wie bei Himmelskörpern und ebenso auch bei Bakterien oder niederen Tieren. Irgendwann jedoch beginnt, wenn man sich dem oberen Ende der evolutiven Stufenleiter nähert, das Individuelle, etwa der »Einzelfall« einer konkreten Willensentscheidung, aufzutauchen. In dem gleichen Maße aber gewinnt nun dessen konkrete Abweichung vom Gesetz, wie wir sie auch auf der physikalischen Ebene grundsätzlich schon zu konstatieren hatten, Bedeutung: Sie nimmt jetzt den Charakter eines individuellen Freiheitsgrades an.

Auf die kürzeste Formel gebracht: Das Gesetz gilt in der Realität grundsätzlich nur unter der Maßgabe, daß wir ihm mit dem generalisierenden Hobel der Statistik zu Hilfe kommen. Wo immer die Späne, die dabei unter den Tisch fallen, bedeutungslos sind, ist diese Methode legitim (und bei unserem Versuch, Ordnung in die Fülle der Erscheinungen zu bringen, auch erfolgreich). Wer aber hätte unter diesen Umständen nun das Recht, uns zu ihrer Anwendung auch in einem Fall zu verpflichten, bei dem sie uns das Verständnis lediglich erschwert? Also etwa angesichts einer individuellen, willentlichen Entscheidung, dem Einzelfall par excellence, dem durch keinerlei Statistik beizukommen ist? Aus welchem Grunde aber sollten wir uns dann der Forderung beugen, die unmittelbar erfahrene Macht des Subjekts dem von eben diesem Subjekt entworfenen theoretischen Weltbild zum Opfer zu bringen?

Selbstverständlich kommt es mir nicht in den Sinn, etwa zu behaupten, daß diese Denkmöglichkeit schon »der wahre Jakob« sei, mit dem sich der monistische Kausalitätseinwand endgültig entkräften ließe. Es kam mir lediglich darauf an zu zeigen, auf wie schwachen Füßen der dogmatische Gültigkeitsanspruch in Wirklichkeit steht, den der Monist seinem Gegenargument wie selbstverständlich beimißt. Selbst dann, wenn wir – was ich für wahrscheinlicher halte als den umgekehrten Fall – niemals dahinterkommen sollten, wie die Beeinflussung des Erregungsablaufs einer Hirnrindenzelle durch einen psychischen »Impuls« tatsächlich zustande kommt, haben wir nicht den geringsten vernünftigen Grund, daran zu zweifeln, daß sie stattfindet.[180]

Auch an folgendes darf bei dieser Gelegenheit einmal erinnert werden: Wer die Möglichkeit dieser Beeinflussung lediglich aufgrund seines Unwissens über ihr Zustandekommen so apodiktisch bestreitet, wie der Monist es tut, nimmt eine weitaus größere Kenntis der wahren Natur einer Ganglienzelle für sich in Anspruch, als auch das größte Genie sie heute besitzen kann. Wie legitimiert sich eigentlich die seltsame Anmaßung, mit welcher in der Diskussion stillschweigend immer ein »totales Wissen« über die Möglichkeiten und Grenzen eines materiellen Systems vom Komplexitätsgrad unseres Gehirns vorausgesetzt wird? Mit dieser kleinen Anmerkung erlaube ich mir darauf aufmerksam zu machen, daß sich die prinzipielle Unvollständigkeit unseres Wissens nicht, wie es in der Diskussion eigentümlicherweise stets unterstellt wird, nur auf die psychische Seite des psychophysischen Problems bezieht.

Aber liefert der realhistorische Prozeß der Evolution dem Monisten nicht ein unwiderlegliches Argument? Ist es etwa nicht so gewesen, daß der »Geist« – jedenfalls in der Form individuellen, an Gehirne gebundenen Bewußtseins – erst im Ablauf dieser Entwicklung auftauchte und von ihr Schritt für Schritt bis hin zu der uns eigenen Möglichkeit der Selbstreflexion »hervorgebracht« wurde? Unbestreitbar ist es so gewesen. Jedoch halte ich die vom »systemtheoretischen Monisten« daraus wie selbstverständlich abgeleitete Schlußfolgerung, daß »der Geist« demnach von dieser biologischen Entwicklung (oder den während dieser Entwicklung laufend vervollkommneten Gehirnen) *erschaffen* worden sein müsse (»erschaffen wie alle anderen Lebenserscheinungen auch«) für überraschend kurzschlüssig.

Um nicht allzu ausführlich zu werden, will ich mich darauf beschränken, die dualistische Sicht der Beziehung zwischen dem von der Evolution unbestreitbar »erschaffenen« Gehirn und dem ebenso unbezweifelbar von ihm abhängenden Bewußtsein[181] mit der Hilfe einer Analogie zu erläutern.

Mir scheint zwischen einem Gehirn und dem von seinem Besitzer erlebten Bewußtsein eine Beziehung zu bestehen, die der zwischen einem Musikinstrument (oder einem »Tonträger«) und einer Komposition vergleichbar ist. Auch in diesem Falle ist die »Entstehung« von Musikinstrumenten – die Entwicklungsgeschichte des Instrumentenbaus wie auch die konkrete Herstellung des aktuell benutzten Instruments – unerläßliche Vorbedingung für das Erklingen einer bestimmten Komposition in der sinnlich wahrnehmbaren Realität. Auch hier kann man mit uneingeschränkter Geltung konstatieren: »Musik tritt nur gebunden an Musikinstrumente auf.«

Aber so unbestreitbar das ist, niemand würde daraus doch nun den Schluß ziehen dürfen, daß das Instrument (oder sein Benutzer) die aktuell zu Gehör gebrachte Komposition »erschafft«. Das Instrument und sein Spieler ermöglichen ihr Auftreten in unserer Wirklichkeit. Jedoch hört eine Mozart-Sonate keineswegs zu existieren auf, wenn das Instrument beiseite gelegt wird (oder wenn man die Noten verbrennt, mit denen sie niedergeschrieben wurde). Daß von einer »Erschaffung« durch das Instrument nicht die Rede sein kann, wird auch durch dessen Austauschbarkeit belegt: dadurch, daß das »gleiche« Stück etwa mit einer Geige oder aber auch einer Flöte (oder noch einem anderen Instrument) realisiert werden kann, eine Möglichkeit, von der Bach und seine Zeitgenossen noch ganz bewußt ausgiebigen Gebrauch gemacht haben.

So, wie ich – aktiv als Spieler oder passiv als Zuhörer – von der Vermittlung durch das Instrument abhängig bin, um Zugang zu der Welt zu erlangen, in der Musik objektiv existiert[182] – oder, wenn ich Partituren »lesen« kann, von ihrer physischen Repräsentation durch eine Notenschrift –, bin ich in ganz

analoger Weise auch auf die Vermittlung durch ein lebendes Gehirn angewiesen, wenn ich teilhaben will an der Welt, in welcher der »objektive Geist« existiert. Deshalb kann ich das Gehirn als Voraussetzung meines Bewußtseins anerkennen, ohne damit zugleich der Behauptung zuzustimmen, daß mein Bewußtsein das »Erzeugnis« (oder eine »Systemeigenschaft«) dieses in meinem Kopf steckenden körperlichen Organs sein müsse. Deshalb kann ich auch die stammesgeschichtliche, historisch gewachsene Natur meines Bewußtseins anerkennen und beschreiben, ohne es als ein von dieser Geschichte »erschaffenes« Produkt ansehen zu müssen. Ja, ich kann mit vollem Recht sogar davon reden, daß die Evolution mein Bewußtsein »hervorgebracht« habe, ohne mich damit darauf festzulegen, es als seine Schöpfung anzuerkennen. (Auch die Möglichkeiten des Zugangs zur Welt der Musik sind durch die historischen Fortschritte des Instrumentenbaus zunächst geschaffen und durch die anschließende Entwicklung immer weiter vervollkommnet worden.)
Man darf das Gleichnis nicht überstrapazieren. Vorsorglich unterstreiche ich noch einmal, daß alle diese Überlegungen nur eine Analogie darstellen sollen, mit deren Hilfe es möglich ist, die reale »Hervorbringung« eines Phänomens durch einen körperlichen Prozeß von seiner »Erschaffung« zu unterscheiden. Ich glaube also nicht etwa, daß das Verhältnis zwischen einem Musikinstrument und der auf ihm gespielten Komposition als Modell angesehen werden könnte, mit dessen Hilfe sich die Beziehung zwischen einem Gehirn und dem von ihm vermittelten Bewußtsein erklären ließe. Andererseits halte ich die Analogie aber auch für alles andere als zufällig. Jedenfalls erscheint mir die Vermutung zulässig, daß der besondere und eigentümliche Rang musikalischen Genusses damit zusammenhängen könnte, daß er uns einen Widerschein der Strukturen jener »eigentlichen Wirklichkeit« erleben läßt, die wir hinter dem unvollkommenen Abbild in unseren Köpfen gleichsam als dessen Original anzunehmen haben. (Das gleiche gälte dann, aus denselben Gründen, auch für den intellektuellen Genuß, den der Umgang mit »reiner« Mathematik bereiten kann.)

Die Rehabilitierung der »dualistischen« Anerkennung einer selbständigen Existenz des Bewußtseins (in dem in der Anmerkung 181 näher bestimmten Sinne) ist längst überfällig. Sie konnte hier allerdings nur unter Beschränkung auf die wichtigsten Einwände durchgeführt werden. Denn sie gehört, wenn man es genau nimmt, nicht unmittelbar zu unserem eigentlichen Thema. Die Anerkennung einer von unserer körperlichen Natur unabhängigen geistigen Komponente unserer Existenz hat mit der Frage nach der Beziehung dieser Existenz zu unserem Tode direkt nichts zu tun.

Der alte Dualismus klassisch-platonischer Prägung jedenfalls muß heute als überholt gelten. In den platonischen Dialogen – etwa in dem einem Lieblingsschüler namens Phaidon in den Mund gelegten Bericht über den Tod des Sokrates – ist davon die Rede, daß die menschliche »Seele« beim Tod gleichsam übrigbleibt, daß sie den toten Körper wie ein Gefängnis verläßt, um so erst ihre eigentliche Freiheit zu gewinnen. Diese, den Seelenbegriff verdinglichende Auffassung – die sich auch in der christlichen Theologie weit über das Mittelalter hinaus behauptet hat – erscheint uns heute nicht mehr annehmbar. Aber auch Plato hatte die Unsterblichkeit der Seele schon mit einem ganz anderen, durchaus neuzeitlich anmutenden Argument begründet: Die Seele sei deshalb unsterblich, weil sie fähig sei, »unvergängliche Erkenntnisse« zu gewinnen. Dadurch aber habe sie selbst am Unvergänglichen teil.[183] Diese Begründung – Plato spricht nicht von einem Beweis, sondern von der Wahrscheinlichkeit dieses Zusammenhangs – ist mit einer modernen dualistischen Auffassung gut vereinbar. Mittelbar trägt diese daher sehr wohl auch zur Begründung der Vermutung bei, daß der Tod nicht den Absturz in ein absolutes Nichts bedeutet.

Nicht in der Weise freilich, daß sie die Seele als eine Art »unvergänglicher Substanz« betrachtete, die vom Tode nicht betroffen würde. Sondern deshalb, weil das menschliche Bewußtsein im Rahmen der skizzierten dualistischen Auffassung als Hinweis auf eine eigentliche, fundamentalere Realität verstanden werden kann, die jenseits unserer diesseitigen, von der

Erkenntnistheorie als »unvollkommenes Abbild« durchschauten Wirklichkeit gelegen ist und diese in jedem Sinne des Wortes überhaupt erst »begründet«.

»Unsterblichkeit« ist ein irreführendes Wort. Auch wenn wir vom »Weiterleben nach dem Tode« sprechen, verfehlen wir das gründlich, worauf zu hoffen wir allen (rationalen) Grund haben. Der Tod betrifft den ganzen Menschen, seinen Leib und seine Psyche, mit derselben Unerbittlichkeit. Da er das Ende unseres Lebens bedeutet, macht es keinen Sinn, von »Weiterleben« über sein Eintreten hinaus zu reden. Da wir in einem gänzlich uneingeschränkten Sinn sterben werden, ist auch die Hoffnung auf »Unsterblichkeit« als eine allenfalls durch semantische (sprachliche) Verlegenheit entschuldbare Selbsttäuschung zu beurteilen. Wer in diesen Begriffen denkt – und wer von uns ertappte sich dabei nicht fortwährend –, macht es denen leicht, die uns seit Ludwig Feuerbach und Karl Marx vorhalten, daß all unsere Jenseitshoffnung nichts als »Projektion« sei, geboren aus infantilem Wunschdenken angesichts einer uns unerträglich scheinenden existentiellen Grenzsituation.

Angesichts des – betrüblicherweise nicht zuletzt innerhalb der Kirchen – verbreiteten sehr konkreten Redens von einem »Weiterleben« nach dem Tode und der tröstlichen Verheißung von »Unsterblichkeit« trifft die kritische Diagnose voll ins Ziel. Solange wir uns ein »Leben nach dem Tode« am Modell dessen, was allein wir unter »Leben« verstehen, auszumalen versuchen, liefern wir uns jeder rationalen Kritik wehrlos aus. Denn das Leben ist mit dem Tode sozusagen definitionsgemäß zu Ende.[184]

Eine ganz andere Frage ist es, ob der Tod identisch sein wird mit unserer *Vernichtung*. Fest steht: Ein Toter ist ein Mensch, der nicht mehr »ist«. Dessen Beziehungen zum Leben, zu allem »in der Zeit Existierenden«, total und unwiderruflich abgebrochen sind. Ein Toter ist ein Mensch, der aus dieser Welt »verschwunden« ist. Die Frage ist, ob damit für den Gestorbenen »alles zu Ende ist«.

Zwar ist Gewißheit hier auf keine Weise zu haben. Über den

Bereich der in der Zeit existierenden Welt hinaus reicht keine unserer Fähigkeiten (bekanntlich reichen sie nicht einmal zur Erfassung des innerhalb seiner Grenzen Gegebenen). Auch hier wieder ist jedoch zu fragen, wer eigentlich die Beweislast zu tragen hat.

Ein Mensch, der die Überzeugung vertritt, daß mit seinem Tode für ihn »alles vorbei« sein werde, nimmt ein Wissen in Anspruch, über das er gar nicht verfügen kann. Die Gewißheit seiner Überzeugung könnte nur dann als legitim und rational angesehen werden, wenn zweifelsfrei feststände, daß »jenseits« dieser zwischen »Urknall« und »Wärmetod« als ihren zeitlichen Grenzen sich entwickelnden Welt nichts mehr existiert. Wer diese Möglichkeit als eine über alle Beweispflicht erhabene Selbstverständlichkeit hinstellt, muß sich aber vorhalten lassen, daß er mit ihr die zumindest gewagte Behauptung aufstellt, das Weltbild in seinem Kopfe existiere ohne ein Original. Selbstverständlich ist der Gedanke an die Möglichkeit zulässig, daß die Schatten, die wir (angekettet in der platonischen Höhle) allein zu Gesicht bekommen, *nicht* von »etwas« geworfen werden, das wirklicher ist als sie selbst. Aber wer diesen Gedanken vorbringt, muß, wie mir scheint, auch begründen, warum er ihn für plausibel hält.[185]

Die Aussagen der Erkenntnistheorie hat er jedenfalls nicht auf seiner Seite. »Aus meinem Anfangs-Satz ›die Welt ist meine Vorstellung‹ folgt zunächst: ›erst bin ich und dann die Welt‹. Dies sollte man wohl festhalten, als Antidoton [Gegenmittel] gegen die Verwechselung des Todes mit der Vernichtung.« Diesen Schluß zog Arthur Schopenhauer in einem Aufsatz, dem er die Überschrift gab: »Zur Lehre von der Unzerstörbarkeit unseres wahren Wesens durch den Tod«[186]. Ein Philosoph also, den niemand einer sonderlich ausgeprägten Neigung zum Wunschdenken verdächtigen wird.

In demselben Aufsatz hat Schopenhauer auch in brillanter Kürze dargelegt, worin unser Irrtum besteht, wenn wir uns vor dem mit dem Tod einhergehenden Verlust aller mit unserer Existenz in dieser Welt verbundenen Daseinsattribute fürchten: »Denn im Tode geht allerdings das Bewußtseyn unter; hinge-

gen keineswegs Das, was bis dahin dasselbe hervorgebracht hatte.« Und einige Absätze später: »Sein [des Bewußtseins] Wegfallen ist Eins mit dem Aufhören der Erscheinungswelt für uns, deren bloßes Medium es war und zu nichts Anderm dienen kann. Würde in diesem unserm Urzustande die Beibehaltung jenes animalen Bewußtseyns uns sogar angeboten; so würden wir es von uns weisen, wie der geheilte Lahme die Krücken. Wer also den bevorstehenden Verlust dieses cerebralen, bloß erscheinungsmäßigen und erscheinungsfähigen Bewußtseyns beklagt, ist den Grönländischen Konvertiten zu vergleichen, welche nicht in den Himmel wollten, als sie vernahmen, es gäbe daselbst keine Seehunde.«[187]
Klarer läßt es sich nicht sagen. Das sind Sätze, die man manchen Vertretern der Kirche (vor allem der katholischen Kirche) gern ins Stammbuch schriebe, um sie davon abzubringen, ihre Jenseitsverkündigung auf das Format eines konkret ausgemalten Kinderglaubens zurechtzustutzen und damit die Substanz dessen zu ruinieren, wovon sie ihre Zuhörer überzeugen wollen.
Gewißheit gibt es nicht. Dies trifft für sämtliche aus dem Tode abzuleitenden alternativen Möglichkeiten zu. Den religiösen Verheißungen zu vertrauen haben die meisten von uns schon lange den Mut verloren (aus Gründen, die zu erörtern hier zu weit führen würde). Aber selbst wenn man sie aus dem Spiele läßt, gilt immer noch: Daß ein Abbild nicht ohne Original existiert, daß die Welt, in der wir uns vorfinden, auf einem sie tragenden und ermöglichenden transzendenten Fundament ruht (wie nicht nur die Theologen es von alters her, sondern auch Philosophen uns versichern, die nicht im Sinne irgendeiner Kirche gläubig sind) und daß wir daher, wenn wir im Tode aus dieser Welt herausfallen, nicht ins Nichts fallen werden – das alles sind Aussagen, die wir getrost als glaubhaft ansehen dürfen. Im Widerspruch zu einem noch immer verbreiteten Vorurteil erscheinen sie gerade im Licht einer wirklich unvoreingenommenen, rationalen Betrachtung jedenfalls plausibler als die sich oft demonstrativ als einzig »rational« ausgebende gegenteilige Ansicht. Jedes Wort über diese Feststellungen

hinaus ist andererseits vom Übel. Denn: »Als wenig die Kinder wissen im Mutterleib von ihrer Anfahrt, so wenig wissen wir vom ewigen Leben.«[188]
Gesagt werden aber darf: »Das Leben kann, diesem Allen zufolge, allerdings angesehen werden als ein Traum, und der Tod als das Erwachen« (Arthur Schopenhauer, s. Anm. 186, S. 296). Und schließlich sind auch Gründe leicht zu finden für die Vermutung, daß wir ihn als das Erwachen aus einem Alptraum erleben werden.

Das Ende der Geschichte (»Die Moral«)

Wir werden also sterben, so hatten wir aus all dem gefolgert, was in diesem Buch bis dahin zusammengetragen wurde. Und daran hatten wir die Frage geknüpft, was darüber hinaus denn noch zu sagen sei. Versuchen wir abschließend, sie zu beantworten.

Da wäre als erstes daran zu erinnern, daß die Nachricht von unserem bevorstehenden Ende ungeachtet ihrer unleugbaren Bedeutung letztlich von unüberbietbarer Trivialität ist. Denn die Auskunft, daß wir nicht »ewig« leben werden, entbehrt nun wirklich jeglicher Originalität. Schon im Augenblick unserer Geburt steht fest, daß wir sterben werden. (Es ist das einzige, was in diesem Augenblick mit Gewißheit über unser Schicksal vorausgesagt werden kann.) Und daß dieser Umstand den Menschen nun zu einem Leben in Angst und Verzweiflung verdamme, kann niemand behaupten.

Angesichts der Gewißheit unseres fortwährend näherkommenden Todes erleben wir bekanntlich nicht nur Angst und Verzweiflung, sondern auch Lebensfreude und vielerlei Genuß. Das erklärt sich nicht einfach aus dem psychologischen Phänomen der Verdrängung allein. Obwohl einzuräumen ist, daß das Ausmaß des Erschreckens, des ungläubigen Staunens, mit dem wir auf die konkrete Begegnung mit dem Tode bezeichnenderweise zu reagieren pflegen, die Wirksamkeit dieses Mechanismus deutlich genug verrät. Aber nicht nur Verdrängung läßt uns in aller Regel nicht zur Besinnung auf unseren Tod kommen. Auch unsere vormenschliche, animalische Natur steht uns da abermals im Wege.

Denn niemand von uns lebt, aus biologischer Perspektive, sein Leben etwa um seiner selbst willen. Wir alle sind auf der Ebene unserer biologischen Natur immer noch auch in die Lebensinteressen der Art eingespannt, deren Mitglieder wir sind. Beträchtliche Anteile unseres Verhaltens und »unserer« Interessen dienen objektiv daher keineswegs etwa uns selbst als Individuen. Mit ihnen unterwerfen wir uns vielmehr gefügig den Zwecken unserer Spezies. Es ist eine ahnungslose Gefügigkeit. Denn auch hier wieder geht eine objektiv maximale Unfreiheit subjektiv ohne den geringsten Widerspruch Hand in Hand mit dem Erlebnis uneingeschränkter, bejahender Zustimmung.

Am leichtesten ist das im Falle unserer geschlechtlichen Natur zu durchschauen. Sie ist zugleich das wichtigste Beispiel, denn man braucht Sigmund Freud nicht gelesen zu haben, um einsehen zu können, daß unter all den von der Evolution uns angezüchteten Veranlagungen keine andere uns in dem gleichen Ausmaß beherrscht. Nicht nur unsere Moral ist tief von ihr geprägt, sondern bis in ihre feinsten Verästelungen auch die Struktur unseres gesellschaftlichen Zusammenlebens. Nicht nur die Mode, sondern – in zunehmenden Graden der »Sublimierung« – alles erotische Verhalten, weite Bereiche der Kunst und sogar manche Formen religiöser Praxis (»Marienkult«).

Dabei lassen sich diese und andere Beispiele einer kulturellen Verfeinerung der Ausdrucksformen unserer Geschlechtlichkeit immerhin noch als ein auch dem einzelnen Individuum der Gattung Mensch zufallender Gewinn ansehen. Dies aber gilt ganz gewiß nicht für die ihren konkreten Vollzug herbeiführenden und sicherstellenden Triebregungen. So positiv der Mensch diese erlebt – trotz aller Beunruhigung stets auch als beglückend empfundene Steigerung der Intensität seines Lebensgefühls –, objektiv betrachtet wird jeder einzelne von uns in dieser Situation von der Evolution an der Nase herumgeführt.

Denn das Individuum wird für sein sexuelles Engagement in der windigsten aller denkbaren Währungen abgespeist: mit dem bloßen Gefühl flüchtig vorübergehender Lust. Den konkreten Gewinn aber streicht die Population ein, deren Fortdauer und evolutive Weiterentwicklung das Individuum durch seinen Einsatz gewährleistet.

Wir »vergessen« den Tod – neben anderen die »Eigentlichkeit« unserer Existenz ausmachenden Bedingungen – folglich auch deshalb, weil wir auch den Lebensgesetzen unserer Art noch unterliegen und weil er als individuelles Ereignis für diese bedeutungslos ist. Wir vergessen ihn daher um so leichter, je gründlicher die Art uns ihren Interessen jeweils zu unterwerfen vermag. Dieser Zusammenhang liefert, wie mir scheint, eine rehabilitierende Erklärung für den mit der alten Redensart »Junge Hure, alte Betschwester« kritisch aufgespießten Sachverhalt.

Es trifft ja zu, daß man sich in jüngeren Jahren über die eigene Sterblichkeit nicht viel den Kopf zu zerbrechen pflegt. Und umgekehrt stimmt es auch, daß die Neigung, sich mit diesem unabwendbaren Ereignis ernsthaft zu beschäftigen, im höheren Alter zunimmt. Das gleiche gilt für die Bereitschaft, zur Bewältigung der Erkenntnis vom bevorstehenden Lebensende auch die von der religiösen Überlieferung angebotenen Deutungen in Erwägung zu ziehen. Das alles ist unbestreitbar. Für ein kurzschlüssiges Mißverständnis halte ich nun aber die von vielen für selbstverständlich angesehene Schlußfolgerung, daß es offensichtlich also allein die sich in dieser späten Lebensphase meldende Angst vor dem Tode sei, welche die weitere Verdrängung des unerfreulichen Ereignisses erschwere und zur Flucht in eine Wunschwelt religiöser Tröstungen motiviere.

Ich halte diese Interpretation für oberflächlich. Sie läßt die soeben am Beispiel der Sexualität skizzierte Beziehung zwischen dem Individuum und der Art, der es angehört, außer Betracht. Mir erscheint die Annahme sehr viel einleuchtender, daß unser Verhalten, solange wir jung sind, den Zwecken des biologischen Kollektivs weitgehend untergeordnet bleibt. Die Rolle, die wir in dieser frühen Lebensphase im Interesse der übergeordneten Einheit, unserer Art, zu erfüllen haben, ist für diese so entscheidend, daß sie uns – wofür die evolutive Anpassung, der die Population wichtiger ist als das Individuum, nach Kräften vorgesorgt hat – gar nicht die Zeit läßt, uns auf die für uns als Individuen wesentlichen Aspekte unserer Existenz zu besinnen. Erst wenn wir älter werden und wenn wir damit für unsere biologische Art allmählich an Bedeutung zu verlieren beginnen, werden wir von ihr gleichsam aus der Pflicht entlassen. Erst dann erleben wir uns nicht mehr nur subjektiv als frei. Dann fällt uns zu guter Letzt endlich auch objektiv ein Stückchen Freiheit zu, das groß genug ist, um uns auch unsere höchsteigenen Interessen, unsere reale Situation als Individuum bedenken zu lassen.[189]

Dann endlich erleben wir unmittelbar, was uns bis dahin nur auf dem Umweg philosophischer Anstrengung zugänglich war: die Realität unserer eigentlichen Existenz. Das aber heißt: Wir stehen vor der Tatsache unserer Sterblichkeit. Jetzt endlich begegnen wir dem Tod als unserer realen Zukunft. Niemand hat je behauptet, daß diese Begegnung leicht sei und daß sie sich ohne Erschütterung bestehen lasse. Aber wie früheren Generationen die Religion, so hat uns die Existenzphilosophie die Augen dafür geöffnet, wie weit wir den Sinn unseres Lebens ohne diese Konfrontation verfehlen würden. Angst bleibt niemandem erspart. Zur Verzweiflung jedoch gibt es keinen Grund. Sie wäre nur angebracht, wenn das absolute Nichts auf uns wartete. Das aber ist nicht der Fall.

Was ändert sich dann aber eigentlich für uns, wenn wir erfahren, daß unsere Art auszusterben im Begriff ist? Welcher Grund wäre denkbar, aus dem wir das Ende der Art mehr zu fürchten hätten als den eigenen Tod? Dürfen wir nicht vielmehr darauf hoffen, daß die heraufdämmernde Ahnung von der Sterblichkeit auch der Art selbst, der wir angehören, uns zu einer ähnlich befreienden existentiellen Erfahrung verhelfen könnte, wie die bewußte Zumutung der Angst vor unserem individuellen Tod sie uns bescherte?

Kann die so lange von uns ebenfalls verdrängte Einsicht in die Sterblichkeit »der Menschheit« uns nicht etwa auch den Blick

freimachen für die »Eigentlichkeit« von deren historischer Existenz? Für die allein wesentlichen Maßstäbe, mit Hilfe derer es möglich ist, dieser Existenz einen Sinn abzugewinnen? Und erweisen sich die Probleme, deren Auftauchen uns heute mit der »Sterblichkeit« der Menschheit insgesamt als einer höchst konkreten Möglichkeit konfrontiert, im Rückblick etwa nicht als die Folgen der Verdrängung dieser existentiellen Bedingungen unseres Artendaseins?
Geschlagen mit kollektiver Blindheit für diese Bedingungen hatten wir uns zuletzt alles zugetraut (und völlig übersehen, was dieses »alles« an Möglichkeiten einschloß). »So können wir mit stolzer Freude an dem Aufbau des Zeitalters der Naturwissenschaften weiterarbeiten, in der sicheren Zuversicht, daß es die Menschheit moralischen und materiellen Zuständen zuführen werde, die besser sind als sie es je waren und heute noch sind.« So klang es vor nur hundert Jahren anläßlich einer Zusammenkunft der angesehensten deutschen Wissenschaftlerversammlung. »Es liegt... kein Grund vor, an der Fortdauer des progressiven Aufschwunges der naturwissenschaftlich-technischen Entwickelung zu zweifeln«, versicherte der Festredner damals einem gläubig lauschenden Auditorium, das er am Schluß ermahnte, sich nicht irre machen zu lassen in dem gemeinsamen Glauben daran, »daß unsere Forschungs- und Erfindungsthätigkeit die Menschheit höheren Kulturstufen zuführt, sie veredelt und idealen Bestrebungen zugänglicher macht, daß das hereinbrechende naturwissenschaftliche Zeitalter ihre Lebensnoth, ihr Siechthum mindern, ihren Lebensgenuß erhöhen, sie besser, glücklicher und mit ihrem Geschick zufriedener machen wird.«[190]
Wir wissen heute, nur drei Generationen später, was dabei herausgekommen ist. Uns beginnt aufzugehen, daß wir heute auch deshalb mit einer ökologischen Katastrophe konfrontiert sind, weil wir der Versuchung nicht haben widerstehen können, die Erde mit diesseitigen Paradies-Erwartungen zu überfordern. Hellsichtige Geister ahnten das sehr viel früher. »Immerhin hat das den Staat zur Hölle gemacht, daß ihn der Mensch zu seinem Himmel machen wollte«, hatte Hölderlin

schon seinen Hyperion sagen lassen.[191] Aber seine Stimme wurde (wie die vereinzelter anderer Mahner) übertönt vom Jubel der Bataillone des Fortschritts.

Es bedurfte drastischerer Signale, um uns aus dem selbstzufriedenen Traum von der allen anderen Instanzen überlegenen Kraft unserer technisch-wissenschaftlichen Intelligenz aufschrecken zu lassen. (Der wir andererseits nun aber nicht – unserer unheilvollen Vorliebe für Entweder-Oder-Entscheidungen folgend – gleich wieder abschwören dürfen, wie es uns so mancher Übereifrige heute voreilig empfiehlt.) Vielleicht genügen die Symptome des anhebenden biosphärischen Zusammenbruchs, um uns zur Besinnung zu bringen. Vielleicht ist selbst die Hoffnung nicht gänzlich illusionär, daß der Effekt noch »in letzter Minute« eintreten könnte. Also vielleicht doch noch, bevor es endgültig zu spät ist. Wer könnte diese Möglichkeit, so unwahrscheinlich sie ist, rundheraus bestreiten? Jedenfalls präsentiert sich die Katastrophe, vor der wir stehen, auch aus diesem Blickwinkel eher als ein heilsames, ein »erweckendes« Geschehen. Einen Grund zur Verzweiflung stellt sie mithin gerade für den nicht dar, der sie wahrhaft ernst nimmt. Dies ist, am Rande vermerkt, auch der Kernpunkt meiner Antwort an jene, die mir vorwerfen werden, ich nähme den Menschen durch den Hinweis auf die Ausweglosigkeit unserer Lage alle Hoffnung.

Wir können uns heute nicht länger blind stellen für die seelische Verwüstung, für die von Überdruß und Lebenszweifeln charakterisierte geistige Brache, die wir mit dem hartnäckig durchgehaltenen Versuch angerichtet haben, den Sinn der Welt und unseres Lebens allein im Licht unserer Intelligenz und beschränkt auf den Rahmen diesseitiger Gesetzlichkeit ausfindig zu machen. So erscheint denn der Gedanke nicht als absurd, daß der Schock, den wir uns auf diesem Wege zugefügt haben, einen Heilungsprozeß in Gang setzen könnte. Selbst dann, wenn der Punkt schon erreicht wäre, an dem nichts mehr unseren Artentod aufhalten kann – und alle Wahrscheinlichkeit spricht dafür, daß wir ihn längst überschritten haben –, bliebe uns noch immer die Chance und bliebe uns auch immer noch die Zeit, die einzige Aufgabe zu bewältigen, vor die unsere Existenz uns letztlich stellt: die eigentliche Bedeutung der Rolle zu erkennen, die uns in der von Geburt und Tod begrenzten Zeitspanne zugewiesen ist.

Wie immer man es dreht und wendet: Unsere Not wäre vielfach größer, in vollem Ernst könnten wir überhaupt erst dann von Not sprechen, wenn wir weiterhin unsere Augen verschlössen vor dem bevorstehenden Ende. Wer gelernt hat, daß erst sein Anblick uns die Einsicht erschließt in die Wahrheit und den Sinn unserer Existenz, der versteht, warum Luther beten konnte: »Komm, lieber Jüngster Tag.« Und wer begriffen hat, daß dieses Ende nicht das Nichts bedeutet, der kann teilhaben an der Zuversicht, die derselbe Martin Luther in die Worte faßte: »Und wenn ich wüßte, daß morgen die Welt unterginge, so würde ich doch heute mein Apfelbäumchen pflanzen.«

So laßt uns denn ein Apfelbäumchen pflanzen. Es ist soweit.

Ergänzungen und Literaturhinweise

1 Arthur Koestler, »Der Mensch – Irrläufer der Evolution«, München 1978. – K. entwickelt darin u. a. den Gedanken, daß der Durchgang durch eine thermonukleare Entwicklungsphase eine Art kosmischen Tests auf psychische Gesundheit darstelle, den jede Zivilisation – auch K. rechnet mit einer großen Zahl außerirdischer Zivilisationen – früher oder später zu bestehen habe. »Kranke« Zivilisationen würden dabei als ihre eigenen Scharfrichter selektiv wirksam in der Art eines »kosmischen Unkrautvertilgers«. (S. 328) Als Belege für eine »Geisteskrankheit« unserer eigenen Spezies führt er auf: die in grauer Vorzeit anzutreffenden Rituale des Menschenopfers, das hartnäckige Austragen intraspezifischer Kriege, die paranoide Spaltung zwischen rationalem Denken und irrationalem, auf Affekten beruhendem Glauben sowie den Gegensatz zwischen der Genialität der Menschheit bei der Unterwerfung der Natur und ihrer Unfähigkeit, mit ihren eigenen Problemen fertig zu werden – symbolisiert durch die neue Grenze auf dem Mond und Minenfelder quer durch Europa.
2 Robert Malthus, ein englischer Pfarrer und Nationalökonom, sagte in seinem 1798 in erster Auflage erschienenen Buch über die Gesetze des Bevölkerungswachstums katastrophale Hungersnöte und eine Reduzierung der Menschenzahl durch Seuchen und Kriege mit der Begründung voraus, daß die Nahrungsmittelproduktion, da sie nur in arithmetischer Progression zunehme, hinter der geometrisch zunehmenden Bevölkerungszahl hoffnungslos zurückbleiben müsse. Die angekündigten Hungersnöte blieben jedoch aus, da die von Malthus nicht vorhergesehene

Erfindung des Kunstdüngers den landwirtschaftlichen Ertrag um ein Vielfaches steigerte. Dieses Beispiel wird heute mit großer Regelmäßigkeit von denen ins Feld geführt, welche die augenblicklich uns drohenden Gefahren nicht wahrhaben oder verniedlichen wollen. Dabei wird übersehen, daß sich, betrachtet man die heutige Welternährungssituation, Malthus keineswegs »geirrt« hat. Der weitere Verlauf bis heute hat die angeführte Prophezeiung vielmehr auf eine furchtbare Weise bestätigt. Die einzige Korrektur, die an der Vorhersage von Malthus anzubringen ist, betrifft den zeitlichen Ablauf.

3 Zit. nach Kyra Stromberg, »Heilige Aussteiger und Wilde Leute«, in: Kunst und Antiquitäten, Nr. 3 (1983), S. 12
4 Karl Rahner, »Zum Verhältnis von allgemeiner und biblischer Heils- und Offenbarungsgeschichte«, in: Wolfgang Böhme (Hrsg.), »Freiheit in der Evolution«, Herrenalber Texte, Nr. 57, Karlsruhe 1984, S. 79
5 Interessenten finden alle wichtigen Details in: Heinrich K. Erben, »Leben heißt Sterben. Der Tod des einzelnen und das Aussterben der Arten«, Hamburg 1981.
6 Pierre Teilhard de Chardin, »Der Mensch im Kosmos«, München 1959, S. 285 (»Voraussagen, die auszuschließen sind«). – In einer Schrift mit dem Titel »Mein Glaube« hat Teilhard die Voraussetzung der im Text zitierten »Beweisführung« – ohne auf sie Bezug zu nehmen – allerdings selbst relativiert, wenn nicht zurückgenommen: »Wenn man es wirklich für allzu anthropozentrisch hält, sich eine einzige Menschheit im Universum vorzustellen, bleibt noch der Ausweg, sie als einzigartig zu begreifen... Doch ebenso wie auf der Erdoberfläche die menschliche Seele nicht allein ist, sondern wesentlich als Legion auftritt, ist es auch unendlich wahrscheinlich, daß sich die bewußte kosmische Schicht nicht auf einen einzigen Punkt (unsere Menschheit) beschränkt, sondern sich außerhalb der Erde zu anderen Sternen und anderen Zeiten hin fortsetzt. Viel wahrscheinlicher ist die Menschheit weder ›unica‹ noch ›singularis‹: Sie ist ›eine unter tausend‹.« Dann allerdings taucht das geo-

zentrische Motiv in anderer Form schon im nächsten Satz wieder auf mit der Frage: »Wie aber kommt es dann, daß sie wider alle Wahrscheinlichkeit als Zentrum der Erlösung gewählt wurde? Und wie kann sich von ihr aus die Erlösung von Gestirn zu Gestirn ausbreiten? Die Frage bleibt für mich noch ohne Antwort.« (S. 55/56) Am Schluß heißt es dann: »Denn selbst wenn es wirklich (wie es nunmehr wahrscheinlicher ist) Millionen von ›bewohnten Welten‹ am Firmament gibt, bleibt die Grundsituation für den Christen unverändert... Gewiß... ist es unvermeidlich, daß das Ende des ›Mono-genismus‹ uns möglicherweise dazu zwingt, eine ganze Reihe unserer theologischen ›Vorstellungen‹ zu revidieren und anpassungsfähiger zu gestalten‹.« (S. 278/79) – »Mein Glaube«, Ineditum, New York 1953

7 In einem Brief an seine Frau aus dem Jahre 1540. Luther hat dem Satz ein »Amen« hinzugefügt, so daß an dem Gebetscharakter kein Zweifel besteht. Quelle: Kurt Aland (Hrsg.), »Lutherlexikon«, ^{3}1974, S. 319. Ich verdanke diesen Quellenhinweis der freundlichen Hilfe von Prof. Dr. Liselotte Corbach.

8 Edgar Lüscher, »Pipers Buch der modernen Physik«, 2. Aufl., München 1980, S. 143

9 Die 92 natürlich vorkommenden Elemente werden in der Reihenfolge durchnumeriert, die ihrem zunehmenden Gewicht – dem Gewicht der Atome, aus denen sie bestehen – entspricht. Wasserstoff, das leichteste Element, trägt folglich die »Ordnungszahl« 1, Helium, das nächstschwerere, die Ordnungszahl 2 usw. bis zum schwersten, dem Uran, mit der Ordnungszahl 92. Diese Ordnungszahlen sind zugleich identisch mit der sog. Kernladungszahl, an ihnen läßt sich also unmittelbar ablesen, wie viele elektrisch geladene Teilchen (»Protonen«) der Kern des jeweiligen Atoms enthält: Bei Wasserstoff (H) ist es ein einziges, beim Helium (He) sind es 2, beim Uran 92. Zu dem Gewicht des Kerns – der mehr als 99,9 Prozent der Masse des ganzen Atoms ausmacht – tragen außerdem aber noch ungeladene Kernteilchen, die »Neutronen«, bei. Die »Massenzahl« der jeweili-

gen Atomart gibt die Summe von Protonen und Neutronen im Kern an. Beim Wasserstoff, dessen Kern nur 1 Proton (und kein Neutron) enthält, ist sie mit der Ordnungszahl identisch. Beim Helium, dessen Kern aus 2 Protonen plus 2 Neutronen zusammengesetzt ist, beträgt sie folglich 4 und beim Uran (92 Protonen plus 146 Neutronen) 238.

10 Für den spontanen Zerfall radioaktiver Elemente gilt ein eigentümliches Gesetz, das seinen Ausdruck in der sog. Halbwertszeit gefunden hat: Sie ist die – für jedes radioaktive Element spezifische – Zeit, in der, gänzlich unabhängig von der absoluten Größe der Menge, jeweils die Hälfte der vorhandenen Menge zerfällt. Das »normale« Radium (mit der Massenzahl 226) hat z. B. eine Halbwertszeit von 1620 Jahren. Das heißt, daß von 100 Gramm Radium nach 1620 Jahren noch die Hälfte, also 50 Gramm, übrig wäre. Von diesen zerfallen dann aber in weiteren 1620 Jahren nur 25 Gramm, also wiederum nur die Hälfte (und nicht etwa die restlichen 50 Gramm), während einer anschließenden abermaligen Frist von 1620 Jahren 12,5 Gramm usw.

Uran 238 hat eine Halbwertszeit von 4,5 Milliarden Jahren. Daher ist von ihm heute immerhin noch die Hälfte der Menge vorhanden, die es kurz nach der Entstehung der Erde auf unserem Planeten gab. Und daß Uran 235 so viel seltener ist, erklärt sich leicht aus seiner Halbwertszeit von nur 710 Millionen Jahren.

11 Die Bindungsenergie innerhalb des Kerns von U-238 ist so viel größer als im U-235, daß die Energie »langsamer« Neutronen zu seiner Spaltung nicht ausreicht. Als »langsam« werden in der Kernphysik Neutronen mit einer Bewegungsenergie von weniger als 1 Million Elektronenvolt bezeichnet, wie sie sich z. B. in den modernen Teilchenbeschleunigern erzeugen lassen.

12 Zit. nach W. L. Laurence, »Dämmerung über Punkt Null« (Die Geschichte der Atombombe), List-TB, o. J., S. 169

13 Frank Barnaby gibt in »Types of Nuclear Weapons« (AMBIO, Vol. XI, 1982, S. 83) »etwa 60 kg« als kritische Masse für das in der Hiroshima-Bombe verwendete Uran 235 an,

von denen 700 g gespalten worden seien. Tom Wilkie nennt in »Old age can kill the Bomb« (New Scientist, 16. 2. 1984, S. 27) »ungefähr 52 kg für Uran 235 von normaler Dichte«. Werner Mialki, »Energie aus dem Atomkern. Grundlagen und Anwendung«, Berlin 1966, S. 218, nennt »15 bis 20 kg ... wenn man die Anwendung von Tamper (Fachausdruck für den die krit. Masse umgebenden Stahlmantel) und Reflektor voraussetzt«. Auf (geschätzte) ca. 10 kg für die Hiroshima-Bombe kommt man, berücksichtigt man zusätzlich die durch die zündende Dynamitexplosion bewirkte Verdichtung des Urans.

14 Hier ist vor allem das mit Recht gerühmte Buch von Jonathan Schell, »Das Schicksal der Erde« (Gefahr und Folgen eines Atomkriegs), München 1982, anzuführen, das ich mir als Pflichtlektüre in die Hand aller Politiker und Militärs wünschte (siehe dazu aber auch Anm. 22!).

15 Ich entnehme die folgenden Angaben der Darstellung von Nina Byers u. Hubert Kneser, »Physikalische Wirkungen einer Wasserstoffbomben-Explosion über Frankfurt a. M.«, in: Hans-Peter Dürr et al. (Hrsg.), »Verantwortung für den Frieden. Naturwissenschaftler gegen Atomrüstung«, Spiegel-Buch, Reinbek 1983, S. 46 ff.

16 Eugene Rostow, Leiter der Rüstungskontroll- und Abrüstungsbehörde (!) der USA: »Schließlich hat Japan den Atomangriff nicht nur überlebt, sondern hat danach eine Zeit der Blüte erlebt.« Zit. nach Edward M. Kennedy u. Mark O. Hatfield, »Stoppt die Atomrüstung«, Hamburg 1982, S. 18

17 Aus diesem Grunde muß es einen mit Ratlosigkeit und Resignation erfüllen, wenn man erfährt, daß auch der namhafte Kernphysiker und Friedensforscher C. F. von Weizsäcker sich einen privaten Atombunker auf seinem Grundstück installieren ließ. In was für eine Welt will der Gelehrte mit den Seinen eigentlich nach wochen-, wenn nicht monatelangem Bunkeraufenthalt zurückkriechen, falls seine Familie es überhaupt fertigbringen sollte, sich im Augenblick der Explosion gerade vollzählig in ihrem

Schutzraum aufzuhalten? Wenn die Phantasie selbst dieses Mannes nicht ausreicht, die wirklichkeitsfremde Abwegigkeit einer solchen »Vorbeugungsmaßnahme« und ihre mehr als bedenkliche psychologische Öffentlichkeitswirkung zu durchschauen, muß man hinsichtlich der geistigen Verfassung jener militärstrategischen Profis, denen der Umgang mit Begriffen wie »Megatod« und »Weichzielen« (für lebende Organismen) längst zur Gewohnheit geworden ist, von den schlimmsten Voraussetzungen ausgehen.

18 Wolfgang Send, »Von der Ohnmacht des Zivilschutzes«, in: »Verantwortung für den Frieden«, Reinbek 1983, S. 77
19 Tom Wilkie, »Old age can kill the Bomb«, s. Anm. 13
20 Robert Scheer, »Und brennend stürzen Vögel vom Himmel«, München 1983, S. 34 ff. Der melodramatische Titel dieses Buchs ist leider irreführend. Es handelt sich um eine kommentierte Auswahl von Interviews, die der Autor als Reporter der »Los Angeles Times« in den letzten Jahren mit maßgeblichen amerikanischen Politikern zum Thema Sicherheits- und Verteidigungspolitik führte.
21 AMBIO (published by the Royal Swedish Academy of Sciences), Sonderheft »Nuclear War: The Aftermath«, Vol. XI, Nr. 2–3, 1982. Deutsche Ausgabe unter dem Titel »Nach dem Atomschlag«, Frankfurt 1984
22 Josef Joffe, »Schells Schreckschuß«, Die Zeit, Nr. 28, 9. Juli 1982, S. 11 – Die von keinerlei Selbstzweifeln getrübte Selbstgerechtigkeit, mit der hier ein politischer Redakteur der »Zeit« eine abweichende Meinung über ein zwiespältiges Thema moralisch abqualifizieren zu können glaubt, macht ein wenig ratlos. Die politischen Schlußfolgerungen Schells mögen in der Tat naiv sein. Wenn Joffe daraus nun aber das Recht ableitet, die in dem Buche Schells spürbar werdende Betroffenheit über eine allzusehr verdrängte Bedrohung abwertend zu verdächtigen, so spricht daraus eine eigentümlich unjournalistisch wirkende Arroganz. Man fühlt sich unwillkürlich an den Vorwurf von

Günter Grass erinnert, der Leiter eben dieser Redaktion schreibe nicht wie ein kritischer Journalist, sondern »wie ein verhinderter Staatssekretär«.
23 »Verantwortung für den Frieden«, Reinbek 1983, S. 54
24 Colin S. Gray u. Keith Payne, »Victory is possible«, Foreign Policy, Nr. 39, 1980
25 Alastair Hay et al., »No Fire, no Thunder: the threat of chemical and biological weapons«, Pluto Press, London 1984
26 Werner Dosch, »Neue biologische und chemische Waffen«, in: »Verantwortung für den Frieden«, Reinbek 1983, S. 79
27 Am 12. Dezember 1979 beschlossen die Außen- und Verteidigungsminister der NATO-Staaten auf einer Sondersitzung, der UdSSR Verhandlungen über eine Rüstungsbegrenzung im Bereich der europäischen Mittelstreckenraketen vorzuschlagen, deren Ziel es vor allem sein sollte, die östliche Seite zu einem Verzicht auf die Aufstellung von SS-20-Raketen und zum Wiederabbau der bereits aufgestellten Raketen dieses Typs zu bewegen. Zur Begründung wurde angegeben, daß die Aufstellung dieser Raketen das eurostrategische Rüstungsgleichgewicht gefährde. Zugleich mit diesem »Verhandlungsteil« des Doppelbeschlusses kündigte die Ministerrunde der NATO an, daß die westliche Seite ab Herbst 1983 beginnen werde, ihrerseits in Westeuropa neue Kernwaffenträger aufzustellen (108 Pershing-2-Raketen und 464 Marschflugkörper oder »Cruise Missiles«), wenn die Verhandlungen bis zu diesem Zeitpunkt nicht zu dem angestrebten Ziel (Abbau der SS-20) führen sollten (»Nachrüstungsteil« des Doppelbeschlusses).
28 Einzelheiten in: W. Dosch, a.a.O. (s. Anm. 26) sowie in: Alastair Hay, »At War with Chemistry«, New Scientist, 22. März 1984, S. 12
29 Alle Einzelheiten in der deutschen Ausgabe: »Global 2000. Der Bericht an den Präsidenten«, Frankfurt/M. 1980 (nur über den Versand bei Zweitausendeins-Verlag, Postfach, 6000 Frankfurt/M. 61, für nur DM 19,80).
30 Zit. aus dem am 15. 3. 1982 in Bonn herausgegebenen »Be-

richt der Bundesregierung zu ›Global 2000‹ und den darin aufgezeigten Problemen«.
31 Zwei Beispiele von vielen: In dem Editorial des September-Heftes 1981 der vom »Fusions-Energie-Forum e. V.« in Wiesbaden herausgegebenen Zeitschrift »Fusion« heißt es u. a.: »Diese Ausgabe... hat sich vorgenommen, eine der ungeheuerlichsten Betrügereien der jüngsten Zeit auffliegen zu lassen: den Bericht Global 2000, eine sogenannte Prognose auf der Grundlage eines Computermodells, die eine Gruppe von Anhängern des Nullwachstums im amerikanischen Außenministerium unter der Regierung Carter veröffentlichte.« Im weiteren Text wird die Rolle der Kernspaltung als einer unbedingt benötigten Schlüsseltechnologie unterstrichen, welche »die Planer von Global 2000 und ihre ›alternativen‹ Fußtruppen zu sabotieren hoffen«. Die gleiche Mentalität dokumentiert sich in dem in der »Welt« vom 19. Dezember 1981 auf S. 17 abgedruckten »Gastkommentar« eines als Städteplaners vorgestellten Autors namens Theo Romahn mit dem Titel »Ökologie als Instrument im Kampf gegen das Auto«.
Kostproben: Die Behauptung, daß die Umweltbelastung durch den Kraftwagenverkehr in der Bundesrepublik an ihre Grenzen stoße, sei eine These von »Ökopathen« im SPD-Vorstand. Ökologie sei für diese Vertreter das »ideale Instrument zum Klassenkampf mit anderen Mitteln«. Für Grüne, Bunte und Alternative gehe es darum, den Massenwohlstand zu vernichten, da ihre »Ökosümpfe« nur »auf den Trümmern der Industriegesellschaft erblühen« könnten. – Man würde es nicht glauben, wenn es nicht schwarz auf weiß nachzulesen wäre.
32 Zitate aus dem Bericht der »Süddeutschen Zeitung«, 30./31. 10./1. 11. 1982, Seite 6, über den Ablauf der Debatte.
33 Dieser »Sprechzettel« wurde als Anlage 3 zum Schreiben des Bundesministeriums für Forschung und Technik an den Chef des Bundeskanzleramtes vom 4. 3. 82 (Az. – 126–0104–6–1/82 –) zur Vorbereitung einer Pressekonfe-

renz geschickt und zusammen mit dem »Bericht zu ›Global 2000‹« vom 15. 3. 82 veröffentlicht.
34 Diese Angabe ist, wie die meisten in diesem Kapitel angeführten Fakten und Daten, dem ausgezeichneten Buch von Uwe Lahl und Barbara Zeschmar, »Wie krank ist unser Wasser« (Freiburg 1981), entnommen, das in knappster Form (mit Anhang 136 Seiten) alle wesentlichen einschlägigen Informationen enthält.
35 Die Verbreitung dieser von den Verantwortlichen mit der größten Selbstverständlichkeit praktizierten Strategie wird in dem in der vorhergehenden Anmerkung 34 zitierten Buch mit einer Reihe von fast unglaublichen Beispielen belegt. Zum Thema der »Kungelei« zwischen industriellen Verunreinigern und behördlichen Aufsichtsorganen hier nur ein Beispiel: Nachforschungen der 1980 gegründeten deutsch-holländischen Initiative »Rettet den Rhein« brachten ans Licht, daß die über die Grenzwertkonzentrationen bestimmter Schadstoffe in den Abwässern wachenden Behörden ihre Wasserproben in vielen Fällen *oberhalb* des zu kontrollierenden »Einleiters« zu entnehmen pflegten (anstatt, wie einzig sinnvoll, flußabwärts)!
36 Der Spiegel, Nr. 10/1984, Seite 99
37 Süddeutsche Zeitung vom 23. Februar 1984
38 Die von interessierter Seite in den letzten Jahren in die Presse lancierten »Erfolgsmeldungen«, in denen z. B. von einer Verbesserung der Qualität des Rheinwassers die Rede ist, geben nur die halbe Wahrheit wieder. Es stimmt zwar, daß die gesetzlich erzwungenen Abwasser-Auflagen zu einem Rückgang des Schwermetallgehalts und der Konzentration leicht abbaubarer organischer Verbindungen geführt haben. Die in Anmerkung 35 erwähnte Rhein-Initiative stellte bei Kontrollmessungen jedoch fest, daß insbesondere der Gehalt an gesundheitsgefährdenden langlebigen Chlorkohlenwasserstoffen sogar zugenommen, die Situation insgesamt sich also verschlechtert hatte. Auf die Veröffentlichung der Meßwerte reagierte das Bundesinnenministerium zunächst in der typischen Weise: Die Behauptungen

der Umweltinitiative wurden als »Panikmache« hingestellt. Kontrollen bestätigten die Ergebnisse dann jedoch, übertrafen sie in Einzelfällen sogar noch, wie der damalige Präsident des Bundesumweltamtes öffentlich bestätigte. (Quelle: s. Anmerkung 34, Seite 71/72)
39 Presseerklärung des Freiburger Öko-Instituts, 1.6. 1981
40 Badische Zeitung vom 12. Juli 1984, S. 8
41 Hermann Graf Hatzfeld (Hrsg.), »Stirbt der Wald?«, Karlsruhe 1982
42 Peter Schütt u. a., »Der Wald stirbt an Streß«, München 1984
43 S. Anmerkung 42, S. 19
44 Freilich darf man sich als Voraussetzung einer realistischen Abschätzung der zu erwartenden Kosten nicht auf die Berechnungen der interessierten Parteien verlassen. Eine Vorsichtsmaßnahme, die jedem Durchschnittsbürger aufgrund allgemeiner Lebenserfahrung geläufig ist, die aber in der öffentlichen Diskussion über die Energiepolitik und die mit ihr verbundenen Umweltprobleme mit ostentativer Blauäugigkeit außer acht gelassen wird. So haben die Betreiber von Kernkraftwerken ihre Strompreis-Kalkulationen über viele Jahre hinweg ohne Berücksichtigung des für die Entsorgung und Endlagerung unvermeidlich entstehenden beträchtlichen Aufwandes veröffentlicht. Und im Rahmen der Diskussion über die Frage der Einführung von Abgaskatalysatoren in Pkws hat ein Vertreter der Auto-Lobby im Frühjahr 1984 eine das Projekt angeblich ad absurdum führende Kostenrechnung von so schamloser Unverfrorenheit vorgetragen, daß selbst dem verantwortlichen Bundesinnenminister Zimmermann öffentlich »der Kragen platzte«. (Er erklärte der Presse gegenüber, daß er als Wirtschaftsführer einen Mitarbeiter, der ihm eine derartig unsinnige Rechnung präsentieren sollte, noch am selben Tage »feuern« würde.)
45 Hermann Graf Hatzfeld, »Ist der Wald noch zu retten?«, Die Zeit vom 2. März 1984, S. 40
46 Das von verschiedenen Seiten – natürlich vor allem von sei-

ten der Betreiber – gelegentlich empfohlene Ausweichen auf Kernkraftwerke eröffnet in keinem Falle einen Ausweg, wie aus folgender einfachen Rechnung hervorgeht: Ein einziges Kernkraftwerk vom Typ des Biblis-Reaktors kostet heute etwa 4,5 Milliarden Mark. Das ist bereits etwas mehr als die Hälfte der Summe, die zur erfolgreichen Entschwefelung aller bestehenden konventionellen Großkraftwerke aufgebracht werden müßte. Ein einziges derartiges Kraftwerk kann aber allenfalls zwei typische Braunkohlenkraftwerke ersetzen. Mit anderen Worten: Der durch einen Umstieg auf Kernkraftwerke entstehende Kostenfaktor übersteigt den für eine wirksame Entschwefelung aller existierenden Kraftwerke erforderlichen finanziellen Aufwand mindestens um das Zehnfache (wahrscheinlich liegt er noch weit darüber).

47 Die Geschichte der Sahara und die von ihr noch immer fortschreitenden Ausbreitung für den ganzen afrikanischen Kontinent heraufbeschworenen Gefahren beschreibt der Leiter der Internationalen Sahara-Expedition der Jahre 1953/54, Franz Kollmannsperger, in der Form eines anschaulichen Erlebnisberichtes in seinem Buch »Drohende Wüste« (Wiesbaden 1957). Das Buch ist, was die grundsätzlichen Fakten und Zusammenhänge angeht, in keiner Weise überholt und schon deshalb eine faszinierende Lektüre, weil sein Inhalt heute stellenweise geradezu prophetisch anmutet.

48 Für alle, denen das »wir« in diesem Satz nicht einleuchtet, folgende Anmerkung: Aktiv und verantwortlich beteiligt sind wir an diesem fahrlässigen Raubbau z. B. durch die verschwenderische Verwendung tropischer Edelhölzer. Wir können unsere Häuser und Wohnungen nur deshalb üppig mit Palisander, Mahagoni und Teak ausstaffieren, weil alle diese Holzarten von den Ursprungsländern weit unter ihrem »wahren« Preis angeboten werden. Die Kalkulation berücksichtigt auch in diesem Falle wieder einmal ausschließlich die unmittelbar spürbaren direkten Kosten. Aus diesem eingeengten Blickwinkel stehen die Bäume im

Regenwald scheinbar »umsonst« zur Verfügung, jeder noch so lächerliche Preis wird, abzüglich Arbeits- und Transportkosten, als »Reingewinn« angesehen. In Wirklichkeit müßten wir einen Preis bezahlen, der hoch genug ist, um auch eine Wiederaufforstung in einem Umfang finanzieren zu können, der die Entnahme ausgleicht. Das erst wäre der »wahre« Preis, der alle Kosten des Einschlags abdeckt. Alles andere ist unter ökologischem Aspekt Raubbau.

49 Friedrich Oehlker, Rede zum Freiburger Universitätsjubiläum 1957, zit. nach Günter Howe, »Gott und die Technik«, Freiburg o. J., S. 183

50 Quellen: »Global 2000«, s. Anm. 29; Hubert Markl, »Untergang oder Übergang – Natur als Kulturaufgabe«, in: Mannheimer Forum 1982/83, S. 61

51 Hans Jonas, »Das Prinzip Verantwortung«, 2. Aufl., Frankfurt/M. 1979, S. 33

52 Ernst Bloch, »Das Prinzip Hoffnung«, Frankfurt/M. 1959, S. 1055

53 Der bedeutende amerikanische Evolutionsforscher Ernst Mayr vertritt die Auffassung, daß 99,999 Prozent aller jemals existierenden Evolutionslinien erloschen seien (zit. nach Heinrich K. Erben, »Leben heißt sterben«, Hamburg 1981, Seite 112).

54 Der bedrohlichste dieser »Pferdefüße« ist nicht einmal in der Gefahr von Nebenwirkungen der üblicherweise in den Spraydosen verwendeten Treibgase zu sehen: dem Risiko einer Ansammlung dieser der Gruppe der Chlorkohlenwasserstoffe zugehörigen Gase in der Atmosphäre mit der Folge einer Schädigung des Ozonschildes (der uns bekanntlich vor einem Übermaß der im Sonnenspektrum enthaltenen Ultraviolettstrahlung schützt). Bedenklicher noch erscheint aufgrund unserer heutigen Einsichten der gedankenlose und umfängliche Gebrauch der Insektizide selbst, die von den Treibgasen aus der Dose geblasen werden. Nicht zufällig sind diese chemischen Substanzen nämlich nahe Verwandte der im Abschnitt »Nervengase: Die lautlose Vernichtung« näher beschriebenen Nervengifte. Sie wir-

ken auf Fliegen und andere Insekten nach dem gleichen Prinzip wie Sarin oder ein anderes »modernes« Kampfgas auf den Menschen. Wenn sie – »bei bestimmungsgemäßer Anwendung« – einen Warmblüter auch nicht akut umbringen, so ist doch bisher nicht geklärt, ob wir wirklich unbesorgt zusehen können, wenn diese Stoffklasse – infolge ihrer zunehmenden Anreicherung in unserer Umgebung – in immer höheren Konzentrationen von unserem Unterhautfettgewebe gespeichert wird.

55 Wer sich für die genaueren Zusammenhänge interessiert, dem sei das ganz ausgezeichnete, gut lesbare Buch »Geht uns die Luft aus? Ökologische Perspektiven der Atmosphäre« (Stuttgart 1978) von Georg Breuer empfohlen.

56 Es muß daher auch mit Sorge erfüllen, wenn man liest, daß die Regierung der UdSSR kürzlich beschloß, die landwirtschaftlichen Anbauflächen zur Behebung der chronischen Versorgungsmisere um bis zu 50 Prozent (!) zu erweitern. Zwar ist nicht bekannt, an welche Gebiete dabei gedacht ist und ob nennenswerte Rodungen zur Durchführung dieses Beschlusses notwendig sein werden. In jedem Falle aber sind langfristig mit Sicherheit ökologische Folgeschäden zu erwarten. Die Neuanlage von Monokulturen solchen Ausmaßes in bisher naturbelassenen Regionen muß heutzutage unvermeidlich auf das ökologische Gleichgewicht durchschlagen. Es kann als selbstverständlich gelten, daß die sachverständigen Experten auf diese Gefahr hingewiesen haben. Offenbar aber hat auch hier – wenn der Beschluß nicht wieder rückgängig gemacht werden sollte – der Druck des aktuellen Problems die Oberhand gewonnen über die sich auf zukünftige Möglichkeiten richtenden Bedenken und Einwände – ein für alle ökologisch bedeutsamen Entscheidungen immer wieder verhängnisvoller psychologischer Mechanismus.

57 Hans Jonas, »Das Prinzip Verantwortung. Versuch einer Ethik für die technologische Zivilisation« (Frankfurt/M. 1980). *Die* umfassende sowohl kritisch-analytische als auch schöpferisch-produktive philosophische Begründung einer

Ethik vor dem Hintergrund der ökologischen Bedrohung. Wie schon der Titel verrät nicht zuletzt – und dies im letzten Drittel des Buchs expressis verbis und in extenso – eine bei allem menschlichen Respekt gnadenlose Abrechnung mit Ernst Blochs wohl berühmtestem Buch (»Das Prinzip Hoffnung«).

58 Ob nun als »pursuit of happiness« in der Verfassung der Vereinigten Staaten festgeschrieben oder in der marxistischen Maxime »Jedem nach seinem Bedürfnis« formuliert: Es erscheint nicht zweifelhaft, daß der allgemeine Konsens den Wert einer Gesellschaft in erster Linie an ihrer Fähigkeit mißt, die (legitimen) Bedürfnisse des Individuums zu befriedigen, oder zumindest an der Entschiedenheit, mit der sie dieses Ziel verfolgt. Angesichts des Übermaßes an Elend, Hunger und vielerlei Arten von Mangel in allen real existierenden Gesellschaften ist das kaum kritisierbar. Unser Gedankenexperiment spricht andererseits für die Vermutung, daß dieser Bewertungsmaßstab prinzipiell gesehen zu eng ist.

59 Dieser Eindruck entsteht z. B. fast unabweislich, wenn man mit offiziellen Repräsentanten der katholischen Kirche über das Problem diskutiert. Es ist bedrückend, in solchen Fällen zu erleben, wie gewunden und gewaltsam hochintelligente und -gebildete Menschen, in deren Verständnis Ehrlichkeit und Wahrheitsliebe fraglos Tugenden darstellen, dann mit einem Male zu finassieren beginnen und Schwerhörigkeit an den Tag legen. Nahezu unerträglich peinlich wird die Situation, wenn man bei derartigen Gelegenheiten nicht selten deutlich spürt, daß der katholische Diskussionspartner seine Rolle selbst durchschaut, von der er aus Gründen der Loyalität seiner Obrigkeit gegenüber dennoch nicht abweichen zu dürfen glaubt. Am schlimmsten ist die Aussicht darauf, daß diese Kirche als eine der wenigen noch intakten moralischen Institutionen unserer Gesellschaft im weiteren Verlauf ihre Autorität und Glaubhaftigkeit auf diese Weise mit Gewißheit selbst beschädigen wird – um dann voraussichtlich sehr viel später, wenn der

Schaden längst eingetreten ist, selbstkritisch einräumen zu müssen, daß sie sich (wie etwa schon in dem nach vier Jahrhunderten endlich nicht mehr strittigen Falle Galilei) ein weiteres Mal geirrt habe.

60 Lester R. Brown, »The Global Economic Prospect: New Sources of Economic Stress«, Worldwatch Institute, Washington 1978

61 Ein Systemtheoretiker würde hier vielleicht einwenden, daß die Ursache vielmehr in der komplexen Vernetzung aller natürlichen Systeme – und so auch der Biosphäre – zu sehen sei, die es uns unmöglich mache, alle durch einen Eingriff ausgelösten Folgen vorherzusehen und bei unserer Planung zu berücksichtigen. Das ist gewiß richtig. Jedoch wird durch diesen Hinweis eher ein Wirkungsmechanismus beschrieben als eine Erklärung für unsere heutige Misere gegeben. Denn da wäre eben zu fragen, warum die Folgen dieser analytischen Unzulänglichkeit unserer planenden Ratio angesichts vernetzter Systeme uns erst heute mit so verderblicher Wucht treffen und nicht von jeher. Denn diese Unzulänglichkeit ist ja kein Faktor, der neu ins Spiel gekommen wäre. Wieder kann die Antwort nur lauten, daß die rückkoppelnden Regelmechanismen des Systems Biosphäre mit den Eingriffen unserer Gesellschaft in der Vergangenheit eben deshalb offensichtlich haben fertig werden können, weil das Ausmaß dieser Eingriffe noch mit der »Rückschwingfähigkeit« des Systems vereinbar war. Erst das Ausmaß der von der heutigen Weltbevölkerung ausgehenden Belastungen, einer Bevölkerung, deren Zahl und Ansprüche und technologische Macht ins Untragbare gewachsen sind, hat die Regelungskapazität des Systems zu überfordern begonnen.

62 S. Anm. 57, a.a.O., S. 392

63 Walter Jens (Hrsg.), »In letzter Stunde. Aufruf zum Frieden«, München 1982

64 Diese beruhigende Voraussetzung gilt ganz sicher nicht für alle Zukunft. Nach amerikanischen Schätzungen könnte die Zahl der »Mitglieder des Atomklubs« in den nächsten

beiden Jahrzehnten auf 30 oder sogar 40 Staaten anwachsen. Das Risiko, daß sich darunter ein Staat mit einer Regierung (oder einem Diktator) befinden könnte, deren Entscheidungen mehr von religiösem oder ideologischem Fanatismus als von rationalen Erwägungen bestimmt sind, nimmt dabei selbstverständlich zu.

65 Helmut Kohl als Gastredner auf dem Parteitag der CSU im Sommer 1983: Es sei eine »unerträgliche Arroganz«, wenn da Menschen behaupteten, einen besseren Weg zu Frieden und Abrüstung zu kennen (als den der Beharrung auf dem NATO-Doppelbeschluß).

66 Die Literatur zum Thema ist fast unüberschaubar. Ich stütze mich in erster Linie auf folgende Bücher: 1. »Die Nachrüstungsdebatte im Deutschen Bundestag. Protokoll einer historischen Entscheidung«, Reinbek bei Hamburg 1984. – 2. SIPRI (Stockholm International Peace Research Institute) (Hrsg.), »Atomwaffen in Europa. Nachrüstungsdruck und Abrüstungsinitiativen. Rüstungsjahrbuch '82/83«, Reinbek bei Hamburg 1983. – 3. Horst Afheldt, »Atomkrieg. Das Verhängnis einer Politik mit militärischen Mitteln«, München 1984. (Bei diesem Buch eines ehemaligen Mitarbeiters von C. F. von Weizsäcker handelt es sich m. E. um die gründlichste, unparteiischste, quellenreichste und intelligenteste deutschsprachige Analyse der Probleme einer Friedenssicherung im nuklearen Zeitalter.) – 4. Generale für Frieden und Abrüstung (Hrsg.), »Generale gegen Nachrüstung«, Hamburg 1983. – 5. »Verantwortung für den Frieden. Vorlesungsreihe an der TH Aachen«, Aachen 1984. – 6. Ernst Josef Nagel (Hrsg.), »Dem Krieg zuvorkommen. Christliche Friedensethik und Politik«, Freiburg 1984. – 7. Walter Jens (Hrsg.), »In letzter Stunde. Aufruf zum Frieden«, München 1982. – 8. Hans-Peter Dürr u. a. (Hrsg.), »Verantwortung für den Frieden. Naturwissenschaftler gegen Atomrüstung«, Reinbek bei Hamburg 1983. – 9. Reiner Labusch u. a. (Hrsg.), »Weltraum ohne Waffen. Naturwissenschaftler warnen vor der Militarisierung des Welt-

raums«, München 1984. – 10. Heinrich Albertz (Hrsg.), »Warum ich Pazifist wurde«, München 1983. – Auf weitere Quellen wird jeweils an den entsprechenden Stellen des Textes verwiesen.
67 Bundesminister Heiner Geißler am 15. Juni 1983 vor dem Deutschen Bundestag (als Antwort auf ein »Spiegel«-Interview des Abgeordneten der Grünen Joschka Fischer, in dem dieser im Zusammenhang mit dem atomaren Wettrüsten von der Vorbereitung »eines zweiten Auschwitz« gesprochen hatte): »Herr Fischer, ich mache Sie als Antwort auf das, was Sie dort gesagt haben, auf folgendes aufmerksam. Der Pazifismus der 30er Jahre, der sich in seiner gesinnungsethischen Begründung nur wenig von dem unterscheidet, was wir in der Begründung des heutigen Pazifismus zur Kenntnis zu nehmen haben, dieser Pazifismus der 30er Jahre hat Auschwitz erst möglich gemacht.« (Auszug aus dem Stenographischen Bericht des Deutschen Bundestages, 10. Wahlperiode, 13. Sitzung, Mittwoch, den 15. Juni 1983, S. 755)
68 Ich verdanke diesen Hinweis einer brieflichen Mitteilung des Frankfurter Politologen Iring Fetscher. Der französische Ministerpräsident Daladier gehörte zwar einer Partei an, die sich »radikalsozialistisch« nannte. Von dem Namen darf man sich jedoch nicht irreführen lassen. Die von der »radikalsozialistischen« Partei – und der von Daladier von April 1938 bis März 1940 geleiteten französischen Regierung – verfolgte Politik würden wir aus heutiger Sicht eher »nationalliberal« nennen und dem Spektrum »rechts von der Mitte« zuordnen. Pazifistische Motive spielten in ihr jedenfalls keine bedeutungsvolle Rolle.
69 Zit. nach Walter Jens in: Die Zeit vom 18. Mai 1984, S. 8
70 Department of Defense, Fiscal Year 1981, S. 109 (zit. nach Anm. 66/3)
71 Gern hätte ich hier eine Formulierung benutzt, die von jeglichem kränkenden Charakter frei wäre. Das ist jedoch schwierig, wenn man nur die Wahl hat, dem Mann, der die deutsche Politik verantwortet, in einem unsere Sicherheits-

interessen so wesentlich berührenden Punkt Unwissenheit (statt bewußte Falschaussage) zu unterstellen.
72 Jim Garrison u. Pyare Shivpuri, »Die russische Bedrohung. Mythos oder Realität«, München 1985
73 Colin S. Gray u. Keith Payne, »Victory is possible«, Foreign Policy, Nr. 39 (1980), deutsch unter dem Titel »Sieg ist möglich«, in: Blätter für deutsche und internationale Politik, Nr. 12 (1980)
74 Dieses während der letzten Phase der »Nach«-Rüstungsdebatte immer wieder als »Beweis« der amerikanischen Verhandlungs- und Kompromißbereitschaft angeführte »Angebot« hätte es in der konkreten Praxis den Russen zugemutet, auf mehr als 60 Prozent ihres gesamten nuklearen Rakentenarsenals zu verzichten, während die Amerikaner lediglich knapp 30 Prozent ihrer Vorräte hätten zu verschrotten brauchen (größer war ihr Anteil an *land*gestützten Raketen nämlich nicht!). »Bisher umfassendstes Abrüstungsangebot der Geschichte« (so der deutsche Bundeskanzler in der entscheidenden Bundestagsdebatte) oder abermals nur ein Fall westlicher »Desinformation«, einer »Täuschung der Öffentlichkeit« durch die von ihr in die Regierungsverantwortung gewählten Volksvertreter? Und: Was ist eigentlich besorgniserregender, die Annahme, daß Kohl – und Dregger und Genscher und Waigel und all die anderen Sprecher der Regierungskoalition, die auf dem »Argument« herumritten – es nicht besser wußte, oder die Möglichkeit, daß sie im Geiste einer mit »Vasallentreue« noch milde charakterisierten Auslegung der deutschen Bündnisverpflichtungen gegenüber der »Schutzmacht« bewußt die Unwahrheit sagten? Und: Wie glaubhaft ist eigentlich das »Erstaunen« eben dieser in der Verantwortung stehenden politischen Repräsentanten unserer Gesellschaft darüber, daß das Vertrauen der von ihnen regierten Bürger in ihre Weisheit und ihre Glaubhaftigkeit angesichts derartiger Vorkommnisse (und anderer Anlässe in anderen politischen Bereichen) neuerdings Symptome einer gewissen Überstrapazierung erkennen läßt?

75 Zur Auffrischung der Erinnerung hier noch einmal die wichtigsten Details zur Geschichte des legendären »Missile Gap« der 60er Jahre in der Form eines tabellarischen Vergleichs, den ich dem Buch von H. Afheldt (s. Anm. 66/3) entnehme: s. unten.
76 Helmut Schmidt, »Verteidigung oder Vergeltung. Ein deutscher Beitrag zum strategischen Problem der NATO«, Stuttgart 1965, S. 108
77 Horst Afheldt bringt in einer Fußnote auf S. 14 seines wiederholt zitierten Buchs (Anm. 66/3) ein groteskes Beispiel für diese Entwicklung. In der FAZ vom 23. Oktober 1981 schrieb der Sicherheitsexperte der Zeitung, Adelbert Weinstein, in einem Kommentar: »Die Deutung der Atomstrategie ist schwierig. Der amerikanische Präsident hat aus dem Stegreif zu Grundsatzfragen der nuklearen Kriegführung Stellung genommen. Seine Formulierungen verrieten den

The Missile Gap – die »Raketenlücke«*

	Vereinigte Staaten	Sowjetunion	Balance (+ = Überlegenheit der USA) (− = Überlegenheit der UdSSR)
	A. Vorhergesagte Raketenlücke		
1960	30	100	USA − 70
1961	70	500	USA − 430
1962	130	1000	USA − 870
1963	130	1500	USA − 1370
1964	130	2000	USA − 1870
	B. Die wirklichen Zahlen		
1960	18	4 (35)	USA + 14 (− 17)
1961	63	20 (50)	USA + 43 (+ 13)
1962	294	75	USA + 219
1963	424	100	USA + 324
1964	834	200	USA + 634

* Über die sowjetischen Zahlen herrscht noch heute Streit. Bei sonst guter Übereinstimmung differieren so die Zahlen von Neild für die sowjetischen Raketen 1960/61 von denen des International Institute for Strategic Studies, London, aus dem Jahre 1969. Die Zahlen des IISS (Military Balance 1969/70) sind deshalb in Klammern danebengesetzt.

Laien ... Das, was Atomstrategie genannt wird, ist seit einem Menschenalter Geheimwissenschaft. Sie wird von einigen Dutzend Analytikern, militärischen Fachleuten, Philosophen und Journalisten betrieben.« Das mag wohl so sein. Der Gedanke, daß das Schicksal der Erde, unser aller Überleben, von den zu einer Geheimwissenschaft kultivierten esoterischen Gedankenmodellen einer Handvoll Insider abhängig geworden sein könnte, ist andererseits nichts weniger als beruhigend. Und außerdem ist Horst Afheldt beizupflichten, wenn er im Anschluß an Weinsteins Behauptung die Frage stellt, wie eine Abschreckungspolitik eigentlich funktionieren solle, wenn feststehe, daß der für diese Politik im Westen letztlich allein entscheidende amerikanische Präsident sie nicht verstehe und auch nicht verstehen könne.

78 Die im folgenden Text angeführten Fakten, Daten und Zahlen entstammen den in den Anmerkungen 66/2; 66/3; 66/4 und 66/7 sowie 72 angegebenen Quellen.

79 US Government Printing Office, Washington, D. C., 1981, S. 25 (zit. nach SIPRI, s. Anm. 66/2)

80 In dem Buch »Generale gegen Nachrüstung« (s. Anm. 66/4) heißt es dazu: »Kern der militärischen Argumentation in den Bedrohungsanalysen sind Potentialvergleiche. Man setzt das sowjetische Militärpotential mit Bedrohung gleich und erwartet, daß die Sowjetunion das Langzeit-Rüstungsprogramm der NATO, das Streben zur Schaffung eines Erstschlagspotentials und die Theorien über ›Enthauptungsschläge‹ nicht als Bedrohung empfindet. Mit Akribie werden die Zahlen von Panzern, Flugzeugen, Raketen, Schiffen und Divisionen gegenübergestellt. Die dabei aufgezeigten zahlenmäßigen Vorteile des Warschauer Pakts werden als militärische Bedrohung bezeichnet. Aus dieser Bedrohung wird dann die Notwendigkeit abgeleitet, mehr Mittel zur Verstärkung und Modernisierung des Verteidigungspotentials zur Verfügung zu stellen. Dieser quantitative Kräftevergleich besitzt erhebliche methodische Mängel. Dabei wird nach einer Methode verfahren, die – weder

wissenschaftlich noch originell – einfach auf das begrenzte Fachwissen der Öffentlichkeit um militärische Fragen setzt und fehlende Beweiskraft durch ständige Wiederholung von ›Argumenten‹ zu kompensieren sucht.« So würden zum Kräftevergleich z. B. selektiv solche Waffensysteme ausgewählt, bei denen die Gegenseite (quantitativ) überlegen sei, ohne ihren militärisch-strategischen Wert zu berücksichtigen. Ein Beispiel sei die ständige Betonung der östlichen »Überlegenheit« an landgestützten Raketen, von denen die Kontinentalmacht Sowjetunion in der Tat mehr besitze als die USA. Ferner werde der Kräftevergleich meist auf die beiden Supermächte allein eingeengt, anstatt NATO und Warschauer Pakt einander gegenüberzustellen. Dabei bliebe dann nicht nur das nukleare Potential von England und Frankreich unberücksichtigt, sondern auch das den Warschauer-Pakt-Staaten weit überlegene konventionelle Potential der westeuropäischen NATO-Staaten, das »von der Sowjetunion fast allein kompensiert werden müsse« (S. 59/60). Die Autoren gehören einer Vereinigung an, die von zwölf ehemaligen – pensionierten bzw. aus Protest vorzeitig in den Abschied gegangenen – Generalen und Admiralen aus acht verschiedenen NATO-Ländern 1981 unter dem Namen »Generale für Frieden und Abrüstung« gegründet wurde. Der Kreis hat es sich zur Aufgabe gemacht, die westliche Sicherheitspolitik unter *militärischen* Gesichtspunkten kritisch zu analysieren und Öffentlichkeit sowie Politiker über die mit ihr verbundenen Gefahren aufzuklären. – Mangelhafte Sachkenntnis wird man diesem Gremium kaum vorwerfen können. Zu der grotesken Unterstellung mangelhafter nationaler Zuverlässigkeit hat sich bisher auch niemand hinreißen lassen. So beschränkt man sich von offizieller Seite darauf, diese Gruppe und ihre von Zeit zu Zeit veröffentlichten Analysen zu ignorieren und nach Möglichkeit totzuschweigen – leider nicht ganz ohne Erfolg.

81 Aus der Zuschrift einer Olivia Heider an den »Monterey

Peninsula Herald« vom 24. Januar 1983 – hier zitiert als Beispiel für eine Fülle gleichartiger Leserbriefe.

82 Eine Anmerkung am Rande: Aus diesem Grunde scheint mir auch das neueste Theaterstück von Rolf Hochhuth, »Judith«, schon im dramaturgischen Ansatz verfehlt zu sein. Hochhuth schildert darin einen dramatischen Konflikt, der sich an der Frage entzündet, ob die Tötung eines einzelnen Menschen moralisch zu rechtfertigen sei, wenn sich dadurch der Ausbruch eines Krieges verhindern ließe. Sein konkretes Beispiel ist die Person Ronald Reagan. Diese Wahl macht den ganzen dramatischen Konflikt aber von vornherein zu einer gewaltsamen und wirklichkeitsfremden Konstruktion, da sie dem amerikanischen Präsidenten eine Rolle zuschreibt, die mit der Realität wenig zu tun hat. Reagan ist gewiß nicht der moderne Cato, der mit seinem »Ceterum censeo...« eine primär an der Vermeidung aller friedensgefährdenden Risiken interessierte Gesellschaft demagogisch aufzustacheln versuchte. Wir haben ihn vielmehr doch wohl im ganz ursprünglichen Wortsinn als einen genuinen »Repräsentanten« seiner Wähler anzusehen, die ihn eben deshalb mit überwältigender Mehrheit in sein Amt beförderten, weil er genau das sagte und zu tun versprach, was die überwiegende Mehrheit der amerikanischen Bevölkerung in der augenblicklichen Situation denkt und zu tun für richtig hält. Sein Tod würde an der grundsätzlichen Tendenz der amerikanischen Politik daher aller Voraussicht nach überhaupt nichts ändern – womit das dramatische Exempel Hochhuths a priori aller tragischen Qualität entbehrt.

83 »Eine derartige Überlegenheit – weit über 1000 zu Null [Anmerkung: Gemeint sind wieder einmal ausschließlich die landgestützten SS-20-Sprengköpfe, siehe dazu Anm. 80] –, die immer noch wächst, bei einem derartigen Waffensystem – punktzielgenau; Reichweite bis zu 5000 km; selbst weitgehend unverwundbar, da beweglich –, eröffnet der Sowjetunion viele Möglichkeiten, unter anderem, mit einem einzigen Schlag alle wichtigen Ziele in Euro-

pa zu zerstören. Dann wären die wichtigen Punkte zerstört. Europa würde verteidigungsunfähig. Es wäre aber nicht in der Fläche zerstört. Es stünde nach der Besetzung zur Ausbeutung zur Verfügung.« (Alfred Dregger am 21. 11. 1983 im Deutschen Bundestag, Quelle: Anm. 66/1, S. 43/44) Das ist der Tonfall schlichten Verfolgungswahns! Aber: Spiegelt nicht auch dieser Repräsentant die psychische Verfassung einer Majorität der von ihm Repräsentierten demokratisch-getreulich wider?

84 Angesichts der bei uns herrschenden Atmosphäre möchte ich mich an dieser Stelle vorsorglich gegen einen Standardvorwurf verwahren: Diese Überlegungen haben nicht die Feststellung einer »moralischen Äquidistanz« zu beiden Supermächten zum Ziel. Kurz und deutlich: Selbstredend wäre ich, wenn ich zwischen diesen beiden Möglichkeiten wählen müßte, immer noch lieber ein Neger in den USA als ein Dissident in der UdSSR. Die Argumentation bezieht sich allein auf die grundsätzliche Austauschbarkeit der Rollen hinsichtlich des im Text beschriebenen psychologischen Mechanismus.

85 Christoph Bertram, des Liebäugelns mit Positionen der Friedensbewegung unverdächtiger Strategieexperte der »Zeit«, charakterisierte den US-Falken Richard Perle folgendermaßen: »Richard Perle, Anfang Vierzig, liebevoller Familienvater und charmanter Gesprächspartner, begnadeter und gnadenloser Guerilla-Kämpfer in den Korridoren der Macht, der vom Pentagon aus den Feldzug gegen die gesamte amerikanische Rüstungskontrollpolitik seit Kennedy führt.« (Die Zeit vom 7. Dezember 1984, S. 68)

86 Aus dem Hirtenwort der kathol. Deutschen Bischofskonferenz »Gerechtigkeit schafft Frieden« vom 27. April 1983

87 Die Formulierung ist eine Abwandlung einer Metapher, mit der Walter Jens den Sachverhalt treffend erfaßte, als er von »den phantasietötenden Schmink-Worten der Vernichtungsindustrie« schrieb (s. Anm. 66/7, S. 19). Von einer sprachlichen »Verbiederung der Welt« sprach Günther Anders (»Die Antiquiertheit des Menschen«, München 1956,

6. Aufl. 1983, S. 116 f.) schon vor Jahrzehnten aus Anlaß der – nur von wenigen als alarmierend erkannten – Tatsache, daß man der am 7. März 1955 gezündeten amerikanischen Wasserstoffbombe den gemütvollen Namen »Grandpa« (Großväterchen) gegeben hatte.
88 Bert Brecht, Ges. Werke, Bd. 9 (Gedichte, 2), S. 636
89 Zitiert nach Walter Jens, s. Anm. 66/7, S. 7/8
90 Hans-Martin Gauger, »Unwahre Wörter?«, Merkur, Februar 1985, S. 169
91 Dolf Sternberger, »Über die verschiedenen Begriffe des Friedens«, Stuttgart 1984
92 »Nun war aber für jedermann von vornherein klar – und dies hat sich nach erfolgter Nachrüstung bestätigt –, daß es dabei *nicht* bleiben würde. Es war klar, daß die andere Seite reagieren würde mit einem weiteren Schritt. Also war, was man ›Nachrüstung‹ nannte, von daher gesehen das genaue Gegenteil dessen, was dies Wort suggerierte«, und in dieser Tatsache liege – »wie berechtigt auch immer das ›Nach‹ gewesen sein mochte« – seine »Unwahrheit« (H.-M. Gauger, s. Anm. 90). – Im Zusammenhang mit der häufig vorgetragenen Erinnerung daran, daß der damalige Bundeskanzler Helmut Schmidt es gewesen ist, der diesen Doppelbeschluß des Jahres 1979 angeregt habe, ist auch daran zu erinnern, daß Helmut Schmidt wohlweislich intensive und ernshafte amerikanische Verhandlungsanstrengungen zur Verhinderung des Zwangs zu einer Nachrüstung als wesentlichen Bestandteil der Vertragskonstruktion angesehen hatte. Aber abgesehen davon, daß die Amerikaner zwei Jahre, also nicht weniger als die Hälfte der für diese Verhandlungen zur Verfügung stehenden Zeit, untätig verstreichen ließen, hat sich nachträglich in aller Deutlichkeit gezeigt, daß der sich bei den Gegnern der »Nach«-Rüstung schon früh regende Verdacht, die Amerikaner verhandelten gar nicht ernsthaft und seien im Grunde lediglich an der Aufstellung ihrer neuen »Systeme« interessiert, nicht aus der Luft gegriffen war (und auch nicht Ausdruck »antiamerikanischer Ressentiments« gewesen ist). Seine Berechtigung hat der

amerikanische »Time«-Mitarbeiter Strobe Talbott in dem Buch »Raketenschach« (München 1984) inzwischen anhand amerikanischer Dokumente mit deprimierenden Details unwiderlegbar dokumentiert. Aber auch diese Veröffentlichung, die nachweist, daß die Verantwortlichen der amerikanischen Regierung an einem Verhandlungserfolg in Genf überhaupt nicht interessiert waren, daß sie seine Möglichkeit, wo immer sie sich anzudeuten schien, sogar nach Kräften sabotiert haben, hat keinen unserer »Nach«-Rüstungsbefürworter wenigstens nachträglich irritiert. Seit die Aufstellung der neuen »Systeme« begonnen hat, ist das Thema vom Tisch. So daß jetzt der Verdacht sich regen muß, daß auch sie in Wirklichkeit nur daran, nur an dieser Hälfte des »Doppel«-Beschlusses, wirklich interessiert gewesen sind. Diese Annahme würde immerhin die sonst in diesem Kreise einigermaßen verwunderliche »Ignoranz« verständlich werden lassen – nämlich als nur vorgetäuscht –, die objektiv hinter einigen ihrer zentralen Argumente nachzuweisen ist. – Die »Generale für Frieden und Abrüstung« hatten den NATO-Doppelbeschluß schon 1983 als Kombination »nuklearer Drohgebärden gegenüber der Sowjetunion mit einem großangelegten Täuschungsmanöver gegenüber der aufs höchste gefährdeten Bevölkerung Westeuropas« bezeichnet (s. Anm. 66/4, S. 207). Übrigens spricht schon die Tatsache Bände, daß die offizielle amerikanische Behörde für Rüstungskontrolle und Abrüstung (ACDA) nur über einen Etat verfügen kann, der niedriger ist als die für die US-Militärkapellen bewilligte Summe (66/4, S. 204).

93 Egon Bahr, »Atomare Klassenunterschiede«, Der Spiegel, Nr. 7/1984, S. 36 f. Die US-Regierung hat ihre Konsultationsverpflichtung ihren Verbündeten gegenüber ohnehin von vornherein durch die Einschränkung relativiert, daß sie nur dann gelte, wenn die zeitlichen Umstände in einer Krise das zuließen (Nino Pasti, »Militärisches Kräfteverhältnis und Nachrüstung«, Blätter für deutsche und internationale Politik, Nr. 2/1981, S. 190). Was das für die Pra-

xis bedeutet, kann man sich an den Fingern abzählen. H. Afheldt erinnert in diesem Zusammenhang daran, daß die USA nicht einmal ihren engsten Verbündeten Großbritannien informierten (geschweige denn konsultierten), bevor sie im November 1983 die – zum britischen Commonwealth gehörende! – Insel Grenada besetzten, eine Erfahrung, die »doch dem letzten Träumer die Augen öffnen« sollte (Anm. 66/3, Fußnote 428 auf S. 218).

94 Aus der Erklärung von US-Verteidigungsminister Caspar Weinberger zum Etat der Streitkräfte 1984: »Ferner ist die Erkenntnis wichtig, daß Abschreckung zwar einen bewußten Entschluß zur Führung eines Angriffs abwenden, doch nicht alle Arten von Konflikten verhindern kann... Abschreckung kann auch einen unbeabsichtigten oder durch einen ›Betriebsunfall‹ ausgelösten Ausbruch von Feindseligkeiten nicht verhindern.« (Zitiert nach H. Afheldt, Anm. 66/3, S. 242, Fußnote Nr. 490)

95 Ich verkenne nicht den hohen moralischen Rang, den das Konzept der »zivilen Verteidigung« (einer Art solidarischen Generalstreiks eines ganzen, von einer fremden Armee unterdrückten Volkes gegenüber den Besetzern) allen bewaffneten Formen von Verteidigung gegenüber in der Theorie beanspruchen kann. Wer jedoch Besetzungen und Besatzungssituationen unter kriegerischen Umständen selbst erlebt hat – also die gesamte ältere Generation, wenn die »Besatzer« des Jahres 1945 auch nicht als »Feinde« erlebt wurden –, wird sich über die Realisierbarkeit dieser »gewaltfreien Strategie der Verteidigung« keine Illusionen machen. Ihre Protagonisten unterschätzen die Bereitschaft zur Kollaboration und die Korrumpierbarkeit von Menschen in Notsituationen (z. B. durch das Angebot ausreichender Nahrungsmittel für die eigenen Angehörigen) wirklichkeitsfremd und hoffnungslos. Sie überschätzen gleichzeitig mindestens ebensosehr die Bereitschaft zum Märtyrertum bei einer genügend großen Zahl derer, die ihren passiven Widerstand trotz der voraussehbaren Konsequenzen (Geiselnahmen, Verschleppungen, Erschie-

ßungen) aufrechterhalten müßten, wenn die Methode Erfolg haben soll. Es genügt wohl ein Blick auf die Situation in Polen, um den illusionären Charakter dieser von erstaunlich vielen Jugendlichen allzu optimistisch beurteilten »Verteidigungsmethode« zu durchschauen.

96 Winfried Böttcher, »Abschreckung als untaugliches Prinzip der Kriegsverhütung«, in: s. Anm. 66/5, S. 25

97 Ein ebenso deprimierender wie instruktiver Beleg für die obrigkeitliche Arroganz – man kann es anders nicht nennen –, mit der in unserer Republik Verantwortung tragende Politiker sich über alternative Vorschläge hinwegsetzen zu können glauben, ist eine Stellungnahme von Minister Heiner Geißler zum »Mainzer Appell«, der als »Gastkommentar« am 9./10. Juli 1983 (also wenige Tage nach dem Naturwissenschaftlerkongreß) in der Mainzer »Allgemeinen Zeitung« erschien. Darin wird den Naturwissenschaftlern unterstellt, sie hätten empfohlen, auf ein Gleichgewicht gegenüber der Sowjetunion zu verzichten. Nicht weniger als dreimal behauptet der Autor ferner, die versammelten Wissenschaftler hätten sich für einseitige *Abrüstungsschritte* ausgesprochen. Entweder hat Minister Geißler es nicht der Mühe wert befunden, den »Mainzer Appell« – in dem man beide »Empfehlungen« vergeblich suchen wird, ja, der einen unmittelbaren Übergang zu Abrüstungsschritten sogar als »grundsätzlich unmöglich« bezeichnet – überhaupt mit der notwendigen Aufmerksamkeit zu lesen, oder er hat (wiederum muß diese unschöne Möglichkeit in Erwägung gezogen werden) mit manipulierten Zitaten versucht, den Unterzeichnern des Appells – darunter prominente und in rüstungstechnischen Fragen sachkundige Mitglieder der Max-Planck-Gesellschaft und die Institutsdirektoren zahlreicher deutscher Universitäten – prophylaktisch die Glaubwürdigkeit zu beschneiden. Außerdem drängt sich die Frage auf, woraus der Familienminister und Parteisekretär eigentlich die eigene Kompetenz zur Beurteilung der von einigen hundert Naturwissenschaftlern in mehrtägigen Arbeitskreisen produzierten Ergebnisse ab-

leitet und das Recht, sie in der (oberflächlichen) Form abzuqualifizieren, wie er es in seinem »Gastkommentar« tut. Genau diese obrigkeitliche Selbstüberschätzung, die gegen alle Kritik und alternative Anregungen »von außen« total immunisiert, trägt zu dem lebensgefährlichen Kurs bei, den die offizielle Sicherheitspolitik eingeschlagen hat.

98 Briten und Franzosen allein werden bis zum Anfang des kommenden Jahrzehnts über mehr als 1000 Sprengköpfe dieser Kategorie auf U-Booten verfügen (die Umrüstung hat bereits begonnen). Ferner sind der NATO von den USA schon vor Jahren drei Poseidon-U-Boote unterstellt worden. (Um auch daran nochmals zu erinnern: Kein einziger dieser Sprengköpfe ist bei der »Nach«-Rüstungsdiskussion mitgezählt worden – es handelte sich ja nicht »um landgestützte Mittelstreckenraketen« bzw. um englische und französische »nur der eigenen nationalen Verteidigung dienende« Abschreckungswaffen, von denen sich die Russen in Genf nach westlicher Auffassung nicht bedroht zu fühlen hatten.) Jedenfalls: Selbst dann, wenn man das gesamte US-amerikanische Vernichtungspotential unberücksichtigt läßt, stände zur Zerstörung Rußlands noch eine »Overkill«-Kapazität zur Verfügung.

99 Dies gilt jedenfalls für unsere, die westliche Seite. Aus östlicher Perspektive ließe sich das nicht mit der gleichen Bestimmtheit sagen. Hier kommt wieder die unvergleichlich größere technologische Innovationskraft der kapitalistischen Länder ins Spiel. Wenn die Russen einseitig auf Weiterrüstung verzichteten, wäre die Gefahr nicht von der Hand zu weisen, daß sie sich innerhalb weniger Jahre in einer waffentechnisch hoffnungslos unterlegenen Position wiederfinden könnten. Auch diese Rahmenbedingungen stellen daher eine Teilantwort auf die Frage dar, warum »ausgerechnet wir anfangen sollen, aufzuhören«: Der Westen kann sich diesen Schritt aufgrund seiner technischen Überlegenheit sehr viel leichteren Herzens leisten als der östliche Kontrahent.

100 S. Anm. 65

101 Ich stütze mich im folgenden vor allem auf die Veröffentlichungen der beiden Wirtschaftswissenschaftler Gerhard Prosi: »Wachstumsorientierte Umweltpolitik in der Marktwirtschaft«, Vortrag an der Universität Kiel am 1.6. 1984, und Gerhard Scherhorn: »Ökonomie und Ökologie«, Vortrag an der Universität Stuttgart am 22.11. 1984. Die besonders wichtige Publikation von Scherhorn enthält zahlreiche Angaben über weiterführende Literatur. Herangezogen habe ich ferner Publikationen der Biologen Hans Mohr: »Qualitatives Wachstum – eine Strategie für die Zukunft?«, Vortrag an der Universität Stuttgart am 7.6. 1984, sowie Hubert Markl: »Untergang oder Übergang – Natur als Kulturaufgabe«, Mannheimer Forum 1982/83, S. 61. (Die Veröffentlichungsreihe »Mannheimer Forum« ist im Handel nicht erhältlich, aber als Leihgabe über alle größeren Bibliotheken zu beziehen.)
102 Friedrich August von Hayek, »Die drei Quellen der menschlichen Werte«, Tübingen 1979
103 So der Wirtschaftswissenschaftler Hans-Christian Binswanger (zit. nach G. Scherhorn, s. Anm. 101)
104 G. Scherhorn (s. Anm. 101) schreibt, daß es im kapitalistischen Wirtschaftssystem zweifellos ökonomische Anreize gebe, Kosten abzuwälzen. Das gelte aber für sozialistische Systeme in gleichem Maße. Diese hätten ihre eigenen Schwierigkeiten, z. B. mit der Berücksichtigung der Seltenheit des Vorrats an naturgegebenen Gütern. »Sie haben die Arbeitswertlehre, die es ihnen erschwert, in den Wert eines Naturgutes nicht nur die Kosten der Bearbeitung einzubeziehen, sondern auch die Seltenheit des Vorrats. Sie haben die Unzulässigkeit von Privateigentum, die es ihnen erschwert, den einzelnen Betrieb dazu zu bringen, mit naturgegebenen Gütern haushälterisch umzugehen.« Man sieht: Ökologische Belastung ist unabhängig von der jeweils ideologischen Position allein eine Frage extensiver wirtschaftlicher Produktivität, gekennzeichnet durch die Tendenz, »interne« Kosten soweit irgend möglich zu reduzieren.
105 Alle wesentlichen Fakten und Argumente enthält in knapp-

ster Zusammenfassung: »Hunger durch Überfluß?«, Arbeitsheft zum Jahresthema »Brot für die Welt 1981/82«, hrsg. v. d. Ev. Kirche. Darin auch (S. 36) der (auszugsweise) zitierte »Meditationstext« von B. Burkhardt.
106 Rupert Lay, »Credo. Wege zum Christentum in der modernen Gesellschaft«, München 1981, S. 135
107 1981 trafen sich in Malente (Holstein) namhafte Demographen und Bevölkerungsstatistiker zu einem Symposion mit dem Titel »Dritte Welt – ganze Welt? Das Bevölkerungswachstum bedroht die Menschheit«. Teilnehmer waren u. a. Hermann Schubnell (Univ. Mainz, ehem. Direktor des Bundesinstituts für Bevölkerungsforschung), Gabriele Wülker (Univ. Bochum, Vorsitzende des Deutschen Komitees der UNICEF), Heinz-Ulrich Thimm (Dir. d. Instituts für Welternährungswirtschaft, Univ. Gießen), Hans Jochen Diesfeld (Univ. Heidelberg) und Karl W. Deutsch (Harvard University, Wissenschaftszentrum Berlin). Im folgenden Text stütze ich mich u. a. auf die Referate und Diskussionen dieses Kongresses, dessen Ergebnisse unter dem angegebenen Titel als 5. Band der Dräger-Stiftung 1982 in Bonn erschienen sind. – Eine weitere wichtige Quelle (für die Umweltproblematik insgesamt, darin u. a. auch ein zusammenfassender Artikel zur Problematik des Bevölkerungswachstums) ist: Gerd Michelsen, Uwe Rühling, Fritz Kalberlah (Hrsg.), »Der Fischer Öko-Almanach«, Öko-Institut Freiburg, Frankfurt/M. 1982. Neben enzyklopädisch konzipierten Spezialartikeln zu allen einschlägigen Grundproblemen eine Fülle von Literatur und eine Zusammenstellung der Anschriften aller staatlichen, politischen und privaten Institutionen und Organisationen aus dem Umweltbereich.
108 Beispiel: Im Jahre 1904 ließ ein General L. von Trotha den Stamm der Hereros, der sich zur Befreiung seiner von den Deutschen besetzten Heimat (»Deutsch-Südwest-Afrika«) zu einem Aufstand hatte hinreißen lassen, in die wasserlose Omaheke-Steppe treiben. Von den etwa 80 000 Männern, Frauen und Kindern kamen fast alle um. (Quelle: Brock-

haus-Enzyklopädie, 17. Aufl., Wiesbaden 1969, Bd. 8, S. 395) Ich habe keine Hinweise darauf finden können, daß dieser Massenmord, verübt von einer Armee, die sich auf ihren Ehrenstandpunkt nicht wenig zugute tat, in der damaligen Gesellschaft eine dem Ausmaß der Tat entsprechende Entrüstung ausgelöst hätte.

109 Hermann Schubnell, »Die demographische Situation in Entwicklungsländern – Fakten, Trends, demographische Ursachen und Auswirkungen«, in: s. Anm. 107/1, S. 15

110 Die Zahlen des vorhergehenden Absatzes sowie die folgenden Beispiele sind dem Beitrag von Hermann Graf Hatzfeld, »Dritte Welt: Entwicklung zur Unterentwicklung«, in: s. Anm. 107/2, S. 308, entnommen.

111 Mit diesem Satz, dem niemand in der Runde der anwesenden renommierten Bevölkerungswissenschaftler widersprach, eröffnete H. J. Diesfeld auf der Malenter Konferenz des Jahres 1981 sein Referat: »Die Bedeutung des Gesundheitsdienstes für Maßnahmen der Familienplanung«, in: s. Anm. 107/1, S. 177.

112 Worldwatch Paper 29: »Ressource Trends and Population Policy«, Washington 1979, S. 13

113 Wenn sich die Zwei-Kinder-Familie statistisch weltweit als Obergrenze einführen ließe, würde die Weltbevölkerung innerhalb weniger Generationen heilsam schrumpfen. Zwei Kinder würden nicht ausreichen, ihre Eltern in der Nachfolgegeneration zu ersetzen, weil nicht alle von ihnen das heiratsfähige Alter erreichen würden (z. B. durch Unfalltod), weil nicht alle von ihnen heiraten würden und weil selbst von diesen nicht alle wiederum zwei Kinder haben würden (sondern vielleicht nur eins) und manche sogar kinderlos blieben. In der Konsequenz bedeutet das u. a., daß niemand auf Kinder zu verzichten brauchte, wenn man zu dieser Lösung griffe.

114 Bericht auf der Tagung der Deutschen Gesellschaft für Bevölkerungswissenschaft, November 1974, zit. nach: s. Anm. 107/1, S. 80

115 Siehe z. B. den Beitrag von Robert Hepp in der »Welt« vom

28.2.1984: »Die Deutschen – ein Volk in der Todesspirale?« oder das Streitgespräch: »Sterben die Deutschen aus?« in GEO, Nr. 12 (1980), S. 160. In diesem Gespräch vertritt Theodor Schmidt-Kaler u. a. die verblüffende These, der Zustrom ausländischer Asylanten in die Bundesrepublik sei die Folge eines »Bevölkerungsdrucks«, der durch die zu geringe Geburtenzahl in unserer Bevölkerung wirksam werde. Auch diese Behauptung ist rational nicht zu erklären: Wenn es so wäre (und das Phänomen nicht durch Besonderheiten der Asyl-Gesetzgebung eine viel einfachere Erklärung fände), würden die Asylbewerber gewiß eher in das nur halb so dicht besiedelte Frankreich »drängen«.
116 In einer Rede auf dem Bezirksparteitag der oberfränkischen CSU 1983
117 Karl Schwarz vom Statistischen Bundesamt hat prognostiziert, daß es schon in 30 Jahren mehr Personen im Rentenalter als Kinder geben werde. Daraus dürfe man jedoch nicht unmittelbar auf die weitere Wirtschaftsentwicklung schließen, stellt Hilde Wander (Institut für Weltwirtschaft, Kiel) fest, denn: »Je komplizierter die Produktions- und Verteilungsmechanismen werden und je höher die Leistungs- und Wohlstandsansprüche steigen, um so geringere Bedeutung haben bloße demographische Bestandsveränderungen. Neben der Zahl der Arbeitskräfte wird dann deren Produktivität, neben der Zahl der Verbraucher deren Kaufkraft für den Ablauf der Wirtschaft immer wichtiger. Wenn beständiges Bevölkerungswachstum im vergangenen Jahrhundert eine unerläßliche Voraussetzung für hohe Investitionstätigkeit und rasche Industrialisierung war, so darf man daraus also nicht einfach schließen, das gelte für alle Zeiten. Heute werden viel weniger Arbeitskräfte je Produktionseinheit benötigt, und diese Relation wird noch weiter sinken.« (Zitiert aus: Lutz Franke, »Brauchen wir mehr Kinder?«, in: Lutz Franke u. Hans W. Jürgens [Hrsg.], »Keine Kinder – keine Zukunft?«, Schriftenreihe des Bundesinstituts für Bevölkerungsforschung, Bd. 4, 2. Aufl., Wiesbaden 1978, S. 116/117) Bei einem unabhängig von der Beschäftigungszahl an-

steigenden Sozialprodukt aber lassen sich auch die Renten unabhängig von der Relation zwischen der Zahl der »Personen im Erwerbsalter« und der Rentner finanzieren. Tatsächlich wird die in diesem Zusammenhang immer wieder beschworene »Rentenfrage« bezeichnenderweise selbst von den extremen Kritikern des Bevölkerungsrückgangs als grundsätzlich lösbar betrachtet (so z. B. von dem Mitunterzeichner des »Heidelberger Manifests« Th. Schmidt-Kaler in dem unter Anm. 115 zitierten GEO-Streitgespräch).

118 Ein besonders lehrreiches – und beklemmendes – Dokument der Wirksamkeit des beschriebenen archaischen Vorurteils stellt das sogenannte »Heidelberger Manifest« dar, ein Anfang 1982 von 15 Hochschullehrern unterschriebener Aufruf »zur Gründung eines parteipolitisch und ideologisch (!) unabhängigen Bundes... dessen Aufgabe die Erhaltung des deutschen Volkes und seiner geistigen Identität auf der Grundlage unseres christlich-abendländischen Erbes ist«. Der Aufruf beginnt mit dem die proklamierte »ideologische Unabhängigkeit« der Unterzeichner gleich eingangs in Frage stellenden Satz: »Mit großer Sorge beobachten wir die Unterwanderung des deutschen Volkes durch Zuzug von vielen Millionen von Ausländern und ihren Familien, die Überfremdung unserer Sprache, unserer Kultur und unseres Volkstums... Bereits jetzt sind viele Deutsche in ihren Wohnbezirken und an ihren Arbeitsstätten Fremdlinge in der eigenen Heimat.« Mir kommt es hier – wie ich hinzufügen möchte, um psychologische Widerstände über das in diesem Zusammenhang allein gemeinte Argument hinaus aus sozusagen »ökonomisch-didaktischen Gründen« zu vermeiden – nicht auf die Berechtigung der mit diesen Sätzen formulierten Sorge an, auch nicht auf die naheliegende Kritik an dem Volkstums-Vokabular, in das sie sich kleidet. Aufmerksam machen möchte ich vielmehr auf eine von den Unterzeichnern eher beiläufig erwähnte angebliche Mitursache des Problems. Zwar klagen sie auch »die jetzt praktizierte Ausländerpolitik [an], welche die Entwicklung zu einer multirassischen Gesellschaft

fördert«. Einen Absatz später aber lautet eine weitere Forderung: »Allein lebensvolle und intakte deutsche Familien können unser Volk für die Zukunft erhalten. Nur eigene Kinder sind die alleinige Grundlage der deutschen und europäischen Zukunft.« Von dem miserablen Deutsch einmal abgesehen, in dem hier für die Erhaltung deutscher Kultur plädiert wird: Hier äußert sich unverkennbar wieder jene archaische Phobie, die uns einflüstert, daß »Überfremdung« die Folge unzureichender »Lebensfülle« in den »deutschen Familien« sei – als ob man den Zustrom von Ausländern durch deren »Hinausgebären« steuern müsse anstatt durch gesetzgeberische Entscheidung. (Das »Heidelberger Manifest« erschien seinerzeit als Anzeige, aber auch im redaktionellen Teil mehrerer großer Zeitungen, so z. B. in der »Zeit« vom 5. Februar 1982.)

119 »Alarmierender Geburtenrückgang«, Meldung der Katholischen Nachrichtenagentur z. B. in: Badische Zeitung vom 11. März 1983

120 Diese Auskunft bekam ich wiederholt von Vertretern der katholischen Kirche anläßlich von Diskussionen über das Thema. Auf Nachfrage wurde mir mehrfach auch versichert, daß man »selbstverständlich über alle heute bekannten Methoden der Empfängnisverhütung« mit den betroffenen Frauen rede. Dies geschieht allerdings, wie sich bei weiteren Fragen regelmäßig herausstellte, in der Form, daß vor der Anwendung von »Pille«, Intrauterin-Pessar und anderen Methoden einer »künstlichen« Konzeptionsverhütung ausdrücklich gewarnt wird und an ihrer Stelle »natürliche Methoden (Ausnutzung der empfängnisfreien Tage, Temperaturmessung, evtl. Abstrichverfahren) oder sexuelle Enthaltsamkeit empfohlen werden.

121 Das Zitat stammt aus einem Minderheitsgutachten der Päpstlichen Kommission zur Frage der Geburtenregelung (Quelle: Anton Antweiler, »Ehe und Geburtenregelung. Zur Enzyklika Pauls VI. ›Humanae Vitae‹«, Münster 1969, S. 139).

122 Die zum Prinzip erhobene Unterscheidung zwischen

»künstlichen« und »natürlichen« Methoden der Empfängnisverhütung wirkt bei näherer Betrachtung äußerst willkürlich. Was ist denn noch »natürlich« an einer Situation, in der ein Paar die Spontaneität der sexuellen Umarmung zu zerstören gezwungen ist, weil es zunächst den Kalender zu Rate zu ziehen, eine rektale Temperaturmessung durchzuführen oder zwecks Erhaltung eines Abstrichs gar eine Art gynäkologischen Eingriffs bei der Frau vorzunehmen hat? Dem entspricht die Beobachtung erfahrener Entwicklungshelfer, daß der Versuch einer Durchsetzung »natürlicher« Methoden zur Geburtenbeschränkung nicht selten eine Neurotisierung der beteiligten Frauen zur Folge hat (so der deutsche Arzt und Entwicklungshelfer Rupert Neudeck, Mitglied der Cap-Anamur-Crew, in einer Fernsehdiskussion bei Radio Bremen am 5. Oktober 1984). Das gelegentlich zu hörende Argument, »künstliche« Methoden der Empfängnisverhütung seien insbesondere deshalb als »widernatürlich« abzulehnen, weil sie Manipulationen innerhalb der schutzbedürftigen menschlichen Intimsphäre darstellten, kann, jedenfalls so weit es zugunsten der sog. »natürlichen« Methoden ins Feld geführt wird, daher nicht als stichhaltig gelten. Wenn man die Beweisführung konsequent durchdenkt, kommt man früher oder später zu der Vermutung, daß die »natürlichen« Methoden den kirchlichen Entscheidungsträgern vielleicht nur deshalb in einem relativ milden Licht erscheinen mögen, weil sie die Empfängnis in aller Regel eben nicht effektiv zu verhüten imstande sind. Als letztes Argument in der ganzen Diskussion stößt man dann schließlich auf die als Warnung gemeinte Äußerung Pauls VI., daß Geburtenkontrolle (die der Papst im selben Kontext als »irrational« bezeichnete) »das Eintreffen neuer Münder am Tische des Herrn« verhindere. Damit ist wenigstens unmißverständlich ausgesprochen, daß es nicht die Frage der »Künstlichkeit« oder »Natürlichkeit« dieser oder jener Methode ist, die in den Augen der Kirche den Ausschlag gibt, sondern ausschließlich und allein die Sorge vor einem Rückgang der Geburtenzahlen.

Warum aber »das Eintreffen neuer Münder am Tische des Herrn« ein unbefragbar wünschenswertes Ziel sein soll, bleibt unbeantwortet und ist einer rationalen Analyse nicht mehr zugänglich.

123 1978 führte die WHO in sechs Entwicklungsländern »kontrollierte« Projekte einer Familienplanung mit »natürlichen« Methoden der Empfängnisverhütung (Beschränkung des Verkehrs auf »empfängnisfreie Tage«, Temperaturmessung) durch (»Natural Methods Relatively Ineffective«, People, Vol. 4, No. 4, Winter 1978, S. 125). In dem Bericht wird betont, daß die Untersuchung auf in der Beratung erfahrene Gesundheitszentren und »motivierte Freiwillige« beschränkt war. Trotzdem wurden rund 20 Prozent der beteiligten Frauen bereits im ersten Jahr der Beobachtung schwanger. Eine zwei Jahre später unter der Mitwirkung von mehr als 800 freiwilligen Paaren in Los Angeles durchgeführte gleiche Untersuchung hatte fast exakt das gleiche Ergebnis (»High Pregnancy, Dropout Rates for Two Natural Family Planning Methods«, People, Vol. 6, No. 1, March 1980, S. 39).

124 So berechtigt und notwendig es auch ist, die katholische Argumentation gegen die lebensnotwendige Geburtenkontrolle als Ausdruck eines Vorurteils zu erkennen und einzustufen, so sollte man, umgekehrt, gerade deshalb auch darauf verzichten, die Repräsentanten dieser Kirche zu tadeln oder gar zu schelten. Angesichts der im Text skizzierten psychologischen Mechanismen, die hinter ihren Entscheidungen und »offiziellen« Urteilen verborgen sind, wäre das ungerecht. Sie haben aus demselben Grunde Anspruch auf Verschonung mit persönlichen Vorwürfen, den Karl Marx für die von ihm in der Sache unbarmherzig kritisierten Kapitalisten geltend machte: »Kapitalist und Grundeigentümer zeichne ich keineswegs in rosigem Licht. Aber es handelt sich hier um die Personen nur, soweit sie die Personifikation ökonomischer Kategorien sind ... Weniger als jeder andere kann mein Standpunkt ... den einzelnen verantwortlich machen für Verhältnisse, deren Geschöpf er sozial

bleibt.« (Karl Marx/Friedrich Engels, Werke, Bd. 23, Berlin [DDR], S. 16)
125 Karl W. Deutsch, »Die politischen Auswirkungen der demographischen Verschiebungen«, in: s. Anm. 107/1, S. 213
126 Hans Jonas, »Das Prinzip Verantwortung«, 2. Aufl., Frankfurt/M. 1980, S. 252
127 Arthur Schopenhauer, »Preisschrift über die Freiheit des Willens«, in: Kleinere Schriften II, Zürich 1977, S. 81
Zu diesem Zitat noch eine Randbemerkung: Schopenhauers Beispiel erinnert mich an die immer wieder vorkommenden Fälle, in denen Menschen, in der Regel arbeitstätige Familienväter, eines Tages »ohne jedes erkennbare Motiv« verschwinden, etwa »eben mal zum Zigarettenholen aus dem Haus« gehen, um spurlos und ohne Nachricht zu geben nicht wiederzukehren. Vielleicht ist dieses oft als unerklärlich bezeichnete spontane Verschwinden in manchen Fällen auf die von Schopenhauer so unnachahmlich beschriebene Konstellation von Umständen zurückzuführen. Vielleicht also folgt der eine oder andere dieser Menschen mit seinem unerklärlich wirkenden Verhalten dem unbewußten Bedürfnis, sich unter dem Eindruck täglichen Gleichmaßes durch die jeder vernünftigen Voraussagbarkeit widersprechende Entscheidung, »zum Tor hinauszulaufen in die weite Welt und nie wiederzukommen«, seiner »Willensfreiheit« zu vergewissern?
128 Ich habe über dieses Vorkommnis und das dahinterstehende Zwillingsforschungs-Projekt schon einmal in ausführlicherer Form berichtet: »Die Marionetten der Gene?«, GEO, Nr. 5 (1983), S. 38. Wegen der fundamentalen Wichtigkeit dieser Untersuchungsreihe und ihrer auch mir zunächst unglaublich erscheinenden Resultate bin ich zweimal selbst in Minneapolis gewesen. Ich habe dort tagelang mit Thomas Bouchard und seinem wichtigsten Mitarbeiter David T. Lykken diskutiert und mich von der Seriosität der mit allen zu fordernden Kontrollen durchgeführten Untersuchung ebenso überzeugen können wie von der persönlichen Integrität der beiden genannten Wissenschaftler. Ich habe fast

eine Woche lang Videoaufnahmen durchgesehen, auf denen die Untersuchungen und psychologischen Befragungen der bisher untersuchten Zwillingspaare dokumentiert sind. Und ich habe danach die sechs Mitglieder von drei untersuchten Zwillingspaaren in ihren Heimatorten einzeln besucht, um unter anderem biographische Angaben, die ich den Protokollen in Minneapolis entnommen hatte, an Ort und Stelle anhand alter Familienalben, von Schulzeugnissen und Militärdiplomen nachprüfen zu können. Ich verbürge mich angesichts der Erfahrungen, die ich dabei gemacht habe, für die im Text von mir wiedergegebenen Sachverhalte. Eine Schlußbemerkung für die, die sich über die Ausführlichkeit wundern, mit der ich hier die Glaubhaftigkeit meines Berichts unterstreiche: Es ist eine überraschende Erfahrung, wie heftig man von gewisser Seite angegriffen und der Nachlässigkeit des Recherchierens verdächtigt wird, wenn das, wovon man berichtet, mit bestimmten weltanschaulichen Wertvorstellungen kollidiert. Bei dieser Gelegenheit bestätigt es sich, daß der Mensch bis zum äußersten bereit ist, die Realität vorgelegter Fakten zu bestreiten, bevor er sich dazu entschließt, vorgefaßte Meinungen zu korrigieren.

129 Ich beeile mich hinzuzufügen, daß es in der Vergangenheit schon einige Male vergleichbare Untersuchungen gegeben hat, u. a. in Dänemark und auch in Deutschland. (Daß ich das in meinem ersten Bericht über das Minneapolis-Projekt [s. Anm. 128] unerwähnt ließ, hat mir von gewisser Seite heftige Vorwürfe eingetragen.) Es ist jedoch unbestreitbar, daß das von Th. Bouchard geleitete Vorhaben an Umfang (Zahl der untersuchten Paare) und Gründlichkeit alle diese Untersuchungen weit übertrifft. Außerdem hat es den unschätzbaren Vorzug, daß man sich bei ihm im Gegensatz zu den früheren Untersuchungen durch eigenen Augenschein ein Urteil über die Art seiner Durchführung und das Zustandekommen seiner Ergebnisse bilden kann.

130 »Ich war so fest von der alles entscheidenden Wirksamkeit gesellschaftlicher Einflüsse überzeugt, daß ich 1968 in Ber-

keley (auf dem Höhepunkt der dortigen Studentenunruhen) buchstäblich auf die Barrikaden gegangen bin, um sie zu verändern«, erzählte mir Tom Bouchard, als wir uns ein wenig näher kennengelernt hatten. Er mußte sogar für einige Zeit ins Gefängnis. (Ob er danach wohl auch bei uns in der Bundesrepublik noch Aussicht auf die Leitung eines staatlichen Universitäts-Instituts gehabt hätte?)

131 Wer sich für weitere Einzelheiten des Minneapolis-Projekts interessiert, sei nochmals auf meinen Bericht in GEO verwiesen (s. Anm. 128) sowie auf die Publikation von David T. Lykken und Thomas J. Bouchard, »Genetische Aspekte menschlicher Individualität«, Mannheimer Forum 1983/84, S. 79. Kritisch hat zu demselben Projekt Stellung genommen: Friedrich Vogel, »Wir sind nicht die Sklaven unserer Gene«, Mannheimer Forum 1984/85, S. 61. – Eine gründliche allgemeine Einführung in die »Anlage-Umwelt-Problematik« gibt das Buch von Friedrich Vogel u. Peter Propping, »Ist unser Schicksal angeboren?«, Berlin 1981. Für Laien empfehlenswert ist das leichter lesbare, mit großer Sorgfalt recherchierte und geschriebene Buch von Dieter E. Zimmer, »Der Mythos der Gleichheit«, München 1980 (das seinem Verfasser, wie bei diesem Thema offenbar unvermeidlich, heftige – wenig qualifizierte – Attacken einbrachte, siehe z. B. Lothar Baier, »Ein Traumtänzer als Wissenschaftsjournalist«, Frankfurter Rundschau vom 1. November 1980, S. IV).

132 Schon eine so hochgradig vereinfachte Darstellung dieses von der heutigen Wissenschaft noch keineswegs vollständig durchschauten Sachverhalts müßte eigentlich genügen, um erkennen zu lassen, wie unerreichbar fern heute noch die Möglichkeit liegt, etwa bestimmte menschliche Eigenschaften durch »Gen-Manipulation« gezielt zu verändern. Die Sorge davor ist auf absehbare (aller Voraussicht nach in Jahrhunderten zu denkende) Zeiträume, wenn nicht für immer, unbegründet. Dem widerspricht nicht die Tatsache, daß es heute schon möglich ist, Methoden theoretisch zu beschreiben, mit denen es in absehbarer Zeit gelingen könn-

te, bestimmte als Erbkrankheit auftretende Stoffwechselstörungen durch Eingriffe in das menschliche Genom zu beseitigen. Zwischen diesen beiden Möglichkeiten bestehen nicht etwa nur graduelle, sondern grundsätzliche Schwierigkeitsunterschiede.

133 Das konkrete Beispiel ist dem Bericht von Dieter E. Zimmer, »Doppelmensch: Ein Experiment der Natur«, Zeitmagazin vom 15. Januar 1982, S. 14, entnommen, der ebenfalls das Forschungsprojekt in Minneapolis zum Gegenstand hat. Lykken und Bouchard haben sich nur hinsichtlich einer anderen Gruppe von »kuriosen« Übereinstimmungen sehr vorsichtig zur Frage einer möglichen Erklärung geäußert: »Ein Zwillingspaar stellte fest, ... daß beide dieselbe Zahnpasta-Marke, dasselbe Rasier- und dasselbe Haarwasser benutzten und daß sie auch die gleiche Zigarettenmarke rauchten. Unmittelbar nach ihrem ersten Treffen schickten sie einander Geburtstagspakete, die sich in der Post kreuzten: Beide hatten, wie sich herausstellte, in verschiedenen Städten und ohne es zu wissen, für den anderen dasselbe ausgesucht. Wir halten das nicht für die Folge von Telepathie, und wir nehmen auch nicht an, daß es Gen-Orte gibt, bei denen ein Allel [= eine bestimmte Gen-Variante] den Menschen dazu veranlaßt, Vademecum-Zahnpasta zu verwenden, und ein anderes ihn dazu bringt, eine andere Marke zu wählen. Wir vermuten vielmehr, daß in demselben kulturellen Umfeld aufgewachsene eineiige Zwillinge ähnliche Geschmäcker und Interessen entwickeln.« (Quelle: s. Anm. 131/2, S. 107/8)

134 Zu diesem nächstliegenden Einwand noch einmal Lykken und Bouchard (131/2, S. 107): »Wären solche Beobachtungen an *zusammen* aufgewachsenen Zwillingen gemacht worden, hätte man sie sogleich auf die gemeinsame Umgebung, die wechselseitige Beeinflussung und dergleichen zurückgeführt. Bei getrennt voneinander aufgewachsenen Zwillingen jedoch müssen wir nach einer anderen Erklärung suchen. Selbstverständlich könnten alle diese Ähnlichkeiten auf bloßen Zufällen beruhen, doch sind sie bei EZG

[= ›*E*ineiige Zwillinge, Getrennt aufgewachsen‹] so zahlreich und demgegenüber in den Berichten der ZZG [= ›Zweieiige Zwillinge, Getrennt aufgewachsen‹] so selten, daß wir nicht umhin können, sie für mehr zu halten als für zufällige Übereinstimmungen, die auch willkürlich herausgegriffene Menschen in ihren Lebensläufen entdecken könnten, wenn sie danach suchten.«

135 Karl R. Popper, »Von den Quellen unseres Wissens und unserer Unwissenheit«, Mannheimer Forum 1975/76, S. 9 (Zitat S. 50)

136 Peter Sloterdijk, »Kritik der zynischen Vernunft«, Frankfurt/M. 1983, Bd. 1, S. 118

137 Die Geschichte des Erkenntnisproblems wird in jeder philosophischen Einführung zusammenhängend dargestellt. Ich empfehle Interessenten insbesondere die Broschüre von Gerhard Vollmer, »Evolutionäre Erkenntnistheorie«, Stuttgart 1975, weil sie in kurzer, auch für den Laien gut lesbarer Form nicht nur den »klassischen« Teil der Geschichte des Problems behandelt, sondern auch seine neueste, in gewisser Hinsicht als revolutinär zu bezeichnende Wende zur »evolutionären« Interpretation. – Ich selbst habe die wichtigsten Einzelheiten in meinem letzten Buch »Wir sind nicht nur von dieser Welt«, Hamburg 1981, zusammengefaßt (S. 153 ff., »Wie wirklich ist die Wirklichkeit?«).

138 Konrad Lorenz, »Die Rückseite des Spiegels. Versuch einer Naturgeschichte menschlichen Erkennens«, München 1973, S. 15

139 Erich v. Holst, »Zur Psycho-Physiologie des Hühnerstammhirns«, in: J. D. Achelis u. H. v. Ditfurth (Hrsg.), »Befinden und Verhalten«, Stuttgart 1961, S. 55

140 In der Philosophie wenigstens gibt es nachweislichen Fortschritt. Ein Beispiel, das sich an dieser Stelle anbietet: Noch Schopenhauer hielt Aussagen, die auf »Urteile a priori« zurückgehen, für objektiv unbestreitbar. So schreibt er etwa in den »Erläuterungen zur Kantischen Philosophie« (Parerga und Paralipomena, I/1, Zürich 1977, S. 118): »Die Zeit

kann keinen Anfang haben, und keine Ursache kann die erste sein. Beides ist a priori gewiß, also unbestreitbar.« Wir würden heute vorsichtig hinzufügen: »... innerhalb des Rahmens der uns angeborenen logischen Strukturen.« Der Zusatz hat nicht bloß abstrakten Charakter. Er räumt unter anderem die Möglichkeit ein, daß die Aussage im Kontext der objektiven Realität falsch sein könne, was wiederum die Möglichkeit eröffnet, etwa (wie tatsächlich geschehen) astrophysikalische, kosmologische Hypothesen zu entwickeln, die der durch die Aussage formulierten Bedingung nicht gehorchen.

141 In meinem letzten Buch (s. Anm. 137) habe ich auf den Seiten 168 bis 170 eine astronomische Beobachtung ausführlich geschildert, die ein besonders anschauliches Beispiel für einen empirischen Beleg des Phänomens der »Konstanz der Lichtgeschwindigkeit« und seiner realen Konsequenzen darstellt.

142 Den Kritikern, die sich, wie vorhersehbar, abermals an diesen unleugbar anthropomorphen Formulierungen stoßen werden, die scheinbar auf eine Personalisierung der Evolution hinauslaufen, möchte ich, wie schon bei früheren Gelegenheiten, folgendes zu bedenken geben: Unsere Sprache ist aus der Perspektive handelnder und leidender Personen entwickelt worden. Sie weist als Folge davon eine Struktur auf, bei der die Verwendung anthropomorpher Formulierungen die Beschreibung auch apersonaler Prozesse erheblich vereinfacht.

Andersherum: Wenn ich das, was im Text mit nur zwei Sätzen gesagt wurde, unter Berücksichtigung der korrekten Wiedergabe auch der – in dem betreffenden Zusammenhang grundsätzlich nicht wichtigen – ursächlichen objektiven Faktoren formuliert hätte, wären dazu mehrere Seiten notwendig gewesen, eine unnötige Erschwerung des Verständnisses dessen, worauf es im Augenblick wesentlich ankam. Die Methode ist legitim. Mein Kronzeuge dafür ist Immanuel Kant: »Daher spricht man ... ganz recht von der Weisheit, der Sparsamkeit, der Vorsorge, der Wohltätigkeit der Natur, ohne dadurch aus ihr ein verständiges Wesen zu machen.« (Kritik der Urteilskraft, § 68)

143 H. v. Ditfurth, »Das zweckentfremdete Gehirn«, Naturwissenschaft und Medizin (n+m) Nr. 8 (1965), S. 2 (Nachdruck in: »Zusammenhänge«, Hamburg 1974, S. 22). – Ausführlich in: H. v. Ditfurth, »Der Geist fiel nicht vom Himmel«, Hamburg 1976. – Ursachen, Ausmaß und Konsequenzen der aus dieser Besonderheit ihrer evolutionären Vorgeschichte erwachsenen Eigentümlichkeiten unseres Erkenntnisvermögens hat meines Wissens als erster Rupert Riedl systematisch untersucht (»Biologie der Erkenntnis«, Berlin 1980). – Aber so neu das alles sein mag, die Erfahrung, daß alles in der Vergangenheit schon einmal gedacht wurde, gilt nachweislich auch hier. Zu meinem nicht geringen Erstaunen fand ich bei Descartes den folgenden Satz: »Es genügt, wenn wir beachten, daß die sinnlichen Wahrnehmungen nur [der] Verbindung des menschlichen Körpers mit der Seele zukommen und uns in der Regel sagen, wiefern äußere Körper derselben nützen oder schaden könnten, aber nur bisweilen und zufällig uns darüber belehren, was sie an sich selbst sind.« (René Descartes, »Principia Philosophiae« (1644), deutsch: Werke, 2. Abteilung, Leipzig 1882, S. 44 [zit. nach: Shmuel Sambursky, »Der Weg der Physik«, Ausgewählte Texte, Zürich 1975, S. 319])

144 Hans Mohr, »Biologische Grenzen des Menschen«, Zeitwende, 56. Jahrg., Heft 1 (Januar 1985), S. 1

145 Rupert Riedl, von dem diese treffende Formulierung stammt, belegt das in seinem schon zititerten Buch (s. Anm. 143) an einer Fülle von Beispielen.

146 Dietrich Dörner u. Franz Reither, »Über das Problemlösen in sehr komplexen Realitätsbereichen«, Zs. f. experimentelle u. angew. Psychologie XXV, 4 (1978), S. 527

147 Vgl. Seite 154, auf welcher der Unterschied zwischen arithmetischen und geometrischen Vermehrungsreihen erläutert und mit Beispielen veranschaulicht wurde. Zu dem dort verwendeten »Seerosen-Beispiel« hier noch eine ebenso erheiternde wie aufschlußreiche Ergänzung. Es belegt die

charakteristische Schwierigkeit, sich geometrische (exponentielle) Reihen vorstellen zu können, drastisch, daß ich an dieser Stelle, an der ich den Unterschied ausdrücklich erklären wollte, bei meiner Erklärung selbst prompt in die (angeborene) Falle gelaufen bin. Ich muß hier nämlich das Geständnis ablegen, daß mir erst durch zwei Zuschriften – auch aufschlußreich: Mehr Zuhörer bzw. Leser dieses von mir schon früher benutzten Vergleichs haben es nicht bemerkt – die Augen dafür geöffnet worden sind, in welchem Maße das »Seerosen-Beispiel« den Rahmen alles realistisch Denkbaren sprengt. Nach 100 Verdoppelungsschritten würden die Seerosen nämlich eine Seeoberfläche bedecken, die 10^{14} (das ist eine 1 mit 14 Nullen!) mal größer wäre als die gesamte Erdoberfläche, und – bei einem angenommenen Gewicht von einigen Gramm pro Einzelblüte – ein Gesamtgewicht haben, das größer wäre als das von 100 Erdkugeln.

148 Wichtigster Mitbegründer und dominierender Spiritus rector dieser Richtung war der in Baltimore lehrende Psychologe John B. Watson. Die ideologische Bedeutsamkeit dieser (extremen und einseitigen) psychologischen Schule zeigt sich besonders deutlich in dem Werk eines ihrer moderneren Vertreter: Burrhus F. Skinner, »Jenseits von Freiheit und Würde«, Hamburg 1973.

149 Einige der Argumente kamen bei der Schilderung des von Th. Bouchard in Minneapolis geleiteten Zwillingsforschungs-Projekts schon zur Sprache (s. das Kapitel »Erfahrungen mit dem Doppelgänger«, ab S. 289). Eine sehr gute Übersicht gibt Gerhard Medicus, »Evolutionäre Psychologie«, in: J. A. Ott u. a. (Hrsg.), »Evolution, Ordnung und Erkenntnis«, Berlin 1985. Dort auch eine Fülle weiterführender Literatur.

150 C. F. v. Weizsäcker, »Der Garten des Menschlichen«, Frankfurt/M. 1980, S. 209

151 Die vielfältigen Symptome dieses Umstands werden seit langem diskutiert. Zu ihnen gehört das zu Recht als bedrohlich empfundene Faktum, daß die heutige Gesellschaft zivi-

lisatorische Systeme eines Komplexitätsgrades hervorzubringen begonnen hat, der das analytische Vermögen der uns angeborenen Denkstrukturen hoffnungslos übersteigt. Das beginnt allein schon mit der Größe der Systeme, die wir politisch planend zu beherrschen hätten. »Die Welt wird bereits aus numerischen Gründen immer unregierbarer«, schreibt Hans Mohr, der deshalb eine »Regionalisierung« empfohlen hat, den »Rückzug auf überschaubare Dimensionen«, deren Größenordnung dem Fassungsvermögen unserer an pleistozäne Verhältnisse angepaßten Ausstattung entspricht (»Wandlung von Verantwortung und Werten in unserer Zeit«, Berichte der Deutschen UNESCO-Kommission, München 1982). Ähnlich hat sich der Politologe Iring Fetscher geäußert: »An die Stelle der Utopie der einheitlichen Weltzivilisation ... sollte eine Welt der *Vielfalt* treten ... Vielleicht sind die regionalistischen Bewegungen – wie die der Bretonen, Basken, Flamen, Katalanen, Schotten usw. – Anzeichen dafür, daß das Bedürfnis der Menschen in industrialisierten Ländern nach erfahrbaren und erlebbaren kulturellen Gemeinschaften wächst.« (»Politische Kultur und sozialer Wandel«, in: Grete Klingenstein [Hrsg.], »Krise des Fortschritts«, Wien 1984) Man wird dem zustimmen, ist damit aber die Frage noch nicht los, wie sich auf diesem Wege die Vermehrung der zumindest psychologisch empfundenen Grenzen und mit ihnen die zunehmenden Anlässe zur Auslösung gruppenspezifischer Aggressionen wohl verhindern ließen.

152 Diesem Zusammenhang entspricht eine erstaunlich exakte Parallele zwischen dem Ablauf der Humanevolution, die dem Menschen Anlagen anzüchtete, mit denen er in der von ihm selbst veränderten Welt »fehlangepaßt« erscheint, und bestimmten Besonderheiten in der Karriere eines Berufspolitikers. Auch bei diesem könnte man zu der Feststellung kommen, daß die Eigenschaften, die er haben muß, um die harte Auslese seiner Laufbahn erfolgreich zu überstehen, sich in dem Augenblick als Fehlanpassung auswirken, in dem er auf dem von ihm angestrebten Gipfel der Macht-

ausübung angelangt ist. Auch in diesem Falle ist es in der Regel nicht so, daß der einzelne Politiker diese Eigenschaften etwa während seiner Laufbahn erwirbt. Auch die biologische Evolution ändert ja nicht ein einziges individuelles Lebewesen. Die sie steuernden Selektionsfaktoren »wählen« vielmehr bekanntlich unter den vorhandenen Varianten nach dem Gesichtspunkt der Überlebenstüchtigkeit (gemessen am Vermehrungserfolg) aus. Analog im Falle der politischen Karriere. Von einem Politiker erwarten seine Anhänger (einschließlich der Wähler) Standfestigkeit, Durchsetzungsvermögen, »Prinzipientreue« und Widerstandskraft gegenüber jeglicher Opposition sowie, unter anderem, die Fähigkeit, die eigene Position allen denkbaren Einwänden gegenüber unbeirrbar und überzeugend verteidigen zu können. Wer die dazu notwendige Konstitution und »Härte« nicht aufbringt, wird »ausgelesen«: von den Parteigremien nicht mehr aufgestellt, vom Wähler nicht gewählt. Wenn ein solcher Mann den nach diesen und vergleichbaren Gesichtspunkten wertenden Selektionsprozeß seiner Karriere aufgrund entsprechender Anlagen jedoch erfolgreich überstanden hat, ist er, objektiv betrachtet, in gewissem Sinne fehl am Platze. Denn die Aufgaben, denen er sich, am Ziel angekommen, gegenübersieht, erfordern jetzt eigentlich die Bereitschaft zum Zuhören, zur Abwägung (und nicht »Abschmetterung«) den eigenen Standpunkt in Frage stellender Gegenargumente, Lernfähigkeit (einschließlich der Fähigkeit und Bereitschaft, den eigenen Standpunkt gegebenenfalls zu korrigieren) und eine hinreichende Sensibilität allen »in der Luft liegenden« Veränderungen gegenüber. Alle derartigen Eigenschaften aber werden durch die typische Politikerkarriere konsequent (negativ) ausgelesen: Die Eigenschaften, die ein Politiker haben muß, um Karriere zu machen, haben mit den Eigenschaften, die er braucht, um als Inhaber der politischen Macht nutzbringend tätig werden zu können, zu unser aller Schaden offensichtlich herzlich wenig zu tun.

153 A. Schopenhauer, »Welt und Mensch«, Stuttgart 1966, S. 162
154 Ulrich Horstmann, »Das Untier. Konturen einer Philosophie der Menschenflucht«, Wien 1983
155 Bei Schopenhauer fand ich den dieser Aussage »seelenverwandten« Satz: »Wenn man... die Summe von Noth, Schmerz und Leiden jeder Art sich vorstellt, welche die Sonne in ihrem Laufe bescheint; so wird man einräumen, daß es viel besser wäre, wenn sie auf der Erde so wenig, wie auf dem Monde, hätte das Phänomen des Lebens hervorrufen können, sondern, wie auf diesem, so auch auf jener die Oberfläche sich noch im krystallinischen Zustande befände.« (§ 156 der »Nachträge zur Lehre vom Leiden der Welt«, in: Parerga und Paralipomena II/1, Zürich 1977, S. 325)
156 Eine ironische und traurige Randbemerkung: Horstmanns Verzweiflungsausbruch läßt sich freilich auch ganz anders deuten. Ein besonders groteskes Beispiel dafür lieferte eine Rezension seines Buchs, die am 17. März 1984 vom Südwestfunk ausgestrahlt wurde (der Name der Rezensentin sei hier rücksichtsvoll verschwiegen) und in der die Ansicht vertreten wurde, daß es sich um ein Stück skrupelloser »Vernichtungspropaganda« handele, verfaßt in einem Geiste, den der Autor offensichtlich »mit den Herren im Pentagon, mit gewissen Volksvertretern und den Rüstungsfabrikanten« teile, denen er in seiner Schrift »eine moralische Rechtfertigung zu konstruieren« trachte. Man könnte über solches Ausmaß vernagelter Blödigkeit lachen, wenn der Fall nicht als Beispiel einer derer unserer Schwächen gelten müßte, an denen wir zugrunde gehen werden. Denn es braucht ja wohl kaum näher begründet zu werden, warum jemand, der sich seinen Kopf so hoffnungslos einseitig hat einnebeln lassen, im eigenen Lager mit spiegelbildlich getreuer Identität eben jene alle Friedensmöglichkeiten sabotierende Rolle spielt, die er in dem von ihm als »gegnerisch« angesehenen anderen Lager mit dem Vergrößerungsglas fixiert und voll Entrüstung anprangert. Aber es ist eben, all

ihrer Paradoxie zum Trotze, eine in manchen Kreisen grassierende Meinung, daß die möglichst holzschnittartige Herausarbeitung von Feindbildern der Friedenssicherung dienlich sei.

157 Leonard Hayflick, »Human Cells and Aging«, Scientific American, März 1968, S. 32. – Zur Vermeidung von Rückfragen gleich noch folgender Zusatz: Selbstverständlich konnte der amerikanische Mikrobiologe nicht etwa sämtliche aus diesen 50 Teilungsschritten hervorgehenden Zellen konservieren. Hier kommt wieder der uns unvorstellbare exponentielle Charakter aufeinanderfolgender Verdoppelungsschritte ins Spiel: Nach 50maliger Teilung einer einzigen Ausgangszelle würde die insgesamt resultierende Zellmasse ein Gewicht von etwa 20 Millionen Tonnen aufweisen. Eine weitere, hierhergehörende Überlegung: Wir selbst bestehen aus rund 10^{13} Zellen (= 10 Billionen Zellen), die das Resultat der »nur« rund 40maligen Teilung einer einzigen befruchteten Eizelle sind. (Eine Galaxie enthält demgegenüber nur rund 10^{11} = 100 Milliarden Fixsterne.) Wenn die Eizelle, die unseren Ursprung darstellt, sich 110mal geteilt hätte – eine absolut irreale Vorstellung –, würden wir so viel wiegen wie die ganze Erdkugel (und nach 200maliger Teilung dieser Zelle würde unser Körper den gesamten Raum des uns sichtbaren Universums ausfüllen). Man ersieht daraus – wenn man bedenkt, daß das für jede sich teilende Zelle gilt, also selbstverständlich auch für die Myriaden auf der Erde existierenden einzelligen Mikroorganismen (Amöben, Bakterien etc.) –, daß das Phänomen des »Todes« (Zell-Todes) allein schon aus räumlichen Gründen eine zwingende Notwendigkeit darstellt. – Erwähnt sei schließlich, daß der französische Chirurg und Nobelpreisträger Alexis Carrel in den 30er Jahren weltweit mit der Behauptung Aufsehen erregte, es sei ihm gelungen, isoliert in Zellkulturen fortgezüchtete Herzmuskelzellen von Hühner-Embryonen zeitlich unbegrenzt (»ewig«) am Leben zu erhalten (»Der Mensch, das unbekannte Wesen«, Berlin 1936). Man weiß heute, daß Carrel sich geirrt hat.

(Bei der von ihm angewendeten Kulturtechnik läßt es sich nicht vermeiden, daß die Nährlösung bei jeder notwendigen Erneuerung mit frischen Embryonalzellen angereichert wird.) In Wirklichkeit gibt es unter allen Zellarten eines metazoischen (»vielzelligen«) Organismus nur eine einzige bezeichnende Ausnahme, die »unsterblich« ist, und diese bringt den Organismus, in dem sie auftaucht, um: Es ist die krebsig entartete Zelle. Nur ihre Teilungsfähigkeit ist offenbar unbegrenzt. »Unsterblichkeit« auf zellulärer Ebene ist folglich mit der Lebensfähigkeit eines Vielzeller-Organismus unvereinbar – womit zugleich gesagt ist, daß dessen Lebensfähigkeit aus eben diesem Grunde auch nur von vorübergehender Natur sein kann.

158 Der mit dem Tod abschließende Alterungsprozeß des Menschen stellt nach unserem heutigen Wissen ein »multifaktorielles« Geschehen dar. Zahlreiche Faktoren tragen zu ihm bei: die Ansammlung nicht mehr abbaubarer Stoffwechselprodukte im Zell-Leib (»Alterspigment«), eine nachlassende Leistungsfähigkeit des Immunsystems (Infektabwehr), Kalk- und Lipoproteinablagerungen in den Gefäßen (Arteriosklerose), Zunahme des Bindegewebsanteils auf Kosten der funktionstragenden Zellen sowie die Konsequenzen thermodynamischer Naturgesetzlichkeit: Es ist grundsätzlich unmöglich, daß die mit jeder Zellteilung einhergehende Verdoppelung auch des Erbmoleküls DNS in jedem Falle fehlerlos erfolgt. Obwohl es eigene Reparatur-Gene gibt, die derartige Kopierfehler beheben können, sammeln sich im Laufe des Lebens daher fehlerhafte DNS-Abschnitte (Mutationen) in der Zelle an und beeinträchtigen zunehmend ihre Lebensfähigkeit. Alle diese – und noch einige weitere – Faktoren machen die Unsterblichkeit eines lebenden Organismus von vornherein und grundsätzlich unmöglich. Es ist bedenkenswert, daß die Natur sich mit dieser Tatsache nicht zufrieden gab und zusätzlich das komplizierte zeitliche Programm einer aktiven Begrenzung der Lebensdauer in einem jeweils speziescharakteristischen Rahmen entwickelte. – Wer sich für den Stand der wissenschaft-

lichen Alterungstheorien interessiert, sei auf das Buch von Dieter Platt, »Biologie des Alterns«, Stuttgart 1976, verwiesen.

159 Tod bedeutet auch »das Freigeben der Zukunft der anderen, die man verstellt, solange man den eigenen Raum der Geschichte durch sich selbst mit besetzt hält«. (Karl Rahner, »Christlicher Humanismus«, in: Schriften zur Theologie, Bd. 8, Köln 1967, S. 253)

160 Dazu nochmals Schopenhauer: »Für uns ist und bleibt der Tod ein Negatives, – das Aufhören des Lebens; allein er muß auch eine positive Seite haben, die jedoch uns verdeckt bleibt, weil unser Intellekt durchaus unfähig ist, sie zu fassen. Daher erkennen wir wohl, was wir durch den Tod verlieren, aber nicht, was wir durch ihn gewinnen.« (S. Anm. 155, S. 302, Fußnote) Ich beziehe mich hier ganz bewußt und mit besonderem Vertrauen gerade auf diesen Philosophen, weil die ihm von allen Seiten attestierte Tendenz zu schonungsloser Skepsis und äußerstem Pessimismus die Gewähr bietet, daß dem bei der Erörterung speziell dieses Themas ständig lauernden Wunschdenken möglichst wenig Chancen bleiben.

161 Günther Anders, »Die Antiquiertheit des Menschen«, Bd. 1, München [6]1983, S. 58/59 – Anders deutet an dieser Stelle die Möglichkeit an, daß wir vielleicht »zu sterblich« seien, um das Nichtsterben auch nur »meinen« zu können. Es nimmt wunder, daß dieser Autor zur Erklärung nicht auf die philosophischen Feststellungen verweist, mit denen die existentielle Bedeutung der Zeitlichkeit unseres Daseins begründet worden ist.

162 Beide Zitate aus: Stefan Graf Bethlen, »Der Tod als Grenzsituation in Existenzphilosophie und Existentialismus«, in: »Vom menschlichen Sterben und vom Sinn des Todes«, Freiburg 1983, S. 165

163 Hans Kunz: »Die Sterblichkeit als immanentes Konstituens des Menschseins und der ihm einwohnende wirkliche Tod gehören überhaupt nicht in die Dimensionen des Erlebens und Verhaltens, fallen also auch nicht unter die Zuständig-

keit der Psychologie und Physiologie...« (»Zur Anthropologie der Angst«, in: H. v. Ditfurth [Hrsg.], »Aspekte der Angst«, Stuttgart 1965, S. 44)
164 90. Psalm, Vers 12
165 »Hättet ihr Menschen den Tod nicht, ihr würdet mir ohne Unterlaß fluchen, daß ich euch desselben beraubt hätte. Bedacht habe ich ein wenig Bitterkeit hinzugemischt, um zu verhindern, daß ihr, wenn ihr fühltet, wie lieblich sein Genuß ist, demselben zu gierig und zu unbedachtsam nachjagen möchtet. Um euch in diese Mäßigung zu versetzen, weder das Leben zu fliehen, noch vor dem Tode zurückzuscheuen, habe ich beides, das Bittere wie das Süße, das eine durch das andere gemäßigt.« (Michel de Montaigne, zit. nach: Iring Fetscher, »Arbeit und Spiel«, Stuttgart, S. 97/ 98)
166 Zit. nach Theodor Glaser, »Sterben als die letzte Chance des Lebens«, in: s. Anm. 162, S. 154
167 Diese oft gehörte Behauptung wurde erst kürzlich in der zitierten Form expressis verbis von Franz M. Wuketits wiederholt (»Zustand und Bewußtsein. Leben als biophilosophische Synthese«, Hamburg 1985, S. 222). Zu diesem Buch, auf das ich mich noch einige Male beziehen werde, vorsorglich gleich folgende Anmerkung: Wuketits unternimmt den lesenswerten und kenntnisreichen Versuch einer philosphisch-biologischen Synopsis des Lebensphänomens als unauflösbarer spirituell-materieller Ganzheit. Insbesondere in dem mich hier interessierenden 5. Kapitel »Gehirn, Psyche und Bewußtsein«, in dem die verschiedenen Möglichkeiten der Interpretation des sog. Leib-Seele-Problems kritisch von ihm abgehandelt werden, bekennt er sich als entschiedener Positivist und Monist (»Identist«). Da ich konträrer Auffassung bin, werde ich auf seine Thesen unvermeidlich kritisch und widersprechend eingehen. Dadurch darf nicht der Eindruck entstehen, als beurteile ich sein anregendes Buch insgesamt ablehnend.
168 Ich habe die Gründe mehrfach zusammengestellt und kann das hier nicht nochmals in aller Ausführlichkeit wiederho-

len: »Gedanken zum Leib-Seele-Problem aus naturwissenschaftlicher Sicht«, Kulturhist. Vorlesungen der Universität Bern, 1979, S. 171. – »Wie der Geist in die Welt kam«, in: »Wir sind nicht nur von dieser Welt«, Hamburg 1981, S. 262. Soweit ich von den dort vertretenen Auffassungen inzwischen abweiche (man lernt eben niemals aus), ist das in diesem Buch berücksichtigt.
169 Die nach wie vor beste Übersicht über alle historisch wichtigen und aktuell diskutierten Deutungsmöglichkeiten angesichts des Problems gibt Gerhard Vollmer, »Evolutionäre Erkenntnistheorie und Leib-Seele-Problem«, in: »Wie entsteht der Geist?«, Herrenalber Texte, Nr. 23, Karlsruhe 1980, S. 11.
170 Zitiert nach: Willy Hochkeppel, »Die Philosophie ist tot – es lebe die Philosophie. Richard Rorty hinter den Spiegeln«, Merkur, Heft 4/1983, S. 432
171 So Konrad Lorenz erst kürzlich wieder in lakonischer Kürze. (»Der Abbau des Menschlichen«, München 1983, S. 17) Gerhard Vollmer übrigens hat mir bei Gelegenheit vorgehalten, ich hätte in meinen Büchern die gleiche Ansicht vertreten, was es um so unverständlicher mache, wenn ich für einen dualistischen Standpunkt plädierte (s. Anm. 169, S. 38). Nun habe ich allerdings (z. B. in »Der Geist fiel nicht vom Himmel«, Hamburg 1976, S. 12 u. 14) geschrieben – und dazu stehe ich nach wie vor –, daß auch unser Geist »aus dieser Entwicklung (der Evolution) hervorgegangen« sein müsse. Ich halte es jedoch nicht für Haarspalterei, wenn ich darauf bestehe, daß das noch immer nicht mit der »identistischen« Auffassung deckungsgleich ist, die annimmt, daß die Evolution psychische Phänomene quasi ex nihilo auf grundsätzlich die gleiche Weise »produziert« habe wie Beine, Leber oder die Voraussetzungen einer lebenerhaltenden Kreislaufregulation. Wer das zitierte Buch zu Ende liest (oder das in Anm. 168 zitierte Kapitel »Wie der Geist in die Welt kam« aus meinem letzten Buch), kann sehr wohl feststellen, in welchem durchaus dualistischen Sinne ich dieses »hervorbringen« verstehe. Dazu auch noch eini-

ges im vorliegenden Text, wobei ich vorsorglich hinzusetzen möchte, daß ich meine Auffassung bei dieser Gelegenheit nur knapp skizzieren und schon aus Platzgründen nicht gegen jeden Einwand abgesichert darstellen kann (s. S. 355/56).

172 Hier ist Gelegenheit, auf die brillanteste und ideenreichste Auseinandersetzung mit dem monistischen Epiphänomenalismus hinzuweisen, die in den letzten Jahren erschienen ist: Hans Jonas, »Macht oder Ohnmacht der Subjektivität?. Das Leib-Seele-Problem im Vorfeld des Prinzips Verantwortung«, Frankfurt 1981. Auf ganzen 85 Seiten (gefolgt von einem Anhang) rechnet der Autor mit dieser These in einer Weise ab, die das alte Problem insofern definitiv um einen Schritt vorangebracht hat, als man sich von jetzt ab bei seiner Diskussion um diese epiphänomenalistische Variante mit gutem Gewissen nicht mehr zu kümmern braucht. (Deshalb ist es auch zumindest irreführend – und jedenfalls unverständlich –, wenn F. Wuketits in seinem jüngsten Buch »Zustand und Bewußtsein« [s. Anm. 167] Jonas beiläufig als Vertreter »einer philosophisch anspruchsvollen Form des Epiphänomenalismus« vorstellt.)

173 Gerhard Vollmer behilft sich mit der Hypothese, daß Bewußtseinsfunktionen arterhaltende Vorteile böten, wobei er gleichzeitig allerdings einräumen muß, »daß es auch anders ginge« (Anm. 169, S. 36). Auch diese Hilfshypothese aber beseitigt nicht den Einwand, daß die Identitätshypothese letztlich ebenfalls auf eine epiphänomenalistische Deutung psychischer Phänomene hinausläuft, weil alle psychischen Prozesse auch bei diesem Erklärungsmodell einseitig und ausschließlich von körperlichen, naturgesetzlich bestimmten Prozessen abhängen, ohne selbst eine ursächliche Rolle spielen zu können.

174 Er verstieße aus seiner Sicht gegen das Gesetz, wenn er die Möglichkeit auch nur in Betracht zöge, daß seine »Gedanken« ihrerseits die Macht hätten, ihre eigene Abfolge mitzubestimmen, wenn er etwa annähme, daß aus einem seiner

Gedanken der nächste hervorginge, anstatt unbeirrt daran festzuhalten, daß es in Wirklichkeit körperliche, naturgesetzliche Kausalität ist, die ihren Ablauf regiert. Diese Überlegung stellt übrigens einen der zentralen Einwände dar, die Hans Jonas (s. Anm. 172) gegen den monistischen Epiphänomenalismus vorbringt.

175 Auch dieses Problem sieht Gerhard Vollmer ohne Beschönigung. In einem persönlichen Brief beantwortete er meine Frage, wie er sich das Zustandekommen einer als »spontan« erlebten Entscheidung aus monistischer Sicht vorstelle, durch den Hinweis auf die mögliche Existenz eines biologischen Zufallsgenerators: »Gehirnprozesse könnten... durch Verstärkung quantenhafter Zufallsprozesse teilweise Zufallscharakter haben. Spontaneität wäre dann z. B. zu erklären als Output eines Zufallsgenerators *mit* einer scharf und schnell auswählenden Bewertungsprozedur.« Das ist konsequent monistisch gedacht und unangreifbar. Anzumerken ist allerdings auch hier wieder die unübersehbar »epiphänomenalistische« Abwertung des psychischen Aspekts.

176 Zitiert nach: Otto Creutzfeldt, »Philosophische Probleme der Neurophysiologie«, in: »Rückblick in die Zukunft«, Berlin 1981, S. 274. Wie das Zitat schon vermuten läßt, neigt dieser Autor – und zwar aufgrund seiner Übersicht über das heute vorliegende neurophysiologische Wissen – bei aller vorsichtig-selbstkritischen Zurückhaltung doch eher zu einer dualistischen Auffassung (obwohl auch er das Problem eines »Bruchs des Kausalitätsprinzips« ausdrücklich anspricht). Trotzdem äußert er abschließend die Ansicht, »daß die Neurophysiologie zu dem Schluß zu kommen scheint, dem Bewußtsein als Erfahrung dessen, was im Gehirn vorgeht, eine unabhängige Seinsqualität zuzuschreiben«.

177 Andererseits werde ich im folgenden nicht die Jonassche Argumentation übernehmen, sondern auf den »Kausalitätseinwand« mit einer anderen Möglichkeit antworten, da ich glaube (ganz ausnahmsweise), einen psychologisch ein-

gängigeren Weg zu seiner Überwindung zu sehen. Die Nachbemerkung allerdings, die Jonas seiner eigenen Erklärung folgen läßt, möchte ich in vollem Umfange auch für meine Vermutung übernehmen: »Mein Gefühl sagt mir, daß das richtige, wenn es überhaupt je zu haben ist, ganz anders aussehen würde... Worauf es bei meiner Konstruktion... allein ankommt, ist, daß sie (so glaube ich) in sich sauber ist und ›die Phänomene rettet‹, damit zeigend, daß man diesen auch auf andere Weise gerecht werden kann als durch die Aufopferung eines von ihnen... Im letzten vindiziert die Macht der Subjektivität sich selbst, *indem wir denken,* und sollte des Umweges der Hinwegräumung eines künstlich dagegen errichteten Interdikts nicht erst bedürfen.« (S. Anm. 172, S. 84/85)

178 Ilya Prigogine, »Vom Sein zum Werden. Zeit und Komplexität in den Naturwissenschaften«, München 1979, S. 37: »Wir werden sehen, daß diese Eigenschaft des strengen Determinismus in der klassischen Mechanik aus einer übermäßigen Idealisierung des Begriffs des Anfangszustandes herrührt.« Notabene: Diese Feststellung gilt selbst für die klassische Mechanik! S. 38: »Und nun sehen wir, daß selbst die klassische Dynamik statistischer Methoden bedarf, sobald lange Zeiträume betrachtet werden.« Prigogine erhielt 1977 den Nobelpreis für seine grundlegenden theoretischen Untersuchungen, mit denen er entscheidend zur Überwindung der Grenze zwischen Physik und Biologie beitrug, indem er nachweisen konnte, daß auch irreversible makrophysikalische Prozesse nicht – wie theoretisch bis dahin anzunehmen – ausschließlich zu »Unordnung«, sondern sehr wohl auch zu spontaner Entstehung von Ordnungsstrukturen führen können.

179 Lorenz hat das irgendwo geschrieben, ich beschwöre es, muß die Aussage allerdings aus dem Gedächtnis zitieren, da ich die Stelle nicht wiederfinden kann. Bemerkenswerterweise hat sich auch Albert Einstein in dem gleichen Sinne geäußert: »Wie ist es möglich, daß die Mathematik, die doch ein von aller Erfahrung unabhängiges Produkt des

menschlichen Denkens ist, auf die Gegenstände der Wirklichkeit so vortrefflich paßt? ... Hierauf ist nach meiner Ansicht kurz zu antworten: Insofern sich die Sätze der Mathematik auf die Wirklichkeit beziehen, sind sie nicht sicher, und insofern sie sicher sind, beziehen sie sich nicht auf die Wirklichkeit.« (»Geometrie und Erfahrung«, in: Sitzungsberichte d. Preuß. Akademie d. Wissenschaften, Berlin 1921, 1. Bd., S. 123)

180 Mir scheint noch immer unverändert zu gelten, was Wilhelm Griesinger, der Nestor der wissenschaftlichen Nervenheilkunde, vor 140 Jahren zu dem Thema schrieb: »Wüßten wir auch alles, was im Gehirn bei seiner Tätigkeit vorgeht, könnten wir alle chemischen, elektrischen etc. Processe bis in ihr letztes Detail durchschauen – was nützte es? Alle Schwingungen und Vibrationen, alles Electrische und Mechanische ist doch immer noch kein Seelenzustand, kein Vorstellen. Wie es zu diesem werden kann – dies Räthsel wird wohl ungelöst bleiben bis ans Ende der Zeiten und ich glaube, wenn heute ein Engel vom Himmel käme und uns Alles erklärte, unser Verstand wäre gar nicht fähig, es nur zu begreifen!« (»Verhältniss des Gehirns zu den psychischen Acten«, in: »Pathologie und Therapie der psychischen Krankheiten«, Amsterdam 1964 [faksimilierter Nachdruck von 1845], § 4, S. 6) – Der »Materialist« Ernst Bloch stellte fest, »daß, auch wenn man in einem Gehirn umhergehen könnte wie in einer Mühle, man nicht darauf käme, daß hier Gedanken erzeugt werden«. (»Das Materialismusproblem, seine Geschichte und Substanz«, Bd. 7 der Gesamtausgabe, Frankfurt/M. 1972, S. 311/12)

181 Damit dabei nicht sofort wieder neue Mißverständnisse entstehen, muß ich hier die Bedeutung kurz präzisieren, die ich mit dem Wort »Bewußtsein« in diesem Zusammenhang verbinde. Der Begriff ist ja außerordentlich umfassend. Leider wird das in der Diskussion häufig nicht beachtet, was gelegentlich zu heilloser Verwirrung führt. Ein negatives Beispiel liefert in dieser Hinsicht leider Franz Wuketits in seinem letzten Buch (s. Anm. 167). Als das Bewußtsein

kennzeichnende Kriterien führt er (S. 208) zunächst die Fähigkeit zur Selbstreflexion an, ferner die Fähigkeit, »Absichten haben« und »Zwecke setzen zu können«, dazu die »Fähigkeit zur Selbstkritik«. Damit ist der Bewußtseinsbegriff bereits so ausgeweitet, daß sich innerhalb der Leib-Seele-Diskussion fast jedes Argument mit ihm verträgt. Aber damit nicht genug: Auch die Tatsache, daß der Mensch sich seines Lebens »mehr oder weniger bewußt sein kann« (S. 209), daß er sein Leben mehr oder weniger »bewußt« führen kann, bezieht W. in seine Definition noch ein. Und schließlich spricht er (S. 239) auch noch von der »Evidenz des [bewußten] Erlebens«, was heißen solle, »daß man sich sprachlich über Bewußtseinszustände mitteilen kann, daß diese subjektiven Phänomene durchaus *intersubjektiv* [Hervorhebung im Original] kommunizierbar sind«. Daß sie das gerade nicht sind, unterstreicht z. B. Gerhard Vollmer: »Soweit sie für das Leib-Seele-Problem relevant sind, meinen wir mit ›Geist, Seele, Bewußtsein‹ *jenen Innenaspekt allen Erlebens, der ausschließlich subjektiv und individuell erlebt wird* [Hervorhebung im Original]. Alles Intersubjektive gehört dagegen nicht zu der problematischen Seite des Leib-Seele-Problems.« (S. Anm. 169, S. 34) Diese Feststellungen treffen präzise den entscheidenden Punkt. Erfahrungsgemäß ist es schwer, die Diskussion von Mißverständnissen freizuhalten. Vielleicht hilft eine Anekdote ein bißchen weiter: Ein mir befreundeter (badischer) Kollege pflegt seine Frau gelegentlich scherzhaft mit »Automätle« anzureden, was er mit dem Umstand begründet, daß es ihr trotz angestrengter beiderseitiger Bemühungen nicht gelungen sei, ihm zu beweisen, daß sie (wie er) auch »über ein Bewußtsein« verfüge. Mit dieser – vornehm ausgedrückt: »operationalen« – Definition ist denkbar exakt der Bewußtseinsbegriff kenntlich gemacht, auf den es in der »Leib-Seele-Diskussion« allein ankommt. Alle »Kommunizierbarkeit« hilft der Frau nichts. Daß sie rechnen kann, sich erinnern, in sprachlichen Wendungen ihre eigene Existenz objektivieren und sogar in Zweifel ziehen kann, alles das könnte eben ein Automat auch (oder wird es in Zukunft leisten können), *ohne* deshalb schon ein »Bewußtsein« in dem hier gemeinten Sinne haben zu müssen. Dieses Bewußtsein ist unabhängig von den Inhalten, auf die es sich beziehen kann (und die ihrerseits sehr wohl »intersubjektiv kommunizierbar« sind, was aber eben auch dann gilt, wenn sie ohne Bewußtsein als objektive Leistungen feststellbar sind). – Ich muß hier das Geständnis hinzufügen, daß ich mit früheren Publikationen zu dieser Verwirrung selbst beigetragen habe, indem ich zwischen diesen Leistungen und dem – unter bestimmten Umständen – mit ihnen einhergehenden Bewußtsein nicht eindeutig genug unterschieden habe. (Anm. 168)

182 Ich kann mich hier auf die Auffassung Karl R. Poppers beziehen, daß »die Welt aus mindestens drei ontologisch verschiedenen Teilwelten« besteht. Als erste nennt Popper »die physikalische Welt oder die Welt der physikalischen Zustände; als zweite die Bewußtseinswelt oder die Welt der Bewußtseinszustände; als dritte die Welt der intelligibilia oder der *Ideen im objektiven Sinne*«, in der neben anderem (etwa mathematischen Theorien) auch eine Mozart-Sonate oder eine Bachsche Kantate unabhängig von unserem Wissen um sie oder von ihrer Realisierung in der physikalischen Welt objektiv existiert. (»Zur Theorie des objektiven Geistes«, in: »Objektive Erkenntnis. Ein evolutionärer Entwurf«, Hamburg 1973, S. 172 ff.)

183 Zit. nach Gisbert Greshake, »›Monologische‹ oder ›dialogische‹ Unsterblichkeitsbegründung«, in: Franz Böckle et al. (Hrsg.), »Christlicher Glaube in moderner Gesellschaft«, Freiburg 1980, Bd. 5, S. 90/91

184 Die Besinnung darauf immunisiert übrigens auch gegen die erstaunliche Naivität, mit der die seit einigen Jahren in Schwung gekommenen Berichte über die Erlebnisse »klinisch toter«, dann aber doch noch reanimierter Patienten von vielen – gelegentlich sogar von Geistlichen! – als »Beweise« für ein »Überleben des eigenen Todes« angesehen werden. Wer seine Hoffnungen auf derartig unsinnige Ar-

gumente stützt, darf sich nicht wundern, wenn sie sich bei der ersten Begegnung mit rationaler Kritik in Luft auflösen. Was von diesen Berichten – deren Echtheit mitunter durchaus einzuräumen sein mag – in Wirklichkeit zu halten ist (und wie sich insbesondere die von vielen als »beweisend« angesehenen Übereinstimmungen zwischen verschiedenen Berichten erklären lassen), ist ärztlicherseits wiederholt gesagt worden. (Ein Beispiel: Sigrid Hunke, »Tod – was ist dein Sinn?«, erscheint Ende 1985.) Aber an »natürlichen« Erklärungen sind die meisten Menschen auf diesem Felde erfahrungsgemäß nur wenig interessiert.

185 Dazu drei Anmerkungen: Daß die von mir hier angesprochene »erkenntnistheoretische Transzendenz« (einer »Welt an sich« im Sinne Kants) nicht identisch ist mit dem von der Theologie gemeinten »Jenseits«, daß sie andererseits aber der Vernunft einen Zugang zu diesem Jenseits der Theologen öffnen kann, ist einer der zentralen Gedanken meines letzten Buchs und dort ausführlich begründet (»Wir sind nicht nur von dieser Welt«, Hamburg 1981). – Daß die »Beweispflicht« in der alltäglichen Diskussion einseitig dem auferlegt zu werden pflegt, der an die Existenz einer jenseitigen Wirklichkeit glaubt, scheint mir auf eine Art »Versicherungsmentalität« zurückzuführen zu sein: Der Ungläubige sichert sich durch seinen Zweifel vor der möglichen Enttäuschung seiner Hoffnung ab, ohne ein Risiko übernehmen zu müssen. Denn wenn er sich irren sollte, fällt ihm der gleiche Vorteil zu wie dem Gläubigen. Die spiegelbildlich umgekehrte Einstellung drückt sich in der Bereitschaft zur »Wette« (unter Inkaufnahme des vollen Risikos) aus, für die Blaise Pascal bekanntlich plädierte: Zwar sei es keineswegs sicher, daß die Religion Wahrheit sei, »aber wer würde zu sagen wagen, es sei sicher möglich, daß sie es nicht ist?«. (»Gedanken«, Stuttgart [Reclam] 1978, S. 134) – Und schließlich: Auch der seit den Zeiten Ludwig Feuerbachs unermüdlich vorgebrachte »Einwand«, aller Jenseitsglaube sei schon deshalb unhaltbar, weil es sich bei ihm offensichtlich um eine Wunschvorstellung handele, berührt weder die

Frage seiner Plausibilität noch die der Beweislast. Denn es ist zwar richtig, daß der Wunsch nach einem Jenseits nicht als Argument für die Wahrscheinlichkeit seiner Existenz angesehen werden kann. Logisch unzulässig ist jedoch der Umkehrschluß, daß dieser Wunsch die Wahrscheinlichkeit seiner Existenz verringere. (Einem Naturwissenschaftler liegt eher der umgekehrte Gedanke nahe, da er vergleichbaren Korrespondenzen innerhalb der Biologie fortwährend begegnet: Durst ist für ihn sehr wohl ein »Beweis« für die Existenz von Wasser. Ich verdanke den Hinweis auf diese bedenkenswerte Analogie meinem verstorbenen Freund Gottlieb v. Conta.)

186 »Parerga und Paralipomena« II/1, Zürich 1977, S. 295

187 Zur Vermeidung von Mißverständnissen sei darauf hingewiesen, daß Schopenhauer den Begriff »Bewußtsein« hier in einem ganz anderen Sinne benutzt, als ich ihn bei der Diskussion des psychophysischen Problems definiert habe (s. Anm. 180). Schopenhauer meint hier, wie aus anderen Teilen des Textes hervorgeht, das individuelle Bewußtsein unter Einschluß des Erlebnisses der eigenen (quasibürgerlichen) Identität.

188 Martin Luther in einer seiner Tischreden, zit. nach Paul Althaus, »Die Theologie Martin Luthers«, Gütersloh 1962, S. 354. – Mit »Anfahrt« ist soviel wie Herkunft gemeint: die Zeit vor der Geburt (vgl. S. 330).

189 Man wird angesichts des sich aus diesem Blickwinkel ergebenden Unterschiedes zwischen den verglichenen Lebensphasen vielleicht davon reden können, daß die individuelle biographische Entwicklung einhergeht mit dem Aufstieg von einer noch eher animalischen (biologischen Bindungen unterworfenen) zu einer eher geistigen (menschlicher Individualität Raum gebenden) Existenzweise. Möglicherweise läßt sich dazu sogar eine stammesgeschichtliche Entsprechung denken (deren »Rekapitulation« die biographische Entwicklung darstellte): Vielleicht ließe sich der – aller Wahrscheinlichkeit nach keineswegs etwa schon abgeschlossene – »Tier-Mensch-Übergang« treffender als durch

die Fähigkeit zur Werkzeugherstellung oder zum Umgang mit dem Feuer mit der Frage nach dem (geologischen) Augenblick erfassen, in dem innerhalb der bis dahin noch als vormenschlich anzusehenden Population erstmals konkrete Individuen (kraft ihrer Individualität) Bedeutung erlangten? – Interessant erscheint mir in diesem Zusammenhang auch die Hypothese eines namhaften Schweizer Soziologen und Kulturphilosophen, daß die Entwicklung innerhalb fortgeschrittener Gesellschaften auf eine zunehmende »Vereinzelung« ihrer Mitglieder zusteuere (und mit ihr womöglich gar ihrem Ende): »Es ist ohne Zweifel nicht undenkbar... daß die autistische Gesellschaft, in der ein hohes Maß an Freiheit und Individualität verwirklicht erscheint, den Höhepunkt und zugleich das Ende unserer Geschichte darstellt.« (H.-J. Hoffmann-Nowotny, »Auf dem Wege zu einer Gesellschaft von Einzelgängern?«, Neue Zürcher Ztg., 7.7. 1984, S. 9)

190 Werner Siemens (damals noch nicht geadelt), »Das naturwissenschaftliche Zeitalter«, Tageblatt der 59. Versammlung Deutscher Naturforscher und Ärzte, Berlin 1886, S. 92. – Wir sollten uns davor hüten – als »Besserwisser post festum« haben wir dazu ohnehin allen Grund –, dem Redner blinden Fortschrittsoptimismus vorzuwerfen. Er gab nur der Auffassung seiner Epoche beredten Ausdruck.

191 Friedrich Hölderlin, Sämtliche Werke, Insel-Ausgabe, Leipzig o. J., S. 456

Personen- und Stichwortverzeichnis

ABM-Vertrag 183
Abrüstungsverhandlungen 84, 166f., 223
Abschreckung 165, 170, 172, 181, 183, 202ff., 207, 215, 223
Abschreckungsdoktrin 186
Abschreckungsgleichgewicht 182, 185
Abschreckungskonzept 224
Additionstheorem 310f.
Adenauer, Konrad 165
Afghanistan 188, 192ff.
Afheldt, Horst 177, 204, 386f., 393
Aggressivität 319ff., 412
Agrartechnik 263
Alternative Konzepte 223
Alterungsprozeß 416f.
Anders, Günther 333, 390f., 417
angeborene Anschauungsformen 304
angeborene Denkstrukturen 303, 316
angeborene Verhaltensprogramme 303
Angst 7ff., 160, 198f., 337, 361
Angsterleben (Asymmetrie) 198
Anlage und Umwelt 291, 296
Anpassung, biologische 302
Anpassungsformen, genetisch fixierte Denk- und 308
Anschauungsformen »a posteriori« 305
Anschauungsformen »a priori« 303f.
Antiamerikanismus 167, 172, 217, 224, 391
Antikommunismus 175
Artenselbstmord 286
Askese 338f.
atomare Bedrohung 171
atomare Energie 26
atomare Erpreßbarkeit 187
atomarer Holocaust 215
Atomkern 33f.
Atomkrieg 45f., 56–62, 203f., 209, 213
Atomwaffen 52f.
Aufrüstung 172, 176f., 203

Auschwitz 169, 173f.
Aussterben 10, 12, 132, 226f., 311
Auswanderung 254

Bahr, Egon 185, 392
Beauvoir, Simone de 332
Bedrohungsangst 177, 222, 321
Befreiungsbewegungen 194
Behaviorismus 343
Beryllium-Reflektor 37
Beschwichtigungspolitik 168
Bevölkerungsrückgang 271–274
Bevölkerungswachstum 253, 255f., 258, 260f., 264f., 269f., 275
Bewußtsein 343, 354–357
Bewußtseinsbegriff 420f., 423ff.
binäre Waffen 80–85
biologische Natur 362
Biosphäre 138, 140, 142, 147, 159, 226, 228, 259, 382
Bloch, Ernst 133f., 142, 145, 343, 381, 423
Bodenschutz-Konzept 263
Böttcher, Winfried 218
Bouchard, Thomas 290ff., 294, 404–408
Brecht, Bert 209
Bush, George 61, 209

Carrel, Alexis 415f.
Carson, Rachel 88, 90
Chamberlain, Neville 169, 171, 174
China 255f.
christliches Selbstverständnis 246, 252
chronische Atemwegserkrankungen 129
Computerspiele (strategische) 183, 209
Conta, Gottlieb v. 427
Creutzfeldt, Otto 421
Cruise Missiles 166, 170, 374
Crutzen, Paul J. 62f., 65f.
Cyprianus, Bischof von Karthago 10

Daladier, Edouard 174
Descartes, René 348f., 410

Determinismus 351
Diesfeld, Hans Jochen 253, 261
diesseitige Paradies-Erwartungen 365
Dörner, Dietrich 312, 315
Dregger, Alfred 170, 177, 188, 198, 200, 385, 390
drei Teilwelten (Popper) 425
Druckwellen 41, 43, 47, 59
Dualismus 342f., 348ff., 357, 419ff.

Eddington, Sir Arthur 21 eineiige Zwillinge 290ff., 294f., 297f., 404f., 408
Einstein, Albert 21, 24ff., 30ff., 289, 306, 308, 310f., 422f.
Einwegflasche 237
Elemente 27
Emission 121
Emissionsschutzgesetz 103
Endzeit 10f.
Energie 21f., 25, 146
Energie-Äquivalent 23f., 30, 40f.
Energiebedarf 145, 147f., 261
Energiebetrag (Brotscheibe) 146
Energiepille, utopische 148f.
Energiequelle Holz 261f.
Entspannung 178
Entspannungspolitik 176f.
Entstehung des Geistes 344f.
Entwicklungsgelder 240, 247, 258, 275, 313
Entwicklungsländer 220, 243–246, 253f., 256–259, 262, 264, 269, 274f., 312, 403
Enzyklika »Humanae Vitae« 276f.
Erben, Heinrich K. 369, 379
Erhaltungssätze 349
Erkenntnistheorie 300, 304f., 316f., 349, 358f., 408
Ernährungsproblem 142, 144f., 156, 258–264, 380
Erosion 98, 125, 145, 237, 240, 242f., 262
Erregungsablauf einer Hirn-

429

rindenzelle (Beeinflussung) 354
Erstschlag 182, 204
Erstschlagswaffe 206
Evolution 14f., 302, 309, 316, 321, 324, 327, 329, 335f., 340, 345, 354ff., 362f.
Existenzphilosophie 332ff., 364
exponentielle (»geometrische«) Wachstums- und Schrumpfungsprozesse 315f.
Externalisierungstendenz 233

Fallgesetz 352
Fallout 44
Familienplanung 256f., 266f., 269f., 274–277, 401ff.
Faunenschnitt 12f., 133, 136, 266
Fetscher, Iring 384, 412, 418
Feuerbach, Ludwig 358
Feuerholz 242
finale Verteilungskriege 228
Fischereikrieg 157f.
Folgekosten 243
Freeze 201f., 218f.
freie Marktwirtschaft 229ff., 246f.
Freud, Sigmund 362
Frieden ohne Waffen 183
Friedensbewegung 166f., 170, 172ff., 202, 216ff.
Friedenslehre, kirchliche 218
Friedenssicherung 185, 203, 223
Frontsoldaten 174

Gaskrieg 73
Gauger, Hans-Martin 211
Gefühl der Sinnleere 341
Gehirn und Bewußtsein 345
Geist als Systemeigenschaft 345
Geißler, Heiner 169f., 172ff., 384, 394f.
gelber Regen 70f.
Gen-Manipulation 406f.
»Generale für Frieden und Abrüstung« 216, 388, 392
»Generale gegen Nachrüstung« 387f.
Generationenfolge 329
geometrische Progression 153f.

Gleichgewicht des Schreckens 199ff.
Global 2000 90–97, 107, 375
Gray, Colin S. 61, 184, 197
Griesinger, Wilhelm 423
Größter Angenommener Unfall (GAU) 214f.
Gromyko, Andrej 52, 80
Grüne Revolution 257, 262f.
Grundwasser 98, 105f., 111ff., 262

Hahn, Otto 30ff.
Haig, Alexander 183
Halbwertszeit 29, 371
Hayek, Friedrich August von 229
Hayflick, Leonard 325f., 328, 337, 415
Hayflick-Phänomen 326, 336, 340
Heidegger, Martin 332
Heidelberger Manifest 400f.
Heisenberg, Werner 31
Hiroshima 20ff., 39f., 42, 53, 208, 219
Hitler, Adolf 31, 72f., 165, 169, 171, 174f.
Hitze 59
Hitzeblitz 41, 43, 47
Hochhuth, Rolf 389
Höhlengleichnis 299
Hölderlin, Friedrich 365f.
Horstmann, Ulrich 323f., 414f.
Hungertod 247, 257ff., 266
Hygiene 253

Immission 121

Jaspers, Karl 332
Jean Paul 340
Jens, Walter 160, 384, 390
Jenseitsbegriff 426f.
Jenseitshoffnung 358
Jenseitsverkündigung 360
Jonas, Hans 133, 145, 147, 160, 279, 347f., 350f., 380f., 420ff.
Jones, Thomas K. (»TK«) 54ff., 60
Jüngster Tag 10, 16

Kant, Immanuel 303ff., 409f.
Kapitalismuskritik 235
Karriere eines Berufspolitikers 412f.
Kausalitätseinwand (gegen die dualistische Position) 350
Kausalitätseinwand (monistische Position) 353f.
Kernfusion 22, 25ff., 29f.
Kernkraftwerk 44
Kernkraftwerke und Schadstoffemission 378
Kernladungszahl (= Ordnungszahl) 27f.
Kernspaltung 22, 25, 30
Kernstrahlung 41, 48
Kettenreaktion 32, 35f.
Kindersterblichkeit 249, 251, 253f.
Koch, Robert 249
Koestler, Arthur 10, 87
Kohl, Helmut 84, 169–172, 177f., 185, 200, 224, 385
Kohlendioxid 142f.
Kohlenwasserstoffe, chlorierte 104, 112f., 120
Kohlenwasserstoffe, halogenierte 108
Kollmannsperger, Franz 378
Kommunismus 175
»Konstanz« der Lichtgeschwindigkeit 308, 409
Konsultationen 213
Konzentrationslager 174
kosmischer Unkrautvertilger 368
Kosten-Abwälzung (-Externalisierung) 231f., 235, 245f.
Kostenargument 118
Kraftwerk Buschhaus 118
Kraftwerks-Altanlagen 103
kranke Zivilisationen 368
Krebsrisiko 51
Kriegstheater 210
Kriegsverhinderung 223
kritische Masse 20, 35ff., 40
kritische Masse von U-235 36
Kubakrise 187

Lafontaine, Oskar 216
Lahl, Uwe 376
landwirtschaftliche Verluste 125
Lay, Rupert 247
Lebensstandard 229, 254, 256, 270, 275, 313
Leib-Seele-Problem 342, 418, 424f.
Lenard, Philipp 32
Lorenz, Konrad 8, 302, 305, 307, 311, 318, 344f., 352

Lotze, Hermann 350
Lüscher, Edgar 21
Luther, Martin 16
Lykken, David T. 295, 404, 407f.

Mainzer Appell 394f.
Malthus, Robert 10, 368f.
Mao Tse-tung 255
Markl, Hubert 136, 231
Marschflugkörper 84, 166, 187f., 201
Massenarbeitslosigkeit 271
Massendefekt 23, 30, 37, 40
Meerwasserspiegel (Anstieg) 144
Mehrfachsprengköpfe 181 ff.
menschliche Fruchtbarkeit 268f.
Mesokosmos 310
Milzbrandepidemie in Swerdlowsk 69
Mißbildungen 51
Missionare 252f.
Mittelstreckenraketen (SS-4 und SS-5) 187
Mittelstreckenraketen, landgestützte 185
Mohr, Hans 311, 317, 319f., 347, 412
Monismus 342ff., 348, 350f., 354, 421
monistische Identitätstheorie 344ff.
monistischer Epiphänomenalismus 344f., 420f.
Monokultur 131, 136
Münchner Abkommen 169

Nachrüstung 166ff., 170f., 185, 188, 200, 207, 212, 216f.
Nachrüstungsdebatte 84, 169, 177, 188, 204
NATO-Doppelbeschluß 84, 166ff., 188, 391f.
Naturgesetz 348f., 351, 353
»Naturwissenschaftler gegen Atomrüstung« (Mainzer Kongreß) 218
Nervengas 72, 78f., 81ff., 85f.
Neurotransmitter 74, 76
Neutronen 31f., 34ff., 38, 370f.
Neutronensterne 33
Nutzpflanzen 130, 134f.
Nutztiere 130, 134f.

ökologische Bedrohung 92
ökologische Folgekosten 112
ökologisches Denken 232, 237
ökonomisches Denken 231f., 237
Oppenheimer, Robert 38, 40
Overkill 53, 85, 171, 179, 183, 208, 323, 395

Papst Johannes Paul II. 277
Pasteur, Louis 249
Pazifismus 169, 173f.
Perle, Richard 201, 390
Pershing-2-Raketen 84, 166f., 170, 187f., 201, 206, 374
Planck, Max 31
Plato 299, 357
Plutonium 27, 29f.
Politik der hohen Schornsteine 121
Popper, Sir Karl 303, 425
Poseidon-U-Boot 219, 395
prähistorischer Ahn 227, 302, 317f.
Prigogine, Ilya 422
Profitstreben 230
Prosi, Gerhard 232f., 235f., 238, 240, 244
Pseudokrupp 129
psychische Selbsterfahrung 344, 349f.

Rahner, Karl 11, 331, 417
Raketenlücke 179, 185
Rationalitätenfalle 232f., 240, 242
Raum und Zeit 303f., 311
Raum, Zeit und Kausalität 304
Reagan, Ronald 53–56, 83, 91, 197, 201, 389
regenerierbare Ressourcen 157
Regenwald 124, 142, 231
Regenwasser 109
Regulator-Gene 295f.
relativistische »Raumkrümmung« 306f.
Relativitätstheorie 306, 308
Rentenfrage 400
Riedl, Rupert 344
Risikokalkulation 214
Roosevelt, Franklin D. 31
Rorty, Richard 343
Rostow, Eugene 60f., 201, 372
Rüstung der NATO 178

Rüstung des Warschauer Pakts 178
Rüstungsstopp 222f.
Rüstungswettlauf 167, 198f., 202f., 214, 219, 222f.
russische Bedrohung 190
russische Überlegenheit 200
russische Überrüstung 176, 184
Rutherford, Ernest 26, 28

Saurier 12f.
Schadstoff-Grenzwerte 104, 233
Schäden-Externalisierung 242
Schaffung von Arbeitsplätzen 156
Schell, Jonathan 60, 372
Scherhorn, Gerhard 230ff., 234, 237f., 240, 244, 396
Schmidt, Helmut 186, 386, 391
Schmidt-Kaler, Theodor 399f.
Schopenhauer, Arthur 287f., 297, 323, 330, 359, 404, 408f., 414, 417
Schubnell, Hermann 252, 273
Schweitzer, Albert 176
Seerosen-Beispiel 410f.
Selbsthilfe der Natur 228
Sicherheitsdebatte 190f., 216
Sicherheitspolitik 167, 171, 181, 198, 223f.
sicherheitspolitische Alternativen 216
Sicherheitsstrategen 322
»Sinn« über die Natur (Überlebenserfolg) 227
Siemens, Werner 428
Sonne 22f., 26f., 41f.
Spenden-Problematik 247
Spinoza, Baruch de 287
Sprache der Herrschenden 209ff.
Squatter (landlose Bauern) 241ff.
SS-20-Raketen 42f., 187, 204, 206, 374, 389f.
Strahlendosis 48ff.
Strahlenkrankheit 47
Strahlung 47, 59
Strauß, Franz Josef 272
Sterblichkeit 328, 363f.
Sternberger, Dolf 212
Struktur-Gene 295f.
Sutor, Bernhard 218

431

Tana-Land 312–317
Technische Anleitung zur Reinhaltung der Luft (TA-Luft) 104, 121
Teilhard de Chardin, P. 15, 369f.
Teller, Edward 201, 212f.
Tier-Mensch-Übergang 427f.
Tod 12, 16, 208, 326–331, 333, 336f., 339–342, 357–364, 415–418, 425f.
Tod des Sokrates 357
Todesangst 329–332, 334ff., 338–341
Treibhauseffekt 144
Trinkwasser 89, 97, 100, 104–111
Trinkwasser-Klassengesellschaft 105f.
tropische Edelhölzer (Kosten) 231, 378f.

Umrüstung auf Defensivwaffen 223
Umweltschäden in sozialistischen Gesellschaften 235
Umweltschutz aus Eigennutz 238
Unsterblichkeit 332, 358, 416
Unsterblichkeit der Seele 357
Uran 27–30, 32, 34f., 40

Verdoppelungsschritte 154

Verhaltensphysiologie 303
Verhaltensprogramm (Angst) 336f.
Verschiebung der Klimazonen 145
Verteilungskämpfe 158, 266
Verursacherprinzip 233, 236, 243f.
Völkervertilgungsmittel 211
Vogel, Friedrich 294
Vollmer, Gerhard 344f., 347, 420f., 424
Vorkriegszeit 164, 175, 210f.

Wachstum 149, 158
Waigel, Theodor 188, 198, 200, 385
Waldbrände, absichtlich gelegt 241
Waldsterben 114f., 119, 122ff., 126f.
Waldzerstörungen 261f.
Wasserknappheit 107
Wasserstoffbombe 27, 42
Weinberger, Caspar 69, 197, 201, 393
Weizsäcker, Carl Friedrich Freiherr von 319f., 372f.
Welt »an sich« 304
Weltbevölkerung 248f., 253, 257, 259, 265, 398
Weltbild 302
Weltbildapparat 311
Weltnahrungsproduktion 134

Weltwirtschaftsordnung 156, 258, 264, 275
westliche Desinformation 176, 178
Wiederaufforstung 240, 242
Wiederverwendung von Spülwasser 111
Willensfreiheit 286f., 297
Wirklichkeit 300f., 304
wirtschaftliche Einwände (Kostenargument) 111
Wirtschaftsimperialismus 245f.
Wirtschaftsordnung, kapitalistische 233ff., 254
Wörner, Manfred 210, 222
Wülker, Gabriele 269
Wüstenbildung 261f.
Wuketits, Franz M. 344f., 348, 418, 423f.
Wunschdenken 358f.
Wunschwelt religiöser Tröstungen 363

Zeschmar, Barbara 376
Zimmer, Dieter E. 406f.
Zivilbevölkerung 58
zivile Verteidigung 218, 393f.
Zivilschutz 45, 47, 54ff., 210
Zwecke der menschlichen Spezies 362
Zweitschlagskapazität 186
Zwischenlager 44